POR QUE ESCREVER?

Obras de Philip Roth publicadas pela Companhia das Letras

Adeus, Columbus
O animal agonizante
O avesso da vida
Casei com um comunista
O complexo de Portnoy
Complô contra a América
Entre nós
Fantasma sai de cena
Os fatos
Homem comum
A humilhação
Indignação
A marca humana
Nêmesis
Operação Shylock
Pastoral americana
Patrimônio
Por que escrever?
O professor do desejo
Quando ela era boa
O teatro de Sabbath
Zuckerman acorrentado

PHILIP ROTH

Por que escrever?

Conversas e ensaios sobre literatura (1960-2013)

Tradução
Jorio Dauster

COMPANHIA DAS LETRAS

Copyright © 2017 by Philip Roth
Reading Myself and Others © 1961, 1963, 1969, 1970, 1971, 1973, 1974, 1975 by Philip Roth.
Shop Talk: A Writer and His Colleagues and Their Work © 2001 by Philip Roth. Demais
textos © 2017 by Philip Roth.
Todos os direitos reservados.

*Grafia atualizada segundo o Acordo Ortográfico da Língua Portuguesa de 1990,
que entrou em vigor no Brasil em 2009.*

Título original
Why Write?

Capa
Victor Burton

Foto de capa
© Bob Peterson

Preparação
Cristina Yamazaki

Revisão
Marina Nogueira
Marise Leal

Índice remissivo
Luciano Marchiori

Dados Internacionais de Catalogação na Publicação (CIP)
(Câmara Brasileira do Livro, SP, Brasil)

Roth, Philip (1933-2018)
  Por que escrever? Conversas e ensaios sobre literatura (1960-
-2013) / Philip Roth ; tradução Jorio Dauster. — 1ª ed. — São Paulo :
Companhia das Letras, 2022.

  Título original: Why Write?
  ISBN 978-65-5921-262-0

  1. Escritores norte-americanos – Século XX 2. Ensaios – Coletâneas 3.
Literatura brasileira – Coletâneas 4. Roth, Philip – 1933-2018 – Crítica e
interpretação I. Título.

21-87201   CDD-080

Índice para catálogo sistemático:
1. Ensaios : Coletâneas : Literatura   080

Cibele Maria Dias – Bibliotecária – CRB-8/9427

[2022]
Todos os direitos desta edição reservados à
EDITORA SCHWARCZ S.A.
Rua Bandeira Paulista, 702, cj. 32
04532-002 — São Paulo — SP
Telefone: (11) 3707-3500
www.companhiadasletras.com.br
www.blogdacompanhia.com.br
facebook.com/companhiadasletras
instagram.com/companhiadasletras
twitter.com/cialetras

Sumário

Prefácio 7

I. DE *LENDO O QUE EU E OUTROS ESCREVERAM*
"Eu sempre quis que vocês admirassem meu jejum",
ou Contemplando Kafka 13
Escrevendo ficção nos Estados Unidos 39
Novos estereótipos de judeus 60
Escrevendo sobre judeus 71
Sobre *O complexo de Portnoy* 91
Em resposta aos que me perguntaram: afinal de contas,
como você acabou escrevendo esse livro? 99
Imaginando judeus 108
A literatura e o poder 141
Depois de oito livros 152
Entrevista a *Le Nouvel Observateur* 166
Entrevista ao *Sunday Times* de Londres 181
Entrevista a *The Paris Review* 190
Entrevista sobre Zuckerman 224

II. *ENTRE NÓS: UM ESCRITOR E SEUS COLEGAS FALAM DE TRABALHO*

Conversa em Turim com Primo Levi 243

Conversa em Jerusalém com Aharon Appelfeld 260

Conversa em Praga com Ivan Klíma 282

Conversa em Nova York com Isaac Bashevis Singer sobre Bruno Schulz 320

Conversa em Londres e Connecticut com Milan Kundera 331

Conversa em Londres com Edna O'Brien 342

Uma troca de cartas com Mary McCarthy 354

Retratos de Malamud 361

Retratos de Guston 372

Relendo Saul Bellow 380

III. EXPLICAÇÕES

Suco ou molho? 405

Patrimônio 417

Iídiche/inglês 423

"Apaixonei-me pelos nomes americanos" 428

Minha ucronia 435

Eric Duncan 448

Errata 452

"A tirania é mais bem organizada que a liberdade" 471

Uma educação tcheca 477

A primazia do lúdico 481

Entrevista sobre *O escritor fantasma* 484

Entrevista ao *Svenska Dagbladet* 491

Quarenta e cinco anos depois 503

A impiedosa intimidade da ficção 507

Cronologia 527

Sobre os textos 541

Índice remissivo 545

Prefácio

Os primeiros trabalhos aqui publicados pertencem a um período inicial e belicoso de minha carreira como escritor. Foram incluídos para fins de registro, pois em maio de 2014, 55 anos depois que meu conto "Defender of the Faith" foi publicado na *New Yorker* e imediatamente considerado uma afronta aos judeus por inumeráveis leitores judeus da revista, recebi um diploma honorário do Seminário Teológico Judaico que, assim confio, terá assinalado o fim de um antagonismo por parte de fontes institucionais e sociais judaicas que tivera início quando, com pouco mais de vinte anos, comecei a ver meus escritos em letra de fôrma. O lançamento de *O complexo de Portnoy* (1969) — até hoje meu livro mais vendido — com certeza não contribuiu para arrefecer o conflito e explica por que há neste volume vários textos que examinam as origens daquela obra incendiária, sua surpreendente popularidade e seu continuado impacto na minha reputação em alguns círculos, se não mais como antissemita, agora, de forma igualmente injuriosa, como misógino. (Ver a entrevista ao *Svenska Dagbladet*.) De meus 31 livros publicados, 27 foram de ficção. Exceto por *Patrimônio* (1991), que relata a doença fatal e a morte de meu pai, e *Os fatos* (1988), uma breve autobiografia sobre minha evolução como escritor, o que escrevi de não ficção foi sobretudo para responder à provocação de que eu era antissemita e odiava a circunstância de ser judeu, para atender aos pedidos de entrevistas por periódicos sérios, para agradecer o recebimento de algum prêmio, para marcar um aniversário relevante ou para chorar a morte de algum amigo.

O material sobre Kafka que abre este livro foi escrito depois que passei um semestre feliz na Universidade da Pensilvânia dando aulas sobre todas as suas principais obras ficcionais, assim como sobre a angustiante "Carta ao pai" e a biografia de Max Brod. Esse híbrido de ensaio e conto consistiu na primeira tentativa de uma abordagem que retomei com maior profundidade em *O escritor fantasma* (1979) e *Complô contra a América* (2004), imaginando a história como ela não ocorreu: primeiramente, em "Eu sempre quis que vocês admirassem meu jejum", ao evocar a presença de Kafka nos Estados Unidos como meu professor de hebraico; e, anos mais tarde, ao inventar biografias alternativas de Anne Frank e depois Charles Lindbergh, bem como de minha própria família. No ensaio "Minha ucronia", escrito para a *New York Times Book Review* a fim de acompanhar a resenha de *Complô contra a América*, expliquei as estratégias que desenvolvi para tornar crível a realidade da década imaginária de 1940, em que os Estados Unidos se aliam à Alemanha nazista sob a presidência de Lindbergh.

Entre 1977 e 1988, vivi sempre meio ano em Londres, daí resultando entrevistas fundamentais publicadas em *Entre nós* (2001) e aqui reproduzidas integralmente. Ivan Klíma em Praga, Milan Kundera em Praga e Paris (além de Londres e Connecticut), Primo Levi em Turim, Aharon Appelfeld em Jerusalém, Edna O'Brien em Londres — de minha casa em Londres, eu era capaz de alcançar todos esses importantes escritores em algumas horas de voo e, por isso, pude viajar com facilidade para cultivar e aproveitar as amizades que deram origem a tais conversas. Eu havia sido apresentado a Ivan e Milan em 1973, cinco anos após o colapso da Primavera de Praga, na cidade então sujeita a um regime comunista totalitário; na palestra intitulada "Uma educação tcheca", apresentada nos Estados Unidos no PEN Club em 2013, relato as tensas circunstâncias que cercaram nossos encontros posteriores.

Quando viajei à Itália para me encontrar com Primo Levi em sua casa, no outono de 1986, já tínhamos nos visto na primavera anterior em Londres, onde ele ministrara algumas palestras, e um amigo comum promovera nosso encontro. Ele me pareceu um indivíduo muito sólido durante os quatro dias que passamos conversando em seu escritório de Turim. Que vivacidade! Invejavelmente enraizado, foi como o descrevi ao iniciar o relato de nossa conversa, "perfeitamente adaptado à totalidade da vida ao seu redor". Nos meses subsequentes à minha visita, trocamos correspondências e o convidei a ir aos Estados Unidos quando eu voltasse no ano seguinte — certo de que tinha feito um novo e maravilhoso amigo. Mas a amizade estava fadada a não prosperar. Na primavera, ele se suicidou — o grande escritor que poucos meses antes, por seu comportamento alerta e animado, eu julgara ser uma pessoa sólida, vivaz e bem enraizada.

Este volume se encerra com uma palestra que pronunciei em 19 de março de 2013, ao celebrar oitenta anos, na minha cidade natal de Newark, no Auditório Billy Johnson do museu local, perante uma plateia composta de várias centenas de convidados e amigos. Nunca tive tanto prazer em um aniversário. Estavam presentes alguns de meus amigos mais antigos, meninos com quem eu crescera no bairro judeu de Weequahic, em Newark, e muitos dos numerosos outros amigos que fui fazendo vida afora. A cerimônia foi organizada pela Sociedade Philip Roth e pela Comissão de Preservação e Patrimônio Histórico de Newark; e antes de minha palestra, Jonathan Lethem, Hermione Lee, Alain Finkielkraut e Claudia Roth Pierpont fizeram comentários sobre minha obra. Fui apresentado por uma amiga de muitas décadas, a grande romancista irlandesa Edna O'Brien, que talvez tenha surpreendido algumas das pessoas na plateia, porém não a mim, quando disse: "As maiores influências que ele sofreu vieram de seus pais: Herman, o judeu que sempre trabalhou duro numa gigantesca companhia de seguros dominada por góis, e a mãe, que o criou com toda a devoção".

Encerrei minha palestra naquela noite ("A impiedosa intimidade da ficção") com um breve trecho de *O teatro de Sabbath*, a cena perto do fim do romance em que Mickey Sabbath, solitário e desamparado como nunca, visita o cemitério à beira-mar onde estão enterrados todos os membros queridos de sua família. Entre eles está Morty, o irmão mais velho que adorava, cujo bombardeiro fora derrubado sobre as Filipinas, então ocupadas pelos japoneses, poucos meses antes do fim da Segunda Guerra Mundial, quando Sabbath ainda era um menino vulnerável — na verdade, é esse golpe inesperado na infância que determinará todo o resto de sua vida. O episódio no cemitério termina com Sabbath deixando uma pedrinha em cima de cada uma das lápides e, após ser inundado pelas mais ternas recordações de todos, ele diz simplesmente a seus mortos: "Aqui estou".

Digo o mesmo agora. Aqui estou, tendo saído de detrás do biombo de disfarces, invenções e artifícios do romance. Aqui estou, sem recurso a truques de prestidigitação e desprovido de todas aquelas máscaras que proporcionaram a grande liberdade de imaginação da qual fui capaz de desfrutar como escritor de ficção.

I.

DE *LENDO O QUE EU E OUTROS ESCREVERAM*

"Eu sempre quis que vocês admirassem meu jejum", ou Contemplando Kafka[*]

— *Eu sempre quis que vocês admirassem meu jejum* — *disse o artista da fome.*

— *Nós admiramos* — *retrucou o inspetor.* — *Por que não haveríamos de admirar?*

— *Mas não deviam admirar* — *disse o jejuador.*

— *Bem, então não admiramos* — *disse o inspetor.* — *Por que é que não devemos admirar?*

— *Porque eu preciso jejuar, não posso evitá-lo* — *disse o artista da fome.*

— *Bem se vê* — *disse o inspetor.* — *E por que não pode evitá-lo?*

— *Porque eu* — *disse o jejuador, levantando um pouco a cabecinha e falando dentro da orelha do inspetor com os lábios em ponta, como se fosse um beijo, para que nada se perdesse.* — *Porque eu não pude encontrar o alimento que me agrada. Se eu o tivesse encontrado, pode acreditar, não teria feito nenhum alarde e me empanturrado como você e todo mundo.*

Estas foram suas últimas palavras, mas nos seus olhos embaciados persistia a convicção firme, embora não mais orgulhosa, de que continuava jejuando.

Franz Kafka, *Um artista da fome*[**]

---

[*] Escrito em 1973.

[**] *Um artista da fome/ A construção.* Trad. de Modesto Carone. São Paulo: Companhia das Letras, 1998, p. 35. (N. T.)

1

Ao escrever sobre Kafka, contemplo sua fotografia aos quarenta anos (minha idade) — estamos em 1924, um ano tão doce e cheio de esperança quanto ele possa ter vivido como adulto, e também o ano em que morreu. O rosto é afilado e esquelético, como o de um animal escavador; maçãs do rosto proeminentes, evidenciadas ainda mais pela falta de costeletas; orelhas com o formato e o ângulo de asas de anjo; um olhar intenso, quase desumano, de uma serenidade assustada — enormes medos, enorme controle; como único traço sensual, cabelos negros levantinos penteados junto ao crânio; há um bem conhecido alargamento judaico na ponte do nariz, que é longo e ligeiramente volumoso na ponta — idêntico ao de metade dos meninos judeus que tive como colegas no curso ginasial. Milhares de crânios assim esculpidos foram removidos dos fornos com pás; caso tivesse vivido, o dele teria sido mais um, assim como aconteceu com o crânio de suas três irmãs mais moças.

Naturalmente, pensar que Franz Kafka poderia ter estado em Auschwitz não é mais terrível do que pensar em todos que lá estiveram — é apenas terrível por estarmos individualizando seu caso. Mas ele morreu bem antes do Holocausto. Caso estivesse vivo, talvez tivesse escapado com seu bom amigo Max Brod, que se refugiou na Palestina, adotou a cidadania israelense e lá morreu em 1968. Mas *Kafka* escapando? Parece de certo modo improvável para alguém tão fascinado pelas armadilhas e carreiras que terminam com uma morte angustiosa. No entanto, temos Karl Rossmann, seu jovem personagem nos Estados Unidos. Tendo imaginado a fuga de Karl para lá, assim como os altos e baixos de sua vida no novo país, não teria sido possível a Kafka encontrar uma maneira de ele próprio escapar? A fim de permitir que a New School for Social Research em Nova York se tornasse o que foi o Teatro Natural de Oklahoma para Karl?* Ou, quem sabe, graças à influência de Thomas Mann, ele conquistasse um emprego no departamento de alemão da Universidade Princeton? Mas, caso tivesse vivido, não há nenhuma garantia de que os livros celebrados por Mann durante seu refúgio em Nova Jersey teriam sido algum dia publicados; Kafka poderia ter destruído os manuscritos, pois certa vez pedira a Max Brod que o fizesse após sua morte, ou talvez continuasse a mantê-los em segredo. O refugiado judeu que chegasse aos Estados Unidos em 1938 não seria então aquele que Mann considerava um inigualável "humorista religioso", e sim um intelectual frágil e solteirão, de 53 anos, anteriormente advogado de uma firma de seguros governamental em Praga, aposentado com uma pensão em Berlim quando Hitler subiu ao poder — de fato um escritor, mas de alguns poucos contos excêntricos, a maioria deles sobre animais, histórias de que ninguém nos Estados Unidos ouvira falar e que apenas um punhado de pessoas lera na Europa; um K.** sem teto, mas sem a obstinação e a vontade de K.; um Karl deslocado, mas sem o ânimo juvenil e a resiliência de Karl; apenas um judeu suficientemente sortudo para ter escapado com vida, trazendo na bagagem algumas roupas, fotos da família, lembranças de Praga e os manuscritos, ainda inéditos e fragmentários, de *Amerika*, *O processo*, *O castelo* e (coisas mais estranhas acontecem) três outros romances inacabados, não menos notáveis que as bizarras obras-primas que guardava

---

* Num capítulo de O *desaparecido* a que Max Brod deu o título de "O teatro natural de Oklahoma", Rossmann vai embora de Nova York depois de ser contratado pelo Teatro de Oklahoma, onde, segundo o anúncio de recrutamento: "Todos são bem-vindos! Quem quiser ser artista, apresente-se!". (N. E.)
** O protagonista de O *castelo* (1926) é conhecido apenas como K. Joseph K., protagonista de O *processo* (1925), em certas ocasiões é também mencionado apenas como K. (N. E.)

para si por conta de uma timidez edipiana, uma loucura perfeccionista e um desejo insaciável de solidão e pureza espiritual.

Julho de 1923: onze meses antes de sua morte num sanatório em Viena, Kafka encontrou forças para tomar a decisão de partir de Praga e deixar definitivamente para trás a casa do pai. Nunca antes, nem remotamente, conseguira viver sozinho, independente da mãe, das irmãs e de seu pai intimidador, e nunca havia sido um escritor, exceto nas poucas horas da noite em que não estava trabalhando no departamento jurídico do Escritório de Seguros contra Acidentes do Trabalho, em Praga; desde que se formara em direito, todos concordavam que ele era um funcionário extremamente zeloso e honrado, embora achasse o trabalho enfadonho e enervante. Mas, em junho de 1923 — tendo se aposentado do emprego alguns meses antes por razões de saúde —, conheceu uma jovem judia de dezenove anos num balneário à beira-mar na Alemanha, Dora Dymant, funcionária da estância de férias do Lar dos Judeus de Berlim. Dora se afastara de sua família de poloneses ortodoxos para viver por conta própria (com metade da idade de Kafka); ela e Kafka — que acabara de fazer quarenta anos — se apaixonaram. Kafka já ficara noivo de duas moças judias bem mais convencionais — duas vezes com uma delas —, e esses noivados fracassaram sobretudo devido a seus medos. "Sou manifestamente incapaz de me casar",* ele escreveu numa carta de quarenta e cinco páginas que deu à sua mãe para que ela entregasse ao pai. E também: "[...] a partir do momento em que decido me casar, não consigo dormir, a cabeça arde dia e noite, isto já não é vida, fico oscilando desesperado de um lado para outro".

---

* *Carta ao pai*. Trad. de Modesto Carone. São Paulo: Companhia das Letras, 1997. (N. T.)

Ele explica por quê: "Assim como somos, porém, o casamento me está vedado pelo fato de que ele é precisamente o seu domínio mais próprio. Às vezes imagino um mapa-múndi aberto e você estendido transversalmente sobre ele. Para mim, então, é como se entrassem em considerações apenas as regiões que você não cobre ou que não estão ao seu alcance. De acordo com a imagem que tenho do seu tamanho, essas regiões não são muitas nem muito consoladoras, e o casamento não está entre elas". A carta que explica o que há de errado entre pai e filho data de novembro de 1919; a mãe achou melhor nem entregá-la, talvez por falta de coragem ou, como o filho, por falta de esperança.

Nos dois anos seguintes, ele tentou manter um relacionamento com Milena Jesenská-Pollak, uma intensa jovem de 24 anos que traduziu alguns de seus contos para o tcheco e vivia um casamento muito infeliz em Viena; esse relacionamento, conduzido de modo febril mas principalmente através de cartas, foi ainda mais desmoralizante para Kafka que os temíveis noivados com as boas mocinhas judias. Tais fiascos serviram apenas para despertar a ânsia de ser um pai de família, à qual ele não ousava entregar-se, um desejo inibido pelo temor exagerado que tinha do pai — "enfeitiçado pelo círculo familiar", diz Brod — e pelo transe hipnótico de sua própria reclusão. Mas a tcheca Milena, impetuosa, frenética, indiferente às restrições convencionais, uma mulher de apetites e raivas, despertou vontades mais básicas e medos mais profundos. Segundo um crítico de Praga, Rio Preidner, Milena era "uma psicopata"; de acordo com Margaret Buber-Neumann, que viveu dois anos a seu lado num campo de concentração alemão onde Milena morreu depois de uma operação no rim em 1944, ela era perfeitamente sã, além de extraordinariamente humana e corajosa. O necrológio de Kafka escrito por Milena foi o único importante a ser publicado nos jornais de Praga; o estilo é vigoroso, como a apreciação que faz das obras de Kafka. Ela tinha pouco mais de vinte anos, apenas um pequeno círculo de amigos sabia que ele era escritor e, no entanto, Milena escreveu: "Seu conhecimento do mundo era profundo e excepcional, e ele também tinha dentro de si um mundo profundo e excepcional. Tinha uma delicadeza de sentimentos próxima do milagroso e uma clareza mental terrivelmente intransigente, tendo depositado na doença toda a carga de seu medo psicológico de viver. Ele escreveu os mais importantes livros da recente literatura alemã". Pode-se imaginar a vibrante jovem estendida transversalmente sobre a cama, tão assustadora para Kafka quanto seu próprio pai estendido sobre o mapa-múndi. As cartas que lhe escreveu eram desconjuntadas, diferentes de tudo o que publicou; a palavra *medo* aparece página após página: "Nós dois estamos casados, você em Viena, eu com meu Medo em Praga". Ele desejava descansar a cabeça sobre os seios dela; chamava-a de "Mamãe Milena"; foi irremediavelmente impotente em ao menos um dos dois breves encontros que tiveram. Por fim, ele precisou pedir-lhe que o deixasse em paz — ordem à qual Milena obedeceu, embora a fizesse sofrer muito. "Não me escreva", Kafka lhe disse, "e vamos deixar de nos ver; só lhe peço que obedeça com tranquilidade a esse meu pedido; apenas nessas condições minha sobrevivência se torna possível; com relação a tudo mais, continua o processo de destruição."

Então, no começo do verão de 1923, durante uma visita à irmã, que passava as férias com os filhos no mar Báltico, Franz Kafka conheceu Dora Dymant e, um mês depois, foram viver em dois quartos num subúrbio de Berlim; ele enfim livre das "garras" de Praga e de sua casa. Como isso foi possível? Como pôde Kafka, gravemente enfermo, ter executado de forma tão rápida e decisiva a despedida que fora incapaz de realizar quando gozava de boa saúde? O apaixonado escritor de cartas, que podia discutir interminavelmente que trem devia pegar para Viena (caso fosse mesmo encontrar-se com ela no fim de semana); o pretendente burguês, que usava colarinhos altos e durante a prolongada agonia de seu noivado com a respeitável *Fräulein* Bauer escreveu secretamente a si próprio um memorando contrastando os argumentos a favor e contra o casamento; o poeta do incompreensível e do não resolvido, cuja crença em uma barreira irremovível está na essência de suas visões excruciantes da derrota; o Kafka cuja ficção nega todos os devaneios fáceis, sentimentais e tipicamente humanos de salvação, justiça e realização com argumentos densamente imaginados, que zombam de todas as soluções e fugas — esse Kafka *escapa*. Da noite para o dia! K. penetra nas muralhas do Castelo, Joseph K. se safa de sua acusação — "como se poderia contorná-lo [o processo], como se poderia viver fora dele".* Sim, a possibilidade que Joseph K. apenas entrevê na catedral, mas que é incapaz de compreender ou de tornar realidade — "[...] não como o processo talvez pudesse ser influenciado, mas sim como se poderia sair dele" —, Kafka se deu conta dela em seu último ano de vida.

Foi Dora Dymant ou a morte que lhe apontou o novo caminho? Talvez não pudesse haver uma sem a outra. Sabemos que o "vazio ilusório" vislumbrado por K. ao entrar na cidadezinha e contemplar o Castelo através da névoa e da escuridão não era maior nem mais incompreensível que, para o jovem Kafka, a ideia de ser marido e pai; mas agora, assim parece, a perspectiva de ter para sempre Dora, uma esposa, um lar e filhos não o aterrorizava e desnorteava mais como antes, porque o "para sempre" era sem dúvida uma questão de meses. Seja como for, um Kafka com uma doença terminal decidiu casar-se e escreveu ao pai ortodoxo de Dora pedindo a mão de sua filha. Mas a morte iminente, que resolveu todas as contradições e incertezas de Kafka, constituiu

---

* *O processo*. Trad. de Modesto Carone. São Paulo: Companhia das Letras, 1997. (N. T.)

também o obstáculo posto em seu caminho pelo pai da moça. O pedido de um moribundo Franz Kafka para unir sua invalidez à jovem e saudável Dora Dymant foi negado!

Se um pai deixava de atravessar o caminho de Kafka, outro aparecia — e mais um atrás dele. O pai de Dora, escreveu Max Brod na biografia de Kafka, "levou a carta [de Kafka] para consultar o homem que mais respeitava e cuja autoridade significava mais do que qualquer outra coisa para ele, o 'Gerer Rebbe'. O rabino leu a carta, a pôs de lado e disse ao pai de Dora um simples monossílabo: 'Não'". *Não*. O próprio Klamm não poderia ter sido mais incisivo — ou mais distante daquele que fazia o pedido. *Não*. Em seu caráter duramente decisivo, tão revelador e inescapável quanto a cruel ameaça pronunciada pelo pai de Georg Bendemann em *O veredicto* para impedir seu noivado: "Pendure-se na sua noiva e venha ao meu encontro! Vou varrê-la do seu lado, você não imagina como!".* *Não*. Vós não tereis, dizem os pais, e Kafka consente que não terá. Era o hábito da obediência e da renúncia, assim como sua própria repugnância pelo enfermo e a reverência pela força, pelo apetite e pela saúde. "— Limpem isso aqui! — disse o inspetor, e enterraram o artista da fome junto com a palha. Mas na jaula puseram uma jovem pantera. Era um alívio sensível até para o sentido mais embotado ver aquela fera dando voltas na jaula tanto tempo vazia. Nada lhe faltava. O alimento de que gostava, os vigilantes traziam sem pensar muito; nem da liberdade ela parecia sentir falta: aquele corpo nobre, provido até estourar de tudo o que era necessário, dava a impressão de carregar consigo a própria liberdade; ela parecia estar escondida em algum lugar das suas mandíbulas. E a alegria de viver brotava da sua garganta com tamanha intensidade que para os espectadores não era fácil su-

---

* *O veredicto/ Na colônia penal*. Trad. de Modesto Carone. São Paulo: Companhia das Letras, 1998. (N. T.)

portá-la. Mas eles se dominavam, apinhavam-se em torno da jaula e não queriam de modo algum sair dali." Por isso, não significa não, e não, e não — disso ele já sabia muito bem. A mão de uma jovem e saudável moça de dezenove anos não podia, não *devia*, ser dada em casamento a um homem enfermo duas vezes mais velho que ela, um homem que cuspia sangue ("Eu o condeno à morte", exclama o pai de Georg Bendemann, "por afogamento!") e tremia na cama com febres e ataques de frio. Que sonho não kafkiano Kafka sonhara?

E esses nove meses passados com Dora tiveram ainda outros elementos kafkianos: um inverno rigoroso em aposentos mal aquecidos; a inflação que reduzia a nada sua parca pensão e obrigava a ir para as ruas de Berlim os esfomeados e carentes cujo sofrimento, segundo Dora, fazia com que Kafka ficasse com a pele "cinzenta", os pulmões tomados pela tuberculose, a carne transformada e punida. Dora cuidou do escritor doente com a mesma devoção e ternura com que a irmã de Gregor Samsa, em *A metamorfose*, cuida do inseto repulsivo em que o irmão se transmudara. A irmã tocava violino tão lindamente para Gregor que "era como se [a música] lhe abrisse o caminho para o alimento almejado e desconhecido";* na condição em que se encontra, ele sonha em mandar sua talentosa irmã para o conservatório de música! A música de Dora era o hebraico, que ela lia em voz alta para Kafka com tanta verve que, de acordo com Brod, "Franz reconheceu seu talento dramático; seguindo seu conselho e suas instruções, ela mais tarde estudou para ser atriz...".

Só que Kafka não era um inseto para Dora Dymant, *nem para si mesmo*. Longe de Praga e do pai, Kafka, aos quarenta anos, finalmente se livrou da autoaversão, da falta de confiança e do sentimento de culpa que o levavam à dependência e a se anular,

---

* *A metamorfose*. Trad. de Modesto Carone. São Paulo: Companhia das Letras, 1997. (N. T.)

por pouco não o enlouquecendo depois dos vinte anos. De repente, parece ter se libertado da sensação dominante de desespero que transparece nas grandes fantasias punitivas presentes em *O processo*, *Na colônia penal* e *A metamorfose*. Anos antes, em Praga, ele instruíra Max Brod a destruir, após sua morte, todos os seus escritos, inclusive os três romances não publicados; agora, em Berlim, quando Brod o apresentou a uma mulher interessada em sua obra, Kafka consentira na publicação de um volume com quatro contos, e o fez, nas palavras de Brod, "sem que fosse necessária uma longa argumentação para persuadi-lo". Com a ajuda de Dora, ele retomou com afinco o estudo do hebraico; malgrado sua doença e a severidade do inverno, compareceu à Academia de Estudos Judaicos de Berlim a fim de ouvir uma série de palestras acerca do Talmude — um Kafka bem diferente do ser melancólico e distante que certa vez escreveu em seu diário: "Que tenho eu em comum com os judeus? Mal tenho algo em comum comigo próprio, e ficaria bem quieto num canto, feliz por poder respirar". E, a fim de acentuar ainda mais a mudança, ele é feliz no relacionamento com uma mulher: mostra-se brincalhão e pedagógico com aquela jovem companheira que o adora, embora, pode-se imaginar, seja casto por causa da doença (*e* de sua felicidade). Se não um marido (como se esforçou para ser da convencional *Fräulein* Bauer), se não um amante (como se esforçou em vão com a vivaz Milena), parece ter se tornado algo não menos miraculoso em seu esquema mental: um pai, uma espécie de pai para aquela filha que era também irmã e mãe. *Quando Franz Kafka acordou certa manhã, após ter tido sonhos inquietantes, descobriu que em sua cama se transformara num pai, num escritor e num judeu.*[*]

---

[*] Comparar com a primeira frase da novela de Kafka *A metamorfose* (1915): "Quando certa manhã Gregor Samsa acordou de sonhos intranquilos, encontrou-se em sua cama metamorfoseado num inseto monstruoso" (*A metamorfose*. Trad. de Modesto Carone. São Paulo: Companhia das Letras, 1997). (N. E.)

"Instalei a construção", assim começa o longo e curiosamente enfadonho conto que ele escreveu naquele inverno em Berlim, "e ela parece bem-sucedida. [...] no lugar onde, segundo os planos, deveria ficar o burgo, a terra era solta e arenosa e teve de ser literalmente socada para formar a grande peça abobadada e redonda. Para essa obra eu dispunha apenas da testa. Com a testa, então, corri de encontro à terra durante dias e noites, milhares de vezes, e fiquei feliz quando o sangue jorrou, pois era uma prova do início da solidificação da parede, e, desse modo, como é preciso me conceder, fiquei merecendo minha praça."

A construção é a história de um animal que tem uma aguda sensibilidade com relação ao perigo e cuja vida é organizada em torno do princípio da defesa, porque a segurança e a serenidade constituem seus desejos mais profundos. Com dentes e garras — além da testa —, o escavador constrói um elaborado e engenhosamente intrincado sistema de câmaras e corredores subterrâneos planejados para lhe dar alguma paz de espírito; no entanto, embora a toca tenha sucesso em reduzir a sensação de perigo vindo de fora, sua manutenção e proteção tornam-se igualmente uma fonte de ansiedade: "Elas [as preocupações] são outras, mais ativas, mais ricas de conteúdo, o mais das vezes amplamente reprimidas, mas o seu efeito devorador é talvez igual ao das preocupações que a vida lá fora apresenta". A história (cujo final se perdeu) termina com o escavador morbidamente preocupado com longínquos ruídos subterrâneos que o levam a concluir que "só resta a hipótese da existência do animal grande" que está escavando na direção da praça do castelo.

Trata-se de outro sombrio relato de aprisionamento numa armadilha e de obsessão tão absoluta que não há nenhuma distinção evidente entre o personagem e o problema que ele enfrenta. Contudo essa ficção imaginada durante os últimos meses "felizes" na vida de Kafka tem um toque de reconciliação pessoal e sarcástica autoaceitação, de tolerância quanto ao tipo de loucura de cada um, o que não é de forma alguma visível em *A metamorfose*. A lancinante ironia masoquista do conto anterior sobre um animal — assim como em *O veredicto* e *O processo* — dá lugar aqui a uma crítica do ego e de suas mais profundas fixações, que, embora beirando a zombaria, não mais busca se expressar em imagens de completa humilhação e derrota. Todavia há mais aqui do que uma metáfora para o ego insanamente defendido, cuja luta pela invulnerabilidade produz uma elaborada fortaleza de proteção que, por sua vez, precisa se transformar em objeto de preocupação perpétua. Há também uma fábula não romântica e pragmática sobre como e por que se faz arte, um retrato do artista com toda a sua engenhosidade, ansiedade, isolamento, insatisfação, persistência, reclusão, paranoia e egocentrismo, um retrato do pensador mágico que chega ao fim da linha, o Próspero de Kafka. A história de uma vida num buraco é infinitamente sugestiva. Porque, afinal de contas, temos de nos lembrar da proximidade de Dora Dymant durante os meses em que ele trabalhou em *A construção* nos dois quartos mal aquecidos que constituíam o lar não aprovado dos dois. Com certeza, um sonhador como Kafka não precisava ter penetrado no corpo da moça para que sua terna presença acendesse nele a fantasia de um orifício oculto que promete "desejo satisfeito", "ambição alcançada" e "profundo sono", mas que, depois de penetrado e possuído, gera os medos mais terríveis e desoladores de vingança e de perda. "De resto, procuro decifrar os desígnios do animal. Ele está migrando ou trabalhando na própria construção? Se estiver no curso de uma migração, então será possível um entendimento com ele. Se rompe caminho na minha direção, dou-lhe um pouco das minhas provisões e ele segue viagem. Muito bem, é o que ele faz. Naturalmente, no meu monte de terra posso sonhar tudo, inclusive com um acordo, embora eu saiba perfeitamente que algo assim não acontece e que, no momento em que avistarmos um ao outro, mais: no momento em que nos pressentirmos um perto do outro, nenhum deles antes, nenhum depois, com uma fome nova e diferente, mesmo que estejamos completamente saciados, mostraremos, sem sentir, nossas garras e nossos dentes um para o outro."

Ele morreu de tuberculose pulmonar e laríngea em 3 de junho de 1924, um mês antes de fazer 41 anos. Dora, inconsolável, sussurrou durante muitos dias depois: "Meu amor, meu amor, meu homem querido...".

2

1942. Tenho nove anos. Meu professor de hebraico, o dr. Kafka, tem 59. Para os meninos que precisam comparecer todas as tardes às suas aulas das quatro às cinco, ele é conhecido como dr. Kishka — em parte por causa de seu jeito melancólico de estrangeiro e o ar distante, mas sobretudo devido a nosso ressentimento por sermos obrigados a aprender uma caligrafia antiga na hora precisa em que deveríamos estar nos esbaldando no campo de beisebol. O nome, confesso, foi dado por mim. Acho que seu mau hálito, intensamente fortalecido pelos sucos intestinais às cinco da tarde, faz da palavra em iídiche para *tripas* um termo particularmente apropriado. Cruel, sim, mas na verdade eu teria cortado minha língua se houvesse imaginado que o nome se tornaria lendário. Como criança mimada, não pensava em mim como um ser persuasivo nem, ainda, como uma voz literária no mundo. Minhas piadas não ofendem. Como seria possível, se sou tão adorável?! E, se não acredita em mim, basta perguntar à minha família e aos professores de minha escola. Já aos nove anos, eu tinha um pé na universidade e outro nas estâncias de férias nas montanhas Catskills. Fora da sala de aulas, sou um pequeno cômico, nos moldes daqueles que trabalham nesses hotéis de veraneio, divertindo meus amigos Schlossman e Ratner na caminhada para casa após as aulas de hebraico, quando já está escuro. Imito Kishka, seu comportamento professoral preciso e afetado, seu sotaque germânico, sua tosse, sua tristeza. "Doutor *Kishka!*", grita Schlossman, atirando-se violentamente contra o mostruário de jornais vendidos pelo dono da confeitaria, que Schlossman deixa mais louco a cada noite. "Doutor Franz, Doutor Franz, Doutor Franz *Kishka!*", grita Ratner, e meu amiguinho gorducho, que mora no andar de cima do meu (e só se alimenta de chocolate com leite e um doce de marshmallow coberto de chocolate), não para de rir até que — como de hábito, e sua mãe me pediu que "ficasse de olho nele" exatamente por causa disso —, mija nas calças. Schlossman aproveita a humilhação de Ratner para tirar o papel molhado de dentro de seu bolso e exibi-lo: é o exercício que o dr. Kafka nos entregou pouco antes com nossas notas. Tínhamos sido instruídos a desenhar um alfabeto de nossa própria invenção, usando linhas retas, traços curvos e pontos. "Um alfabeto nada mais é que isso", ele explicara. "O hebraico é assim. E o inglês também. Linhas retas e curvas, alguns pontos." O alfabeto de Ratner, pelo qual recebeu a nota 5, parecia 26 crânios enfileirados. Eu tirei 8 por um alfabeto cheio de arabescos, inspirado especialmente (como o dr. Kafka parece ter inferido pela nota que recebi) no número 8. Schlossman tirou zero por ter esquecido de fazer o exercício — e não ligou nem um pouco. Ele está contente — está *felicíssimo* — com as coisas como são. Só o fato de brandir uma folha de papel e gritar "Kishka! Kishka!" deixa-o delirante de felicidade. Todos nós devíamos ter a mesma sorte.

Em casa, sozinho e diante de minha "escrivaninha" iluminada pela luminária reclinável (ligada depois do jantar numa tomada na cozinha, que passava então a servir como meu escritório), a visão de nosso professor refugiado, magérrimo e usando um puído terno azul-marinho com colete, não tinha mais nada de engraçado — em particular depois que toda a classe de hebraico dos principiantes, da qual sou o membro mais estudioso, adotou para valer o nome Kishka. Meu sentimento de culpa desperta as fantasias redentoras de heroísmo que tenho com frequência sobre os "judeus na Europa". Preciso salvá-lo. Se não eu, quem será? O demoníaco Schlossman? O bebezão Ratner? E, se não agora, quando? Porque fiquei sabendo que o dr. Kafka aluga um quarto na casa de uma velha judia na parte mais baixa e mais decadente da Avon Avenue, por onde ainda passa o bonde e vivem os negros mais pobres de Newark. Um *quarto*. E *ali*! O apartamento da minha família não é um palácio, mas pelo menos ocupamos todos os cinco aposentos, desde que paguemos o aluguel de 38 dólares e meio por mês. E, embora não sejam ricos, nossos vizinhos se recusam a parecer pobres, humildes ou derrotados. Com lágrimas de vergonha e arrependimento nos olhos, corro para a sala de visitas e conto a meus pais o que ouvi (mas não que sabia disso um minuto antes que a aula começasse, ao jogar uma bola de borracha contra a parede de ladrilhos dos fundos da sinagoga, bem debaixo de um vitral adornado com os nomes de gente morta): "Meu professor de hebraico mora num *quarto*".

Convide ele para jantar, diz minha mãe. *Aqui?* Claro, na noite de sexta-feira, tenho certeza de que ele é capaz de suportar uma comida feita em casa e uma boa companhia. Enquanto isso, papai pega o telefone para chamar minha tia Rhoda, que mora com vovó num prédio na esquina da nossa rua, onde cuida dela e das plantas nos vasos. Ao longo de quase duas décadas meu pai vem apresentando a "irmãzinha" da minha mãe a todos os judeus solteiros e viúvos do norte do estado de Nova Jersey. Até agora sem sucesso. A tia Rhoda, que trabalha como decoradora no Big Bear, uma gigantesca loja de secos e molhados na cidade industrial de

Elizabeth, usa dentaduras postiças (informação passada por meu irmão mais velho) e blusas transparentes com babados, sendo voz corrente na família que gasta horas no banheiro todos os dias aplicando pós e escovando os cabelos rebeldes a fim de exibir um penteado decorativo no topo da cabeça. Mas, apesar de todos os esforços, na opinião de papai ela "ainda tem medo dos fatos da vida". Ele, contudo, é destemido e oferece com frequência conselhos terapêuticos gratuitos: "Deixa eles te agarrarem, Rhoda, é bom!". Como eu sou carne e sangue dele, posso me resignar a ouvir palavras tão escandalosas em nossa cozinha — mas o que pensará o dr. Kafka? Ah, agora é tarde demais para fazer qualquer coisa. A bem-intencionada maquinaria casamenteira foi posta em marcha por meu pai, pessoa impossível de ser desencorajada, e já estão ronronando os motores da famosa hospitalidade de mamãe, orgulhosa de seus dotes de dona de casa. Atirar meu corpo nas engrenagens a fim de fazer tudo parar — bem, seria mais fácil interromper todas as ligações da companhia telefônica de Nova Jersey deixando nosso aparelho fora do gancho. Agora só o dr. Kafka pode me salvar. No entanto, ao meu convite murmurado, ele responde com uma reverência formal que me deixa mais vermelho que um pimentão — alguém já viu uma pessoa fazer tal gesto fora das telas do cinema? Diz que é uma *honra* ser convidado para jantar por minha família. "Minha tia", me apresso a dizer, "também vai estar lá." Parece que falei algo ligeiramente humorístico; estranho ver o dr. Kafka sorrir. Suspirando, ele diz: "Será um grande prazer conhecê-la". Conhecer? A ideia é que *se case* com ela. Como posso alertá-lo? E como alertar tia Rhoda (que gosta muito de mim e admira minhas notas) sobre o mau hálito dele, a palidez de quem não sai nunca do quarto, seu jeitão do Velho Mundo tão contrastante com a modernidade dela? Tenho a impressão de que meu rosto vai entrar em combustão espontânea — e gerar o fogo que engolfará a sinagoga, com a Torá e tudo —

quando vejo o dr. Kafka anotar com uns garranchos nosso endereço em seu livrinho de notas e, logo abaixo, escrever algumas palavras em alemão. "Boa noite, dr. Kafka!" "Boa noite, e muito obrigado, muito obrigado." Dou meia-volta para sair correndo, mas não rápido o suficiente: na rua, ouço Schlossman — aquele demônio! — anunciando a meus colegas de turma, que trocam tapas sob o lampião que fica em frente aos degraus da sinagoga (onde um carteado também está em curso, organizado pelos garotos que vão fazer o bar mitsvá): "Roth convidou Kishka para *a casa dele*! Para *jantar*!".

Meu pai faz o serviço completo com Kafka! Como se estivesse vendendo ações de felicidade familiar! O que significa ter dois excelentes rapazes e uma esposa maravilhosa! Será que o dr. Kafka pode imaginar o que isso representa? A emoção? A satisfação? O orgulho? Conta ao visitante sobre a rede de parentes do lado de mamãe, que formam uma "associação da família" com mais de duzentos membros espalhados por sete estados, inclusive o de Washington! Sim, parentes até no extremo oeste do país: aqui estão suas fotografias, dr. Kafka; esse é um lindo livro que publicamos com nossos próprios recursos, a cinco dólares por exemplar, com retratos de cada um, inclusive as crianças, e uma história da família escrita pelo "Tio" Lichtblau, o patriarca do clã, que tem 85 anos. Esse é o boletim informativo da família, publicado duas vezes por ano e distribuído a todos os parentes onde quer que eles morem. Aqui, emoldurado, está o menu do banquete da associação da família, realizado no ano passado num salão da Associação Hebraica de Moços de Newark para comemorar os 75 anos da mãe do meu pai. O dr. Kafka fica sabendo que minha própria mãe foi tesoureira da associação da família durante *seis anos seguidos*, e que papai serviu por duas vezes como presidente, assim como cada um de seus três irmãos. Temos atualmente catorze rapazes nas forças armadas. Philip escreve uma carta por mês para cinco de seus primos que servem no Exército. "Religiosamente", acrescenta mamãe, alisando meus cabelos. "Estou convencido", diz papai, "de que a família é a pedra fundamental de tudo."

O dr. Kafka, que ouvira com atenção a lenga-lenga de papai, manipulando os diversos documentos que lhe eram passados com grande delicadeza e examinando-os com uma concentração absorta, como a que devoto às marcas-d'água de meus selos, pela primeira vez se manifesta sobre a questão da família; baixinho, ele diz: "Concordo", e volta a inspecionar as páginas do livro da associação da família. "Uma pessoa sozinha, dr. Kafka", diz papai, concluindo, "é como um ninho vazio." O dr. Kafka, descansando gentilmente o livro sobre a bem polida mesa de mamãe, faz um gesto de cabeça significando que é isso mesmo. Os dedos de mamãe agora estão formando cachinhos atrás de minhas orelhas; não que eu me dê conta disso no momento, ou que ela se dê conta. Ser acariciado é minha vida; acariciar a mim, meu pai e meu irmão é a vida dela.

Meu irmão sai para uma reunião de escoteiros, mas só depois que papai o obriga a se pôr diante do dr. Kafka, já portando o lenço, e descrever todas as habilidades que dominou para ganhar cada uma de suas insígnias. Sou convidado a trazer meu álbum de selos à sala de visitas e mostrar ao dr. Kafka minha série de espécimes triangulares de Zanzibar. "Zanzibar!", exclama papai em êxtase, como se, antes de fazer dez anos, eu já tivesse estado lá e voltado. Papai nos acompanha até o "solário", onde meus peixinhos tropicais nadam no paraíso bem aerado, aquecido e higiênico que criei para eles com minha mesada semanal e o *gelt* [dinheiro] que ganhei por conta do Chanuká. Sou encorajado a contar ao dr. Kafka o que sei sobre o temperamento dos peixes-anjos, a função dos bagres e a vida em família das molinésias negras. Conheço muito bem esses assuntos. "Faz tudo isso sozinho", papai diz a Kafka. "Fico no sétimo céu quando ele me dá uma lição sobre algum desses peixes, dr. Kafka." "Posso imaginar", ele responde.

De volta à sala de visitas, tia Rhoda de repente se lança num monólogo bastante obscuro sobre os "tecidos de xadrez escoceses", ao que parece, com o objetivo específico de instruir mamãe. Pelo menos não tira os olhos dela enquanto fala. Ainda não a vi olhar diretamente para o dr. Kafka; nem se voltou na direção dele durante o jantar quando ele perguntou quantas pessoas trabalham no Big Bear. "Como eu poderia saber?", ela respondeu, e continuou a conversar com mamãe sobre um açougueiro que a serviria sem registrar a compra caso ela arranjasse meias de nylon para a mulher dele. Nunca me ocorreu que tia Rhoda não olha para o dr. Kafka por ser tímida — a meu juízo, uma pessoa tão produzida não poderia ser tímida. Só consigo imaginar que ela está ofendida. *Por seu mau hálito. Por seu sotaque. Por sua idade.*

Estou errado — a razão, soubemos depois, era o que tia Rhoda chamou de "complexo de superioridade". "Sentado lá, com aquele sorriso debochado", diz minha tia, ela própria agora sentindo-se visivelmente superior. "Sorriso debochado?", repete papai, incrédulo. "Sim, debochando e rindo", diz a tia Rhoda. Mamãe dá de ombros. "*Eu* não achei que ele estava rindo." "Ah, não se preocupe, lá por dentro ele estava se divertindo muito — *às nossas custas*. Conheço esses homens europeus. Eles têm o rei na barriga", diz Rhoda. "Sabe de uma coisa, Rhoda?", papai pergunta, inclinando a cabeça e apontando o dedo. "Acho que você se apaixonou." "Por *ele*? Está *maluco*?" "Ele é caladão demais para a Rhoda", diz mamãe. "Acho que ele é meio paradão. Rhoda é uma pessoa muito ativa, precisa de gente animada em volta dela." "Paradão? Franz? Ele não é nenhum boboca! É um cavalheiro, isto sim. E uma pessoa solitária", diz papai de modo enérgico, lançando um olhar duro na direção de mamãe por contrariá-lo daquele modo *contra* Kafka. Tia Rhoda tem quase quarenta anos — não é exatamente um carregamento de mercadorias novinhas em folha que papai está tentando vender. "Ele é um cavalheiro, um homem educado. E vou dizer uma coisa: ele daria tudo para ter uma boa casa e uma mulher." "Bom", diz minha tia, "então deixa que ele encontre uma, se é tão educado. Alguém que seja do seu nível, que ele não precise olhar de cima para baixo com aqueles olhos grandes e tristes de refugiado!" "É mesmo, ela se apaixonou", papai anuncia, apertando o joelho de Rhoda em triunfo. "Por ele?", ela exclama, ficando de pé num salto e fazendo o tecido de tafetá crepitar em volta dela como se fosse uma fogueira. "Pelo *Kafka*?", ela bufa. "Não olharia duas vezes para um homem velho como ele!"

O dr. Kafka telefona e leva minha tia Rhoda ao cinema. Fico pasmo, tanto por ele ter ligado como por ela ter ido; aparentemente, há mais desespero na vida do que eu encontrara até então no meu aquário. O dr. Kafka leva tia Rhoda para ver uma peça de teatro na Associação Hebraica de Moços. Kafka almoça no domingo com minha avó e tia Rhoda, aceitando no fim da tarde, com aquela sua reverência formal, o pote de cogumelos e sopa de cevada que vovó insiste que ele carregue no ônibus número 8 até seu quarto. Pelo jeito, ele gostou muito da selva de plantas em vasos de vovó, e ela, consequentemente, gostou dele. Conversaram em iídiche sobre jardinagem. Certa manhã de quarta-feira, uma hora antes que a loja abrisse, o dr. Kafka aparece no departamento de tecidos do Big Bear; diz à tia Rhoda que só queria ver onde ela trabalha. Naquela noite, ele escreve em seu diário: "Ela é eficiente e bem-humorada com os fregueses, e tão segura em matéria de 'gosto' que, quando a ouvi explicar a uma noiva gorduchinha por que o verde e o azul não combinam, eu mesmo passei a acreditar que a natureza está errada e R. tem razão".

Uma noite, às dez, o dr. Kafka e tia Rhoda chegam de surpresa, sendo improvisada uma importante festinha na cozinha — café e o bolo marmorizado de mamãe, além de pequenas doses de uísque que todos bebem para comemorar a retomada da carreira teatral da tia Rhoda. Sabia de suas ambições nessa área por ouvir falar. Meu irmão contava que, quando eu era pequeno, minha tia costumava vir nos entreter aos domingos com as marionetes — nessa época ela recebia um pagamento de uma agência do governo que, após a grande recessão, pagava para que artistas viajassem pelo estado de Nova Jersey apresentando espetáculos de marionetes nas escolas e até nas igrejas: tia Rhoda fazia todas as vozes e, com a ajuda de uma assistente, manipulava os bonecos com suas cordinhas. Na mesma época, ela participou do Teatro Coletivo de Newark, uma trupe organizada com o propósito principal de encenar a peça *Waiting for Lefty* para grupos de grevistas. Todo mundo em Newark (assim entendi) tinha grandes esperanças de que Rhoda Pilchik acabaria na Broadway — todo mundo menos vovó. Para mim, é tão difícil acreditar nesse período da história quanto na era em que os povos viviam em lagos, matéria que estou estudando na escola. Dizem que foi assim e acredito, mas, de todo modo, é difícil dar a essas histórias um caráter real quando vejo as coisas como são hoje.

Entretanto, meu pai, um ávido cultor da realidade, está na cozinha, com um copo na mão, cumprimentando o sucesso da tia Rhoda. Ela ganhou um dos papéis principais na obra-prima russa *As três irmãs*, que será apresentada em seis semanas por um grupo amador na Associação Hebraica de Moços de Newark. Tia Rhoda anuncia que deve tudo a Franz e a seu encorajamento. Uma conversa — "Só uma!", ela exclama com alegria —, e aparentemente o dr. Kafka foi capaz de fazer vovó abandonar sua crença de toda a vida de que os atores não são seres humanos sérios. E que ator *ele* próprio é, diz tia Rhoda. Como lhe abriu os olhos para o significado das coisas ao ler a famosa peça de Tchékhov — sim, lendo da primeira fala até o pano final, todas as partes, na verdade fazendo-a chorar. Nesse ponto, tia Rhoda diz: "Ouçam, ouçam a primeira linha da peça, que é a chave para entender tudo. Ouçam, me faz lembrar como foi na noite em que papai morreu, como me perguntei o que aconteceria conosco, o que iríamos fazer, e... *ouçam...*".

"Estamos ouvindo", diz papai, rindo. *Eu* ouvia também da minha cama.

Pausa: ela deve ter caminhado até o meio da cozinha, cujo chão era coberto por linóleo. Recita, soando como se estivesse um pouco surpresa: "Hoje faz um ano exatamente que papai morreu".

"Psiu", alerta mamãe, "assim você vai fazer o menino ter pesadelos."

Não sou o único a achar minha tia "uma outra pessoa" durante as semanas de ensaio. Mamãe diz que ela está como na época de menina. "Bochechas vermelhas, sempre essas bochechas quentes e vermelhas — e tudo fica excitante, até tomar banho." "Ela vai se acalmar, fique tranquila", diz papai, "e então ele vai fazer a pergunta." "Bate na madeira", diz mamãe. "Olha", diz papai, "ele sabe onde amarrar o burro. Pôs os pés nesta casa, viu como é a nossa família e, creia em mim, está com água na boca. É só olhar para ele quando se senta nessa poltrona confortável. Esse é o sonho de Franz Kafka, o sonho que vai virar realidade." "Rhoda diz que, em Berlim, antes de Hitler, ele tinha uma namorada, mas os anos foram passando e a moça acabou o largando. Por outro homem. Cansou de esperar." "Não se preocupe", diz papai, "quando chegar a hora, vou dar um empurrãozinho. Ele não vai viver para sempre, e sabe muito bem disso."

Sentado nas últimas fileiras do auditório sem tirar o chapéu e o casaco, o dr. Kafka assistia com regularidade aos ensaios que eram realizados todas as noites, e depois acompanhava tia Rhoda até a casa dela. E então, para amenizar a "tensão" dos ensaios, os dois passam um fim de semana em Atlantic City. Desde que chegara aos Estados Unidos, o dr. Kafka tinha vontade de conhecer o famoso calçadão de madeira e o cavalo que pulava do trampolim.

Mas alguma coisa acontece em Atlantic City que eu não estava autorizado a saber; qualquer discussão sobre o assunto na minha presença era conduzida em iídiche. O dr. Kafka manda para tia Rhoda quatro cartas em três dias. Ela vai jantar conosco e fica sentada na cozinha, chorando, até meia-noite. Telefona para a Associação Hebraica de Moços para dizer (chorando) que a mãe dela ainda estava doente e por isso não ia poder comparecer de novo ao ensaio — talvez tivesse de abandonar a peça. Não, não posso ir, não posso mesmo, mamãe está muito doente, eu estou muito preocupada! Adeus! Depois, volta à mesa da cozinha para chorar. Não está usando ruge nem batom vermelho, e seus cabelos castanhos, penteados para baixo, de tão grossos e duros parecem uma vassoura nova.

Meu irmão e eu ouvimos do quarto, através da porta que ele escancarou.

"Já se viu uma coisa dessas?", pergunta tia Rhoda, chorando. "Já se *viu*?"

"É de dar pena", diz mamãe.

"Pena de *quem*?", sussurro para meu irmão. "Tia Rhoda ou..."

"Psiu!", ele diz, "*cala a boca!*"

Na cozinha, papai solta um grunhido. Ouço quando ele se põe de pé, dá alguns passos e volta a se sentar — grunhindo ainda. Estou tão atento que ouço o ruído das cartas sendo dobradas e abertas, postas de novo nos envelopes, para serem retiradas e lidas mais uma vez.

"E então?", pergunta incisivamente tia Rhoda. "*E então?*"

"Então o quê?", responde papai.

"Bom, o que é que você tem para me dizer *agora*?"

"Ele é *meshugeh* [maluco]", papai admite. "É verdade, tem algo de errado com ele."

"Mas", soluça tia Rhoda, "ninguém acreditava quando eu dizia isso!"

"Rhody, Rhody", cantarola mamãe naquela voz que ouvi nas duas vezes em que precisei tirar pontos ou quando acordava aos prantos caído ao chão, sei lá como, ao lado da cama. "Rhody, não seja histérica, minha querida. Acabou, gatinha, agora já acabou de vez."

Estico o braço na direção da cama do meu irmão e puxo a coberta dele. Acho que nunca fiquei tão confuso, nem mesmo diante da morte de alguém. A velocidade com que as coisas aconteceram! Tudo de bom desfeito num instante! Qual a razão? "*O que foi?*", sussurro. "*O que é que aconteceu?*"

Meu irmão, o escoteiro, dá um risinho irônico e, numa palavra que não é uma resposta mas diz o suficiente, aplaca minha perplexidade: "Sexo!".

Onze anos depois, quando eu estava no terceiro ano da universidade, recebo um envelope de casa com o necrológio do dr. Kafka, recortado do *The Jewish News*, o tabloide que reporta assuntos judaicos e é enviado toda semana para as casas dos judeus do condado de Essex. Estamos no verão, o semestre de aulas terminou, mas fiquei na universidade, sozinho no quarto que alugo no centro da cidade, tentando escrever contos. Faço as refeições na casa de um jovem professor de inglês e sua esposa, realizando em troca serviços de baby-sitter; conto ao simpático casal, que também está me emprestando dinheiro para pagar o aluguel, por que não posso ir para casa. As brigas com papai são o único assunto de nossas conversas na mesa do jantar. "Faz ele ficar longe de mim!", grito para mamãe. "Mas, querido", ela me pergunta, "o que está acontecendo? Qual é o problema?". A mesma pergunta com que eu costumava azucrinar meu irmão mais velho, agora dirigida a mim com igual surpresa e inocência. "Ele *adora* você", ela explica.

Mas é exatamente isso que parece estar bloqueando meu caminho. Outros são esmagados pelas críticas paternas — e eu me sinto oprimido pelo alto conceito em que meu pai me tem! Será verdade (e posso eu admiti-la) que estou começando a odiá-lo por me amar tanto? Tudo o que ele diz me deixa louco, mas isso não faz o menor sentido: a ingratidão! A idiotice! A perversidade! Obviamente, ser amado é uma bênção, *a* bênção, e devemos dar graças por uma herança tão rara. Basta ouvir o que dizem tarde da noite meus amigos na revista literária e no grupo de teatro — sobre os conflitos e sofrimentos no seio de suas famílias, contam histórias de horror que rivalizam com as do famoso livro *The Way of All Flesh*, e voltam das férias em estado de choque, como se tivessem saído de uma guerra. "O que está acontecendo?", mamãe implora que eu lhe diga; porém, como posso dizer, se eu mesmo não consigo acreditar que isso esteja acontecendo conosco, ou que eu seja o causador de tudo. Com eles, que juntos removeram todos os obstáculos do meu caminho, aparentemente se transformando agora na minha obstrução final! Tudo o que construímos juntos ao longo de duas décadas (que foram como dois séculos) deve ser agora demolido em nome dessa necessidade tirânica que tenho de "independência"! Mamãe, mantendo as linhas de comunicação abertas, manda um bilhete para a universidade: "Sentimos falta de você", e anexa o pequeno necrológio. Na margem de baixo do recorte, escreveu (na mesma caligrafia com que redigiu as mensagens para meus professores e assinou meus boletins escolares, naquela mesma caligrafia que no passado facilitou meu caminho no mundo): "Lembra do pobre Kafka, o noivo da tia Rhoda?".

"Dr. Franz Kafka", diz o obituário, "professor de hebraico no Talmude Torá da sinagoga da Schley Street de 1939 a 1948, faleceu em 3 de junho no Centro Deborah de Doenças do Coração e dos Pulmões, em Brown Mills, Nova Jersey. Dr. Kafka estava internado lá desde 1950. Tinha 70 anos de idade. Dr. Kafka nasceu em Praga, Tchecoslováquia, e foi um refugiado do regime nazista. Não deixa descendentes."

Também não deixou nenhum livro: nenhum *Processo*, nenhum *Castelo*, nenhum *Diário*. Os papéis do defunto não foram procurados por ninguém e desapareceram, todos menos aquelas quatro cartas *meshugeneh* [malucas] que, tanto quanto eu saiba, ainda fazem parte das lembranças acumuladas por minha tia solteirona, juntamente com uma coleção de programas de peças da Broadway, congratulações pelas vendas efetuadas no Big Bear e adesivos para colar nas malas em viagens marítimas transatlânticas. Portanto todos os vestígios do dr. Kafka perderam-se para sempre. Sendo assim o destino, como poderia ser diferente? O agrimensor chega ao Castelo? Será que K. escapa da jurisdição do tribunal, ou Georg Bendemann do julgamento de seu pai? "— Limpem isso aqui! — disse o inspetor, e enterraram o artista da fome junto com a palha." Não, simplesmente não é possível que nosso Kafka um dia se transforme *no* Kafka — porque isso seria ainda mais estranho que um homem transformar-se num inseto. Ninguém acreditaria nisso, muito menos o próprio Kafka.

Escrevendo ficção
nos Estados Unidos[*]

Vários invernos atrás, enquanto eu estava morando em Chicago, a cidade ficou chocada e confusa com a morte de duas adolescentes. Até onde sei, a população continua confusa; quanto ao choque, Chicago é Chicago, e o horror de um dia se dilui na semana seguinte. As vítimas daquele ano eram irmãs. Certa noite de dezembro, foram ver um filme de Elvis Presley, segundo foi dito pela sexta ou sétima vez, e nunca voltaram para casa. Passaram-se dez dias, depois quinze, vinte, enquanto em toda a cidade desolada, em cada rua e beco, as irmãs Grimes, Pattie e Babs, eram procuradas. Uma amiga as vira no cinema, um grupo de rapazes as vira mais tarde de relance entrando num Buick preto, outro grupo mencionou um Chevrolet verde, até que um dia a neve derreteu e os corpos nus das duas moças foram descobertos numa vala de beira de estrada em uma reserva florestal a oeste de

---

[*] Originalmente, uma palestra proferida na Universidade Stanford, que patrocinou, com a revista *Esquire*, um simpósio sobre o tema "Escrevendo hoje nos Estados Unidos" (1960).

Chicago. O legista disse não saber a causa da morte, e então a imprensa tomou conta do assunto. Um jornal publicou um desenho das moças na última página, usando meias soquete, calças jeans e lenços de cabeça: Pattie e Babs com trinta centímetros de altura e em quatro cores, como uma famosa personagem de história em quadrinhos da edição dominical. A mãe das duas garotas chorou nos braços de uma repórter que aparentemente plantou sua máquina de escrever na varanda da frente da casa da família Grimes e escrevia uma coluna por dia, contando-nos que elas tinham sido boas garotas, trabalhadeiras, garotas como as outras, garotas que frequentavam a igreja etc. Tarde da noite, era possível assistir a entrevistas na televisão com colegas e amigos das irmãs Grimes: as adolescentes olhando em volta, morrendo de vontade de dar uma risadinha; os rapazes empertigados em seus blusões de couro. "Sim, eu conhecia a Babs, sim, ela era legal, sim, todo mundo gostava dela..." E assim foi até que, afinal, houve uma confissão. Um vagabundo alcoólatra de 35 anos, lavador de pratos e predador cruel chamado Benny Bedwell, admitiu ter matado as duas depois que ele e um camarada haviam passado várias semanas com elas em diversos hotéis mambembes. Ouvindo a notícia, a mãe em prantos disse à repórter que o sujeito era um mentiroso, porque suas filhas, ela insistia, tinham sido mortas na noite em que viram o filme. O legista continuou a sustentar (malgrado as reclamações da imprensa) que as moças não tinham nenhum sinal de haver mantido relações sexuais. Enquanto isso, todo mundo em Chicago estava comprando quatro jornais por dia, e Benny Bedwell, após fornecer à polícia um relato minucioso de suas aventuras, foi posto na prisão. Duas freiras, professoras das garotas, foram cercadas pelos jornalistas e bombardeadas com perguntas. Finalmente, uma delas explicou tudo. "Elas não eram garotas excepcionais", disse a freira, "não tinham nenhum passatempo." Por volta dessa época, uma boa alma desencavou a sra.

Bedwell, mãe de Benny, e foi acertado um encontro dela com a mãe das adolescentes. Na fotografia então tirada, as duas senhoras, obesas, revelando no rosto como haviam trabalhado duro a vida inteira, pareciam algo perplexas, apesar de sentadas bem empertigadas diante dos fotógrafos. A sra. Bedwell pediu desculpas pelos atos de seu Benny, dizendo: "Nunca pensei que nenhum dos meus meninos pudesse fazer uma coisa dessas". Duas semanas depois, talvez três, seu filhinho saiu da prisão após pagar a fiança, exibindo um bom número de advogados e vestindo um terno com paletó de um botão. Foi levado num Cadillac cor-de-rosa a um motel fora da cidade, onde concedeu uma entrevista. Sim, foi vítima da brutalidade policial. Não, não é um assassino; talvez um degenerado, mas até mesmo isso está mudando. Vai ser carpinteiro (carpinteiro!) e trabalhar para o Exército da Salvação, disseram seus advogados. Imediatamente, Benny foi contratado para cantar (ele tocava violão) numa boate de Chicago, ganhando 2 mil dólares por semana — ou eram 10 mil? Esqueci. Mas lembro que, de repente, na cabeça do espectador, ou do leitor de jornais, pipocou a grande pergunta: isso é só um truque de relações públicas? Mas sem dúvida não era — duas adolescentes haviam morrido. Seja como for, uma canção começou a se tornar popular em Chicago, "The Benny Bedwell Blues". Outro jornal lançou um concurso semanal com o título "Como você acha que as irmãs Grimes foram mortas?", concedendo um prêmio pela melhor resposta (na opinião dos juízes). E então o dinheiro começou a jorrar em cima da sra. Grimes, vindo de toda a cidade e do estado. Para quê? De quem? A maior parte das doações era anônima. Dólares, milhares e milhares de dólares — o *Sun-Times* nos mantinha informados do total. A sra. Grimes tratou de restaurar e redecorar sua casa. Um estranho chamado Shultz ou Schwartz — realmente não me recordo, que trabalhava no comércio de eletrodomésticos, presenteou a sra. Grimes com uma cozinha nova. Dirigindo-se à filha que sobreviveu, ela disse: "Imagine eu nessa cozinha!".

Por fim, a pobre senhora comprou dois papagaios (ou quem sabe outro sr. Shultz os ofereceu como presente); a um deles a sra. Grimes deu o nome de Babs, ao outro, de Pattie. Por essa época, sem dúvida Benny Bedwell mal aprendera a pregar um prego sem entortá-lo e foi extraditado para a Flórida sob a acusação de ter estuprado uma menina de doze anos. Pouco depois, eu mesmo fui embora de Chicago e, até onde sei, ainda que a sra. Grimes não tenha mais suas duas filhas, agora tem uma máquina de lavar roupa novinha em folha e duas pequenas aves.

E qual é a moral da história? Apenas esta: que o escritor norte-americano em meados do século xx tem a ingrata tarefa de compreender, descrever e então tornar *crível* boa parte da realidade do país. Ela nos deixa estupefatos, nos enjoa, irrita, e por fim cria até mesmo certo embaraço a nossa parca imaginação. Os fatos correntes estão continuamente superando nossos talentos, e a cultura quase todos os dias exibe facetas que fazem inveja a qualquer romancista. Quem, por exemplo, teria inventado Charles van Doren? Roy Cohn e David Schine? Sherman Adams e Bernard Goldfine? Dwight David Eisenhower?*

Há alguns meses, a maioria dos cidadãos ouviu um dos candidatos à presidência dos Estados Unidos dizer algo assim: "Ago-

---

* Após se tornar um fenômeno de popularidade pelo desempenho no famoso programa de televisão *Twenty One*, Charles Lincoln van Doren testemunhou perante o Congresso dos Estados Unidos que havia recebido as respostas corretas por parte dos produtores do show de perguntas; Roy Cohn e David Schine, acusados de manterem uma relação homossexual, tiveram papel importante na campanha anticomunista do senador McCarthy; Sherman Adams, chefe de gabinete do presidente Eisenhower, foi obrigado a pedir demissão em 1958 quando se soube que recebera um casaco de vicunha de Bernard Goldfine, fabricante de tecidos que era investigado por delitos econômicos; Dwight David Eisenhower tornou-se o 34º presidente dos Estados Unidos em 1953, depois de servir como comandante supremo das Forças Aliadas na Europa durante a Segunda Guerra Mundial. (N. T.)

ra, se você acha que o senador Kennedy está certo, então eu acho sinceramente que você devia votar nele e, se acha que eu estou certo, sugiro humildemente que vote em mim. Essa é, sem dúvida, uma opinião pessoal, a de que estou certo..." — e por aí foi. Embora não pareça assim a 34 milhões de eleitores, ainda considero um pouco fácil ridicularizar o sr. Nixon, e não foi com esse intuito que me dei ao trabalho de parafraseá-lo aqui. Se ele de início nos diverte, ao final nos deixa atônitos. Talvez, como uma criação literária satírica, ele pudesse parecer "crível", mas eu próprio, vendo-o na televisão como uma figura pública de verdade, como um fato político, não consigo engoli-lo. Além de tudo o que os debates na televisão significaram para mim, devo assinalar, como curiosidade literária, que também me causaram inveja profissional. Todas as maquinações sobre a maquiagem e o tempo dedicado às respostas, todo o negócio de saber se o sr. Nixon deveria encarar o sr. Kennedy quando ele respondia ou se devia afastar o olhar — era tudo tão inócuo, tão fantástico, esquisito e surpreendente que a princípio desejei ter inventado aquilo. Mas, naturalmente, não é necessário ser um escritor de ficção para desejar que *alguém* tivesse inventado aquilo, que aquilo não fosse real e nos envolvesse.

Assim, os jornais todos os dias nos trazem espanto e surpresa (Será possível? Está mesmo acontecendo?), bem como repugnância e desespero. Os cambalachos, os escândalos, a insanidade, a idiotice, as crendices, as mentiras, o palavrório... Há pouco tempo, na revista *Commentary*, Benjamin DeMott escreveu que "a suspeita profundamente enraizada [é] que os eventos e indivíduos não são reais, e que o poder de alterar o curso da história, da minha vida e da sua, na verdade não está em lugar nenhum". Parece haver, disse DeMott, uma espécie de "mergulho universal na irrealidade". Algumas noites atrás — para dar um exemplo inofensivo do mergulho — minha mulher ligou o rádio e ouviu o anunciante oferecer uma série de prêmios em dinheiro às três melhores peças para televisão escritas por crianças e com duração de cinco minutos. Nessas horas, fica até difícil a gente se virar na cozinha. Sem dúvida, são raros os dias sem que incidentes bem menos inofensivos nos tragam à mente o que afirma DeMott. Quando Edmund Wilson declara que, após ler a revista *Life*, sente não pertencer ao país ali retratado, que não vive nesse país, entendo bem o que ele quer dizer.

No entanto um escritor de ficção sentir que de fato não vive em seu próprio país — tal como representado na *Life* ou devido às experiências que tem ao sair à rua — significa um grave obstáculo ocupacional. Pois, então, qual será seu tema? Sua paisagem? A alternativa seria um grande número de romances históricos ou sátiras contemporâneas — ou talvez nada, simplesmente. Todavia quase toda semana se vê na lista dos mais vendidos outro romance passado em Mamaroneck ou Nova York ou Washington, com personagens que se movem num mundo de máquinas de lavar roupa, aparelhos de TV, agências de propaganda e investigações no Senado. A *impressão* é que os escritores estão produzindo livros sobre nosso mundo. Há *Cash McCall*, *O homem no terno de flanela cinza*, *Marjorie Morningstar*, *The Enemy Camp*, *América violenta*,* e por aí vai. Mas o notável é que esses livros não são muito bons. Não que os autores não estejam horrorizados o bastante com a paisagem, como eu estou — muito pelo contrário. Quase sempre estão bastante preocupados com o mundo ao seu redor; em última análise, contudo, simplesmente não imaginam a corrupção, a vulgaridade e a traição na vida pública norte-americana — isto é, a vida privada do país — com maior profundidade

---

* Romances de autoria de Cameron Hawley (1905-69), Sloan Wilson (1920-2003), Herman Wouk (1915-2019), Jerome Weidman (1913-98) e Allen Drury (1918-98), respectivamente. (N. E.)

do que imaginam seus personagens. Todas as questões são em geral passíveis de solução, sugerindo que os autores não estão de fato chocados ou apavorados, mas que reagem a alguma controvérsia da atualidade. *Controvertido* é uma palavra comum na linguagem dos críticos de literatura, assim como, digamos, na linguagem de um produtor de televisão.

É bem sabido que, nos livros de maior sucesso de vendas, frequentemente vemos o herói resolvendo todos os problemas e indo morar num bairro luxuoso, agora um homem seguro e realizado. E, na Broadway, durante o terceiro ato alguém diz: "Olha, por que não nos amamos?". E o protagonista, batendo na testa, exclama: "Meu Deus, por que *eu* não pensei nisso antes?". Diante do poder arrasador do amor, todo o resto entra em colapso — verossimilhança, verdade e interesse. É como "Dover Beach"* com o final feliz para Matthew Arnold, e para nós, porque o poeta está diante de uma janela com uma mulher que o compreende. Se a investigação literária em nossos tempos ficasse exclusivamente nas mãos de Wouk, Weidman, Sloan Wilson, Cameron Hawley e os rapazes da Broadway que se guiam pelo *amor vincit omnia* [o amor conquista tudo], seria lamentável, na verdade — tal como deixar o sexo nas mãos dos pornógrafos, onde também há muito mais acontecendo do que o que se nota à primeira vista.

Mas nem tudo caiu no domínio de mentes e talentos menores. Temos Norman Mailer, um exemplo interessante. Nossa era provocou-lhe um repúdio tão imenso que lidar com isso na ficção quase lhe pareceu irrelevante. Norman Mailer se tornou um ator do drama cultural, e o único inconveniente disso é que o impede de dedicar mais tempo à criação literária. Na verdade, para desafiar as autoridades da defesa civil e os exercícios que elas organizam para o caso de ataques nucleares, é necessário que vo-

---

* Poema (1851) do escritor e crítico inglês Matthew Arnold (1822-88). (N. E.)

cê se afaste da máquina de escrever durante uma manhã e vá se postar diante da sede da prefeitura; então, se der sorte e o jogarem na cadeia, vai perder uma noite em casa e também a manhã seguinte de trabalho. A fim de desafiar Mike Wallace, ou questionar sua agressividade inescrupulosa, ou simplesmente usá-lo ou corrigi-lo, primeiro você precisa ser convidado a participar do programa dele* — e lá se vai uma noite. Depois você vai passar as duas semanas seguintes (falo de memória) desprezando-se por ter ido, e mais duas escrevendo um artigo em que tenta explicar por que foi e o que se passou no estúdio. "Estamos vivendo um tempo em que predominam os safados", diz um personagem no novo romance de Willian Styron. "Se não tivermos cuidado, eles vão nos puxar para baixo..." E isso pode tomar várias formas. Temos de Mailer, por exemplo, o livro *Advertisements for Myself*, em essência uma crônica sobre por que ele fez o que fez, como o fez — e quem ele detesta: sua vida substituindo a ficção. Trata-se de uma obra irritante, turbulenta e desagradável, não muito pior do que a maioria dos anúncios que devemos suportar — mas, vista no todo, curiosamente comovente ao revelar um desespero tão grande que o homem que dele padece, ou é atacado por ele, parece ter no momento desistido de fazer uma incursão imaginativa na experiência norte-americana, tornando-se em vez disso o agente de uma vingança pública. Entretanto aquilo por que lutamos num dia pode nos tornar sua vítima no dia seguinte. Tendo escrito *Advertisements for Myself*, não vejo que Mailer possa escrever o livro outra vez. Ele provavelmente se encontra agora na posição pouco invejável de precisar agir ou se calar. Quem sabe é

---

* No final da década de 1950 e começo da década seguinte, Mike Wallace, hoje um veterano correspondente da cbs, tinha um programa de entrevistas extremamente abrasivo; lá fui interrogado por ele depois que *Adeus, Columbus* ganhou o National Book Award.

onde desejava estar. Minha impressão pessoal é que a situação atual fica mais difícil para um escritor de ficção quando ele começa a escrever cartas para os jornais em vez daquelas mensagens complicadas e disfarçadas para si próprio, que são suas criações literárias.

Com essa frase, não quero parecer que estou ditando regras ou sendo condescendente, e até mesmo generoso. Por mais que alguém suspeite do estilo ou dos motivos de Mailer, tem de simpatizar com o impulso que o leva a desejar ser um crítico, um repórter, um sociólogo, um jornalista e mesmo o prefeito de Nova York. Porque é particularmente difícil nos dias de hoje escrever sobre os romancistas sérios, uma vez que já se falou muito, inclusive por eles próprios, acerca do fato de que os escritores norte--americanos não têm status, respeito ou um público leitor significativo. Estou indicando aqui uma perda mais central à própria tarefa, a perda de um tema, ou, em outras palavras, um abandono voluntário, por parte do autor de ficção, de interesse pelos fenômenos sociais e políticos mais relevantes de nosso tempo.

Obviamente, alguns escritores tentaram confrontar tais fenômenos. Acho que, nos últimos anos, li vários romances ou contos em que um ou outro personagem começa a falar sobre "a Bomba", e a conversa em geral me deixa menos do que convencido, quando não, em casos extremos, com certa simpatia pela chuva radioativa; é como os romances sobre universitários, em que há longas conversas sobre o tipo de geração a que os alunos pertencem. Mas então o quê? O que pode o escritor fazer diante de tudo isso, da realidade do país como ela é? Será que a única possibilidade é ser Gregory Corso* e dar uma banana para tudo? A atitude dos beats (se é que tal frase faz algum sentido) não é total-

---

* Poeta norte-americano da geração beat (1930-2001). (N. E.)

mente desprezível. A coisa toda é uma piada. Estados Unidos — só rindo! Mas isso não torna os beats muito distantes de seu inimigo declarado, o mundo dos best-sellers — pois será que os Estados Unidos são mesmo tão diferentes assim do que o mesmo país visto de cabeça para baixo?

Ora, é possível que eu esteja exagerando a reação do autor sério diante de nossas dificuldades culturais, ou sua falta de vontade de lidar com elas de forma imaginativa. No fim das contas, não vejo como provar uma afirmação sobre a psicologia de nossos escritores fora do âmbito de seus livros. Nesse caso, infelizmente, o grosso das provas não é encontrado nos livros que foram escritos, mas nos que ficaram inacabados e naqueles que nem se tentou escrever. Não significa que não tenha havido alguns sinais literários, certas obsessões e inovações presentes nos romances de nossos melhores autores, confirmando a ideia de que o mundo social deixou de ser um tema tão adequado e tão maleável como foi no passado.

Permitam-me que comece com algumas palavras sobre o homem que, ao menos em termos de reputação, é o maior escritor do momento. A reação dos estudantes universitários à obra de J. D. Salinger indica que, talvez mais que qualquer pessoa, ele não deu as costas à atualidade e, pelo contrário, conseguiu apontar para a importante luta que vem ocorrendo entre o indivíduo e a cultura. *O apanhador no campo de centeio* e os contos recentes publicados pela *New Yorker* sobre a família Glass sem dúvida se passam no aqui e agora. Mas e o indivíduo? O que dizer do protagonista? A questão é particularmente relevante no contexto desta palestra, porque em Salinger, mais que na maioria de seus contemporâneos, a figura do escritor tem sido posta na linha direta de visão do leitor, de modo que há afinal uma conexão entre as atitudes do narrador como, por exemplo, irmão de Seymour Glass e também como um homem que escreve profissionalmente.

E o que dizer dos personagens de Salinger? Bem, Holden Caulfield, como descobrimos, termina num sanatório de luxo. E Seymour Glass se suicida, embora antes seja adorado por seu irmão — e por que não? Ele aprendeu a viver neste mundo, mas como? Não vivendo nele. Beijando as solas dos pés das menininhas e jogando pedras na cabeça de sua namorada. Claramente, trata-se de um santo. No entanto como a loucura é indesejável e a santidade inalcançável para a maioria de nós, o problema de como viver *neste* mundo não é de forma alguma respondido, a menos que a resposta seja que isso é impossível. O único conselho que parecemos receber de Salinger é: ser encantador a caminho do hospício. Claro que ele não tem obrigação de dar conselhos de qualquer natureza a escritores ou leitores — mas eu sinto uma curiosidade cada vez maior a respeito daquele escritor profissional, Buddy Glass, e como *ele* conseguirá levar a vida sem perder a sanidade mental.

Em Salinger há a sugestão de que o misticismo é uma via possível para a salvação: pelo menos alguns dos personagens respondem bem a uma crença religiosa intensa e emotiva. Meu conhecimento sobre zen é mínimo, mas, como o entendo ao ler Salinger, quanto mais fundo penetramos naquele mundo, mais nos distanciamos dele. Se você contemplar uma batata por tempo suficiente, ela deixa de ser uma batata no sentido ordinário da palavra. Infelizmente, contudo, é com a batata comum que devemos lidar no dia a dia. Malgrado a forma adorável com que ele lida com os objetos do mundo, vejo nos contos de Salinger sobre a família Glass, assim como no *Apanhador*, uma rejeição da vida como ela é vivida no mundo cotidiano — considerado indigno daquelas poucas e preciosas pessoas que foram postas nele apenas para ficarem loucas e serem destruídas.

Um tipo diverso de rejeição de nosso mundo ocorre na obra de outro de nossos mais talentosos escritores, Bernard Malamud.

Mesmo quando escreve um livro sobre beisebol, *The Natural*, não se trata do esporte tal como jogado no Yankee Stadium, e sim de um jogo estranho, maluco, em que um atleta, instruído a arrancar a cobertura da bola, entra de imediato em campo e faz exatamente isto: rebate a bola e lança seu núcleo no centro do campo, onde um defensor confuso se atrapalha todo com a esfera que se desenrola. Outro defensor corre na direção do primeiro e o morde para pegar a bola de suas mãos. Embora *The Natural* não seja o melhor livro de Malamud, é nossa entrada no mundo dele, que de forma alguma é uma réplica do nosso. Naturalmente, de fato há nele coisas chamadas "jogadores de beisebol" e coisas chamadas "judeus", mas a similaridade termina aí. Os judeus de *O barril mágico* e de *O ajudante* não são os judeus de Nova York ou Chicago. São uma invenção de Malamud, uma espécie de metáfora com relação a certas possibilidades e promessas. Essa minha impressão tende a se fortalecer quando leio a seguinte afirmação atribuída a Malamud: "Todos os homens são judeus". Na verdade, sabemos que não é assim. Mesmo os homens que são judeus não têm certeza de serem judeus. Mas Malamud, como escritor de ficção, não mostrou um interesse específico pelas ansiedades e dilemas do judeu norte-americano de hoje, do judeu que julgamos característico de nosso tempo. Pelo contrário, seus personagens vivem numa depressão econômica eterna, num Lower East Side que poderia estar situado em qualquer cidade. A sociedade deles não é abastada, as dificuldades não são culturais. Não estou dizendo — ninguém poderia fazê-lo — que Malamud rejeitou a vida ou o exame de seus problemas. O que significa ser humano, ser humanitário, constitui sua maior preocupação. O que quero dizer é que ele ainda não encontrou, no mundo contemporâneo, um pano de fundo adequado ou suficiente para desenvolver suas histórias de ingenuidade e tristeza, de sofrimento e regeneração.

É evidente que não podemos considerar que Malamud e Salinger falam por todos os escritores norte-americanos, embora a reação ficcional deles ao mundo que os cerca — o que buscam enfatizar ou ignorar — me interesse simplesmente porque são dois dos melhores. Claro que há inúmeros escritores por aí, também competentes, que não trilham os mesmos caminhos. Entretanto, mesmo entre esses outros, me pergunto se não podemos estar testemunhando uma reação aos tempos atuais, talvez aparentemente menos dramatizada do que o afastamento social visto em Salinger e Malamud, mas presente de toda forma no corpo de suas obras.

Vejamos a questão do estilo da prosa. Por que de repente todo mundo está tão animado? Quem estiver lendo Saul Bellow, Herbert Gold, Arthur Granit, Thomas Berger e Grace Paley saberá a que estou me referindo. Escrevendo há pouco tempo na *The Hudson Review*, Harvey Swados disse que ele via se desenvolver "uma prosa enérgica e musculosa, perfeitamente adequada às exigências de um tempo que parece tão chocante quanto ridículo. Trata-se de escritores urbanos, na maioria judeus, que são especialistas num tipo de prosa-poesia que, para ser eficaz, muitas vezes depende tanto da forma como é ordenada ou de como aparece na página impressa, quanto do que está exprimindo. É uma espécie arriscada de escrita…". Talvez seja exatamente nesse risco que podemos encontrar uma explicação para tal estilo. Gostaria de comparar duas breves passagens descritivas, uma de Bellow, em *As aventuras de Augie March*, e a outra do novo romance de Gold, *Therefore Be Bold*, na esperança de que as diferenças reveladas sejam educativas.

Como numerosos leitores já notaram, a linguagem de *Augie March* combina a complexidade literária com um tom despreocupado de conversa, une o idioma das universidades com o das ruas (não todas, apenas algumas ruas); o estilo é especial, privado, dinâmico e, se por vezes obscuro, em geral se presta de forma brilhante aos propósitos de Bellow. Eis aqui, por exemplo, a descrição da avó Lausch:

> Com a piteira entre suas pequenas gengivas escuras, do meio das quais emanava toda a sua astúcia, virulência e autoridade, ela tinha suas melhores inspirações estratégicas. Era tão enrugada quanto uma sacola de papel velha, uma autocrata, intransigente e jesuítica, uma velha águia bolchevique sempre pronta a dar o bote, seus pezinhos cinza com laço de fita imóveis no misto de banco e caixa de engraxate que Simon tinha feito na aula de trabalhos manuais, com a encardida da Winnie, cujo mau cheiro empesteava o apartamento inteiro, feito uma bola de pelo velha na almofada ao lado dela. Se sei que espirituosidade e insatisfação não andam necessariamente juntas, não foi com a velha que aprendi.*

A linguagem de Herbert Gold também tem sido claramente especial, enérgica, peculiar. Na passagem de *Therefore Be Bold* reproduzida a seguir, nota-se que ali também o autor começa por reconhecer uma similaridade física entre o personagem e um objeto improvável e que, como no trecho de Bellow sobre a avó Lausch, tenta fazer, por intermédio do corpo, uma descoberta sobre a alma. O personagem descrito se chama Chuck Hastings.

> Em certos aspectos, ele se parecia com uma múmia — a pele amarela enrugada, as mãos e cabeça grandes demais com relação ao corpo depauperado, as fundas órbitas dos olhos de pensamento mais além do Nilo. Mas o pomo de adão ágil e o dedo acusador faziam dele menos alguém que atravessava o rio Estige nadando de cachorrinho rumo aos limbos cópticos do que um professor de

---

* *As aventuras de Augie March*. Trad. de Sonia Moreira. São Paulo: Companhia das Letras, 2009. (N. T.)

ginásio que intimidava as menininhas com olhos em formato de umbigo.

Primeiro, a gramática: "fundas órbitas dos olhos de pensamento mais além do Nilo". É o pensamento ou as órbitas que estão além do Nilo? De qualquer modo, o que significa estar além do Nilo? Essas dificuldades gramaticais têm pouco em comum com a irônica inversão com que Bellow inicia a descrição: "Com a piteira entre suas pequenas gengivas escuras, do meio das quais emanava toda a sua astúcia, virulência e autoridade". Bellow vai adiante para descrever a avó Lausch como "uma autocrata, intransigente e jesuítica, uma velha águia bolchevique" — sem dúvida imaginativo, mas bem pensado, exato. Sobre o Chuck Hastings de Gold, porém, ficamos sabendo que "o pomo de adão ágil e o dedo acusador faziam dele menos alguém que atravessava o rio Estige nadando de cachorrinho rumo aos limbos cópticos" etc. A linguagem a serviço da narrativa ou a regressão literária a serviço do ego? Numa recente resenha de *Therefore Be Bold*, Granville Hicks citou esse mesmo parágrafo para elogiar o estilo de Gold. "O tom é elevado", admitiu o sr. Hicks, "mas o fato é que Gold o mantém bem alto ao longo do livro." Imagino que a alusão passível de interpretação sexual não tenha sido deliberada; no entanto, pode servir para nos lembrar que exibicionismo e paixão não são a mesma coisa. O que temos aqui não é vigor e vitalidade, mas a realidade ocupando um papel secundário com relação à personalidade — e não a personalidade do personagem imaginado, e sim a do escritor que está exercendo sua imaginação. A descrição de Bellow parece derivar do firme controle do autor sobre seu personagem: a avó Lausch lá *está*. Por trás da descrição de Chuck Hastings tenho a impressão de ver outra coisa: lá está Herbert Gold.

Vale notar que não estou tentando ser altruísta. Pelo contrário, estou sugerindo que essa prosa nervosa e enérgica de que nos fala Swados talvez tenha algo a ver com as relações inamistosas entre o escritor e sua cultura. A prosa é apropriada aos tempos atuais, sugere Swados, e eu me pergunto se não o faz em parte porque rejeita esses tempos. O autor expõe a nossos olhos — no próprio ordenamento das frases — sua *personalidade*, em tudo o que ela tem de única e peculiar. Claro que o mistério da personalidade pode ser a maior preocupação do escritor; e sem dúvida, quando a prosa vigorosa revela o personagem e evoca determinada atmosfera, como em *Augie March*, ela pode ser maravilhosamente eficaz; na pior das hipóteses, contudo, como uma forma de onanismo literário, ela limita seriamente as possibilidades ficcionais, e talvez possa ser vista como um sintoma da falta de compreensão da comunidade por parte do escritor — isto é, daquilo que está *fora* dele — como tema de suas obras.

Seja como for, o estilo animado também pode ser compreendido de outras formas. Não surpreende que, como indica Swados, dos que o adotam, a maioria é de judeus. Quando escritores que não sentem uma forte conexão com Lord Chesterfield* começam a se dar conta de que não são obrigados a tentar escrever como aquele velho e renomado estilista, é bem provável que adiram à nova moda. Além disso, como poderiam proclamar nossos estadistas, há a questão da linguagem falada que esses escritores ouviram nas escolas, nos seus lares, nas igrejas e nas sinagogas da nação. Eu diria mesmo que, quando o estilo animado não consiste numa tentativa de impressionar o leitor, ou aos próprios autores, mas de incorporar na prosa literária norte-americana os ritmos, nuances e ênfases da fala urbana e dos imigrantes, o resultado pode algumas vezes ser uma linguagem dotada de novas e comoventes sutilezas, com uma espécie de charme e ironia peculiares, como no livro de contos *The Little Disturbances of Man*, de Grace Paley.

* Estadista e homem de letras britânico (1694-1773). (N. E.)

Entretanto, se usado por Gold, Bellow ou Paley, há uma questão adicional sobre esse estilo: trata-se de uma expressão de prazer. O que suscita a seguinte pergunta: se o mundo, como me parece, está ficando mais distorcido e irreal a cada dia; se nós nos sentimos cada vez menos poderosos diante dessa irrealidade; se o fim inevitável é a destruição, senão de toda a vida, de muito do que é valioso e civilizado na vida — então, por que, afinal de contas, o escritor se mostra contente? Por que todos os nossos heróis ficcionais não terminam em sanatórios, como Holden Caulfield, ou se suicidam, como Seymour Glass? Por que será que tantos deles — não apenas nos livros de Wouk e Weidman, mas também nos de Bellow, Gold, Styron e outros — terminam por afirmar a vida? Pois sem dúvida não faltam afirmações desse tipo e, embora certamente tenhamos este ano um editorial da revista *Life* clamando por romances afirmativos, o fato é que cada vez mais e mais livros de escritores sérios parecem acabar com uma nota de comemoração. Não apenas o tom é animado, a moral também o é. No romance *The Optimist*, de Gold, o protagonista, tendo levado alguns tombos, exclama na última frase do livro: "Mais. Mais. Mais! Mais! Mais!". O romance *The Work of an Ancient Hand*, de Curtis Harnack, termina com o herói cheio de "êxtase e esperança", dizendo em voz alta: "Eu creio em Deus". E *Henderson, o rei da chuva*, de Saul Bellow, é um livro dedicado a celebrar a regeneração do coração, do sangue e da saúde em geral de seu protagonista. Entretanto, considero de alguma importância que a regeneração de Henderson ocorra num mundo que é totalmente imaginado, *que não existe na realidade*. A África que Henderson visita não é a África tumultuada dos jornais e dos debates das Nações Unidas. Lá não há nada que lembre os distúrbios de rua, os levantes nacionalistas, o apartheid. Mas por que haveria? Há o mundo, e também há o ser individual. E o ser individual, quando o escritor lhe devota toda sua atenção e talento, revela ser uma coisa notável. Em primeiro lugar, ele existe, é real. *Eu sou*, o indivíduo exclama, e então, dando uma longa olhada ao redor, acrescenta: *"E sou bonito".*

No final do livro de Bellow, seu personagem, Eugene Henderson, um milionário grandalhão e desleixado, está voltando aos Estados Unidos após uma viagem à África, onde lutou contra epidemias, domou leões e fez chover, trazendo com ele um leão de verdade. No avião, faz amizade com um menino persa, cujo idioma não consegue entender. Entretanto, quando o avião aterrissa em Newfoundland, Henderson pega o menino no colo e desembarca. E então:

> Vezes sem conta galopei em volta do corpo brilhante e cheio de rebites do avião, por detrás dos caminhões de combustível. Rostos sombrios olhavam lá de dentro. As grandes e lindas hélices estavam paradas, todas as quatro. Acho que senti que agora era minha vez de me mover, e então continuei correndo, saltitando, saltitando, trotando, tiritando sobre o puro e branco revestimento do silêncio cinza do Ártico.*

E assim deixamos Henderson, um homem muito feliz. Onde? No Ártico. Essa imagem ficou comigo desde que li o livro há um ano um homem encontra energia e alegria numa África imaginária e comemora isso numa vastidão deserta e coberta de gelo.

Anteriormente, fiz uma citação do novo romance de Styron, *Set This House on Fire*. O livro de Styron, como o de Bellow, conta a história da regeneração de um cidadão norte-americano que deixa o país e vai viver algum tempo no exterior. Mas, enquanto o mundo de Henderson está muito distante do nosso, Kinsolving, o protagonista de Styron, mora num lugar que reconhecemos na hora. O livro está repleto de detalhes que daqui a vinte anos pro-

---

* *Henderson, o rei da chuva*. Trad. de José Geraldo Couto. São Paulo: Companhia das Letras, 2010. (N. T.)

vavelmente exigirão profusas notas de rodapé para que seja compreendido. O herói é um pintor norte-americano que leva a família para viver numa pequena cidade na costa de Amalfi. Cass Kinsolving detesta os Estados Unidos e a si próprio. Ao longo de quase todo o livro, ele é provocado, tentado e humilhado por Mason Flagg, um compatriota que é rico, imaturo, ingênuo, licencioso, indecente e cruel, e o bobalhão do Kinsolving, devido a seu relacionamento com Flagg, passa a maior parte do tempo escolhendo entre viver e morrer. Em certo momento, num tom característico, diz o seguinte sobre o fato de viver no estrangeiro:

> [...] o homem de quem eu escapava ao vir para a Europa é o que está presente em todos os anúncios de automóveis, você sabe, aquele cara jovem que fica acenando — ele tem uma aparência tão bonita, educada e tal, está numa boa, formado na Universidade da Pensilvânia, com uma loura ao seu lado, um sorriso do tamanho de um outdoor de beira de estrada. E tem um belo futuro à sua frente. Quer dizer, indústria eletrônica. Política. O que chamam de comunicação. Publicidade. Vendas. Espaço sideral. Só Deus sabe. E é tão ignorante quanto um camponês da Albânia.

Apesar disso, malgrado toda a repugnância pelo que a vida pública dos Estados Unidos pode causar numa vida privada, no fim Kinsolving, assim como Henderson, volta para casa, tendo optado pela vida. Mas o país que ele encontra me parece ser o de sua infância e (ao menos num sentido metafórico), o da infância de todo mundo: ele conta sua história enquanto pesca num bote, num rio da Carolina. A afirmação no fim não é tão otimista quanto o "Mais! Mais!" de Gold, tão sublime quanto o "Eu creio em Deus" ou tão jubilosa quanto a correria de Henderson no campo de pouso da Newfoundland. "Gostaria de poder lhe dizer que encontrei alguma coisa em que acreditar, uma rocha...", diz

Kinsolving, "mas, para ser honesto, sabe, só posso lhe dizer o seguinte: que entre existir ou o nada, a única coisa que eu sabia era que escolher entre as duas coisas significava simplesmente escolher a vida…" Ser. Viver. Não onde se vive ou com quem se vive — simplesmente viver.

E aonde tudo isso nos leva? É óbvio que seria um excesso de simplificação do ofício de escrever ficção sugerir que o livro de Saul Bellow ou o estilo de prosa de Herbert Gold têm origem inevitável em nossos inquietantes problemas culturais e políticos. No entanto o fato de que os problemas da comunidade são inquietantes não deixa de pesar sobre o escritor, talvez até mais do que sobre seus vizinhos, pois para ele a comunidade é, necessariamente, tanto seu tema como seu público leitor. E é possível que, quando tal situação produz não apenas sentimentos de nojo, raiva e melancolia, mas também de impotência, o escritor perca o ânimo e se volte, por fim, a outras questões, como a criação de mundos totalmente imaginários e uma celebração do eu, que, de muitos modos diferentes, pode tornar-se seu tema, como também o impulso que estabelece os limites de sua técnica. O que tentei indicar é que a visão do eu como algo inviolável, poderoso e enérgico, o eu imaginado como a única coisa aparentemente real num meio ambiente aparentemente irreal proporcionou alegria, consolo e vigor a alguns de nossos escritores. Com certeza, sobreviver intacto a uma séria luta pessoal não é nada desprezível, e é por tal motivo que o protagonista principal de Styron consegue suscitar nossa empatia até o fim. Todavia quando o sobrevivente não tem outra escolha senão o ascetismo, quando o eu só pode ser celebrado se excluído da sociedade, ou só ser exercido e admirado numa sociedade inexistente, então não temos muitas razões para nos alegrarmos. Para mim, em última análise há algo pouco convincente num regenerado Henderson sobre o revestimento puro e branco do mundo, dançando em volta daquele brilhante avião. Por isso, não é com essa cena que eu desejaria concluir, mas, de modo contrário, com a imagem do personagem que Ralph Ellison apresenta no final de *Homem invisível*. Pois lá ele também é deixado com o simples e duro fato de que está tão só quanto um homem pode ser. Não que não tenha tentado entrar no mundo; ele o fez repetidas vezes, porém no fim prefere viver na clandestinidade, e lá esperar. E isso também não lhe parece uma razão para celebrações.

Novos estereótipos de judeus[*]

Descubro que, de repente, estou vivendo num país em que os judeus passaram a ser — ou lhes permitiram agora pensar que são — heróis culturais. Pouco tempo atrás, ouvi no rádio um apresentador anunciar a música do novo filme intitulado *Exodus*, a ser cantada por Pat Boone. O apresentador deixou claro que aquela era a "única versão autorizada da canção". Autorizada para quê? Por quem? Por quê? Nenhuma palavra adicional, só um silêncio com estalidos reverenciais até que que se ouviu o sr. Boone, cantando como se não estivesse em meio a um furacão:

> Esta terra é minha,
> Deus me deu esta terra!

Não sei se estou subindo ou descendo a escada cultural, ou simplesmente me deslocando de lado, quando lembro que houve

[*] Originalmente, uma palestra proferida em 1961 na Universidade de Loyola (Chicago), no simpósio que teve como tema "As necessidades e imagens do homem", patrocinado pela Liga Antidifamação da B'nai B'rith e pela universidade.

a canção "Exodus", precedida do filme *Exodus*, precedido do romance *Exodus*. De qualquer ângulo que se veja isso, parece não haver dúvida de que a imagem do judeu como um patriota guerreiro e beligerante, exibindo suas cicatrizes, é muito bem recebida por um grande segmento do público norte-americano.

Em entrevista que concedeu ao *New York Post*, Leon Uris, o autor do romance, declarou que sua imagem do judeu aguerrido está bem mais próxima da verdade que aquelas apresentadas por outros escritores judeus. Entendo que sou um dos outros a quem o sr. Uris está se referindo — o recorte do *Post* me foi enviado por uma mulher que pedia explicações para o "antissemitismo e ódio a mim mesmo" que encontrara numa antologia recém-publicada com meus contos. Uris disse o seguinte a seu entrevistador, Joseph Wershba:

> Há nos Estados Unidos uma escola de escritores judeus que passam todo o tempo criticando ferozmente seus pais, odiando suas mães, torcendo as mãos e se perguntando por que nasceram. Isto não é arte nem literatura. É psiquiatria. Esses escritores são apologistas profissionais. Todos os anos você encontra um de seus livros na lista dos mais vendidos. A obra deles é detestável e me causa engulhos.
>
> Escrevi *Exodus* porque estava simplesmente enojado com essas desculpas — ou com a sensação de que era necessário pedir desculpas. A comunidade judaica neste país deu uma contribuição muito maior do que seria de esperar à luz do número de seus integrantes — e isso na arte, na medicina e em especial na literatura.
>
> Propus-me contar uma história de Israel. Sou definitivamente a favor dos judeus.
>
> Um autor sente tudo que seus leitores sentem. Foi para mim uma revelação também quando estava pesquisando na Europa e em Israel para escrever *Exodus*. E a revelação foi a seguinte: nós

judeus não somos aquilo que dizem que somos. Na verdade, temos sido guerreiros.

"Na verdade, temos sido guerreiros." Tão crua, imbecil e desinformada é essa afirmação que nem vale a pena questioná-la. Tem-se a impressão de que Uris, por sua conta, decidiu combater com essa nova imagem do judeu a velha imagem que nos chega por várias histórias, cuja moral é "Jogue limpo, Jakie; não brigue". No entanto não há grande valor em trocar uma simplificação pela outra. O que Uris poderia fazer, quando não está tendo revelações ao "pesquisar" romances, é ler um novo livro intitulado *Amanhecer*, de Elie Wiesel. Wiesel é um judeu húngaro que vive agora em Nova York, e seu primeiro livro, *A noite*, foi um relato autobiográfico das experiências que teve como um rapazola de quinze anos em Auschwitz e Buchenwald, aqueles campos de concentração que, segundo escreveu, "consumiram para sempre minha fé [...] assassinaram meu Deus e minha alma, transformando em pó os meus sonhos". *Amanhecer*, o segundo livro, tem como pano de fundo o terrorismo de judeus na Palestina, em atividades que antecederam a criação do estado de Israel. O protagonista recebe a tarefa de executar um major britânico tomado como refém pelos terroristas judaicos; o romance retrata as horas terríveis pelas quais o personagem passa antes da execução. Gostaria de dizer a Uris que o judeu de Wiesel não sente tanto orgulho de se ver no papel de guerreiro, nem é capaz de encontrar uma justificativa para si próprio em alguma associação tradicional dos judeus com a combatividade e o derramamento de sangue. Mas de fato não é preciso dizer nada disso a Uris. Se podemos acreditar numa notícia publicada na revista *Time*, ele já sabe mais do que dá a entender na entrevista ao *New York Post*.

Em Manhattan, segundo a revista,

[...] o capitão Yehiel Aranowicz, de 37 anos [...], comandante do navio de refugiados israelenses *Exodus*, que furou o bloqueio naval [...], fez reservas sobre o sucesso de vendas (4 milhões de exemplares até o momento) do romance inspirado por seus atos de heroísmo em 1947. "Os israelenses", ele disse, "estão bastante desapontados com o livro, para não dizer coisa pior. Os indivíduos lá descritos nunca existiram em Israel. O romance não é nem história nem literatura." Em Encino, Califórnia, Leon Uris, autor de *Exodus*, retrucou: "Pode me citar quando pergunto 'Capitão quem?', e é tudo que preciso dizer. Não vou tripudiar em cima de um peso-leve. Basta olhar meus números de vendas."

Cumpre reconhecer que não é seguro acusar um homem apenas com base numa citação dele feita pela revista *Time*, a qual até pode fazer parte do prazer da revista em brindar seus leitores com outro clássico estereótipo — o judeu vigarista pronto a vender qualquer coisa a determinado preço. Houve um tempo em que essa imagem era útil a certos góis para descrever os judeus. Agora há outro modo de fazê-lo: a imagem que o sr. Uris vendeu, a imagem que milhões leram em seu livro e outros milhões verão nas telas.

Lá está Leon Uris para fazer o judeu e sua comunidade aceitáveis e atraentes, e lá está aquele famoso otimista e divulgador de filosofia barata chamado Harry Golden. A imagem do judeu que Harry Golden apresenta foi bem analisada no recente ensaio de Theodore Solotaroff, "Harry Golden and the American Audience", publicado na revista *Commentary*. Solotaroff assinala que nos três livros de Golden, *For 2¢ Plain*, *Only in America* e *Enjoy, Enjoy!*, "ele satisfez tanto a nostalgia judaica como a curiosidade dos góis [ao] apresentar, com uma clareza deprimente, certos problemas e condições muito reais de nossa sociedade na última década — uma sociedade caracterizada por um pensamento sobre si própria que é pouco consistente, desleixado e equivocado... Condimentadas com um pouco de raiz-forte comprada numa loja de produtos kosher, as perplexas banalidades da classe média voltam [ao leitor] como pérolas de sabedoria".

Solotaroff pensa em raiz-forte; no que tange ao sr. Golden, também sou sentimental. É interessante notar que este, respondendo aos comentários de Solotaroff, aplica uma camada de sentimentalismo com uma das mãos enquanto tenta retirá-la com a outra. Em seu jornal, *The Carolina Israelite*, Golden escreveu que Solotaroff estava totalmente errado ao acusá-lo de glamorizar a vida no gueto de Nova York. Com controle e lógica característicos, Golden explica: "Nós judeus [...] não apenas tínhamos uma sociedade, mas, francamente, uma cidade judaica, e esse senso de comunidade é o que empresta encanto às recordações do velho East Side, e é por tal motivo que a maioria dos judeus da classe média lambe os beiços ao ler tudo o que eu escrevo sobre o Lower East Side de Nova York. Apenas o sentimento nunca seria capaz de sustentar um interesse tão surpreendentemente generalizado". A palavra certa é sentimentalidade, e se isso não é capaz de produzir um interesse generalizado, o que poderá ter igual efeito?

A popularidade de Golden e Uris nos meios judaicos não é difícil de entender. Por um lado, há o prazer do reconhecimento, a alegria de ver as palavras *kugel* e *latkes* em letra de imprensa. Depois há o toque romântico: o Másculo Herói Hebraico, o Imigrante Exitoso. Harry Golden, que confessa ser um seguidor de Horatio Alger, fornece o nome de juízes, artistas de cinema, cientistas e comediantes que nasceram no Lower East Side para alcançar fama nacional e fortuna. Mas o que dizer do interesse dos góis? Quatro milhões de pessoas compraram exemplares de *Exodus*; 2 milhões, de *Only in America*: não podiam ser todos judeus. Qual o motivo desse interesse dos góis por personagens, histórias, costumes e princípios morais dos judeus? Afinal, como é que Pat Boone acaba cantando a "única versão autorizada"? Por que não Moishe Oysher ou Eddie Fisher?*

Uma explicação que Solotaroff oferece para a popularidade de Golden é que ele apresenta aos leitores um mundo caracterizado por "dinamismo, energia, aspiração, disciplina e, por fim, a afetuosidade da vida — isto é, precisamente as qualidades que se diz estarem declinando nas famílias de classe média modernas e que vivem fora do centro das cidades". E parece haver um fascínio nos dias de hoje pela ideia do sentimentalismo judaico. Pessoas que são sensatas o suficiente para não puxar conversa com um negro sobre "ritmo" me procuram para conversar sobre a "afetuosidade" judaica. Elas acham que isso é elogioso — e pensam que é verdade.

Não creio que pensem que é algo complicado; que o calor humano, quando se manifesta, não apenas se irradia — no centro costuma haver fogo.

Na turma para a qual dou aulas de escrita na Universidade do Estado de Iowa há vários alunos judeus já formados, e no último semestre três deles escreveram contos sobre a infância de um judeu: em todos a natureza emocional do drama foi muito intensa. É curioso, ou talvez nem tanto assim, que nessas histórias o protagonista fosse um garoto judeu, com idade entre dez e quinze anos, que tira notas excelentes na escola, está sempre bem penteado e é invariavelmente cortês. Os contos, sem exceção contados na primeira pessoa, têm a ver com uma amizade que se desenvolve entre o protagonista e um vizinho ou colega gói. O gói provém de uma classe social ligeiramente inferior — num caso, ítalo-

---

* Moishe Oysher (1906-58), nascido na Rússia, cantor de orações na sinagoga e ator no teatro em língua iídiche; Eddie Fisher, judeu norte-americano e cantor popular (1928-2010). (N. E.)

-americano; no outro, um tipo norte-americano parecido com Tom Sawyer —, o qual apresenta ao rapaz judeu, que é da classe média, o mundo carnal. O garoto gói já teve alguma experiência sexual. Não que seja muito mais velho que seu companheiro judeu — ele conseguiu abrir caminho rumo à aventura sexual porque seus pais quase não lhe dão nenhuma atenção: são divorciados, bebem, têm baixa formação educacional e dizem palavrões o tempo todo, ou simplesmente não estão muito por perto para se importar. Isso dá ao filho bastante tempo para sair atrás das garotas. O menino judeu, por outro lado, é vigiado — na hora de dormir, na hora de estudar e em especial durante as refeições. Quem o vigia é sua mãe. Raramente vemos o pai, e entre ele e o garoto parece haver pouco mais que uma relação superficial. O pai está trabalhando ou dormindo do outro lado da mesa, poupando suas energias. Mesmo assim, há muita afetuosidade nessas famílias — sobretudo em comparação com a família do amigo gói — e quase toda gerada pela mãe. E isso não afeta o jovem protagonista tanto quanto afeta Harry Golden e sua plateia. O fogo que aquece também pode queimar e asfixiar: o que ele inveja no amigo é a *indiferença* dos pais do garoto gói, sobretudo por causa das oportunidades que isso lhe oferece para as aventuras sexuais. A religião aqui é compreendida não como uma chave para os mistérios do divino e do Além, mas para o mistério do sensual e do erótico, a maravilha assustadora de abraçar a garota que mora na mesma rua. O calor humano que esses contadores de história judeus almejam é o calor a que os góis têm um acesso tão fácil (ao que lhes parece), enquanto o calor que os góis de Harry Golden invejam é o que ele diz que os judeus gozam como algo natural.

Apresso-me a chamar atenção para o fato de que nesses contos as moças que o amigo gói apresenta ao jovem narrador nunca são judias. As mulheres judias são mães e irmãs. O desejo sexual tem por objeto a Outra. O sonho com a *shiksa* [gentia] — contrapartida do sonho que o gói tem com a judia, frequentemente descrita como alguém que tem "seios iguais a melões" (ver Thomas Wolfe). Aliás, não pretendo minimizar o talento desses meus alunos de escrita comparando o interesse deles pelos sonhos de um garoto judeu com a fantasia onírica que encontramos em Golden: o que os protagonistas desses contos costumam aprender — à medida que os camaradas góis desaparecem em outros bairros ou na prisão — são as opressivas contradições de suas próprias dificuldades.

Golden e Uris não oprimem ninguém com coisa alguma. Na verdade, muito da atração que exercem provém do fato de que dissipam a culpa, real ou imaginária. Afinal de contas, fica claro que os judeus não são pobres vítimas inocentes — durante todo o tempo em que pensávamos que estavam sendo perseguidos, eles se divertiam sendo afetuosos uns com os outros e tendo uma maravilhosa vida em família. O que estavam desenvolvendo — como um resenhista citado por Solotaroff diz de Harry Golden — era "uma adorável visão judaica do mundo".

Ah, essa adorável visão judaica — sua existência sem dúvida pode aliviar a consciência: porque, se a vítima não é vítima, então o algoz também provavelmente não é algoz. Além dos outros consolos que Golden oferece, há uma rota de fuga aos góis que, mesmo que não tenham sido antissemitas ativos, de alguma forma abrigaram sentimentos de desconfiança e suspeita com relação aos judeus — sentimentos esses que lhes é dito que não deveriam ter. Golden lhes dá a certeza (assim como aos judeus) de que somos uma gente feliz, otimista e encantadora, e também que vivemos num país espetacular — será que a carreira dele não é prova de que o preconceito não corrói a alma norte-americana? Lá está ele, um judeu — e, veja bem, um judeu que se faz ouvir —, cidadão respeitado mesmo numa cidade sulista. Impressionante! E isso não se passa na Suécia, na Itália ou nas Filipinas. É simplesmente — como lhes diz Golden — nos Estados Unidos da América!

Essa pode ser uma terapia agradável a certos góis ansiosos e bem-intencionados, uma vez que assim não precisam continuar a sentir-se culpados por crimes pelos quais de fato não têm a menor responsabilidade; pode mesmo trazer alívio a alguns indivíduos só ligeiramente antissemitas, que não gostam de judeus por se sentirem desconfortáveis com a circunstância de não gostarem de judeus. Mas não vejo que isso seja muito respeitoso para com os judeus e os duros fatos de sua história. Ou mesmo para com a validade das suspeitas dos góis. Afinal, por que os góis não deveriam ter suspeitas? Na realidade, se alguém está comprometido em ser judeu, então crê ter razão nas questões mais sérias referentes à sobrevivência do ser humano — a compreensão do passado, como imaginar o futuro, a descoberta da relação entre Deus e a humanidade — e acredita que os cristãos estão errados. Como judeu crente, com certeza ele necessita ver neste século o colapso da ordem moral e a erosão dos valores espirituais em termos da inadequação do cristianismo como força que sustente o bem. No entanto quem teria interesse em dizer tais coisas a seu vizinho? Pelo contrário, o que testemunhamos diariamente na vida dos Estados Unidos é a "socialização do antissocial [...] a aculturação do anticultural [...] a legitimação do subversivo". Devemos essas expressões a Lionel Trilling, que as usou para descrever as reações de muitos de seus alunos aos elementos mais extremos da literatura moderna. Suas palavras têm para mim uma relevância cultural ainda mais ampla: refiro-me à eliminação das diferenças, que ocorre à nossa volta o tempo todo, aquela "tolerância" entorpecedora que assalta — tem o propósito de assaltar — quem difere, diverge ou se rebela contra seus poderes. Em vez de ser tomado seriamente como uma ameaça, um homem é silenciado por tornar-se popular. Há muitas festas beatniks nos bairros elegantes fora das cidades, mas não estou convencido de que todos os participantes sejam irmãos. Pelo contrário, são estranhos, o que me ocorre todos os dias ao ler os jornais. São desconhecidos, inimigos e, porque as coisas são como são, não nos compete não "amar o próximo" (que até onde se sabe equivale a pedir a Lua), mas sim não cometer nenhuma violência ou traição contra o próximo, o que, ao que parece, já é suficientemente difícil.

Entretanto é óbvio que os judeus *cometeram* violências. É a história da violência deles que Leon Uris tem tanto orgulho de contar aos Estados Unidos. Seu encanto compensatório aos judeus norte-americanos não é difícil de compreender, mas, de novo, o que dizer dos góis? Por que toda aquela reverência com respeito à "única versão autorizada" de uma canção popular? Por que será mesmo que ela é tão popular? E o filme? O livro? A formulação de *Exodus* é tão persuasiva e agradável para tanta gente nos Estados Unidos que me inclino a crer que a carga que está buscando retirar da consciência da nação (ou o que dela existir) é nada mais nada menos que o próprio Holocausto, o extermínio de 6 milhões de judeus em todo o seu horror nu e cru, absurdo, demoníaco. Como se, digamos, em breve aparecesse uma canção ou película populares para permitir que nos desfizéssemos daquele outro inquietante horror, a dizimação dos cidadãos de Hiroshima. Nesse caso, talvez nos oferecessem uma canção sobre a bela e moderna cidade que nasceu das cinzas do aniquilamento atômico, sobre como a vida é mais próspera, saudável e empreendedora do que era na cidade que foi apagada do mapa. Mas, seja como for — e quem nesta terra de espertalhões dirá que talvez já não tenha chegado a hora? —, agora temos Golden para assegurar que até mesmo os judeus nos guetos eram realmente felizes, otimistas e afetuosos (e não angustiados, pessimistas e xenofóbicos), e temos Uris para dizer que, afinal de contas, você não precisa se preocupar com a vulnerabilidade e vitimização judaicas, pois os judeus sabem se defender direitinho. Já se defenderam muito bem. Numa semana a revista *Life* apresenta na capa um retrato de Adolf Eichmann; semanas depois, um retrato de Sal

Mineo como guerreiro libertário judaico.* Um crime para o qual não há resposta humana adequada — nem pesar, nem compaixão, nenhuma desforra que seja suficiente — parece então ter sido em parte vingado. E, quando os pratos da balança dão a impressão de que por fim se equilibram, é impossível evitar um suspiro de alívio. Os judeus não estão mais nos bastidores olhando a violência ininterrupta de nossos tempos, nem continuam a ser as vítimas preferenciais: agora são participantes. Então ótimo. Bem-vindo a bordo. Um homem com uma arma e uma granada de mão, um homem que mata por seus direitos divinos (neste caso, como a canção nos informa, a *terra* dada por Deus) não pode tão facilmente fazer-se de juiz de outro homem quando ele mata por aquilo que Deus lhe deu conforme sua contabilidade, inventário e fé.

A descoberta do sr. Uris de que os judeus são guerreiros deixa-o cheio de orgulho; também enche de orgulho numerosos de seus leitores judeus, embora talvez provoque nos leitores góis mais alívio que orgulho. O protagonista de *Amanhecer*, o romance de Elie Wiesel sobre os terroristas judaicos, é invadido por emoções menos reconfortantes e jubilosas. O personagem é tomado pela vergonha, pela confusão, pela sensação de que está aprisionado para sempre num pesadelo trágico. Por mais que diga a si mesmo como são justos os motivos pelos quais mata, nada em seu passado ou no de seu povo é capaz de fazer com que alvejar outro homem seja menos horrível do que é. Ele viu e sofreu tanto em Buchenwald e Auschwitz, que é com o sentimento final da morte de quem pensava ser que aperta o gatilho diante do oficial britânico e torna-se mais um dos assassinos de nosso violento século. Ele é um daqueles judeus que, como Jó, perguntam por que nasceram.

---

* O ator norte-americano Sal Mineo (1939-76) viveu Dov Landau, um membro da Irgun, na adaptação cinematográfica (1960) do livro *Exodus*, de Leon Uris. (N. E.)

Escrevendo sobre judeus[*]

1

Desde que alguns de meus primeiros contos foram reunidos em 1959 numa coletânea intitulada *Adeus, Columbus*, minha obra vem sendo atacada de certos púlpitos e em certos periódicos como perigosa, desonesta e irresponsável. Li editoriais e artigos nos jornais da comunidade judaica condenando esses contos por ignorarem as virtudes da vida judaica ou, como o rabino Emanuel Rackman disse recentemente na convenção do Conselho de Rabinos dos Estados Unidos, por criarem uma "imagem distorcida dos valores básicos do judaísmo ortodoxo", e até mesmo, prosseguiu, por negarem ao mundo não judeu a oportunidade de apreciar a "impressionante contribuição que os judeus ortodoxos vêm fazendo em todas as áreas do mundo moderno…". Entre as cartas

[*] O presente ensaio baseou-se nos comentários feitos em 1962 e 1963 na Hillel House da Universidade de Iowa, no Centro Comunitário Judaico de Hartford, Connecticut., e na Universidade Yeshiva (1963).

que recebo dos leitores, várias foram escritas por judeus que me acusam de antissemita e de "ter ódio de mim mesmo", ou pelo menos de demonstrar mau gosto. Eles argumentam ou deixam implícito que os sofrimentos dos judeus ao longo da história, culminando com o extermínio de 6 milhões deles pelos nazistas, tornaram certas críticas da vida judaica insultuosas e banais. Afirmam que a crítica que faço dos judeus — ou crítica aparente — é vista pelos antissemitas como justificativa, como "combustível" para suas opiniões incendiárias, em especial por ser um judeu que aparentemente admite que seus personagens judeus tenham hábitos e comportamentos em nada exemplares, ou mesmo normais e aceitáveis. Quando falo para plateias judaicas, sempre há pessoas que depois me procuram para perguntar: "Por que você não nos deixa em paz? Por que não escreve sobre os góis?", "Por que precisa ser tão crítico?", "Por que demonstra tanta desaprovação pelo que somos?", essa última pergunta muitas vezes é feita com mais incredulidade do que raiva, e por gente bem mais velha do que eu, como pais incompreendidos que se dirigem a um filho com ideias erradas.

Às pessoas que sentem que finquei meus dentes em suas carnes, é difícil, se não impossível, explicar que muitas vezes elas nem foram mordidas. Nem sempre, mas com frequência, o que tais leitores consideraram como minha censura à maneira de viver dos judeus parece ter mais a ver com suas próprias perspectivas morais do que com aquela que atribuem a mim; às vezes, veem coisas malévolas onde eu vi energia ou coragem ou espontaneidade: eles têm vergonha daquilo que não tenho por que me envergonhar e, por isso, tornam-se defensivos onde não há motivo para tal.

Não apenas me parecem no geral ter noções limitadas e insustentáveis do bem e do mal, mas, encarando a literatura como o fazem — em termos de "aprovação" ou "desaprovação" dos judeus, atitudes "positivas" ou "negativas" com relação à vida judaica — provavelmente não entenderão o verdadeiro sentido de um relato ficcional.

Vou dar um exemplo. Escrevi um conto intitulado "Epstein", que fala de um homem de sessenta anos que comete adultério com uma senhora que reside no outro lado da rua. No final, Epstein, o protagonista, é descoberto — descoberto por sua família e derrotado por tudo o que ele resolvera enfrentar num esforço derradeiro. Há leitores judeus, bem sei, que não conseguem entender por que escrevi esse conto sobre um judeu: será que outras pessoas também não cometem adultério? Por que mostrar um judeu enganando a esposa?

Mas um adultério envolve mais do que o fato de enganar alguém, a começar pelo próprio adúltero. Por mais que certas pessoas o vejam apenas como um embusteiro, ele normalmente sente ser algo mais. E, de modo geral, muitas vezes o que costuma atrair a maioria dos leitores e escritores para a literatura é esse "algo mais" — tudo o que está mais além da mera categorização moral. Ao escrever uma história sobre um adúltero, meu propósito não é tornar claro quão certos estamos todos nós ao desaprovar o comportamento, nem ao ficar desapontados com o homem. Não se escreve ficção para afirmar princípios e crenças que todo mundo parece sustentar, nem para garantir a adequação de nossos sentimentos. O mundo da ficção, na verdade, liberta-nos dos limites que a sociedade impõe sobre o sentimento. Uma das grandezas da arte é permitir que tanto o escritor como o leitor reajam à experiência de formas que não estão sempre disponíveis na conduta cotidiana. Ou, se o estão, não são possíveis, gerenciáveis, legais nem aconselháveis, nem mesmo necessárias para o ofício de viver. Podemos nem saber que temos um espectro tão amplo de sentimentos e reações até entrar em contato com a obra de ficção. Isso não significa que o leitor ou o escritor deixa de julgar as ações humanas. Pelo contrário, julgamos num nível diferente de nossa existência, pois não apenas estamos julgando com apoio de novos sentimentos, mas sem a necessidade de agir em função de nosso julgamento. Abrindo mão por algum tempo de sermos cidadãos probos, penetramos numa outra camada de consciência. E essa expansão da consciência moral, essa exploração da fantasia moral, tem certo valor para o ser humano e para a sociedade.

Não desejo me aprofundar aqui sobre o que muitos leitores, sem maior reflexão, acreditam ser os propósitos e os artifícios da ficção. Para aqueles cujos interesses não os levam a especular muito sobre esse assunto, quero deixar claras algumas premissas a que um escritor pode obedecer — premissas do tipo que me levam a dizer que não escrevo uma história para tornar evidente qualquer sentimento crítico que eu possa ter quanto aos homens adúlteros. Escrevo a história de um homem que é adúltero a fim de revelar a condição de tal homem. Se o adúltero é judeu, então estou revelando a condição de um adúltero que é judeu. Por que contar tal história? Porque aparentemente estou interessado em como — e por quê, e quando — um homem vai de encontro ao que considera ser o que tem de melhor, ou o que os outros imaginam que tenha, ou prefeririam que tivesse. O tema está longe de ser "meu": vem interessando leitores e escritores por muito tempo antes de chegar minha vez de também abordá-lo.

Um de meus leitores, um homem de Detroit, fez várias perguntas que, pela própria brevidade, creio que tinham a intenção de me desarmar. Cito partes da carta sem sua permissão.

A primeira pergunta: "É concebível que um homem de meia-idade negligencie seu negócio e passe o dia inteiro com uma mulher de meia-idade?". A resposta é sim.

Depois ele pergunta: "Essa é uma característica judaica"? Presumo que esteja se referindo ao adultério e não humoristicamente ao fato de alguém negligenciar seu negócio. A resposta é:

"Quem disse que é?". Anna Kariênina comete adultério com Vronski, com consequências mais desastrosas que as provocadas por Epstein. Quem pensa perguntar: "É uma característica russa?". Trata-se de uma possibilidade humana. Embora se diga que a mais famosa proibição contra o adultério foi imposta (por razões que só Deus conhece) aos judeus, as relações sexuais fora do matrimônio têm sido uma das formas que pessoas de todas as religiões adotaram para buscar o prazer — ou a liberdade, ou vingança, ou poder, ou amor, ou humilhação...

A pergunta seguinte na série do cavalheiro foi: "Por que tanto *shmutz*?". Ele está perguntando por que há tanta sujeira no mundo? Tanto desapontamento? Qual a razão dos sofrimentos, da feiura, do mal, da morte? Eu gostaria de pensar que essas eram as questões em sua mente. Mas tudo o que ele de fato está perguntando é: "Por que tanto *shmutz* naquele conto?". Um homem idoso descobre que as chamas do desejo sexual ainda ardem nele? *Shmutz*! Repugnante! Quem quer ouvir falar nesse tipo de coisa? Chocado como está com nada mais que os aspectos sujos dos problemas de Epstein, o cavalheiro de Detroit conclui que eu sou bitolado e intolerante.

Como outros o fazem. Intolerância e bitolagem, na verdade, foram as acusações que, segundo publicado no *New York Times*, um rabino de Nova York, David Seligson, fez recentemente contra mim e outros autores judeus que, conforme ele disse à sua congregação, dedicavam-se "à criação exclusiva de um desfile melancólico de caricaturas". O rabino Seligson também malhava *Adeus, Columbus* porque nesse livro eu descrevia um "judeu adúltero [...] e uma série de outras personalidades desequilibradas e esquizofrênicas". É óbvio que adultério não é um sintoma de esquizofrenia, mas o fato de o rabino assim o considerar indica, para mim, que temos ideias diferentes sobre o que seja sanidade mental. Afinal, a *vida* pode perfeitamente produzir um homem de negócios melancólico e de meia-idade como Lou Epstein, que, na opinião do dr. Seligson, constitui apenas mais um exemplo no desfile de caricaturas. Eu próprio acho que o adultério de Epstein é uma solução improvável para seus problemas, uma reação patética e até fadada ao insucesso, mas também cômica, pois nem se coaduna com a concepção que ele faz de si mesmo e com o que deseja; porém essa *inadequação* não me leva a desprezar sua sanidade ou humanidade. Caso eu admita que o personagem de Epstein foi concebido com considerável afeição e simpatia, suponho que isso equivalha a uma confissão de que sou desequilibrado e esquizofrênico. No meu entender, o rabino é incapaz de ver um abraço apertado quando ele ocorre diante de seus olhos.

A notícia do *Times* continua: "O rabino disse que só podia 'expressar perplexidade' com relação a escritores talentosos que, 'judeus de nascimento, conseguem enxergar tão pouco na tremenda saga da história judaica'". Mas não creio que a "perplexidade" do rabino a meu respeito seja maior que a minha com relação a ele: esse negócio de ficar perplexo é a voz da sabedoria ao se fazer ouvir, sempre desejosa de ver a luz — caso, é claro, haja luz. Mas não caio nessa conversa A imparcialidade do púlpito só serve para ocultar as questões — como o rabino faz na conclusão do texto publicado no *Times*: "'Que eles [os escritores judeus em causa] devem ter a liberdade de escrever, isso nós afirmaríamos com veemência. Mas desejaríamos fervorosamente que eles conhecessem seu próprio povo e tradições'".

No entanto a questão não é o conhecimento de seu próprio "povo". Não é uma questão de saber quem tem mais informações históricas a dispor, quem está mais familiarizado com a tradição judaica ou qual de nós obedece a mais costumes e rituais. A história de Lou Epstein fica de pé ou cai não com base no que sei sobre a tradição, e sim no quanto sei sobre Lou Epstein. Naquilo em que a história do povo judeu está representada na figura do homem de meia-idade que chamei de Epstein é onde meu conhecimento precisa ser correto. Mas tenho a impressão de que o rabino Seligson quer varrer Lou Epstein da história judaica. Eu acho sua situação comovente demais para ser descartada, mesmo se ele for um *grubber yung* e provavelmente mais ignorante da história do que o rabino crê que eu seja.

Afinal de contas, Epstein não é retratado como rabino erudito, e sim como dono de uma pequena empresa de sacos de papel; sua esposa também não tem uma educação refinada, assim como a amante; em consequência, o leitor não deveria esperar que nesse conto encontre, de minha parte, ou da parte dos personagens, o conhecimento talmúdico da Ética dos Pais; mas o leitor tem todo o direito de esperar que estarei próximo da verdade quanto ao que, talvez, possam ser as atitudes de um judeu que tenha a história de Epstein no que se refere a casamento, vida em família, divórcio e fornicação. O conto se chama "Epstein" porque o tema é Epstein, não os judeus.

Entretanto é evidente que o interesse do rabino não está no retrato de uma personalidade. O que ele procura na minha ficção é, em suas próprias palavras, "um retrato equilibrado dos judeus como os conhecemos". Suspeito mesmo que esse "equilíbrio" é o que o rabino proclamaria como característica fundamental da vida judaica. O que a história judaica indica é que por fim temos em nossas fileiras uma diversidade de figuras. Sobre o romance *Remember Me to God*, de Myron Kaufmann, o rabino Seligson diz em seu sermão que "dificilmente pode ser reconhecido como um estudo sociológico dos judeus". Mas o sr. Kaufmann não tinha a menor intenção de escrever um estudo sociológico ou — pois isso parece mais com o que o rabino de fato almeja ao ler trabalhos de ficção sobre judeus — um exemplo agradável e positivo. O livro *Madame Bovary* também está longe de ser reconhecido como estudo sociológico, tendo em seu centro apenas uma única e sonhadora francesa provinciana, e em nada igual a todas as francesas provincianas — e isso não diminui seu brilho como investigação de Emma Bovary. As obras literárias não tomam como tema personagens que impressionaram o escritor particularmente pela frequência com que aparecem na população. Quantos judeus, como os conhecemos, chegaram muito perto de enfiar uma faca em seu único filho por acreditarem que Deus exigia isso deles? O significado da história de Abraão e Isaac não está no fato de corresponder a uma ocorrência cotidiana. O teste de qualquer trabalho literário não está em saber a amplitude de sua representação — uma vez que isso pode ser característico de um tipo de narrativa —, mas na veracidade com que o autor revela o que escolheu para representar.

Confundir um "retrato equilibrado" com um romance é ser levado a assumir posturas absurdas. "Prezado Fiódor Dostoiévski, os alunos de nossa escola sentem que o senhor foi injusto conosco. O senhor diria que Raskólnikov é um retrato equilibrado dos alunos como os conhecemos? Dos alunos russos? Dos alunos pobres? O que dizer daqueles entre nós que nunca matamos ninguém e fazemos nossos trabalhos de casa todas as noites?" "Prezado Mark Twain, nenhum dos escravos de nossa fazenda jamais fugiu. Mas o que o nosso dono vai pensar quando ler sobre o Nigger Jim?" "Prezado Vladimir Nabokov, as moças em nossa turma"… e por aí vai. O que a ficção faz e o que o rabino gostaria que fizesse são totalmente antitéticos. Os objetivos da ficção não são os do estatístico — ou de uma empresa de relações públicas. O romancista se pergunta: "O que pensam as pessoas?" O profissional de relações públicas pergunta: "O que as pessoas pensarão?". E eu creio que é isso que de fato perturba o rabino quando clama por seu "retrato equilibrado dos judeus": o que as pessoas pensarão?

Para ser exato: o que os góis pensarão?

2

Essa foi a pergunta suscitada — e com urgência — quando outro dos meus contos, "O defensor da fé", apareceu na *New Yorker* em abril de 1959. A história é contada por Nathan Marx, um sargento do Exército que volta para o Missouri depois de servir na Alemanha, onde a guerra terminara. Tão logo chega, é promovido a primeiro-sargento na companhia de treinamento, e um jovem recruta logo gruda nele tentando usar o relacionamento com o sargento para gozar de bondades e favores. O vínculo, como ele o vê, está na circunstância de serem ambos judeus. À medida que a história se desenvolve, o que o recruta, Sheldon Grossbart, passa a exigir não são meras considerações, e sim privilégios aos quais Marx considera que ele não faz jus. O conto versa sobre um homem que usa sua religião e a consciência incerta de outro para fins egoístas. Mas, de modo geral, é sobre aquele outro homem, o narrador Marx, que, devido às complexidades de pertencer à sua religião, vê-se envolvido num desgastante, embora talvez errôneo, conflito de lealdades.

Não vejo agora, e ao escrever também não via, que o problema de Marx só pudesse ocorrer com um judeu: confrontar os limites da caridade e do perdão — tendo que traçar uma linha entre o que é piedoso e o que é justo —, tentar distinguir entre o mal aparente e o mal verdadeiro dentro de si próprio e nos outros — esses são problemas que afligem a maioria das pessoas, seja qual for o nível em que são percebidos ou confrontados. Todavia, embora as complexidades morais não sejam exclusivas dos judeus, nem por um momento considerei que os personagens do conto não fossem judeus. Outro autor poderia escrever uma história incorporando os mesmos temas, e talvez fatos semelhantes, tendo no centro um negro ou um irlandês; para mim, não havia escolha. Nem era o caso de fazer de Grossbart um judeu e de

Marx um gói, ou vice-versa; contar uma meia-verdade seria o mesmo que contar uma mentira. A maior parte das piadas que começam com "dois judeus iam pela rua" perdem um pouco de sua potência se um dos judeus, ou ambos, estiverem disfarçados de ingleses. Da mesma forma, qualquer alteração substancial na factualidade judaica de "O defensor da fé" depois que o conto começou a ganhar corpo na minha imaginação teria, de tal modo, desativado as tensões por mim entrevistas na trama, e a história que eu queria contar deixaria de existir.

Alguns de meus críticos podem desejar que isso houvesse acontecido, porque ao seguir em frente e escrever a história sobre judeus, o que fiz senão confirmar um estereótipo antissemita? Mas, no que me toca, a história confirma aos leitores algo diferente, se não menos doloroso. A meu juízo, Grossbart não é alguém que possamos descartar apenas como estereótipo antissemita: ele é um fato judaico. Se pessoas mal-intencionadas ou com precária capacidade de julgamento converteram certos fatos da vida judaica num estereótipo do Judeu, isso não significa que deixam de ser importantes em nossa vida, ou que são tabu para o escritor de ficção. A investigação literária pode até ser um meio de redimir tais fatos, de dar-lhes o peso e valor que merecem ter no mundo, em vez da relevância desproporcional que sem dúvida têm para alguns indivíduos mal orientados ou maldosos.

Sheldon Grossbart, o personagem que imaginei como antagonista de Marx, tem origem nos fatos. O objetivo não é que represente o Judeu, ou o povo judaico, nem a história indica que o autor tenciona que ele seja assim compreendido. Grossbart é descrito como um ser humano tolo e desajeitado, hipócrita, astucioso e, às vezes, até mesmo um pouco encantador; é retratado como um jovem cujos lapsos de integridade parecem tão necessários para sua sobrevivência que ele se convence de que são mesmo cometidos em nome da integridade. Grossbart foi capaz de desenvolver uma ética pessoal segundo a qual seu próprio senso de responsabilidade pode deixar de atuar, uma vez que a culpa coletiva dos outros se tornou tão imensa que alterou profundamente as condições de confiança no mundo. Ele não é representado como o estereótipo do Judeu, mas como um judeu que age como o estereótipo, oferecendo a seus inimigos a visão que têm dele, respondendo à punição com o crime. Dada a história de humilhação e perseguição que tantas nações praticaram contra os judeus, seria necessária uma nobreza extraordinária para negar que existem alguns como Grossbart, e também que as tentações para seu tipo de comportamento não estão presentes em muitos indivíduos que talvez tenham mais elegância ou força de vontade, ou talvez sejam apenas mais acovardados, que a alma simples e atormentada que imaginei chorando de medo e decepção no fim do conto. Grossbart não é o Judeu, mas um fato na experiência judaica — e bastante viável na gama de possibilidades morais.

O mesmo se aplica a seu adversário, Marx, que afinal de contas é o personagem central do conto, sua voz e consciência. Trata-se de um homem que se considera judeu de forma menos incisiva que Grossbart; não tem certeza do que isso significa — do que significa para ele —, embora não seja pouco inteligente ou desprovido de consciência. É um cumpridor de deveres obsessivo e, confrontado com aquilo que lhe é apresentado como necessidades extremas de outro judeu, por algum tempo não sabe exatamente o que fazer. Hesitando entre os sentimentos de que deve fazer algo e de que está sendo ludibriado, só no final, quando de fato trai a confiança com que Grossbart tenta sobrecarregá-lo, é que comete o que sempre desejou: um ato que julga digno.

Marx não me parece — tampouco a nenhum dos leitores que se manifestaram — uma figura improvável, pouco crível, artificial; a verossimilhança dos personagens e da situação em que se encontravam não foi questionada. Na verdade, o ar realista da história terá levado diversas pessoas a protestarem contra sua publicação escrevendo para mim, para a *New Yorker* e para a Liga Antidifamação.

Eis uma das cartas que recebi após o conto ser publicado:

Sr. Roth,

Com seu conto "O defensor da fé" o senhor fez tanto mal quanto todas as eficientes organizações antissemitas têm feito para convencer as pessoas de que todos os judeus são trapaceiros, mentirosos, traiçoeiros. Seu conto leva o público em geral a esquecer todos os grandes judeus que viveram, todos os rapazes judeus que serviram honradamente nas Forças Armadas, todos os judeus que levam uma vida honesta e trabalham duro em todo o mundo.

Eis outra recebida pela *New Yorker*:

Prezados senhores,

[...] debatemos esse conto sob todos os ângulos possíveis e não podemos fugir à conclusão de que ele causará um dano irreparável aos judeus. Achamos que esse conto apresentou uma imagem distorcida do soldado judeu médio e não podemos compreender como uma revista com sua excelente reputação foi capaz de publicar um trabalho que fornece combustível ao antissemitismo. Lugares-comuns como "é uma questão de arte" não serão aceitos. Apreciaríamos uma resposta.

Segue-se uma carta recebida pela Liga Antidifamação, que, devido à reação pública, telefonou para mim perguntando se queria conversar com eles. A estranha ênfase no convite, pensei eu, indicava o desconforto que sentiam ao ter de me repassar esse tipo de mensagem.

Prezado sr.,

O que está sendo feito para fazer calar esse homem? Os judeus da Idade Média saberiam o que fazer com ele...

As duas primeiras cartas que citei foram escritas por judeus laicos, a última por um rabino e educador da cidade de Nova York, um homem proeminente na comunidade judaica. O rabino mais tarde entrou em contato diretamente comigo. Não mencionou que escrevera antes para a Liga Antidifamação a fim de lamentar o declínio da justiça medieval, embora tenha tido o cuidado de indicar ao fim da primeira carta suas reticências quanto a outra questão. Creio que eu deveria tomar o seguinte como um gesto de piedade: "Não escrevi para o conselho editorial da *New Yorker*", ele me disse, "porque não quero agravar o pecado da delação...".

Delação. Lá estava a acusação feita por muitos dos que escreveram as cartas, mesmo quando não queriam fazê-lo abertamente para mim nem para eles mesmos. Eu delatara os judeus. Dissera aos góis o que parece que teria sido possível manter em segredo, sem que eles soubessem: que os perigos da natureza humana afligem os membros de nossa comunidade. O fato de eu também ter delatado que era possível existir um judeu como Nathan Marx pelo jeito não incomodava ninguém; se eu disse antes que Marx não pareceu aos missivistas improvável é porque aparentemente ele não os impressionara em nada. Era como se não estivesse lá. Em todas as cartas que li, só uma mencionava Marx, e apenas para indicar que eu era não menos culpado por retratar o sargento como um "judeu branco", tal como descrito pelo autor da carta, uma espécie de Tio Tom judaico.

Mas, mesmo se Marx fosse apenas isso, um judeu branco, e Grossbart um judeu negro, caberia concluir que, por haver examinado a relação entre os dois — outra preocupação central do conto que praticamente não mereceu nenhum comentário dos missivistas —, eu advogara que os judeus deviam perder sua cidadania norte-americana, ser perseguidos, deportados e assassinados? Bem, não. Seja lá o que for que o rabino possa ter pensado, ele não me caracterizou diretamente como antissemita. No entanto havia uma sugestão, bastante grave, de que eu agira como idiota. "O senhor ganhou a gratidão", ele escreveu, "de todos que sustentam seu antissemitismo com base nessas concepções dos judeus que, em última instância, levaram ao extermínio de 6 milhões deles em nossos tempos."

A despeito do tom adotado no final da frase, a acusação vem logo no início: eu "ganhei a gratidão…". Mas de quem? Eu colocaria de maneira menos dramática, porém mais exata: daqueles que estão predispostos a ler o conto de modo equivocado — por preconceito, ignorância, malícia ou mesmo inocência. Se ganhei a gratidão deles é porque não conseguiram ver, nem mesmo tentaram ver, o que eu estava falando. As concepções dos judeus sustentadas pelos antissemitas, e que eles podem confirmar ao interpretar minha história de forma equivocada, são as mesmas, diz o rabino, que, "em última instância, levaram ao extermínio de 6 milhões deles em nossos tempos".

"Em última instância"? Não seria uma simplificação grosseira da história dos judeus e da história da Alemanha de Hitler? As pessoas têm sérios rancores para com as outras, difamam-se, deliberadamente se recusam a compreender o próximo, mas nem sempre, como consequência disso, matam-se — como os alemães mataram os judeus, e como outros europeus permitiram que os judeus fossem mortos ou mesmo ajudaram na execução do massacre. Entre o preconceito e a perseguição costuma haver, na vida civilizada, uma barreira construída pelas convicções e pelos medos dos indivíduos, assim como pelas leis das comunidades, seus ideais e valores. O que "em última instância" causou o desaparecimento dessa barreira na Alemanha não pode ser explicado apenas em termos de concepções errôneas dos antissemitas; sem dúvida é necessário entender também como, para a ideologia e o sonho nazistas, os judeus eram ao mesmo tempo intoleráveis e úteis a seus propósitos.

Ao simplificar a relação nazismo-judeus, ao elevar o preconceito à condição de causa principal do aniquilamento, o rabino é capaz de fazer com que pareçam de fato muito graves as consequências de publicar "O defensor da fé" na revista *New Yorker*. Nada indica que ele tenha sentido a menor ansiedade pelas consequências de sua própria postura. Pois o que ele está sugerindo é que alguns temas não devem ser tratados pela literatura nem trazidos à baila porque podem ser mal interpretados por mentes fracas ou instintos malignos. Dessa forma, ele consente em pôr as pessoas maliciosas e mentalmente débeis numa posição em que são capazes de determinar o nível em que poderão ocorrer comunicações abertas sobre tais assuntos. Isso não é lutar contra o antissemitismo, e sim deixar-se subjugar por ele: submeter-se a uma restrição da possibilidade de pensar e de comunicar-se, porque estar consciente e ser franco seria perigoso demais.

Em sua carta, o rabino chama minha atenção para aquele famoso louco que grita "Fogo!" num teatro apinhado de gente. Ele deixa que eu próprio complete a analogia: ao publicar "O defensor da fé" na *New Yorker*: 1) estou gritando; 2) estou gritando "Fogo!"; 3) não há nenhum fogo; 4) tudo isso está acontecendo num equivalente ao "teatro apinhado de gente": aí reside o perigo. Eu deveria concordar em sacrificar a liberdade essencial para o exercício da minha profissão e até mesmo, no meu entendimento, para o bem-estar geral da cultura porque... Por que mesmo? O "teatro apinhado de gente" não tem nenhuma relevância para a atual situação do judeu nos Estados Unidos. Trata-se de uma enorme ilusão. Não se trata de uma metáfora que descreve determinada condição cultural, mas, isto sim, a revelação das visões de pesadelo que perseguem pessoas tão temerosas quanto o rabino parece ser. Não admira que por fim ele me diga: "Seu conto — em hebraico, numa revista ou jornal israelense — teria sido julgado exclusivamente em termos literários". Ou seja, despache o conto para Israel. Mas, por favor, não o conte aqui e agora.

Por quê? Para que "eles" não comecem a perseguir judeus outra vez? Se a barreira entre preconceito e perseguição caiu na Alemanha durante a década de 1930, isso dificilmente significa que não exista nenhuma barreira desse tipo nos Estados Unidos de hoje. E, se em algum momento parecer que ela está se desintegrando, então deveremos fazer o que for necessário para fortalecê-la. Mas sem se passar por simpático; sem se recusar a admitir a complexidade da vida dos judeus; sem fingir que os judeus têm existências que mereçam menos atenção que as de seus vizinhos; sem tornar os judeus invisíveis.

Os judeus são pessoas que não têm nada a ver com o que os antissemitas dizem que eles são. Houve um tempo em que, com base nessa afirmação, um homem poderia começar a construir uma identidade para si; agora não funciona tão bem, porque é difícil agir de forma contrária ao modo como as pessoas esperam que você se comporte, quando um número cada vez menor define você com base em tais expectativas. O êxito na luta contra a difamação do caráter do judeu neste país tornou ainda mais urgente a necessidade de uma consciência judaica que seja relevante para o atual momento histórico nos Estados Unidos, em que nem a difamação nem a perseguição são hoje o que foram em outros lugares no passado. Para aqueles judeus que decidem continuar a se dizerem judeus, e que encontram razões para fazê-lo, há caminhos a seguir para evitar um retorno a 1933, caminhos mais diretos, razoáveis e honrosos do que começar a agir como se já estivéssemos em 1933 — ou como se nunca tivéssemos ido além daquele ano. Mas a morte de todos aqueles judeus parece ter ensinado àquele homem que comigo se correspondeu, um rabino e educador, pouco mais do que ser discreto, ladino, dizer isto e não aquilo. Não lhe ensinou nada além de como permanecer vítima num país em que não precisa viver assim caso não queira. Quão patético! E que insulto aos mortos! Imagine: sentar-se em Nova York na década de 1960 e hipocritamente invocar os "6 milhões" a fim de justificar sua própria timidez.

Timidez — e paranoia. Não ocorre ao rabino que há góis que lerão o conto de forma inteligente. Os únicos góis que o rabino consegue imaginar lendo a *New Yorker* são os que odeiam judeus e os que não sabem ler muito bem. Se há outros, eles podem continuar a viver sem ler nada sobre judeus. Pois sugerir traduzir os contos em hebraico e publicá-los em Israel de fato quer dizer: "Em nossa vida não há nada que precisamos contar aos góis, a menos que se refira a como estamos indo bem. Qualquer coisa além disso não é da conta deles. Não somos importantes para ninguém além de nós mesmos, o que, de qualquer modo, é como deve ser (ou é melhor que seja)". Entretanto indicar que uma crise moral é algo a ser tratado com silêncio não implica, obviamente, seguir uma manifestação profética. Nem se trata de um ponto de vista rabínico que a vida judaica seja pouco importante para o resto da humanidade.

Mesmo levando em conta seus objetivos próprios, o rabino não se mostrou muito imaginativo ou capaz de ver mais longe. O que ele não conseguiu entender é que o estereótipo costuma ter origem tanto na ignorância como na malícia; manter deliberadamente os judeus longe da imaginação dos góis, por medo dos preconceituosos e de suas mentes prenhes de estereótipos, consiste na verdade em estimular a criação de ideias estereotipadas. Um livro como *Homem invisível*, de Ralph Ellison, por exemplo, parece-me que ajudou muitos brancos — que, apesar de não racistas, carregam estereótipos relacionados aos negros — a abandonar noções simplistas. Duvido, contudo, que Ellison, ao descrever não apenas as condições de vida miseráveis que os negros enfrentam mas também alguns aspectos bestiais de seus personagens, foi capaz de converter um único caipira do Alabama ou senador dos Estados Unidos à causa da desagregação; tampouco os romances de James Baldwin levaram o governador George Wallace a mudar sua opinião de que os negros são mesmo incorrigíveis, como ele sempre acreditou. Como romancistas, nem Baldwin nem Ellison são (para citar o sr. Ellison falando de si próprio) "engrenagens no maquinário da legislação sobre direitos civis". Assim como há judeus que consideram que meus livros em nada servem à causa judaica, há negros, segundo me dizem, que acham que a obra do sr. Ellison pouco fez em prol da causa dos negros e provavelmente até a prejudicou. Mas o fato de que muitos cegos continuam sem ver não significa que os livros de Ellison deixem de emitir luz. Com certeza, graças ao *Homem invisível*, aqueles de nós que têm desejo de aprender, e que precisavam aprender, tornamo-nos menos ignorantes do que éramos sobre a vida dos negros, incluindo aquelas vidas que um racista tomaria como prova de suas ideias irrefletidas e invioláveis.

3

Mas é a traição do racista que parece preocupar o rabino, e que ele apresenta a mim, a ele próprio e provavelmente à sua congregação como a principal causa de preocupação. Com franqueza, acho que se trata apenas de velhas palavras que jorram quando se aperta o botão certo. Será que de fato ele acredita que, com base em meu conto, alguém vai dar início a um pogrom, manter algum judeu fora da faculdade de medicina ou mesmo chamar de "sujo" o garotinho judeu a caminho da escola? O rabino está soterrado sob seus pesadelos e medos, mas isso não é tudo. Ele também oculta alguma coisa. Muito de sua desaprovação do "Defensor da fé", devido ao efeito que teria sobre os góis, parece-me uma forma de esconder aquilo a que ele de fato tinha objeção, aquilo que é imediatamente doloroso — e isso é seu efeito direto sobre certos judeus. "O senhor feriu os sentimentos de muitas pessoas porque revelou algo de que elas se envergonham." Essa é a carta que o rabino não escreveu, mas deveria ter escrito. Eu então teria argumentado que há coisas mais importantes — mesmo para aqueles judeus — do que os sentimentos que foram feridos, mas de todo modo ele teria me confrontado com um fato genuíno, com alguma coisa pela qual eu era mesmo responsável e com a qual minha consciência teria de lidar, como o faz.

Vale notar que todas as cartas que me chegaram sobre o "Defensor da fé" foram enviadas por judeus. Nenhuma das pessoas cuja gratidão eu teria ganhado, segundo o rabino, me escreveu para agradecer, nem fui convidado para falar em nenhuma organização antissemita. Quando comecei a receber convites para fazer palestras, eles vieram de grupos de mulheres judias, centros comunitários judaicos e todo tipo de organizações de judeus, grandes e pequenas.

E acho que isso também aborrece o rabino. Alguns judeus são feridos por minha obra, mas outros se interessam por ela. Na convenção rabínica a que me referi no início deste artigo, o rabino Emanuel Rackman, professor de ciência política na Universidade Yeshiva, reportou aos colegas que certos escritores judeus estavam "assumindo por conta própria o manto de porta-vozes e líderes do judaísmo". Para fundamentar sua observação, referiu-se a um simpósio realizado em Israel no mês de junho e no qual eu estive presente; tanto quanto eu sabia, o rabino Rackman não esteve lá. Caso estivesse, teria me ouvido dizer com toda clareza que eu não queria falar pelos judeus norte-americanos, não tinha intenção e não era capaz de fazê-lo. Claro que não neguei, e ninguém questionou tal fato, que eu falava *para* eles e também, assim esperava, para outros. A competição de que o rabino Rackman imagina estar participando nada tem a ver com quem tem a presunção de liderar os judeus; trata-se na verdade de saber quem, ao se dirigir a eles, os levará mais a sério — embora isso possa soar estranho —, quem os verá como algo mais que um monte de gente num auditório apinhado, algo mais que indivíduos indefesos, ameaçados e que precisam ser tranquilizados com a afirmação de que são tão "equilibrados" quanto as outras pessoas. A questão, realmente, é quem falará a homens e mulheres como homens e mulheres, e quem se dirigirá a eles como se fossem crianças. Se há judeus que começam a achar que as histórias contadas pelos romancistas são mais provocantes e pertinentes que os sermões de alguns rabinos, talvez seja por haver neles regiões de sentimento e consciência que não podem ser tocadas pela oratória do autoelogio e da autocomiseração.

Sobre *O complexo de Portnoy**

Você diria alguma coisa sobre a gênese de O complexo de Portnoy?
Desde quando a ideia do livro estava em sua mente?

Algumas ideias que fazem parte do livro rondavam minha mente desde que comecei a escrever, em particular ideias sobre estilo e narração. O livro avança através do que passei a pensar enquanto o escrevia como "blocos de consciência", conjuntos de materiais de diversos formatos e extensões, sobrepostos e unidos por uma associação de ideias, e não pela cronologia. Tentei algo vagamente parecido com isso em *Letting Go* [*As melhores intenções*] e, desde então, quis fazer uma narrativa desse tipo outra vez — ou quebrar uma narrativa dessa forma.

Além disso, há a questão da linguagem e do tom. Começando com *Adeus, Columbus*, eu me sinto atraído pela prosa que tem a espontaneidade e a fluidez da linguagem falada, ao mesmo tempo que está plantada com solidez na página, com o peso da ironia,

---

* Entrevista concedida a George Plimpton (1969).

da precisão e da ambiguidade associadas a uma retórica escrita mais tradicional. Não sou o único a querer escrever assim, nem se trata de uma aspiração particularmente nova no planeta. Mas é essa espécie de ideia literária, ou ideal literário, que eu estava buscando concretizar no livro.

Eu estava pensando em termos do protagonista e de seus problemas quando perguntei desde quando você tinha em mente a "ideia do livro".

Eu sei. E é em parte por causa disso que respondi daquele jeito.

Mas sem dúvida você não quer que acreditemos que esse romance volátil de confissão sexual, entre outras coisas, foi concebido por motivos puramente literários, não é mesmo?

Não, não quero. Mas a concepção não é nada, você sabe, sem a execução. Até que minhas "ideias" — sobre sexo, culpa, infância, sobre homens judeus e suas mulheres góis — foram absorvidas por uma estratégia ficcional que as englobava, elas não se distinguiam das ideias de todo mundo. Todos têm "ideias" para romances. O metrô está cheio de gente que se segura nos estribos de couro com a cabeça repleta de ideias sobre romances que não conseguem nem começar a escrever: muitas vezes sou uma delas.

No entanto, dada a franqueza do livro sobre questões sexuais íntimas e o uso escancarado de obscenidades, você acha que teria se aventurado a escrevê-lo no clima de hoje?

Lá atrás, em 1958, publiquei na *Paris Review* um conto intitulado "Epstein", que algumas pessoas acharam ofensivo por causa de suas revelações sexuais íntimas, e minhas conversas nunca foram tão refinadas quanto deveriam ser. Creio que muita gente da área artística tem vivido por algum tempo "no clima de hoje", e foram alcançados agora pela mídia de massa e pelo público em geral. Obscenidades como um vocabulário utilizável e valioso, assim como a sexualidade como tema, têm estado disponíveis para nós desde Joyce, Henry Miller e Lawrence, e não acho que haja um autor sério nos Estados Unidos com mais de trinta anos que se sinta especialmente limitado pelo clima atual ou que de repente se sinta liberado porque alguém anunciou que estamos nos "*swinging sixties*". Ao longo de minha vida como escritor, o uso da obscenidade tem sido governado na maior parte pelo bom gosto literário, e não pelos costumes dos leitores.

O que dizer desse público leitor? Você não escreve para ser lido?

Se você se refere a um grupo particular de leitores que pode ser descrito em termos de educação, política, religião ou até sofisticação literária, a resposta é não. Quando trabalho, não tenho mesmo em mente um grupo com o qual queira me comunicar. O que desejo é que a obra se comunique por si própria tanto quanto puder, segundo suas próprias intenções. Exatamente para que possa ser lida, mas em seus próprios termos. Caso se diga que um autor tem em mente um público específico, não deve ser um grupo de interesse cujas crenças e exigências ele respeitará ou desafiará, mas leitores ideais cujas sensibilidades foram totalmente entregues ao escritor em troca de sua seriedade.

Meu novo livro, *O complexo de Portnoy*, está repleto de palavras de baixo calão e cenas indecentes. Meu romance anterior, *Quando ela era boa*, não é assim. Por que isso? Será que de repente virei um *swinger*? Mas então eu já estava *swinging* bem antes, na década de 1950, com o conto "Epstein". E que tal as obscenidades em *As melhores intenções*? Não, o motivo pelo qual não há palavrões ou mesmo sexualidade flagrante em *Quando ela era boa* é que isso seria desastrosamente fora de propósito.

Quando ela era boa é, acima de tudo, uma história sobre os moradores de uma cidadezinha do Meio-Oeste que se veem como pessoas íntegras e convencionais. E é o estilo honesto e convencional da linguagem deles que escolhi como meio de narração — na verdade, uma versão aprimorada e mais flexível de tal linguagem, mas que se valeu abundantemente de suas falas habituais. No entanto não foi para satirizá-los, como Ring Lardner em "Haircut", que me decidi por esse estilo modesto, e sim para comunicar — pelo modo como eles diziam as coisas, como as viam e as julgavam. Quanto à obscenidade, fui cuidadoso até quando cuidava das *reflexões* de Roy Bassart, o jovem ex-soldado do romance —, pois mesmo entre as paredes seguras de sua mente —, o mais longe que ele era capaz de ir na violação de um tabu era pensar "f. isto e f. aquilo". A incapacidade de Roy de pronunciar algo além da letra inicial do famoso verbo, ainda que mentalmente, esse era o pequeno ponto que eu estava explorando.

Ao debater os propósitos de sua arte, Tchékhov distingue entre "a solução do problema e a apresentação correta do problema" e acrescenta: "apenas a segunda é obrigatória para o artista". Usar "f. isto e f. aquilo", em vez de a própria palavra, foi parte de minha tentativa de fazer uma apresentação correta do problema.

Então você está sugerindo que, em O complexo de Portnoy, *a "apresentação correta do problema" exige uma revelação franca de questões sexuais íntimas, bem como o uso em larga escala de palavrões?*

Estou. Os palavrões não são apenas uma espécie de linguagem usada em *O complexo de Portnoy*, são quase que a questão toda. O livro não está cheio de obscenidades porque "é assim que as pessoas falam". Essa é uma das explicações menos persuasivas para usar a obscenidade na ficção; além disso, poucas pessoas falam de fato como Portnoy — ali está um homem expressando uma obsessão avassaladora: ele diz palavrões porque deseja ser salvo. Um jeito estranho, talvez louco, de buscar a salvação. Mas, seja como for, a investigação de sua paixão e a luta que provoca com sua consciência é o que está no centro do romance. Os sofrimentos de Portnoy resultam de sua recusa a continuar sujeito a tabus que — não importa se correta ou erradamente — ele sente como forma de castração. A piada é que a quebra de tabus por Portnoy acaba sendo tão castradora quanto o fato de submeter-se a eles.

Então, eu não buscava aqui apenas verossimilhança. Queria trazer a obscenidade ao nível de tema. Você deve se recordar que, na conclusão do romance, a militar israelense diz com nojo a Portnoy: "Me diga, por favor, por que é que você usa essa palavra o tempo todo?".* Deliberadamente dei-lhe essa pergunta para que ela a fizesse no fim do romance. Este é o tema do livro: por que ele fala aquilo o tempo todo.

Você acha que os judeus se sentirão ofendidos com esse livro?

Acho que até góis ficarão ofendidos com esse livro.

Eu estava pensando nas acusações que foram feitas contra você por certos rabinos depois da publicação de Adeus, Columbus. *Disseram que você era "antissemita" e "tinha ódio de si próprio", não é?*

Num ensaio intitulado "Writing About Jews", que publiquei na revista *Commentary* em dezembro de 1963, rebati longamente essas acusações. Alguns críticos também disseram que meus tra-

---

* *O complexo de Portnoy.* Trad. de Paulo Henriques Britto. São Paulo: Companhia das Letras, 2004. (N. T.)

balhos forneciam "combustível" para o antissemitismo. Tenho certeza de que surgirão essas acusações de novo — embora ter nascido judeu na verdade sempre me deixou bem mais feliz do que meus críticos podem imaginar. Trata-se de uma experiência complexa, interessante, moralmente exigente e bem peculiar. Estou na difícil situação histórica de ser judeu, com todas as implicações. Quem poderia querer mais? No entanto quanto às acusações que você menciona, sim, elas devem ser repetidas. Devido à condenação feita pelas Nações Unidas sobre a "agressão" de Israel e o ódio antissemita que se espraia como fogo na comunidade negra, muitos judeus norte-americanos devem estar se sentindo mais alienados do que há muito tempo. Não acho que é um momento em que eu possa esperar que um livro tão desinibido quanto esse possa ser bem recebido ou até mesmo tolerado, especialmente naqueles setores em que desde o começo não fui saudado como um Messias. A tentação de destacar frases do contexto ficcional no púlpito será quase irresistível nas próximas manhãs de sábado. Os rabinos têm sua indignação para atiçar, tanto quanto eu tenho a minha. E há nesse livro frases que podem ser usadas para construir um sermão bastante indignado.

Ouvi dizer que algumas pessoas sugerem que seu livro foi influenciado pelo show que Lenny Bruce faz nas boates. Você considera que Bruce, ou comediantes como Shelley Berman e Mort Sahl, ou mesmo a Second City, tiveram alguma influência nos métodos cômicos que você adota em O complexo de Portnoy?

Não, na verdade, não. Tive mais influência de um cômico que não falava de pé para a plateia, chamado Franz Kafka, e uma coisa engraçada dele chamada *A metamorfose*. A única vez que me encontrei com Lenny Bruce foi no consultório de seu advogado, onde me ocorreu que ele estava prontinho para fazer o papel de

Joseph K. Tinha um ar lúgubre e angustiado, ainda decidido mas já em declínio, e não tinha o menor interesse em ser engraçado — só conseguia falar e pensar no seu "caso". Nunca vi um show do Bruce, embora tenha ouvido gravações e discos dele; depois que morreu, assisti a um filme de uma de suas performances e li uma coleção de seus roteiros. Reconheço nele o que eu costumava apreciar na companhia The Second City naquilo que ela tinha de melhor: a combinação de uma observação social precisa com uma fantasia extravagante e sonhadora.

E sobre essa influência de Kafka que você mencionou?

Bem, naturalmente não quero dizer que modelei meu livro com base em alguma obra dele, ou que tentei escrever um romance típico de Kafka. Quando comecei a brincar com as ideias que se cristalizaram em *O complexo de Portnoy*, eu estava dando aulas sobre Kafka na Universidade da Pensilvânia. Revendo as leituras que exigi dos alunos, me dei conta de que o curso poderia ter sido intitulado "Estudos sobre a culpa e a perseguição — *A metamorfose*, *O castelo*, *Na colônia penal*, *Crime e castigo*, *Memórias do subsolo*, *Morte em Veneza*, *Anna Kariênina*… Meus dois romances anteriores, *As melhores intenções* e *Quando ela era boa*, eram tão lúgubres quanto o mais lúgubre desses livros famosos e, ainda fascinado por aquelas obras sombrias, eu buscava alcançar outra faceta do meu talento. Em especial depois de passar vários anos trabalhando em *Quando ela era boa* — com sua prosa em nada candente, sua heroína mentalmente perturbada, a contínua preocupação com a banalidade —, eu estava morto de vontade de escrever alguma coisa exuberante e engraçada. Fazia muito tempo que eu não ria. Meus alunos podem ter pensado que eu estava sendo apenas divertido quando comecei a descrever o filme que podia ser feito com base em *O castelo*, com Groucho Marx no papel de K. e Chico e Harpo como os dois "assistentes". Mas eu estava falando sério. Pensei em escrever um conto sobre Kafka escrevendo um conto. Havia lido em algum lugar que ele costumava soltar risadinhas enquanto trabalhava. Claro! Era tudo tão *engraçado*, aquela preocupação mórbida com a punição e a culpa. Pavoroso, mas engraçado.

No entanto o caminho entre essas ideias esparsas e *O complexo de Portnoy* foi mais sinuoso e cheio de surpresas do que posso descrever aqui. Com certeza tem um elemento pessoal no livro, porém não antes que eu tomasse a culpa como uma ideia cômica e começasse a sentir que me libertava gradualmente do meu último livro e das minhas velhas preocupações.

Em resposta aos que me perguntaram: afinal de contas, como você acabou escrevendo esse livro?*

O complexo de Portnoy tomou forma valendo-se dos destroços de quatro projetos abandonados nos quais eu despendera um esforço considerável — desperdiçara, assim pareceu — entre 1962 e 1967. Só agora vejo como cada um deles representou um componente do que viria a ser, e como cada um por sua vez foi abandonado porque enfatizava, com sacrifício de todo o resto, aquilo que por fim se transformou num dos elementos de *O complexo de Portnoy*, mas representava menos que toda a história.

O primeiro projeto, iniciado alguns meses após a publicação de *As melhores intenções*, era um manuscrito sonhador e bem-humorado, de cerca de duzentas páginas, intitulado *The Jew Boy* [*O menino judeu*], que tratava como uma espécie de folclore o fato de alguém ser criado em Newark. Essa primeira versão tendia a cobrir com uma camada de inventividade excêntrica um material essencialmente bem interessante e, como certos tipos de sonhos e narrativas folclóricas, sugeria muito mais do que eu sabia enfren-

---

* Escrito em 1974.

tar diretamente num trabalho de ficção. No entanto havia coisas lá de que eu gostava e que, quando abandonei o livro, odiei perder: a vívida crueza com que os personagens eram apresentados e que se coadunava com meu sentimento sobre as impressões da minha infância; a comédia e os diálogos brincalhões que tinham um ar de vaudevile; e umas poucas cenas que me agradavam em especial, como o *grand finale* em que o protagonista (um órfão dickensiano encontrado numa caixa de sapatos por um *mohel* [circuncidador] idoso e operado ali mesmo em condições horripilantes) foge de seus pais adotivos aos doze anos e, usando patins de gelo, dispara num lago de Newark atrás de uma pequena *shiksa* loura, vestindo trajes de patinadora, cujo nome, ele crê, é Thereal McCoy. "Não faça isso!", seu pai, que é um chofer de táxi, grita de trás do volante (motorista de táxi porque os pais que eu conheci sempre tinham gritado de trás de um volante em algum momento de exasperação: "Não passo disto para esta família: um motorista de táxi!"), "você está patinando em cima de gelo fino!". Ao que o intrépido garoto, sem deixar de perseguir seu exótico objeto do desejo, grita de volta: "Ah, papai, não seja bobo, isso não passa de uma expressão", no mesmo instante em que o gelo começa a gemer e ceder sob seus 36 quilos.

O segundo projeto abandonado foi uma peça teatral intitulada *The Nice Jewish Boy* [*O simpático rapaz judeu*]. Também sobre uma família de judeus, o filho e seu envolvimento com uma *shiksa* — de certa forma uma espécie de *Abie's Irish Rose** mais amena, menos agressiva. Uma versão da peça foi lida como exercício de oficina no American Place Theatre, em 1964, tendo como

---

* *Abie's Irish Rose* é uma comédia de Anne Nichols que gozou de grande popularidade depois de lançada na Broadway na década de 1920, gerando posteriormente filmes e programas radiofônicos. O tema central é o casamento entre uma moça irlandesa católica e um jovem judeu, apesar das objeções de ambas as famílias. (N. T.)

ator principal Dustin Hoffman, que nessa época ainda não chegara à Broadway. O problema é que as convenções teatrais que eu adotara sem maiores reflexões não proporcionavam o espaço que me era necessário para atingir a vida secreta dos personagens. Minha pouca familiaridade e timidez com o gênero, bem como o próprio esforço cooperativo, tornaram totalmente convencionais meu senso das coisas e, por isso, em vez de partir para a produção, após a leitura decidi cortar minhas perdas. Mais uma vez com tristeza. A superfície cômica da peça me parecia precisa e engraçada, no entanto a empreitada toda carecia da exuberância inventiva que tinha dado alguma qualidade ao livro *O menino judeu*.

Assim, o conflito que estaria na origem dos problemas de Alexander Portnoy e motivou seu complexo ainda permanecia, naqueles anos de trabalho inicial, tão fora de foco que tudo o que eu podia fazer era recapitular seu problema *tecnicamente*, contando primeiro o lado sonhador e fantástico da história, e depois a história em termos mais convencionais ao utilizar meios relativamente comedidos. Só quando, na pessoa de um problemático analisando que fazia confidências a seu psicanalista, achei a voz que era capaz de falar tanto pelo "menino judeu" (com tudo o que a expressão significa em matéria de agressão, apetites e marginalidade) como pelo "simpático rapaz judeu" (com o que esse epíteto implica no tocante à repressão, respeitabilidade e aceitação social) é que pude completar um trabalho de ficção que exprimia o dilema do personagem em vez de seus sintomas.

Enquanto fazia excursões abortadas naquilo que anos depois surgiria como *O complexo de Portnoy*, vez por outra eu escrevia rascunhos tentando um romance que — à medida que o tema e a ênfase mudavam — recebeu vários títulos: *Time Away, In the Middle of America* e *Saint Lucy*, enfim publicado em 1967 como *Quando ela era boa*. Esse contínuo movimento de idas e vindas entre esses projetos, uns parcialmente realizados e outros não, é bastante típico de como meu trabalho evolui e de como lido com a frustração profissional, e serve tanto para frear como para estimular a "inspiração". A ideia é manter vivas ficções que tirem sua energia de fontes diferentes; assim, quando as circunstâncias se combinam para fazer despertar alguma das feras adormecidas, há por perto uma carcaça para que ela possa se alimentar.

Depois que o manuscrito de *Quando ela era boa* foi concluído, em meados de 1966, bem cedo comecei a escrever um monólogo relativamente longo que, comparado com as fétidas indiscrições de *O complexo de Portnoy*, se assemelharia a uma obra de Louisa May Alcott.* Como não tinha ideia para onde ia, brincar (na lama) descreve melhor minha atividade do que dizer que eu estava envolvido num processo de "experimentação" — esse clichê muito usado com sua elogiosa implicação de pioneirismo corajoso e especulação desinteressada.

Esse monólogo era pronunciado por um daqueles palestrantes que costumavam frequentar escolas, igrejas e associações de grupos sociais exibindo slides sobre maravilhas da natureza. Meu show de imagens, apresentado no escuro e com uma vareta para indicar o objeto dos comentários (que incluíam ótimas piadinhas), consistia em fotografias ampliadas das partes íntimas, frente e trás, de gente famosa. Atores e atrizes, sem dúvida, mas sobretudo — porque o propósito era educativo — renomados escritores, estadistas, cientistas etc. Era maldoso, esquisito, escatológico e de mau gosto, e teria permanecido inacabado sobretudo por uma questão de repugnância própria, se, enterradas nas sessenta ou setenta páginas, não houvesse vários milhares de palavras sobre o tema da masturbação na adolescência, um interlúdio pessoal do

---

* Escritora norte-americana cujo romance mais famoso, *Mulherzinhas*, publicado em 1868, celebra os valores morais de uma família de classe média do seu tempo. (N. T.)

apresentador que me pareceu, ao relê-lo, merecedor de ser salvo — ao menos por ser o único relato consistente que eu conhecia sobre o tema.

Não que, naquele momento, eu pudesse me decidir a escrever sobre a masturbação e pôr no papel algo tão claramente íntimo. Pelo contrário, tinha a impressão de que seria necessário ter muita ousadia para abordar o assunto. Saber que o que escrevia sobre os testículos do presidente Johnson, o ânus de Jean Genet, o pênis de Mickey Mantle, os seios de Margaret Mead e os pelos púbicos de Elizabeth Taylor era simplesmente impublicável — brincadeiras maldosas pelas quais eu bem poderia deixar de ver a luz do dia — foi exatamente o que me permitiu baixar a guarda e me estender sobre a atividade solitária que é tão difícil de ser discutida em voz alta e que, no entanto, está à mão. Para mim, escrever sobre o ato, ao menos no início, precisava ser algo tão secreto quanto o próprio ato.

Mais ou menos em paralelo a esse exercício sem título em matéria de voyeurismo — que objetivava ampliar e examinar numa tela iluminada os órgãos sexuais de outras pessoas —, comecei a escrever um material de ficção com elementos autobiográficos calcado na forma como fui criado em Nova Jersey. Simplesmente com base no gênero, a primeira versão de algumas centenas de páginas foi intitulada *Portrait of the Artist* [*Retrato do artista*]. Atendo-me aos fatos e reduzindo o afastamento entre o real e o imaginado, achei que poderia formular uma história que atingisse o âmago do meio em que cresci. No entanto quanto mais me limitava ao factual e ao estritamente verificável, menos ressonante ficava a narrativa. Mais uma vez (como entendo agora) eu oscilava entre os extremos da fantasia ou fábula hiperbólica e a documentação realista, mantendo desse modo à distância o que ainda tentava nascer como meu tema, caso eu simplesmente o permitisse. Sem saber, já o tinha descrito nos títulos antipodais dos dois projetos abandonados: o debate entre o Caim e o Abel do respeitável ambiente de classe média em que eu crescera, o menino judeu e o simpático rapaz judeu.

Em algum ponto do *Retrato do artista*, a fim de alargar o escopo e aliviar a monotonia, inventei alguns parentes que moravam no andar de cima ao da família — modelada com base na minha — que devia se situar no centro do livro. Dei o sobrenome de Portnoy a esses parentes do andar de cima. No começo, eles se baseavam vagamente em duas ou três famílias em cujos apartamentos eu costumava brincar, lanchar e às vezes dormir quando era pequeno. Na verdade, um amigo meu do tempo de garoto, entrevistado pelo jornal local quando da publicação do livro, disse que minha família com certeza não lhe parecia assemelhar-se à de Portnoy; "mas", acrescentou, "suponho que não era como Phil via". O fato de haver uma família que em certos aspectos importantes era como Phil via (e suspeito que esse amigo de infância às vezes também via), ele, por razões de discrição filial, não revelou ao jornalista.

Na realidade, a família que a meu juízo mais parecia com a dos Portnoy, à medida que permiti que ela tomasse conta do romance, fora descrita de passagem por mim num ensaio publicado na revista *American Judaism* cinco anos antes. O ensaio teve origem numa palestra que dei num simpósio da Liga Antidifamação da B'nai B'rith realizado em Chicago em 1961, na qual ataquei o que considerava ser a irrealidade e tolice das imagens dos judeus popularizadas na época pelos livros de Harry Golden e Leon Uris. Essa família não se chamava então Portnoy, nem era um produto de minha imaginação. Pelo contrário, eu a encontrara, usando vários disfarces e em diversas encarnações, no curso das minhas leituras. Segue abaixo, um pouco resumido, o que eu disse no simpósio da Liga em 1961:

Na turma para a qual dou aulas de escrita na Universidade do Estado de Iowa há vários alunos judeus já formados, e no último semestre três deles escreveram contos sobre a infância de um judeu [...]. É curioso, ou talvez nem tanto assim, que nessas histórias o protagonista fosse um garoto judeu, com idade entre dez e quinze anos, que tira notas excelentes na escola, está sempre bem penteado e é invariavelmente cortês. [...] O menino judeu [...] é vigiado — na hora de dormir, na hora de estudar e em especial durante as refeições. Quem o vigia é sua mãe. Raramente vemos o pai, e entre ele e o garoto parece haver pouco mais que uma relação superficial. O pai está trabalhando ou dormindo do outro lado da mesa, poupando suas energias. Mesmo assim, há muita afetuosidade nessas famílias — sobretudo em comparação com a família do amigo gói — e quase toda gerada pela mãe. [...] [Mas] O fogo que aquece também pode queimar e asfixiar: o que ele inveja no amigo é a *indiferença* dos pais do garoto gói, sobretudo por causa das oportunidades que isso lhe oferece para as aventuras sexuais. [...]

Apresso-me a chamar atenção para o fato de que nesses contos as moças que o amigo gói apresenta ao jovem narrador nunca são judias. As mulheres judias são mães e irmãs. O desejo sexual tem por objeto a Outra.

E foi esta narrativa folclórica — transmitida pelos alunos — que começou a ampliar minha percepção de quem aqueles Portnoy podiam vir a ser. Agora, até fazia um agradável sentido que, no rascunho de *Retrato do artista,* eu os tivesse imaginado como "parentes" vivendo no "andar de cima": lá estavam os falíveis e enormes deuses antropomorfizados que haviam reinado sobre os lares de minha vizinhança, aquela legendária família de judeus que morava nas alturas, cujas discussões sobre batatas fritas, comparecimento à sinagoga e *shiksas* tinham uma magnitude e esplendor dignos do Olimpo, e cujas apavorantes tempestades de raios e trovões na cozinha eram iluminadas por sonhos, temores e aspirações em função dos quais nós, judeus mortais, vivíamos mais abaixo e com menor brilho.

Nessa ocasião, em vez de escolher tratar tal folclore como folclore, como em *O menino judeu* — enfatizando o fantástico, o estranho, o mágico —, parti na direção oposta. Estimulado pelo impulso que lançara *Retrato do artista*, comecei a fincar o mitológico no que era localmente reconhecível. Embora pudessem ter origem no monte Olimpo (passando pelo monte Sinai), aqueles Portnoy iam morar numa Newark numa época e de uma forma cuja autenticidade realista eu tinha condições de atestar.

(Com esse truque de prestidigitação eu parecia ter tido um grande êxito. Entre as várias centenas de cartas que recebi após a publicação do livro, houve uma, de certa mulher em East Orange, Nova Jersey, que declarou conhecer minha irmã quando ela e sua filha foram colegas no Ginásio Weequahic em Newark, onde as crianças da família Portnoy estudaram. Ela se recordava como minha irmã era uma moça doce, adorável e bem-educada, e estava muito chocada por eu ter escrito de forma tão insensível sobre a vida íntima dela, especialmente sobre sua infeliz tendência a engordar. Uma vez que, ao contrário de Alexander Portnoy, eu por acaso nunca tive uma irmã, presumo que a autora da carta se referia à irmã de outra pessoa com tendência a engordar.)

Entretanto passou algum tempo até que eu me sentisse tão limitado pelas convenções que impusera a mim mesmo em *Retrato do artista* a ponto de acabar abandonando também aquele manuscrito — e, desse modo, por fim libertando os Portnoy do papel de atores coadjuvantes no drama de outra família. Mas a família Portnoy só veio a assumir o estrelato algum tempo depois, quando, a partir dos trechos de *Retrato do artista* de que eu mais gostava, comecei a escrever "Um paciente judeu inicia sua análise", um breve conto narrado pelo filho do casal Portnoy, Alexander, supostamente suas observações preliminares a serem entregues ao psicanalista. E quem era esse Alexander Portnoy? Nada mais nada menos que o menino judeu que costumava aparecer com frequência nas histórias escritas por meus alunos também judeus de pós-graduação lá na Oficina de Escrita da Universidade de Iowa: o filho vigiado, seu sonho sexual sobre a Outra. A verdadeira formulação de *O complexo de Portnoy* começou com a descoberta da boca de Portnoy — e, junto com ela, do ouvido do silencioso dr. Spielvogel. O monólogo psicanalítico — técnica narrativa de cujas descontraídas possibilidades retóricas eu vinha me valendo durante vários anos, embora não no papel — forneceu o meio pelo qual eu poderia descrever de forma convincente a fantasmagoria de *O menino judeu* e a documentação realista de *Retrato do artista* e de *O simpático rapaz judeu*. E um meio, também, de tornar legítimas as preocupações obscenas do show de slides sem título sobre o tema irreverente dos órgãos sexuais. Em vez da tela de projeção (e da plateia boquiaberta), o divã freudiano (e as revelações); em vez do voyeurismo alegre e sádico, a confissão insolente, vergonhosa, eufórica, cheia de culpa. Agora, talvez, eu pudesse começar.

Imaginando judeus[*]

1. A FAMA DE PORTNOY — E A MINHA

Para ser sincero, não era exatamente o que eu tinha em mente. Sobretudo por ser um daqueles alunos da década de 1950 que se familiarizou com os livros por meio de uma educação literária bastante pudica, em que se presumia que escrever poemas e romances comprometeria tudo o que chamávamos de "seriedade moral". Na prática, nosso uso da palavra *moral* — tanto nas conversas privadas sobre assuntos cotidianos como nas redações escolares e debates na sala de aula — tendia com frequência a camuflar e tornar dignas vastas áreas de ingenuidade, servindo muitas vezes apenas para restaurar, em um nível cultural mais prestigiado, a mesma respeitabilidade de que imaginávamos (imaginem só!) estar escapando no departamento de inglês.

A ênfase na atividade literária como forma de conduta ética, de levar uma vida regrada, sem dúvida era adequada àqueles tem-

[*] Escrito em 1974.

pos: a invasão no pós-guerra de uma cultura de baixo nível intelectual, amplificada eletronicamente para atingir as massas, pareceu a alguns jovens literatos, como eu, ser uma obra das hordas do demônio. E a arte mais elevada, o único refúgio dos homens de bem, uma versão da década de 1950 da colônia de devotos estabelecida três séculos antes na baía de Massachusetts. Além disso, a ideia de que a literatura constituía o domínio dos virtuosos parecia adequar-se a meu caráter, que, embora em essência não fosse exatamente puritano, exibia alguns reflexos fundamentais desse tipo. Por isso, ao pensar na Fama quando me lancei na carreira de escritor, pouco depois de completar vinte anos, muito naturalmente presumi que, se e quando eu a abraçasse, ela chegaria como para o Aschenbach de Mann, sob a forma de Honra. *A morte em Veneza*: "No entanto, alcançara aquela dignidade rumo à qual, segundo afirmava, todos os talentos verdadeiros se sentem naturalmente impelidos, como por um aguilhão. Pode-se até dizer que toda a sua carreira fora um progresso consciente e obstinado em direção à dignidade, e que deixava para trás quaisquer inibições baseadas no ceticismo e na ironia".*

No caso de Aschenbach, não foi por suas libidinosas fantasias (repletas de ilusões mitológicas, mas em última análise masturbatórias) que ele foi lembrado pelo "mundo respeitosamente comovido [com] a notícia de sua morte", e sim pelas poderosas narrativas, como a novela "*Um miserável*, a qual indicou a toda uma geração de jovens agradecidos a possibilidade de decisão moral, além dos limites do mais profundo conhecimento [...]". Ora, *isso* faz lembrar a reputação que eu tinha em mente para mim. Mas, como se viu, minha narrativa que provocou forte reação de pelo menos certa parcela de uma geração "indicou" mais sobre absolvição moral e suas confusões do que sobre a capaci-

---

* Trad. de Herbert Caro. São Paulo: Companhia das Letras, 2015. (N. T.)

dade de coragem moral — bem como sobre as fantasias masturbatórias que não costumam surgir na adolescência (e em Newark) revestidas de uma decoração clássica.

Em vez de ocupar uma posição honrosa na imaginação pública *à la* Gustave von Aschenbach, com o lançamento de *O complexo de Portnoy*, em fevereiro de 1969, eu me vi famoso por ser tudo que Aschenbach reprimira e mantivera como segredo vergonhoso até seu fim moralmente resoluto. Jacqueline Susann,* falando sobre seus colegas certa noite no programa de televisão de Johnny Carson, fez milhões de norte-americanos rirem ao dizer que gostaria de encontrar-se comigo mas não queria apertar minha mão. Logo *ela* não queria apertar minha mão? E, de vez em quando, o colunista Leonard Lyons publicava uma notinha sobre meu ardente romance com Barbra Streisand: "Barbra Streisand não sofre de nenhum complexo por causa de seus encontros com Philip Roth". Três pontinhos... Verdade, porque, de fato, a famosa celebridade judia e o recém-famoso rapaz judeu ainda não tinham se encontrado.

Houve um considerável volume desse tipo de notícias que gera mitos, em certos casos bastante inofensivas e tolas, em outros, ao menos para mim, perturbadoras. A fim de sair da linha de tiro eu decidira deixar meu apartamento em Nova York logo após a publicação e, por isso, enquanto "Philip Roth" começou a aparecer corajosamente em público onde eu jamais ousara ir ou dançar, fui passar quatro meses no retiro Yaddo para escritores, compositores e artistas em Saratoga Springs.

---

* Jacqueline Susann foi uma atriz e escritora norte-americana cujos livros, embora não reconhecidos pela crítica, alcançaram enorme sucesso de vendas. O mais famoso, *O vale das bonecas,* retrata a vida de três mulheres — mas as "bonecas" do título são pílulas antidepressivas e barbitúricos a que elas recorriam. (N. T.)

Em geral, as notícias sobre as atividades do meu duplo — das quais as mencionadas anteriormente são um pequeno exemplo — chegavam-me pelo correio: anedotas nas cartas de amigos, recortes das colunas, comunicações (e advertências corteses e divertidas) do meu advogado em resposta às perguntas que lhe fazia sobre calúnia e difamação. Certa noite, no segundo mês de minha estada na Yaddo, recebi o telefonema de um amigo que trabalhava numa editora de Nova York. Ele pediu desculpas por se intrometer, mas ouvira naquela tarde em seu trabalho que eu sofrera um colapso nervoso e estava internado num hospício; estava telefonando apenas para certificar-se de que não era verdade. Ao longo de umas poucas semanas, a notícia de meu colapso nervoso e internação se espalhara para o Oeste, alcançando a Califórnia, onde eles fazem tudo em larga escala. Lá, antes de ter início um debate sobre *O complexo de Portnoy* como parte de uma programação literária num templo, o apresentador informou a plateia sobre o infortúnio de Philip Roth. Tendo assim exibido o autor sob um holofote revelador, aparentemente ocorreu uma discussão objetiva acerca do livro.

Em maio, quando eu enfim me preparava para voltar a Nova York, telefonei para a loja Bloomingdale's a fim de corrigir um erro que por vários meses estava aparecendo em minha conta. A mulher responsável pelo departamento suspirou fundo e disse: "Philip Roth? *O* Philip Roth?". Com certa hesitação, respondi: "Sim". "Mas dizem que você está num hospício!" "Ah, é mesmo?", respondi em tom jocoso, tentando, como se diz, absorver o golpe, embora sabendo perfeitamente que o departamento de contabilidade da Bloomingdale's não falaria assim com Gustave von Aschenbach se ele telefonasse para reclamar de um erro em sua conta. Apesar de apaixonado pelo jovem Tadzio, ele ainda ouviria: "Sim, *Herr* von Aschenbach, lamentamos profundamente qualquer inconveniente que o senhor tenha sofrido, *Herr* von Aschenbach. Por favor, desculpe-nos".

O que, como disse antes, era bem mais próximo do que eu tinha em mente quando iniciei minha ascensão irrefreável em direção à honra.

Por que *O complexo de Portnoy* foi ao mesmo tempo um sucesso de vendas e tamanho escândalo? Para começar, um romance disfarçado de confissão foi recebido e julgado por inúmeros leitores como uma confissão disfarçada de romance. Esse tipo de leitura, pela qual um trabalho literário tem sua importância eclipsada pela circunstância pessoal que se imagina tê-lo gerado, nada tem de novo. Entretanto o próprio interesse pela ficção foi intensificado no final da década de 1960 por uma paixão pela espontaneidade e franqueza que coloria as vidas mais monótonas e se expressou na retórica popular com frases como "bota pra quebrar", "rasga a fantasia" etc. Naturalmente, havia razões excelentes para esse desejo de conhecer a verdade nua e crua durante os últimos anos da Guerra do Vietnã. Porém, seja como for, suas raízes na consciência individual eram às vezes rasas, sendo pouco mais que uma forma de conformar-se com o clichê do momento.

Um exemplo extraído do mundo da "conversinha literária" (como Gore Vidal em boa hora assim o nomeou): no que ele caridosamente caracterizou como seus "pensamentos de final de ano", o principal resenhista do *New York Times*, Christopher Lehmann-Haupt, que por duas vezes em 1969 manifestara sua admiração por *O complexo de Portnoy*, firmou sua postura radical com o seguinte endosso audacioso e desafiador das narrativas em primeira pessoa e das abordagens confessionais: "Quero que o romancista", escreveu ele, "desnude sua alma, pare de fazer joguinhos, deixe de sublimar". Audacioso, desafiador — e inevitavelmente fadado a ser desmentido quando o resenhista do *Times* viu que o pêndulo da opinião convencional oscilava para o outro lado, na direção do disfarce, artifício, fantasia, montagem e ironia refinada. Em 1974, Lehmann-Haupt foi capaz de criticar os contos aparentemente pessoais (mas na verdade altamente estilizados) de Grace Paley em *Enormous Changes at the Last Minute* pelas mesmas razões que dera para elogiar um livro assim cinco anos antes — e sem demonstrar a mínima compreensão de que para uma autora como Grace Paley (ou Mark Twain, ou Henry Miller), assim como para um ator como Marlon Brando, criar a ilusão de intimidade e espontaneidade não é só uma questão de botar pra quebrar e rasgar a fantasia, e sim de inventar uma nova ideia do que "ser você mesmo" pode soar e parecer aos outros.

Sobre *Enormous Changes*, Lehmann-Haupt escreveu: "Pode-se ver que a sra. Paley está cada vez mais próxima da autobiografia, apoiando-se cada vez mais num eu ficcional que ela chama de Faith, e revelando mais e mais as origens de sua imaginação. Em suma, parece agora que ela teve não mais o poder ou a força de vontade para transmudar a vida em arte. [...] Então, o que deu errado? O que minou o desejo da autora de transformar a experiência em ficção — se esse realmente é o problema?". O problema? Dar errado? Bem, a insensatez segue em frente. De todo modo, acompanhando os "pensamentos" de alguém como Lehmann-Haupt, ao longo dos anos é possível saber qual o dogma literário de segunda mão e mal compreendido está em voga em determinado momento cultural, tornando a ficção "importante" para leitores tão insensatos quanto ele próprio.

No caso da minha "confissão", a excitação voyeurista não foi menor pela circunstância de que o autor que se presumia estar desnudando a alma e deixando de sublimar havia, no passado, exibido um rosto bem sério, até mesmo solene, em seus dois primeiros livros. Nem fez mal que o tema longamente focalizado nessa suposta confissão era sabido de todos e publicamente negado por muitos: a masturbação. Que esse vício vergonhoso e solitário fosse descrito em vívidos detalhes, e com entusiasmo, deve ter contribuído bastante para atrair um público que antes demonstrara escasso interesse por meus trabalhos. Até *O complexo de Portnoy*, nenhum de meus romances vendera mais que 25 mil exemplares na edição de capa dura, enquanto minha primeira coletânea de contos em capa dura só vendera 12 mil exemplares (e ainda não ganhara a atenção nacional por conta do filme com Ali McGraw, distribuído após o lançamento de *O complexo de Portnoy*). Entretanto, no caso deste livro, 420 mil pessoas (ou sete vezes tantas o número de pessoas que haviam adquirido os três primeiros) chegaram à caixa registradora das livrarias, levando 6,95 dólares mais impostos, metade delas nas primeiras dez semanas em que a obra esteve à venda.

Assim, pareceria que a masturbação era um segredinho mais sujo do que até mesmo Alexander Portnoy imaginara. De fato, a mesma preocupação altamente significativa (que estimulou tantas pessoas que nunca compram livros a adquirir um que os encorajava a rir de um masturbador "doido por uma buceta" e pertencente às classes respeitáveis) também se revelava no rumor que corria de um lado a outro do país segundo o qual, devido a seus excessos, o próprio autor fora mandado para um hospício, local onde os folcloristas vêm internando os onanistas não regenerados desde que esse vício existe.

Sem dúvida, o tratamento caricaturesco da masturbação não explica sozinho a avidez com que esse campeão de vendas foi comprado e aparentemente até lido. Creio que o momento em que foi publicado — talvez ímpar desde o início da Segunda Guerra Mundial em termos da generalizada desorientação social — teve muito a ver com aquela avidez e minha subsequente notoriedade. Sem os desastres e distúrbios de 1968, vindos no final de uma década marcada pela chocante rebeldia contra as autoridades e perda de fé na ordem pública, duvido que um livro como o meu, que tratava a autoridade familiar com uma falta de respeito cômica e retratava o sexo como o lado farsesco da vida de um cidadão aparentemente respeitável, teria atraído tanta atenção em 1969. Mesmo três ou quatro anos antes, é possível que um romance realista com aquelas características no tocante à vida em família e ao sexo fosse bem menos aceitável — e compreensível — para os norte-americanos de classe média que compraram o livro, e tivesse sido tratado de forma muito mais marginal (e hostil) pelos meios de comunicação que o divulgaram. Contudo, lá pelo final da década de 1960, a educação do país quanto ao irracional e ao extremo fora conduzida com tamanha excelência por nosso dr. Lyndon Johnson, com a ajuda tanto de seus inimigos como dos amigos, que, malgrado todas as suas revelações de mau gosto acerca de uma obsessão sexual cotidiana e a faceta não romântica do romance da vida em família, mesmo algo como *O complexo de Portnoy* estava agora situado dentro da faixa do tolerável. Descobrir que podiam *tolerar* o livro pode ter sido mesmo uma fonte de atração a numerosos leitores.

No entanto as coisas indecorosas em *O complexo de Portnoy* ainda não seriam tão atraentes (e para muitos, tão ofensivas) se não fosse por outros elementos básicos que contribuíram para fazer do asqueroso protagonista um caso mais interessante do que seria naquele momento aos norte-americanos cuja armadura sexual fora bastante golpeada durante a década de 1960: o homem que confessava cometer atos sexuais proibidos, além de ofensas grosseiras contra a ordem familiar e a decência normal, era um judeu. Essa era a verdade caso você lesse o romance como tal ou como uma autobiografia tenuamente velada.

O que deu a esses atos e ofensas o significado especial que tiveram para Portnoy, o que os fez tão carregados para ele de perigo e vergonha, e tão comicamente inapropriados até mesmo em sua própria avaliação, deve ser o que creio que agora tornou Portnoy tão intrigante — como aparentemente foi — à grande massa de leitores judeus e góis. Em poucas palavras: dar um espetáculo em público é a última coisa que se espera de um bom judeu — por causa de si próprio, de sua família, dos demais judeus e da comunidade mais numerosa de cristãos cuja tolerância para com ele já pode ser intrinsecamente tênue e cujo código de respeitabilidade ele desafiará por seu próprio risco psicológico — e talvez também arriscando o bem-estar de todos os judeus. Ou pelo menos assim argumentam a história e o medo profundamente arraigado. Não se espera que ele dê um vexame, seja por expelir palavras em voz alta, seja por expelir seu sêmen, e sem dúvida nunca por expelir em palavras sobre expelir seu sêmen.

"Na condição de marginais paradigmáticos da sociedade ocidental, os judeus naturalmente se tornaram mestres em matéria de adaptação social", escreveu David Singer num ensaio intitulado "The Jewish Gangster", publicado no inverno de 1974 na revista *Judaism*. Não surpreende então, disse Singer, que "as agências de defesa do establishment judaico norte-americano, os eruditos, as sociedades históricas", assim como os "judeus em geral, tenham sistematicamente negado conhecer esse importante aspecto de sua história", cujas principais figuras, segundo Singer, constituem "um catálogo de peso nos anais do crime nos Estados Unidos, comparável ao constituído por qualquer outro grupo étnico".

Obviamente, Portnoy não é um Arnold Rothstein, um Lepke Buchalter, um Bugsy Siegel, um Meyer Lansky (para designar apenas os supervilões na lista de Singer). Entretanto seu sentimento de ser um judeu criminoso é tema recorrente em seus ataques cômicos de autoflagelação; basta ver as últimas páginas do livro, nas quais, concluindo sua ária maníaca, ele imagina que policiais saídos de um filme de segunda categoria o cercam na figura de um traficante também de segunda categoria chamado Cachorro Louco. Não são necessárias "agências de defesa" judaicas, além de si mesmo, para impugnar a conduta de Portnoy, para fazer com que ele sinta que a preocupação com o sexo comprometeu tanto a segurança e os interesses dos judeus nos Estados Unidos quanto

Arnold Rothstein,* que, de todas as coisas idiotas que um rapaz judeu poderia fazer, tentou fraudar o resultado do campeonato nacional de beisebol. O fato de que nem um judeu — considerado o mais notável proponente de negociações na sociedade, cujo atributo mais valioso, invejado até pelos inimigos, é a *sechel* [sagacidade] característica de um Henry Kissinger —, fora capaz de continuar a combater com êxito as exigências não negociáveis de um grosseiro apetite antissocial e de uma fantasia agressiva... talvez tenha sido isso o que atraiu a atenção de numerosos leitores da classe média cuja própria capacidade de adaptação social fora seriamente perturbada pelas experiências mais desestabilizadoras daquela década. Sem dúvida, para muitos deve ter sido uma revelação ouvir logo um judeu, alguém cuja vida pública como advogado de direitos civis tinha tudo a ver com a garantia da justiça social e dos controles legais, admitir em itálico e letras maiúsculas que, em vez de reforçar suas defesas e tratar de ser melhor (em todos os sentidos da palavra), seu desejo secreto era de fato ceder e ser mau — ou pelo menos pior. Isso, em particular, era algo que talvez não tivessem ouvido ou lido recentemente nos romances norte-americanos escritos por judeus sobre judeus.

2. OS PROTAGONISTAS QUE OS ESCRITORES JUDEUS IMAGINAM

Para ver com que vigor, na ficção norte-americana nas décadas pós-Holocausto, os judeus têm sido identificados com retidão e sobriedade, com um comportamento justo e ponderado em

---

* Arnold Rothstein, conhecido pela alcunha de "O Cérebro", foi um traficante, homem de negócios e jogador que controlou a máfia judaica de Nova York até ser assassinado em novembro de 1928. Tendo corrompido vários atletas profissionais, tentou fraudar o resultado das World Series de 1919. (N. T.)

vez de praticantes de atividades libidinosas e agressivas que beiram o socialmente aceitável e que podem até constituir transgressões criminais, vale a pena começar pelos livros de Saul Bellow, a esta altura o decano dos escritores judeus e, a meu juízo, o romancista mais talentoso em atividade no país. E, ao ler Bellow, o que encontramos? Que quase sempre seus protagonistas são judeus de modo vívido e enfático quando atores em dramas de consciência, mas, em comparação, apenas tenuamente marcados por suas características judaicas, se é que ainda judeus, quando o apetite e a aventura libidinosa constituem a essência do romance.

O primeiro judeu judeu de Bellow (para distinguir dos judeus que não são de fato judeus) foi Asa Leventhal em seu segundo livro, *A vítima*. O próprio Bellow agora avalia esse excelente romance como um livro "correto" — e por isso entendo, entre outras coisas, que segundo ele a obra não reflete seus gostos pessoais e é fruto sobretudo das convenções. Ser judeu nesse romance é ser acessível, morbidamente acessível, às exigências feitas pela consciência, assumir, por conta de uma mal-humorada empatia humana e uma generosidade que beira perigosamente a paranoia, a responsabilidade pelos sofrimentos e infortúnios de outro homem. Ser judeu, para Asa Leventhal, é um ônus, ou no mínimo uma irritação — e escrever sobre tal judeu parece ter sido em retrospecto um pouco das duas coisas também para Bellow, como se o espaço claustrofóbico de uma consciência judaica vitimizada limitasse também a inventividade do autor, excluindo das considerações imaginativas muito do que era prazeroso e excitante por envolver apetites e impulsos exuberantes mais além de uma vida exclusivamente ética.

Há a própria palavra de Bellow — "correto" — para confirmar isso, além de seu livro seguinte, *As aventuras de Augie March*, no qual sem dúvida o ingrediente menos importante na formatação do enérgico e cativante protagonista é seu sentimento de ser judeu. Na verdade, seria possível retirar o judeu da caracterização do ousado Augie March sem prejudicar muito o livro todo, enquanto o mesmo não se poderia dizer de retirar Chicago da natureza do rapaz. (E o mesmo não se poderia dizer de retirar o elemento judaico de Leventhal, com suas feições levantinas.) Só nos resta especular o quanto escrever *A vítima* terá servido para apaziguar a consciência do autor com respeito às questões delicadas de sobrevivência e sucesso (assunto que mais atormentava Leventhal, em paralelo com o da legítima defesa judaica), abrindo o caminho para a delícia loquaz que representa o maior encanto de *Augie*. Mas é claríssimo que, enquanto Bellow parece situar nos elementos judaicos de Leventhal as raízes de sua morbidez, melancolia, incerteza, compaixão e sensibilidade moral, ele conecta saúde, alegria, vigor, resistência e apetite de Augie, bem como sua enorme capacidade de atrair qualquer morador do condado de Cook, senão do mundo inteiro, à sua falta de raízes numa Chicago que é a quintessência dos Estados Unidos, um lugar onde ser judeu não faz um rapaz ser mais especial em matéria de virtude que qualquer outro filho de uma mãe imigrante. Embora se possa argumentar que a sensibilidade e a energia verbal são os elementos que de certo modo infundem um caráter judaico a todo o livro, isso provavelmente seria rechaçado com veemência pelo próprio Augie: "Olhe para mim", ele diz exultante no final do livro, "indo para onde eu quiser!". No fundo, a sensibilidade e a energia são as de um indivíduo eclético, exuberante e ambicioso, um "Colombo do que está à mão", como ele se descreve, alargando perpetuamente seu raio de ação.

O abandono de Leventhal, um judeu obsessivamente judaico, em favor de Augie, um judeu não tão judaico, o caminho da escravidão claustrofóbica ao Povo Escolhido rumo a uma escolha esfuziante e prazerosa culmina no grande romance seguinte de Bellow, *Henderson, o rei da chuva*, cujo voraz e ganancioso protagonista, cordial de uma forma bem diversa de Leventhal, é uma criatura tão possuída por estranhos e insaciáveis apetites dos sentidos e do espírito que Bellow não encontrou como transformá-lo nem no mais atenuado dos judeus. Tommy (nascido Adler) Wilhelm, em *Agarre a vida*, consegue ficar pendurado por um fio às suas caraterísticas de judeu porque seu maior desiderato na vida é o papai. Mas isso não serve para um personagem que quer, e da forma como quer, o que aquele titânico palhaço Henderson almeja.

E o que ele tanto quer? Ser bom, ser justo? Não, essa não seria uma ambição mais própria de Leventhal, e algo que teria mais a ver com um acerto com os deuses vingativos do que uma coisa do "coração"? Então o que quer? Ser adotado, abduzido e adorado? Não, isso está mais na linha do cerebral, simpático e egoísta Augie (que, pensando bem, é tudo o que Tommy Wilhelm tinha em mente ser caso não lhe faltasse o elã de Chicago, sendo sua história a de um ego anulado). O que, então, Henderson almeja? "Eu quero!" Ponto de exclamação. "Eu quero!" E isso é tudo — um desejo nu e cru, ilimitado, intransigente, insaciável, associal.

"Eu quero." Num romance de Bellow, só um gói poderia falar assim e se dar bem. Como de fato ocorre com Henderson, pois no final do livro ficamos sabendo que ele realmente se regenerou graças à busca que empreendeu por intensidade e liberação orgásmica. Há alguém mais feliz em alguma das obras de Bellow? Nenhuma punição ou vitimização para esse ser não eleito. Pelo contrário, o que faz de *Henderson, o rei da chuva* uma comédia desabrida é que o palhaço obtém o que procura. Aquilo que lhe faltava ou não possuía em volume suficiente, agora tem mais do que sabe como usar. Ele é o rei da chuva, do jorro, do gêiser.

Se o gói obtém mais do que o suficiente para despertar sua alma, os dois protagonistas seguintes de Bellow, de fato judeus muito judeus, recebem bem menos do que *merecem*. Desejo ou apetite nada tem a ver com isso. O que se nega ali são esperanças e expectativas *éticas*. Outros deveriam agir de forma diferente: não o fazem e o judeu sofre. Com Moses Herzog e Artur Sammler, Bellow deixa para trás o saciado Henderson e volta ao mundo da vítima — e, assim parece que, de modo inelutável, volta ao judeu, o homem de sensibilidades agudamente desenvolvidas, com grande senso de dignidade pessoal e virtude inata, cuja sanidade num livro e cujas simpatias no outro são testadas o tempo todo pela cobiça libidinosa de indivíduos determinados, loucos e criminosos.

A ávida exigência de Henderson "Eu quero!" de fato se assemelha ao apelo daqueles outros que fazem Herzog gemer "Não consigo entender" e levam Sammler, que sobreviveu a quase tudo que há de horrível, a enfim admitir no ano de 1968 em Nova York: "Estou horrorizado". O gói criador de porcos como um nobre Yahoo na África negra — o judeu eticamente elegante como um Houyhnhnm* aleijado e aflito num West Upper Side sombrio de Nova York. Augie, o audacioso cidadão de Chicago, volta como um punido e ensanguentado Herzog, o irresistível egoísta que é mordido pelo que mastigara — a Madeleine que treina Moses Herzog tendo mais sorte com seu pássaro de altos voos nas Berkshires que Thea, a treinadora de águias, no México — e Leventhal, aquele ser de temperamento bilioso e meditabundo, é reencarnado como o magistrado moralista Sammler, cuja Nova York não é mais simplesmente "tão quente quanto Bangcoc" em certas noites, mas se tornou uma bárbara Bangcoc mesmo no ônibus que cruza a Broadway ou na sala de aula da Universidade Colum-

---

* No famoso livro de Jonathan Swift, *Viagens de Gulliver*, o protagonista é abandonado numa ilha, onde encontra uma repugnante raça de criaturas humanoides selvagens e deformadas, os Yahoos, que são governados por uma raça de cavalos falantes, os Houyhnhnms. (N. T.)

bia. "A maioria dos telefones públicos está quebrada, vandalizada. E também virou mictório. Nova York estava se tornando pior do que Nápoles ou Tessalônica. Era como uma cidade asiática ou africana…"

Como é remoto, como é pequeno, como de fato é "correto" o sofrimento de Leventhal em comparação com o do sr. Sammler! E que aborrecimento menor é Allbee, o gói paupérrimo e insinuante que arruína a solidão de Leventhal no verão, que emporcalha seu leito conjugal e de forma embaraçosa acaricia seus cabelos de judeu — quão equilibrado ele é em comparação com o punguista negro, arrogante e ameaçador, cujo membro não circuncidado e os "grandes testículos ovais" são exibidos em toda a sua iridescente magnificência para exame pelo superego do homem em Manhattan. E, no entanto, apesar da diferença em grau (além de contexto e significado) entre os assaltos nos dois livros, o agredido ainda é o judeu, aquele que paga a conta quando os apetites e ódios têm livre curso: "a alma em sua veemência", como Sammler fala daquilo que mais o horroriza, ou rotula, com mais raiva e menos delicadeza, "a sexualidade dos negros". Em oposição ao que poderia chamar de "ética dos judeus".

Seja como for, há obviamente outras maneiras de ler Saul Bellow: a intenção aqui não foi diminuir suas conquistas e reduzir seus romances a essa pilha de ossos ressequidos, mas sim traçar as conexões típicas em sua obra (assim como na de Bernard Malamud) entre judeu/consciência e gói/apetite, indicando dessa forma como os leitores têm sido condicionados (e, poder-se-ia dizer persuadidos, dada a autoridade dos escritores em causa) a associar o simpático protagonista judeu à vitimização em contraposição à agressão vingativa, a sobrevivência digna em contraposição ao triunfo eufórico e jactancioso, a sanidade e a renúncia em contraposição ao desejo excessivo — exceto o desejo de ser bom e de fazer o bem.

Na medida em que Saul Bellow tem sido uma fonte de orgulho para o que David Singer chama de "establishment judaico norte-americano", eu sugeriria que isso teve mais a ver com os ossos ressequidos que expus anteriormente do que com os próprios romances transbordantes de vida, os quais são escritos e pensados de modo denso demais para que se tornem veículos étnicos de propaganda e alívio. O fato é que o humanismo irônico de Bellow, somado à sua generalizada simpatia por personagens estranhos e dúbios, por cidadãos comuns de Chicago, pela autogozação e autoamor de tipos nascidos em berço de ouro que vão mal de vida, fizeram dele uma figura muito mais importante para outros autores judeus do que para sua plateia cultural judaica — ao contrário, por exemplo, de Elie Wiesel ou Isaac Bashevis Singer, que, ao se relacionarem com o passado judaico, têm um profundo significado espiritual para a comunidade em geral — que não é necessariamente de interesse literário imediato aos colegas escritores. Mas Bellow, ao fechar a lacuna entre, digamos, Damon Runyon e Thomas Mann — ou, para usar de modo um tanto arbitrário as categorias de Philip Rahv, entre o pele-vermelha e o cara-pálida —, tem, creio eu, inspirado todo tipo de explorações em mundos imediatos de experiência, mundos esses que os autores judeus nascidos nos Estados Unidos depois dele podem ter negligenciado ou encarado feito idiotas durante anos a fio, na falta do exemplo engenhoso *desse* Colombo daqueles que estavam ao alcance da mão.

Os livros mais longos* de Saul Bellow via de regra tendem a

---

* Falo em "livros mais longos" porque os fatos duros e feios da vida num conto como "The Old System" (publicado pela primeira vez na *Playboy* em 1967) são do tipo que, como se sabe, fazem os telefones tocar na Liga Antidifamação. Mal posto (pois é assim que as coisas costumam ser apresentadas quando se tomam posições beligerantes), trata-se da história de judeus ricos e de seu dinheiro: primeiro, como subiram no mundo com pagamentos por baixo da mesa (100 mil dólares entregues a um velho e elegante protestante branco a fim de obter

associar o judeu realmente judeu com as lutas do judaísmo ético e os judeus não tão judeus e os góis com a liberação de apetites e agressividade (Gersbach, o apoiador de Buber e ladrão de esposas em *Herzog*, não constitui de fato uma grande exceção, pois é um judeu de fato espúrio, que nem sabe pronunciar direito as palavras em iídiche; e Madeleine, aquela Madalena, na verdade portava uma cruz e trabalhou na Universidade Fordham, dirigida por jesuítas). Na obra de Bernard Malamud, entretanto, essas tendências estão presentes de modo tão agudo e esquemático que seus livros adquirem características de alegorias morais. Para Malamud, em termos gerais, o judeu é inocente, passivo e virtuoso no grau necessário para que ele se defina, ou seja definido pelos outros, como judeu; por outro lado, o gói é tipicamente corrupto, violento e libidinoso, em especial quando entra num aposento, numa loja ou numa cela em que depara com um judeu.

Aparentemente, um autor não poderia ir muito longe hoje

---

o lucrativo terreno para um *country club*, e isso feito por um homem que Bellow descreve como judeu ortodoxo); e segue mostrando como vários judeus trapaceiam uns aos outros para meter a mão na grana: uma judia moribunda (e que ainda por cima fala palavrões) exige 20 mil dólares em dinheiro vivo do irmão, que é um homem de negócios, pelo privilégio de vê-la antes que solte o último suspiro num leito de hospital. Essa cena de ódio entre irmãos e de astúcia financeira numa família judaica é de fato o surpreendente clímax do conto.

Poderíamos questionar que reação teriam as agências de defesa diante desse conto, sobretudo sendo publicado na revista *Playboy*, caso fosse escrito por um desconhecido chamado Schwartz ou Levy em vez do famoso autor de *Herzog*? Na verdade, à luz do radicalismo político da década de 1960 e do traumático choque para os judeus causado pela guerra de outubro de 1973, podemos especular que posição tomariam a imprensa judaica e as revistas culturais se um primeiro romance como *Na corda bamba* fosse publicado agora, já que o protagonista, desenraizado e deprimido, detesta em especial a família burguesa de seu irmão judeu. Ou se aparecesse nos dias de hoje um livro como *A vítima*, em que a condição de judeu do protagonista é às vezes apresentada de forma a se assemelhar a uma psicopatologia.

em dia com base em simplificações evangelísticas. E, contudo, não é o caso de Malamud (como não é o de Jerzy Kosiński em *O pássaro pintado*), porque as figuras de um bom judeu e um gói mau emergem de modo tão instintivo de uma imaginação que é em sua essência folclórica e didática, que sua ficção é tão mais convincente quanto maior sua aderência a tais simplificações, perdendo em convicção e força narrativa quando o escritor as abandona ou tenta, mesmo que sub-repticiamente, desmentir o poder que exercem sobre ele.

Seu melhor livro — contendo o clássico arranjo moral malamudiano — ainda é *O ajudante*, no qual o autor propõe que o enclausurado e empobrecido dono de uma mercearia, chamado Morris Bober, graças ao exemplo de seu sofrimento passivo e de sua bondade, transformará um jovem ladrão e vagabundo italiano, chamado Frank Alpine, em outro enclausurado, empobrecido e sofrido dono de mercearia judeu, e que isso constituirá um ato de ajuda e levará Alpine ao caminho da redenção — ou assim sugere a rígida moralidade do livro.

Mas redenção de quê? Crimes de violência e embuste contra um bom pai judeu, crimes de luxúria contra sua filha virgem, que o gói viu nua e estuprou. Mas como essa redenção é punitiva! Podemos quase tomar o que acontece com o gói malvado, ao cair nas mãos do bom judeu, como um ato de raivosa vingança extraído do Velho Testamento, um ato que lhe é infligido pelo indignado escritor judeu — não fosse a compaixão e delicada coloração religiosa que Malamud infunde à história dessa conversão. E também a ênfase de que, para o autor, é claro que foi o bom judeu quem caiu nas mãos do malvado gói. Ocorreu-me que um autor judeu menos esperançoso que Malamud — digamos, Kosiński, cujos romances não se preocupam muito com a redenção e, pelo contrário, focam na persistência da brutalidade e da maldade — poderia não entender a transformação de Alpine em judeu dono de mercearia e pai judeu (com tudo o que tais papéis implicam no livro) como sinal de redenção pessoal, e sim como vingança de Bober: "Sofra agora, seu gói filho da puta, como eu sofri".

Para ver como ainda outra espécie de escritor judeu, Norman Mailer, poderia ter registrado as implicações de uma história como a contada em *O ajudante*, vale a pena examinar seu famoso ensaio "O negro branco", publicado na revista *Dissent* em 1957, mesmo ano em que apareceu o romance de Malamud. Imaginando tudo isso sem conhecer o livro de Malamud, Mailer não obstante criou um cenário surpreendentemente similar àquele com que se inicia *O ajudante*. Na versão de Mailer, também há dois malfeitores que golpeiam a cabeça de um dono de loja indefeso e levam seu dinheiro; no entanto, como é típico, em se tratando de Mailer — e é isso que tanto distingue suas preocupações das de Malamud ou Bellow —, ele avalia como o ato cruel afeta o bem-estar físico e a saúde mental do agressor, e não do agredido.

"Claro que é possível sugerir", acrescenta Mailer acerca de "encorajar o psicopata dentro de si próprio", "que não se exige grande coragem para que dois bandidos fortes de dezoito anos, digamos, arrebentem o crânio do dono de uma loja de doces. E na verdade o ato — mesmo segundo a lógica do psicopata — provavelmente não se mostrará muito terapêutico, uma vez que a vítima não é um semelhante naquele momento. Contudo faz-se necessária uma espécie de coragem, pois não se está matando apenas um frágil homem de cinquenta anos, e sim uma instituição — violando a propriedade privada, entrando numa nova relação com a polícia, introduzindo um elemento perigoso na vida. Assim, o bandido está desafiando o desconhecido e, por isso, por mais brutal que seja o ato, não é de todo uma covardia."

Essas poucas linhas sobre o valor positivo que o homicídio tem para o candidato a psicopata devem esclarecer por que as audiências de cultura judaica, que em geral têm prazer em ouvir

Saul Bellow e Bernard Malamud identificados como autores judeus, ficam tão contentes com o fato de que, grosso modo, Norman Mailer, com toda sua considerável influência e estatura, seja apresentado nas palestras e nos programas de entrevistas na televisão simplesmente como um escritor, ponto final. Com isso com certeza também concorda o autor de *Parque dos cervos* e *Um sonho americano*, para mencionar apenas dois de seus livros com protagonistas que ele decidiu não chamar de Cohen. É inútil se perguntar o que judeus (ou góis) pensariam desses dois livros se o autor não tivesse um O'Shaughnessy como o libidinoso viajante ou um Rojack como o feminicida em sua Gomorra norte-americana, pois se nota que seria tão inconcebível para Norman Mailer — como é para Bernard Malamud — fazer um personagem identificado como judeu perpetrar transgressões tão espetaculares com tamanho prazer e tão pouca dúvida íntima ou desorientação ética. E talvez pela mesma razão: é exatamente o judeu dentro dele que diz: "Não, não, trate de se conter" diante de tão grandiosas luxúrias e inclinações antissociais.

Não consigo imaginar Mailer tendo muita paciência com o cenário de bandido violento/dono de loja indefeso apresentado por Malamud em *O ajudante*. Outras linhas de "O negro branco" servem como descrição de Mailer ao que está ocorrendo a Frank Alpine, que veste o avental de Morris Bober, instala-se por dezoito horas, todos os dias, atrás da caixa registradora e que, do túmulo da moribunda mercearia, assume a responsabilidade pela educação universitária da filha judia de Morris (em vez de sua educação orgásmica, tão prazerosa e sem reservas): "[…] novos tipos de vitória", escreve Mailer, "aumentam o poder do indivíduo para alcançar novos tipos de percepção; e as derrotas, a espécie errada de derrotas, atacam o corpo e aprisionam suas energias até que o indivíduo fique confinado aos hábitos de outras pessoas, às derrotas de outras pessoas, ao tédio, ao desespero silencioso, à raiva destrutiva […]".

É exatamente com um ataque ao corpo — ao próprio órgão ofensivo com que Alpine violentara a filha de Bober —, que Malamud conclui *O ajudante*. Trata-se de outra questão saber se o autor vê aquilo como algo mais semelhante a uma punição cruel e incomum do que à justiça poética; dadas as sinalizações feitas no romance, poderia parecer que o leitor deve tomar o último parágrafo do livro como a descrição do ato final da redenção de Frank, a solução para seu problema como gói:

> Certo dia de abril, Frank se dirigiu ao hospital e lá foi circuncidado. Durante alguns dias se arrastou com aquela dor entre as pernas. A dor o enfureceu e inspirou. Depois da Páscoa, converteu-se ao judaísmo.

Assim, foi executada a penitência pelo pênis criminoso. Nenhuma narrativa folclórica de cunho admonitório com relação aos perigos da masturbação poderia ser mais vívida ou precisa do que essa, tampouco as conexões que procurei traçar nos romances de Bellow poderiam ser mais visíveis que aqui: a renúncia é um traço judaico, e a renúncia é tudo. Em comparação com o tirânico Javé que governa *O ajudante*, o Bellow de *O planeta do sr. Sammler* parece ser um pai que mima o filho, recomendando apenas bom senso em matéria de contraceptivos e nada sobre o uso de entorpecentes. *O ajudante* é uma manifestação de judaísmo ético a que foi acrescentado aquilo que podemos legitimamente chamar de toque de vingança. Sob a austeridade e a comiseração se esconde a fúria de Malamud.

O bode expiatório, de Malamud: "O faz-tudo reconheceu na hora que era judeu. Fora isso, era inocente". Algumas páginas depois: "Sou um homem inocente [...] Pouco tive na vida". E mais um pouco adiante: "Juro que sou inocente de qualquer crime grave [...] Não faz parte da minha natureza". O que não faz parte de sua natureza? Assassinato ritual e estupro — agressão por vingança e luxúria brutal. Assim, é pelos crimes de Frank Alpine e Ward Minogue, os góis malfeitores que atacam a família inocente e indefesa de judeus em *O ajudante*, que Yakov Bok, o indefeso e inocente judeu faz-tudo de *O bode expiatório*, é detido e aprisionado num lugar bem pior que o calabouço de uma mercearia. Na verdade, com exceção de Malamud, o Marquês de Sade e o autor que escreveu sob pseudônimo *A história de O*, não conheço nenhum romancista sério cujos livros tenham retratado a brutalidade física e a mortificação da carne com tanto detalhe e de forma tão extensa, além de pegar um único inocente indefeso e construir praticamente um livro inteiro com base nas incansáveis violências que tal indivíduo sofre nas mãos de algozes perversos e desumanos. *O bode expiatório*, início do capítulo V:

> Os dias se passavam e os oficiais russos esperavam impacientemente que começasse o período menstrual dele. Grubeshov e o general do Exército consultavam com frequência o calendário. Se não começasse em breve, ameaçavam tirar o sangue de seu pênis com uma máquina que tinham para tal fim. A máquina era uma bomba de sucção feita de ferro, com um indicador vermelho que mostrava quanto sangue estava sendo retirado. O perigo era de que, como isso nem sempre funcionava bem, às vezes sugava até a última gota de sangue do corpo. A máquina era usada com exclusividade em judeus, só pênis de judeus cabiam nela.

A cuidadosa documentação social e histórica de *O bode expiatório* — que o senso instintivo de Malamud por material folclórico permite transformar de pesquisa de ficção em ficção imaginada — envolve o que na essência constitui um trabalho incessante de pornografia da violência. O judeu puro e inocente, cuja incapacidade de ver sangue mostra-se de início quase igual à de uma mocinha, é violentado pelos góis sádicos, "homens" — segundo lhe diz um sábio fantasma, como se algum judeu precisasse de tal informação — "desprovidos de moralidade".

É óbvio que, alguns parágrafos antes do fim do livro, o judeu indefeso, que fora falsamente acusado de matar um menino de doze anos e de beber seu sangue (e injustamente martirizado por tal crime por quase trezentas páginas), tem sua vingança oferecida de repente numa bandeja de prata — *e a aceita*. Se é assassinato o que eles querem, é assassinato o que terão. Com seu revólver, ele executa o tsar! "Yakov apertou o gatilho. Nicolau" — o realce é meu — "*enquanto fazia o sinal da cruz*, derrubou a cadeira em que estava sentado e para sua surpresa caiu no chão, com a mancha se espalhando pelo peito." E Yakov não sentiu o menor remorso nem culpa, não depois do que sofrera nas mãos dos capangas do tsar Nicolau. "Antes ele do que nós", pensa Yakov, desdenhando com um clichê de cinco palavras o crime dos crimes: regicídio, o assassinato do Rei Cristão.

Só que isso acontece na imaginação de Yakov. Trata-se de um devaneio vingativo e heroico que lhe ocorre a caminho do julgamento no qual, tudo indica, ele será condenado. O que está em total conformidade com o mundo de Malamud: pois não faz parte da natureza de Yakov, nem da natureza de Morris Bober (ou Moses Herzog), apertar um gatilho real e causar o derramamento de sangue real. Lembra-se de Herzog com sua pistola? "Não é todo mundo que tem a oportunidade de matar com a consciência limpa. Eles tinham", Herzog se diz, "aberto o caminho para o assassinato justificável." Mas na janela do banheiro, vendo seu traiçoeiro inimigo Gersbach, que lhe roubara a mulher e dava banho em sua preciosa filha Junie, Herzog não é capaz de apertar o gatilho. "Apertar o gatilho", escreve Bellow no livro *Herzog* (embora também pudesse ser Malamud no final de *O bode expiatório*) "não passava de um pensamento". A vingança, então, precisa vir de outras formas para esses judeus vitimizados. O fato de que tal vingança *não faz parte da natureza deles* é, em boa parte, o que os faz heroicos aos olhos do próprio autor.

Em *Retratos de Fidelman*, Malamud se propõe a virar a mesa contra si próprio e, com coragem, tirar férias de sua mitologia onipresente: ele imagina como protagonista um judeu que vive sem nenhum sentimento de vergonha e até mesmo com uma espécie de afirmação viril (embora seja meio trapalhão e boboca) num mundo de gângsteres, ladrões, cafetões, prostitutas e boêmios italianos, um homem que acaba se apaixonando por um soprador de vidro veneziano casado com sua própria amante — e a maior parte disso não teve mais impacto que a bala disparada por Yakov Bok em sua imaginação no verdadeiro tsar da Rússia. Sobretudo, creio eu, porque foi concebido como uma espécie similar de devaneio compensatório; em *Fidelman*, um sentimento genuíno do que custam as conversões é dissolvido em floreios retóricos, e não com um tipo de luta demorada que as convicções profundas de Malamud fazem aflorar em *O ajudante* e *O bode expiatório*. Não é por acaso que, entre seus romances mais longos, este não gere uma tensão narrativa interna (que permitisse testar suas próprias premissas) e careça da progressão contínua que costuma ocorrer a esse tipo de contador de histórias de forma bem natural, agindo nele como uma necessária força contrária à fantasia desgovernada. Esse divertido devaneio de descaminho, criminalidade, transgressão e luxúria simplesmente não poderia resistir ao desafio de uma narrativa desenvolvida por completo.

Encontramos boas páginas no livro, claro — há uma conversa entre Fidelman e uma lâmpada falante na seção intitulada "Retratos do artista" que mostra o cômico folclórico Malamud no que ele tem de melhor —, mas, após a primeira seção, intitulada "O último moicano", o grosso do livro tem o ar de algo condescendente, indisciplinado e sem foco, descrevendo sem maiores cuidados uma vida libidinosa e desordenada em que nada de sério se encontra em jogo. O que distingue "O último moicano" do que vem depois é que o Fidelman em causa, tão meticuloso no que respeita à sua pessoa, tão cauteloso e limitado, não é o mesmo indivíduo que aparece mais tarde lavando privadas num bordel, amigando-se com prostitutas, lidando pessoalmente com um cafetão. O autor pode ter se convencido de que a experiência que ele tem com Susskind em "O último moicano" foi o que liberou Fidelman para o que se segue, mas nesse caso isso se enquadraria, como muito do restante, na categoria de pensamento mágico. Onde os processos de descontração e as duras lutas em favor da liberação poderiam ser adequadamente dramatizadas, o capítulo chega ao fim, e, quando a narrativa recomeça, a liberdade é um *fait accompli* [fato consumado].

Sobre o Fidelman de "O último moicano", lemos o seguinte: "Tarde da noite e em certas ruas, ele era abordado por prostitutas, algumas comoventemente bonitas, entre as quais uma moça esbelta, de ar triste e olheiras fundas, que o atraiu muito, porém Fidelman temia por sua saúde". Esse Fidelman sente desejo por moças de olhar infeliz que exibem os mais tristes sinais de desgaste. Esse Fidelman teme por sua saúde. E não é só isso que ele teme. Mas, afinal, esse Fidelman não é judeu só no nome. "Ser desmascarado como um judeu que ocultava sua identidade", maior receio de Yakov Bok nos estágios iniciais de *O bode expiatório*, poderia servir para descrever o que de fato acontece com o Fidelman de "O último moicano", no que é ajudado por sua cópia de Bober, o astucioso refugiado pedinchão Susskind. "O último moicano" contém numerosas referências — humildes, cômicas e solenes — à história e à vida dos judeus, e conta a história de uma consciência que é testada e de uma simpatia humana generosa, porém gerada por motivos diferentes da ficção que se segue. Para um judeu, a coisa praticamente acaba aí: no capítulo 2 entra o sexo, saem Susskind e Fidelman, o judeu desmascarado. O que então passa a ser revelado em *Fidelman* — nesse livro que seria, se pudesse, uma espécie de contraposição a *O ajudante* — é o gói antes oculto, um homem cujos apetites estão associados em outra obra a Alpine, o concupiscente "cão não circuncidado".

E, caso houvesse alguma dúvida quanto à feroz e automática identificação da imaginação de Malamud entre renúncia/judeu e apetite/gói, basta comparar o toque patético de autorrendição que marca o fim de "O último moicano":

> "Susskind, volte", ele gritou, quase aos soluços. "O terno é seu. Tudo está perdoado."
> Ele parou de chofre, mas o refugiado continuou correndo. Quando visto pela última vez, corria ainda.

com o final cômico e triunfal de "Natureza-morta". O segundo capítulo termina com a primeira penetração exitosa de Fidelman, que ele consegue executar, após várias frustrações, numa determinada *pittrice* [pintora] italiana ao se disfarçar por acaso com as vestes de um padre. Há nessa cena mais e menos do que Malamud pode ter tido em mente:

> Ela agarrou os joelhos dele.
> "Me ajude, padre, pelo amor de Deus."
> Fidelman, após alguns segundos de tormento, disse numa voz trêmula: "Eu te perdoo, minha filha".
> "A penitência", ela gemeu, "primeiro a penitência."
> Depois de refletir, ele respondeu: "Repita cem vezes cada um o pai-nosso e a ave-maria."
> "Mais", chorou Annamaria. "Mais, mais. Muito mais."
> Agarrando-lhe os joelhos com tanta força que eles tremeram, ela enfiou a cabeça em seu colo, sobre a batina preta e abotoada. Surpreendentemente, ele sentiu o início de uma ereção.

Mas, de fato, isso não deveria ter sido surpresa, essa ereção que chega enquanto ele veste roupas de padre. O que seria surpreendente é se Fidelman tivesse se disfarçado, digamos, como um Susskind, e descobrisse que isso funcionava como afrodisíaco talvez até mesmo com uma moça judia como Helen Bober. Nesse caso, alguma coisa estaria em jogo, alguma coisa estaria sendo desafiada. No entanto, tal como escrito, com Fidelman copulando enquanto usa uma *biretta* [barrete] em vez de um solidéu, a cena não leva o romance a lugar nenhum, sobretudo porque a última linha me parece inverter por completo as implicações da piada que está sendo contada ali. "Em movimentos lentos dos quadris", termina o capítulo, "ele a pregou contra sua cruz." Mas na verdade não é o judeu que está sendo pregado, se não à sua cruz, à velha estrutura de suas inibições?

O problema com linhas como essa última do capítulo é que elas encerram um assunto com um breve floreio retórico antes que lhe seja permitido ter tanta vida narrativa. No exato momento em que parece ser mais vigoroso e franco, o autor na verdade está se retraindo e suprimindo o que quer que seja psicologicamente rico ou moralmente desafiador com uma linguagem espertinha mas no fundo evasiva. Aqui, por exemplo, é a detumescência de Fidelman anteriormente descrita. Para grande tristeza da pintora, a ejaculação precoce acabou com ele e, embora Fidelman não tenha ainda descoberto por acaso que as vestes de clérigo o tornariam potente e desejável, notamos que a figura que provoca a revitalização erótica é, como de costume, cristã; vale a pena notar também que, de modo geral, onde no livro aparece o ato sexual lá encontramos também alguma metáfora extravagante. "Embora ele desejasse ardentemente a ressureição, sua flor murchou de vez." E aqui se vê o protagonista descobrindo que é homossexual: "Fidelman nunca dissera na vida 'eu te amo' sem reservas para uma pessoa. Disse a Beppo. Se é assim que a coisa funciona, é assim que vai funcionar". Porém não é assim que vai funcionar nem um pouquinho. Aquele é um sonho de como funciona, tudo bem adaptado às características defensivas judaicas e ao superego, com a mais tranquilizadora e reconfortante de todas as palavras que servem de socorro: "amor".

"Pense no amor", diz Beppo ao pular por trás em cima do corpo nu de Fidelman. "Você fugiu disso durante toda a sua vida." E, podemos dizer, como que por mágica, simplesmente por *pensar* naquilo, no mesmo instante Fidelman ama, de tal forma que, entre o ato homossexual de penetração anal — algo que a sociedade de hoje ainda costuma considerar uma transgressão repugnante — e sua transformação em comportamento ideal, não há nem tempo para o leitor dizer "ai". Ou para Fidelman ter quaisquer pensamentos perturbadores que bem poderiam acompanhar sua entrada no mundo do tabu pelas mãos de um indivíduo convencional que, a princípio, no maravilhoso capítulo intitulado "O último moicano", mal dava bom-dia ao refugiado Susskind.

Cabe perguntar por que o tabu precisa ser idealizado com tamanha rapidez. Por que Fidelman precisa se vestir como padre para conseguir trepar direito, e não apenas pensar no amor, mas cair de amores, na primeiríssima vez em que é enrabado. Por que não pensar em libidinagem, no desejo sexual vil e indecoroso? E entregar-se àquilo. Afinal, sabe-se que há pessoas que fogem disso a vida inteira de modo igualmente radical. E, quando visto pela última vez, Fidelman ainda estava correndo. "Nos Estados Unidos", termina o livro, "ele trabalhou como técnico em fabricação de vidro, amando homens e mulheres."

Lembrem-se das últimas linhas de *O ajudante*. Frank Alpine deveria ter saciado seus apetites com a mesma facilidade, mas, enquanto naquele livro o ato apaixonado e agressivo de desejo realmente amoroso pela moça judia praticado por um libidinoso gói assume a forma terrível do estupro, exigindo uma penitência (ou vingança), em *Retratos de Fidelman* o ato sexual mais extravagante do judeu é, sem nada que mesmo de longe se assemelhe ao enorme embate pessoal de Alpine, convertido na hora em amor. E, se isso ainda fosse insuficientemente consolador no tocante a um judeu e o apetite sexual, o livro consegue no fim separar por completo o bissexual Fidelman das coisas judaicas, tanto quanto *O ajudante*, em sua conclusão, marcou para sempre como judeu o sexualmente constrangido, se não assexuado, Alpine. De todos os protagonistas judeus de Malamud, haverá algum que seja em comparação tão notavelmente não judeu (depois de superado o capítulo 1), que insista em ser tão pouco judeu e que seja tão pouco relembrado disso pelo mundo gói? E haverá algum que, no fim, seja mais feliz?

Em suma, Fidelman é o Henderson de Malamud, a Itália é sua África, e "amor" é o nome que Malamud, por razões que agora deveriam ser aparentes, dá em seu livro para o fato de alguém por fim obter o que quer, como quer. Sugerindo precisamente a disjunção entre o ato e o autoconhecimento que explica as inclinações levianamente sonhadoras de Fidelman e as diferenciam de modo tão nítido daqueles romances bem refletidos e de todo convincentes, *O ajudante* e *O bode expiatório*, em que não há nenhuma ambivalência obscurecedora entre a imaginação do autor e o objeto de sua fúria.

E agora voltemos a *O complexo de Portnoy* e ao protagonista imaginado por este autor judeu. Claro está que, para Alexander Portnoy, o problema é que, ao contrário de Arthur Fidelman, nada *inflama* mais sua autoconsciência como judeu do que lançar-se numa extravagante aventura libidinosa — isto é, nada faz aquilo parecer mais extravagante que o fato de um judeu como ele querer tudo o que quer. O judeu oculto é desmascarado nele pela visão de sua própria ereção. Ele não é capaz de suprimir aquela condição em favor da outra, nem consegue imaginar que ambas vivam felizes, numa coexistência pacífica. Como todos nós, ele também leu Saul Bellow, Bernard Malamud e Norman Mailer. Suas dificuldades podem ser comparadas às de Frank Alpine se, após sua dolorosa circuncisão — com tudo o que isso lhe significa em termos de renúncia virtuosa —, o personagem de *O ajudante* houvesse de imediato percebido que seu velho e inescrupuloso eu, o malfeitor maileriano tomado por desejos proibidos, emergia da prisão solitária para combater corpo a corpo seu eu recém-circuncidado e judaicamente circunscrito. Em *Portnoy*, o moralista desaprovador que diz "Estou horrorizado" não vai desaparecer quando o pateta libidinoso surgir gritando "Eu quero!". Nem o grosseiro e antissocial Alpine que existe nele será permanentemente subjugado pelo que houver em sua natureza de Morris Bober ou de seu próprio pai, homem trabalhador e bem-intencionado, embora com características similares às de Bober. Esse judeu imaginário também se arrasta por aí com uma dor entre as pernas, mas que apenas inspira nele atos de frenética lascívia.

Um judeu lascivo. Um judeu como violador sexual. Como se verificou, um tipo estranho na recente ficção judaica, onde quem comete as violações costuma ser o gói; além disso, como se alegou vigorosamente, um dos "mais grosseiros e mais antigos estereótipos usados na propaganda antissemita". Estou citando a frase de certa carta escrita por Marie Syrkin — uma conhecida líder sionista norte-americana e filha de um dos principais organizadores e polemistas do socialismo sionista do primeiro quartel do século xx —, publicada na revista *Commentary* em março de 1973. Na carta, ela aperfeiçoa dois ataques separados que haviam aparecido vários meses antes na mesma publicação, um redigido por Irving Howe e dirigido à minha obra (em especial *Adeus, Columbus* e *O complexo de Portnoy*) e o outro, do editor da revista, Norman

Podhoretz, dirigido ao que ele presumiu ser minha posição e reputação culturais. (O subeditor de *Commentary*, Peter Shaw, já atacara *O complexo de Portnoy* por conta de "um fanático ódio às coisas judaicas" na resenha que escreveu por ocasião do lançamento do romance, texto que, obviamente, também apareceu na revista.)

As referências históricas que Syrkin usa para identificar o que a repugna em *O complexo de Portnoy* sugerem que, para alguns, eu excedera até a redutiva "vulgaridade" que segundo Howe "comprometia de modo profundo" minha ficção naquele livro e em outros, e que pertenciam ao domínio da mais vil patologia. Isso fica claro na caracterização de Syrkin sobre os propósitos lascivos, até mesmo *vingativamente* lascivos, de Portnoy para com o mundo gói e suas mulheres — em particular quanto às gratificações que ele busca, e até certo ponto obtém, de uma rica e bonita moça branca e protestante, uma *shiksa* que praticaria felação nele caso pudesse dominar a técnica necessária sem asfixiar-se. Não interessa a Syrkin que Portnoy ensine à sua "tenra e jovem condessa" técnicas de respiração como se ele fosse um paciente instrutor de natação lidando com algum tímido menino de dez anos, e não como se fosse um Marquês de Sade ou mesmo Sergius O'Shaughnessy; tampouco ela oferece qualquer indicação de que o sexo oral talvez não consista necessariamente na última palavra em degradação humana, mesmo para os participantes: "[...] uma descrição clássica", escreve Syrkin, "[...] daquilo que os nazistas chamavam de *Rassenschande* (impureza racial)"; "[...] diretamente extraído do roteiro de Goebbels-Streicher [...]";* "[...] segundo a acusação antissemita que provém diretamente de Hitler, o judeu é o conspurcador e destruidor do mundo gói".

---

* Joseph Goebbels (1897-1945), ministro da propaganda nazista entre 1933 e 1945; Julius Streicher (1885-1946), membro do Partido Nazista desde os primórdios, foi condenado por crimes contra a humanidade em Nuremberg e enforcado em 16 de outubro de 1946. (N. E.)

Hitler, Goebbels, Streicher. Não estivesse supostamente sujeita a limitações de espaço, Syrkin poderia acabar me pondo no banco dos réus junto com todos os acusados de Nuremberg. Além disso, não lhe ocorre que os relacionamentos sexuais entre homens judeus e mulheres góis podem, eles próprios, ser marcados pela história de antissemitismo que determina de forma tão óbvia a retórica e o ponto de vista dela nessa carta. Nem a missivista está preparada para admitir a coisa mais óbvia de todas: que esse Portnoy é incapaz de iniciar um relacionamento erótico sem estar consciente de sua condição de judeu e da condição de gói de sua (por assim dizer) ajudante, tanto quanto Bober de iniciar um relacionamento menos carregado de tais condições com Alpine, ou Leventhal com Allbee. No entender de Syrkin, contudo, só um nazista poderia imaginar um judeu com o tipo de desejos sexuais de Alexander Portnoy.

Seja como for, ao argumentar a respeito do que um judeu pode ou não ser além de um nazista patológico, Syrkin deixa pouca dúvida de que tem ideias profundamente enraizadas acerca do que um judeu de fato é ou deveria ser. Tal como o fez Theodor Herzl; tal como o fizeram Weizmann, Jabotinski e Nahman Syrkin; tal como o fizeram Hitler, Goebbels e Streicher; tal como o fazem Jean-Paul Sartre, Moshe Dayan, Meir Kahane, Leonid Brejnev e a União Norte-Americana de Congregações Judaicas. Numa era que testemunhou a brilhante americanização de milhões de imigrantes e refugiados judeus, o extermínio de milhões de judeus europeus como lixo humano e o estabelecimento e a sobrevivência na antiga Terra Santa de um moderno Estado judaico enérgico e desafiador, pode-se dizer com segurança que imaginar o que os judeus são e devem ser não representou uma atividade marginal para alguns poucos romancistas judeus neste país. Essa empreitada — sobretudo em livros como *A vítima, O ajudante* e *O complexo de Portnoy* — implicou imaginar judeus sendo imaginados por eles próprios e pelos outros. Dadas todas essas projeções, fantasias, ilusões, programas, sonhos e soluções que tiveram origem na existência dos judeus, não surpreende que esses três livros, independentemente da diferença entre eles em matéria de abordagem e mérito literários, sejam em grande parte pesadelos de escravidão, cada qual refletindo à sua maneira um estado de espírito de luta confusa e claustrofóbica. Tal como a vejo, a tarefa do romancista judeu não tem sido forjar na bigorna de sua alma a consciência informe de uma raça, e sim encontrar inspiração numa consciência que foi criada e destruída centenas de vezes apenas no século xx. De forma similar, em meio a essa miríade de protótipos, o ser solitário — a quem a história ou as circunstâncias atribuíram a designação de "judeu" — teve de imaginar o que ele é e não é, o que deve fazer ou não. Isso se ele puder, com convicção, aceitar tal identidade e se imaginar sendo tal coisa, o que nem sempre é fácil. Porque, como a maioria de nossos romancistas sérios parece indicar — naquelas escolhas de tema e ênfase que conduzem ao âmago do que pensa o autor —, há formas apaixonadas de viver que nem mesmo imaginações que parecem tão livres como as deles são capazes de atribuir a um personagem claramente apresentado como judeu.

A literatura e o poder*

Conte-nos primeiro sobre sua adolescência — a relação de sua adolescência com o tipo de sociedade norte-americana que você retratou em Adeus, Columbus; *seu relacionamento com a família, se sentiu o peso do poder paterno.*

Longe de ser o clássico período de explosão e crescimento tempestuoso, minha adolescência foi mais ou menos um período de animação que ficou suspensa. Depois das vitórias de uma infância exuberante e impetuosa — vivida contra o dramático pano de fundo da participação dos Estados Unidos na Segunda Grande Guerra —, baixei a bola consideravelmente até ir para a universidade, em 1950. Lá, numa respeitável atmosfera cristã tão restritiva quanto a comunidade judaica em que fui criado, mas cujas restrições eu podia ignorar ou questionar sem me sentir atormentado por lealdades tradicionais, fui capaz de reativar o gosto pelas

---

* Entrevista ao crítico italiano Walter Mauro, em 1974, para sua coletânea de conversas com escritores sobre a questão do poder.

perguntas e especulações, o qual fora praticamente imobilizado durante meus anos no ginásio. Dos doze anos, quando iniciei o curso secundário, aos dezesseis, quando me formei, fui em geral um rapaz bom, responsável e bem-comportado, controlado (sem rebeldia alguma) pelas regras sociais da disciplinada vizinhança de baixa classe média onde me criei, e ainda ligeiramente reprimido pelos tabus que, mesmo de forma atenuada, chegavam até mim da ortodoxia religiosa de meus avós imigrantes. Devo ter sido um "bom" adolescente, em parte por ter compreendido que, em nosso bairro judaico de Newark, não havia mesmo muito mais a fazer, a menos que eu quisesse roubar carros ou ser reprovado na escola, coisas que nem passavam pela minha cabeça. Em vez de me tornar um descontente rabugento ou um rebelde furioso — ou desabrochar, como ocorrera antes da calmaria, enquanto eu cursava o primário —, servi obedientemente minha sentença no que, afinal de contas, era uma instituição de segurança mínima, com o que pude desfrutar a latitude e os privilégios concedidos aos detentos que não criam problemas para os guardas.

O melhor da adolescência foram as intensas amizades masculinas — não apenas por causa da camaradagem que elas proporcionavam a um grupo de rapazes reunidos longe de suas famílias fechadas demais, mas pela oportunidade de trocar ideias sem censura alguma. Essas maratonas de conversas, muitas vezes caracterizadas por discussões estridentes e esperançosas sobre as desejadas aventuras sexuais e por todo tipo de piada anárquica, eram quase sempre conduzidas dentro de um carro estacionado — dois, três, quatro de nós naquela pequena cápsula de aço do tamanho de uma cela de prisão, e igualmente apartada da sociedade humana.

A maior liberdade e o maior prazer que conheci naqueles anos podem muito bem ter tido origem no que conversávamos horas a fio naqueles carros — e do modo como conversávamos.

Meus companheiros mais próximos na adolescência — judeus inteligentes e respeitosos como eu, dos quais todos, sem exceção, tornaram-se médicos de sucesso — talvez não olhem para trás da mesma forma no que diz respeito às nossas sessões de papo furado, mas, de minha parte, associo aquele amálgama de imitações, relatos, opiniões, discussões, sátiras e invencionices, que nos davam tanto apoio, ao trabalho que faço hoje, e considero que as coisas com que nos divertíamos uns aos outros naqueles carros se assemelham a uma narrativa folclórica sobre a passagem de um estágio de desenvolvimento humano para outro mais elevado. Além disso, aqueles milhares de palavras eram o meio pelo qual nos vingávamos ou o que nos mantinha distantes das forças que nos freavam. Em vez de roubar carros de estranhos, sentávamos nos carros emprestados por nossos pais e falávamos as coisas mais loucas que se possa imaginar, ao menos em nossa vizinhança. Que era onde estacionávamos.

"O peso do poder paterno", em seus tradicionais disfarces opressivos, foi algo que pouco tive de defrontar na adolescência. Meu pai só podia brigar comigo por conta de alguns pequenos deslizes e, se havia algo que pesava sobre mim, não era dogmatismo, rigidez ou algo parecido, e sim o orgulho sem-fim que sentia de mim. Quando eu tentava não decepcionar meu pai ou minha mãe, nunca fazia isso por medo do punho cerrado ou do decreto punitivo, mas por medo de causar-lhes desgosto; mesmo depois de terminada a adolescência, quando comecei a encontrar razões para me emancipar deles, nunca me ocorreu que, como consequência, eu pudesse perder o amor que me devotavam.

O que talvez encorajou meu esfriamento na adolescência foi a grave perda financeira que meu pai sofreu mais ou menos na época em que entrei no ginásio. A luta de volta à solvência foi árdua, a determinação e as reservas de força que isso exigiu dele, quando já era quarentão, tornou-o a meus olhos uma figura ao mesmo tempo merecedora de compaixão e de reconhecimento, por seu heroísmo, que era um cruzamento entre o capitão Ahab e Willy Loman.* De forma algo inconsciente, temia que ele entrasse em colapso e nos levasse junto — em vez disso, comprovou que era impossível desencorajá-lo e resistiu como uma verdadeira muralha de pedra. Mas estando ainda em dúvida o resultado nos primeiros anos de minha adolescência, pode ser que o fato de eu ter sido "bom" naquela época tenha sido minha contribuição à ordem e estabilidade da família. Para permitir que o poder paterno tivesse o peso que *deve ter*, posterguei minha carreira como um conquistador de sala de aula, suprimindo por algum tempo todas as inclinações rebeldes e heréticas. Passados tantos anos, sem dúvida trata-se sobretudo de matéria para conjecturas, mas a verdade é que pouco fiz na adolescência para perturbar a balança de poder que permitiu à nossa família avançar tanto quanto avançou e funcionar tão bem quanto funcionou.

O sexo como instrumento de poder e sujeição. Você desenvolve esse tema em O complexo de Portnoy *e consegue desmistificar a pornografia, reconhecendo ao mesmo tempo o caráter obsessivo das preocupações sexuais e seu enorme poder de condicionamento. Diga-nos em que experiência real essa fábula dramática teve origem ou em que aventura da mente ou da imaginação.*

Será que consegui "desmistificar a pornografia"? Nunca pensei nisso dessa forma, uma vez que em geral a própria pornografia é considerada uma dessacralização dos atos pelos quais se imagina que os homens e as mulheres consagram seus relacionamen-

---

* Capitão Ahab é o obsessivo protagonista de *Moby Dick*, de Herman Melville, e Willy Loman, o trágico personagem central da peça *A morte de um caixeiro-viajante*, de Arthur Miller. (N. T.)

tos mais profundos. Vejo a pornografia mais como a projeção de uma preocupação de todo humana com os órgãos genitais — uma preocupação que exclui qualquer emoção, exceto aqueles sentimentos elementares despertados pela contemplação das funções genitais.

Não acho que eu tenha "desmistificado" a pornografia, e sim que extirpei sua obsessão central do corpo como uma engenhoca erótica ou um brinquedo — munido de orifícios, secreções, tumescência, fricção, ejaculação e todas as abstrusas complexidades dos movimentos tectônicos sexuais —, e depois situei aquela obsessão num ambiente de família totalmente ordinário, em que as questões de poder e sujeição, entre outras coisas, podem ser vistas em seus aspectos gerais mais amplos, e não através das lentes estreitas da pornografia. Apenas nesse sentido talvez eu possa ser acusado de ter dessacralizado, ou profanado, o que a pornografia, por seu caráter exclusivo e obsessivo, de fato eleva a uma espécie de religião abrangente e sagrada, com cerimoniais solenes desempenhados de forma ritualística: a religião da foda (ou, como no filme *Garganta profunda*, do boquete). Assim como em qualquer religião, essas devoções são extremamente sérias, e não há muito mais espaço para manifestações ou idiossincrasias individuais, para erros ou deslizes humanos, do que na celebração da missa. De fato, a comédia de *O complexo de Portnoy* surge em grande parte dos deslizes que atormentam um candidato a celebrante quando ele tenta desesperadamente abrir caminho até o altar e ficar nu.

Você quer saber se tive conhecimento em primeira mão do "sexo como instrumento de poder e sujeição". Como poderia deixar de ter? Também tenho apetites, órgãos genitais, imaginação, impulsos, inibições, fraquezas, vontade e consciência. Além disso, o poderoso ataque contra os hábitos sexuais no final da década de 1960 — ou a Grande Guerra contra a Repressão — ocorreu quase vinte anos depois que eu desembarquei na praia e comecei a lutar para estabelecer uma cabeça de ponte no território erótico dominado pelo inimigo. Às vezes acho que os homens da minha geração formaram a primeira onda dos invasores no Dia D, e foi por cima das carcaças sangrentas deles que os hippies depois puseram os pés em terra firme e avançaram em triunfo rumo àquela Paris libidinosa que tínhamos sonhado em libertar ao nos arrastarmos centímetro a centímetro para seguir adiante, atirando no escuro. "Papai, o que você fez na guerra?", perguntam os jovens. Solicito humildemente que eles bem poderiam ler *O complexo de Portnoy* para descobrir a resposta.

A relação em sua obra entre a realidade e a imaginação. As formas de poder que mencionamos (família, religião, política) influenciaram seu estilo, sua forma de expressão? Ou o fato de escrever serviu para libertá-lo cada vez mais dessas formas de poder?

Considerando isso um aspecto de "estilo", a resposta à primeira pergunta é sim: família e religião como forças de coerção têm sido um tema recorrente em minha ficção, sobretudo no que escrevi até *O complexo de Portnoy*, incluindo esse livro; e os impulsos ameaçadores da administração Nixon foram fundamentais na composição de *Our Gang*. É óbvio que os próprios temas "influenciam" seu tratamento e minha "forma de expressão", assim como muitos outros fatores também. Claro que, excetuada a sátira a Nixon, nunca escrevi nada intencionalmente destrutivo. O ataque polêmico ou blasfemo aos poderes e autoridades tem me servido mais como *tema* que como propósito.

Por exemplo, "The Conversion of the Jews" ["A conversão dos judeus"], um conto que escrevi quando tinha 23 anos, revela, naquele estágio de desenvolvimento tão ingênuo, uma preocupação nascente com a qualidade opressiva do sentimento familiar e com as ideias mandatórias de exclusividade religiosa que eu conhecera em primeira mão na vida cotidiana de um judeu norte-americano. Um bom rapaz chamado Freedman põe de joelhos um mau rabino chamado Binder (e vários outros mandachuvas) e, então, um dia, depois da sinagoga, alça voo rumo à vastidão do espaço. Por mais primitivo que esse conto me pareça hoje — seria mais correto caracterizá-lo como um devaneio em prosa —, ele foi gerado, no entanto, pelas mesmas preocupações que me levaram, anos depois, a inventar Alexander Portnoy, uma encarnação mais velha do pequeno e claustrofóbico Freedman que é incapaz de se liberar daquilo que o prende e o inibe de forma tão mágica quanto o personagem que imaginei humilhando sua mãe e o rabino em "A conversão dos judeus". Por ironia, enquanto o rapaz do conto é subjugado por figuras de estatura real em seu mundo, cujo poder ele consegue subverter ao menos momentaneamente, Portnoy é menos oprimido por essa gente — que já tem pouca influência em sua vida —, mas é prisioneiro de um rancor que persiste. A circunstância de que seu maior opressor é ele mesmo explica o elemento patético e farsesco do livro — e também o conecta ao meu romance anterior, *Quando ela era boa*, no qual o foco é a fúria de uma jovem contra as autoridades que, ao longo de sua vida, ela acredita que usaram erroneamente seu poder.

A questão de saber se algum dia ficarei livre dessas formas de poder presume que eu sinta a família e a religião apenas como poderes. A coisa é bem mais complicada. Nunca tentei de verdade, na minha obra ou na minha vida, cortar tudo o que me une ao ambiente em que fui criado. Agora mesmo, provavelmente sou tão devotado às minhas origens quanto fui quando era impotente como o pequeno Freedman e então, de certa forma, não tinha outra opção sensata. Mas isso só ocorreu depois de sujeitar esses laços e conexões a um escrutínio considerável. Na realidade, as afinidades que continuo a sentir com as forças que me formaram, tendo resistido como resistiram às explorações da imaginação e às exigências da psicanálise (com toda a frieza que isso implica), parece que estão agora aqui para ficar. Claro que reformulei com delicadeza meus laços no esforço de testá-los e, ao longo dos anos, desenvolvi uma forte ligação com o próprio teste.

Our Gang *é uma visão sacrílega do presidente Nixon e busca seu tema numa declaração dele sobre o aborto. Em que período de sua vida você sentiu com maior força o peso do poder político como uma coerção moral e de que modo reagiu a isso? Acha que o elemento do grotesco, que você usa com frequência, é o único meio pelo qual alguém pode rebelar-se contra tal poder?*

Tenho a impressão de que senti com maior força o poder político como coerção moral enquanto crescia em Newark durante a Segunda Guerra Mundial. Pouco se perguntava a um estudante norte-americano além de sua crença no "esforço de guerra", ao qual me dediquei de corpo e alma. Preocupava-me o bem--estar de primos mais velhos que estavam combatendo, a quem eu escrevia longas cartas para mantê-los animados. Sentava-me perto do rádio com meus pais, ouvindo Gabriel Heatter* todos os domingos, na esperança de que ele teria boas novas naquela noite. Seguia os mapas de batalha e os relatórios das linhas de frente no jornal vespertino; nos fins de semana, participava da coleta de papel e latas de alumínio nas redondezas. Tinha doze anos quando a guerra acabou e, durante os anos seguintes, minhas primeiras lealdades políticas começaram a tomar forma. Todo o meu clã — pais, tias, tios, primos — eram devotos seguidores do Partido Democrata do New Deal. Em parte por identificarem-no com

---

* Comentarista de rádio judeu. Seu bordão na Segunda Guerra Mundial — "Temos boas notícias na noite de hoje" — tornou-se objeto de escárnio. (N. T.)

Roosevelt e também por serem gente da baixa classe média simpática aos trabalhadores e aos menos favorecidos, em 1948 vários deles votaram em Henry A. Wallace, do Partido Progressista, para presidente. Tenho orgulho em dizer que na nossa cozinha Richard Nixon era tido como um bandido mais de vinte anos antes de que isso começasse a ser vislumbrado como possibilidade pela maioria do povo norte-americano. Eu estava na universidade durante a era de ouro de Joe McCarthy e reagi fazendo campanha em favor de Adlai Stevenson, além de escrever um longo e raivoso artigo sobre o macarthismo para a revista literária da universidade.

Os anos da Guerra do Vietnã foram os mais "politizados" da minha vida. Eu passava os dias escrevendo ficção, que aparentemente não tinha nenhuma conexão com a política. Mas ser "politizado" para mim não significava que devia escrever sobre política ou exercer atividades diretamente políticas. Acho que era algo semelhante ao que sentiam os cidadãos comuns em países como Tchecoslováquia ou Chile: a consciência diária do governo como uma força coercitiva, sua contínua presença nos pensamentos de cada um como algo muito maior que um sistema institucionalizado de regulamentos e controles. Em forte contraste com os chilenos ou os tchecos, não tínhamos que temer pessoalmente por nossa segurança e podíamos falar o que quiséssemos, porém isso não diminuía a sensação de viver num país com um governo fora de controle, que cuidava apenas dos próprios interesses. Ler pela manhã o *New York Times* e pela tarde o *New York Post*, ver os noticiários da televisão às sete e às onze da noite — que eu fazia como um ritual diário — tornou-se para mim uma dieta rigorosa de Dostoiévski. Em vez de temer pelo bem-estar de meus familiares e meu país, eu via a missão bélica dos Estados Unidos como tinha visto os objetivos das potências do Eixo na Segunda Guerra Mundial. Começamos até a usar a palavra "América" como se fosse não o nome do lugar em que havíamos sido criados e com o qual tínhamos um vínculo patriótico, e sim como o de um invasor estrangeiro que conquistara o país e com quem, usando o máximo de nossa força e capacidade, nos recusávamos a colaborar. De repente, os Estados Unidos tinham se transformado nos "outros" — e, com essa sensação de desapropriação, veio a virulência de sentimento e retórica que frequentemente caracterizou o movimento de oposição à guerra.

Para responder à sua última pergunta, não creio que *Our Gang* use o "elemento do grotesco". Pelo contrário, tenta tornar objetivo, num estilo próprio, aquele elemento de grotesco que é emblemático de Richard Nixon. Ele, não a sátira, é a coisa grotesca. É claro que já houve outros tão venais e desrespeitadores das leis na política norte-americana. Mas até mesmo um Joe McCarthy era mais identificável como alguém feito de barro do que aquele sujeito. O extraordinário em Nixon (e nos Estados Unidos da época) é que um homem tão claramente fraudulento, se não à beira da desordem mental, conseguiu conquistar a confiança e aprovação de uma população que em geral exige ao menos um "toque humano" em seus líderes. É estranho que alguém tão diferente dos tipos mais admirados pelo eleitor médio — em qualquer desenho do Norman Rockwell, Nixon apareceria como o empregado de loja careta ou o professor de matemática chato que os alunos adoram atormentar, nunca o juiz do condado, o doutor à beira do leito ou o papai pescando trutas —, alguém assim foi capaz de se fazer passar como *americano* a essa "América" convencional da revista *Saturday Evening Post*.

Para concluir, não acredito que "me rebelar" contra as forças externas ou mesmo "lutar" contra elas esteja no âmago do que eu escrevo. *Our Gang* é uma das oito obras de ficção totalmente diferentes que escrevi nos últimos quinze anos, e até nesse livro o que me mobilizou teve mais a ver com a expressividade, com problemas de apresentação, do que com o interesse em provocar mudanças ou "fazer uma declaração". Ao longo dos anos, o caráter rebelde que eu possa ter como romancista foi dirigido muito mais aos hábitos de expressão demonstrados pela minha própria imaginação do que aos poderes que disputam o controle do mundo.

Depois de oito livros[*]

Seu primeiro livro, Adeus, Columbus, *ganhou em 1960 a maior distinção literária norte-americana, o National Book Award, quando você tinha 27 anos. Poucos anos depois, seu quarto livro,* O complexo de Portnoy, *foi um sucesso em termos de crítica e de vendas. A notoriedade que isso lhe trouxe deve ter mudado sua vida pessoal e sua consciência de ser um escritor com grande "influência" popular. Acha que sua experiência de vida, com suas ironias e profundezas, foi intensificada por sua reputação pública? Você passou a saber mais por causa da fama? Ou a experiência de suportar as bizarras projeções dos outros foi às vezes mais do que você podia administrar de forma sensata?*

Minha reputação pública — que distingo da reputação de minha obra — é uma coisa com a qual tento lidar o mínimo que consigo. Sei que circula por aí umas intrigas geradas por *O complexo de Portnoy* e reforçadas pelas fantasias que o livro criou de-

[*] Entrevista concedida a Joyce Carol Oates (1974).

vido à sua estratégia confessional e ao sucesso financeiro. Não há muito mais em que possa se basear, porque, fora das letras de imprensa, praticamente não tenho uma vida pública. Não considero isso um sacrifício, pois nunca quis ter esse tipo de vida e nem tenho o temperamento que ela exige. Quase toda a minha vida consiste em escrever num quarto sozinho. Aprecio a solidão como outras pessoas apreciam as festas. Ela me dá um enorme sentimento de liberdade pessoal e um agudo senso de estar vivo, proporcionando-me a tranquilidade e o espaço para respirar dos quais eu preciso para fazer funcionar minha imaginação e produzir minha obra. Não sinto o menor prazer em ser uma criatura de fantasia na mente daqueles que não me conhecem — e é praticamente nisso que consiste a fama a que você se referiu.

Por conta da solidão (e também por causa dos pássaros e das árvores), nos últimos cinco anos tenho morado a maior parte do tempo no campo, atualmente mais de metade do ano numa área rural com muitos bosques, a 160 quilômetros de Nova York. Tenho seis ou oito amigos espalhados num raio de trinta e poucos quilômetros da minha casa e os vejo algumas vezes por mês para jantar. Fora isso, escrevo durante o dia, dou uma caminhada no fim da tarde e leio à noite. Quase toda a minha vida pública consiste em ser professor — dou aulas em um semestre por ano. Comecei a ganhar a vida em 1956 dando aulas em tempo integral e, embora agora possa viver de minha renda como escritor, desde então continuo sendo mais ou menos um professor. Nos anos mais recentes, minha reputação pública às vezes me acompanhou na sala de aula, mas em geral, após as primeiras sessões, quando os alunos constatam que não expus meus órgãos genitais nem instalei um mostruário para interessá-los em comprar meu último livro, começam a se esvanecer quaisquer ilusões que eles possam ter tido a meu respeito e então me é permitido ser um professor de literatura, em vez de alguém *famoso*.

Como você se tornou muito bem conhecido (hesito em usar a desagradável expressão "de sucesso"), houve escritores menos conhecidos que tentaram usá-lo, manipulá-lo para que endossasse o trabalho deles? Acha que recebeu algum tratamento especial ou incorreto por parte da crítica? Também estou interessada em saber se você tem um sentimento de camaradagem maior agora em comparação com a época em que se lançou como escritor.

Não, não senti que fui "manipulado" para endossar o trabalho de autores menos conhecidos. Em 1972, a *Esquire*, para uma matéria que estavam planejando, pediu a quatro "escritores mais velhos" (como a revista os chamou) — Isaac Bashevis Singer, Leslie Fiedler, Mark Schorer e eu — um ensaio breve sobre um autor de menos de trinta anos que admirássemos. Escolhi Alan Lelchuk. Eu o encontrara quando ambos ficamos hospedados por um longo período na Yaddo, e depois li o manuscrito de seu romance *American Mischief*, do qual gostei bastante. Limitei-me a fazer uma descrição e análise do livro, que, embora não chegasse a consistir num elogio sem qualificações, causou alguma consternação nos meios da Polícia da Reputação. O ilustre crítico de um jornal escreveu em sua coluna que "seria necessário conhecer de perto as rixas e mágoas bizantinas do submundo literário de Nova York" para descobrir por que eu escrevera aquele ensaio de 1500 palavras, que levou o resenhista a me descrever como "autor de orelhas de livros". Nunca lhe ocorreu a possibilidade de que eu simplesmente tivesse gostado do romance de um autor novo e que, tal como Singer, Schorer e Fiedler, tivesse aceitado o convite da *Esquire* como uma chance de falar sobre o trabalho daquele escritor. Não há nada de conspiratório nisso.

Nos últimos anos, deparei com um volume um pouco maior desse tipo de "manipulação" — alucinações maldosas misturadas a uma ingenuidade infantil e disfarçadas de "informações de cocheira" —, vindo mais da parte de jornalistas "literários" marginais (os "piolhos da literatura", segundo Dickens) do que de verdadeiros escritores, jovens ou já conhecidos. Na verdade, tenho a impressão de que, desde a universidade, em nenhum momento a camaradagem literária foi uma parte tão necessária na minha vida. O contato com autores que admiro ou com os quais sinto afinidade é justamente minha forma de sair do isolamento, propiciando o sentimento de pertencer a uma comunidade. Em todos os lugares onde dei aulas ou morei, parece que quase sempre tive ao menos um escritor com quem podia conversar. Esses romancistas que encontrei ao longo do tempo — em Chicago, Roma, Londres, Iowa City, na Yaddo, Nova York e Filadélfia — são em geral pessoas com quem continuo a me corresponder, com quem troco manuscritos finalizados e testo ideias, a quem ouço e que, quando posso, visito uma ou duas vezes por ano. A esta altura, alguns de nós cuja amizade vem de longe pode ter deixado de simpatizar com a direção tomada pela obra do outro, mas, como aparentemente não perdemos a fé na boa vontade de todos, a oposição tende a ser feita sem as manifestações de superioridade, condescendência ou vaidade competitiva que às vezes caracterizam as críticas feitas por profissionais para seus públicos leitores. Os romancistas são, como grupo, os leitores de romances mais interessantes que eu conheço.

Num ensaio breve, agudo e elegantemente raivoso, intitulado "Reviewing", Virginia Woolf sugeriu que os jornalistas literários deviam ser eliminados, porque 95% do que escreviam não tinha o menor valor, e que os críticos sérios que fazem resenhas deviam ser contratados pelos romancistas, que têm um forte interesse em saber o que um leitor honesto e inteligente pensa de sua obra. Mediante um pagamento, o crítico — a ser chamado de "consultor, expositor ou explicador" — se encontraria em privado, mantendo certa formalidade com o escritor, e "durante uma hora", escreveu Virginia Woolf, "eles discutiriam o livro em causa […]. O consultor falaria de forma honesta e franca, pois não existiria o receio de afetar as vendas e de ferir sentimentos. A privacidade diminuiria a tentação de exibir-se, de acertar antigas mágoas […]. Ele poderia assim concentrar-se no livro, dizendo ao autor do que gostou e não gostou. O autor poderia igualmente beneficiar-se […]. Poderia expor seu caso, indicar as dificuldades. Não sentiria mais, como hoje em dia, que o crítico está falando sobre algo que ele não escreveu […]. Uma hora de conversa a dois com o crítico de sua própria escolha seria incalculavelmente mais valioso do que as quinhentas palavras de crítica misturadas com coisas extemporâneas das quais hoje ele dispõe".

Uma ótima ideia. Com certeza eu teria achado que valia a pena pagar cem dólares para me sentar com Edmund Wilson durante uma hora e ouvir o que ele tinha a dizer sobre um livro meu — nem objetaria pagar para ouvir Virginia Woolf opinar sobre *O complexo de Portnoy*, caso ela concordasse em receber menos que todo o chá da China para aceitar tal encargo. Ninguém se recusa a tomar o remédio se é receitado por um médico de verdade. Um efeito secundário benéfico desse sistema é que, como ninguém deseja jogar fora o dinheiro que suou para ganhar, os charlatões seriam postos para fora do mercado.

Quanto ao tratamento crítico especialmente injusto, sim, fui sangrado, minha ira foi provocada, minha paciência testada e, por fim, terminei aborrecido principalmente comigo mesmo, por permitir que fosse sangrado, que tivesse minha ira provocada etc. Quando esse tratamento injusto foi associado a acusações sérias demais para serem ignoradas — por exemplo, de "antissemitismo" —, em vez de me enfurecer a sós respondi a essas críticas de modo extenso e publicamente. Fora isso, eu me enfureço e esqueço; e continuo a esquecer até que — milagre dos milagres — esqueço de verdade.

Por fim, quem é que recebe o "tratamento por parte da crítica"? Por que conceder tal dignidade a quase tudo o que se escreve sobre ficção? O que se recebe, até onde posso ver, é o que Edmund Wilson descreve como "uma coleção de opiniões de pessoas com graus variados de inteligência e que por acaso tiveram algum contato com o livro do escritor".

O que Edmund Wilson disse é verdade, idealmente, mas muitos escritores são influenciados pelo "tratamento que recebem por parte da crítica". O fato de Adeus, Columbus *ter sido objeto de grandes louvores deve tê-lo encorajado até certo ponto, e os críticos sem dúvida levaram um grande número de leitores a querer conhecê-lo. Comecei a ler sua obra em 1959 e fiquei impressionada desde o início com a falta de esforço (ou aparente falta de esforço) com que você sintetizava o coloquial, o cômico, o quase trágico, o intensamente moral… em estruturas maravilhosamente fáceis de ler e que tinham o sabor de histórias tradicionais, enquanto eram ao mesmo tempo bastante revolucionárias. Estou pensando em "A conversão dos judeus", "Eli, o fanático" e o longo conto "Adeus, Columbus", entre outros.*

Um dos principais temas em sua obra parece ser o reconhecimento, por parte do personagem principal, de certa perda em sua vida, além de um pesar pela perda e por fim uma "aceitação" irônica desse pesar (como se o protagonista tivesse de seguir por essa estrada, cumprir esse aspecto de seu destino, por mais doloroso que fosse). Veja, por exemplo, a jovem em Adeus, Columbus *e sua gêmea em* Minha vida de homem, *ambas por fim rejeitadas. Mas a perda também pode ter implicações emocionais e psicológicas mais amplas — quer dizer, a bela jovem muito nova deve ter representado qualidades que também eram transpessoais.*

1. Você está correta ao apontar o retorno de uma antiga personagem em nova encarnação. A moça que aparece em *Adeus, Co-*

lumbus, tenha ela existido como uma verdadeira personagem ou "representado" uma alternativa importante para o protagonista, é recriada em *Minha vida de homem* como a Dina Dornbusch de Tarnopol, a "rica, bonita, protegida, inteligente, sexy, apaixonada, jovem, vibrante, alerta, confiante e ambiciosa" aluna da Universidade Sarah Lawrence que ele abandona por ela não corresponder ao que o jovem literato, em sua ambição romântica, reconhece como "mulher" — referindo-se com isso a uma pessoa sofrida, independente, volátil, combativa e insuportável como Maureen.

Além disso, Dina Dornbusch (como uma personagem incidental) é ela própria reconstituída e reavaliada por Tarnopol nos dois contos que precedem sua própria narrativa autobiográfica (as "ficções úteis"). Primeiro, em "Salad Days", ela aparece como a simpática moça judia do bairro elegante, que ele assedia sob a mesa de pingue-pongue da família; e depois, em "Namorando o desastre", como a atraente, astuta e academicamente ambiciosa aluna do quarto ano da universidade, que diz ao professor Zuckerman, após ele ter cortado relações com ela — a fim de encontrar seu próprio tipo de mulher "machucada" —, que, sob sua capa exuberante de "maturidade", ele não passa de "um garotinho maluco".

As duas se chamam Sharon Shatzky e, em relação a Dina Dornbusch, situam-se como destilações ficcionais de seu modelo no mundo real. Essas Sharons são o que pode acontecer com uma Dina quando um Tarnopol a liberta para desempenhar o papel que aquele tipo de mulher desempenha na mitologia pessoal dele. Essa mitologia, essa lenda do eu (a ficção útil que os leitores muitas vezes interpretam como autobiografia), é uma espécie de projeto arquitetônico idealizado do que alguém pode ter construído — ou ainda vai construir com os materiais que o presente lhe oferecerá. Dessa forma, uma ficção de Tarnopol é a ideia que ele tem de seu destino.

Ou, até onde sei, o processo funciona ao contrário, e o mito pessoal que revelaria os desígnios secretos do destino do indivíduo na verdade torna ainda menos legível o texto de sua história. Isso aumenta o assombro, fazendo com que a história seja recontada, reconstituindo o que foi apagado naquilo que talvez nunca tenha sido um palimpsesto.

Às vezes me parece que só o romancista e os doidos vivem desse jeito, o que, afinal de contas, não passa de uma vida — tornando o transparente opaco, o opaco transparente, o obscuro visível, o visível obscuro etc. Delmore Schwartz, em "Genesis": "'Por que devo contar, histérico, essa história/ E devo, forçado, falar de tais segredos? [...] Onde está minha liberdade, se não posso resistir/ Tantas palavras ditas aos borbotões...?/ Por quanto tempo devo aguentar esse espetáculo e a visão/ De tudo o que passei na vida, de tudo em que vivi: Por quê?'".

2. Sobre o trecho em que você pergunta da "[...] perda em sua vida [do protagonista], além de um pesar pela perda e por fim uma 'aceitação' irônica desse pesar", você aponta para um tema sobre o qual eu não havia pensado antes — e que eu preferiria caracterizar um pouco. Claro que Tarnopol é implacável no arrependimento de seu erro, mas são esses momentos de arrependimento (com os gritos que os acompanham) que lhe revelam como esse erro foi marcado por seus traços de caráter. Ele é seu erro, e seu erro é ele. "Esse eu que sou eu e ninguém mais!" O propósito da última frase do livro *Minha vida de homem* é indicar uma atitude mais dura consigo mesmo, e com a história que necessariamente compilou, do que uma "aceitação irônica" sugere.

A meu ver, foi Bellow, em seus dois últimos livros repletos de dor, quem trabalhou o tema da "perda [...] pesar pela perda [...] e 'aceitação' irônica desse pesar" — como fez antes (e de modo menos convincente, assim creio) na conclusão de *Agarre a vida*, cujo acontecimento final sempre achei um pouco forçado, por conta do repentino jorro de prosa de beira de sepultura para aliviar a tristeza de Tommy Wilhelm. Prefiro a conclusão de "Leaving the Yellow House", com sua comovente e irônica rejeição da perda — nenhuma "música como o marulhar das ondas" se faz necessária para tornar evidentes as emoções mais fundamentais. Se há uma aceitação irônica de alguma coisa no final de *Minha vida de homem* (ou mesmo ao longo do caminho) é a aceitação de um *eu determinado*. E uma frustração raivosa, um sentimento opressivo de escravidão a seus traços de caráter, está fortemente incutido naquela aceitação irônica. É o que sugere o ponto exclamação.

Sempre me senti atraído por uma passagem quase no fim de *O processo*, o capítulo em que K., na catedral, ergue os olhos na direção do sacerdote, com uma repentina infusão de esperança — tal passagem é pertinente para o que estou tentando dizer aqui, em especial quando uso a palavra *determinado*, à qual atribuo os dois sentidos: resoluto e com um propósito definido, mas também totalmente fixado em certa posição. "Por que o sacerdote não descia? Ele não havia pregado um sermão, apenas dado algumas informações a K., as quais, observadas de perto, provavelmente mais o prejudicariam do que lhe trariam benefício. Mas para K. a boa intenção do sacerdote parecia fora de dúvida, não era impossível que, caso o sacerdote descesse, se entendesse com ele; não era impossível que recebesse da parte dele um conselho decisivo e aceitável, que lhe mostrasse, por exemplo, não como o processo talvez pudesse ser influenciado, mas sim como se poderia sair dele, como se poderia contorná-lo, como se poderia viver fora dele. Essa possibilidade deveria existir, K. tinha pensado nela com frequência nos últimos tempos."

E quem nunca pensou assim ultimamente? E aí entra a "ironia severa", quando se constata que o homem no púlpito é ele mesmo. Se ao menos fôssemos capazes de descer de nosso púlpito, talvez pudéssemos obter conselhos decisivos e aceitáveis. Como inventar um meio de viver completamente fora da jurisdição do tribunal quando o tribunal é uma criação sua? O sentimento de perda que se segue a essa luta é o que eu desejava apontar como tema de *Minha vida de homem*.

Foi você, ou alguém que o imitava, que escreveu sobre um rapaz que se transformou em moça...? O que isso lhe pareceria — um possível pesadelo? (Não estou me referindo ao livro O seio: este me parece um trabalho literário, e não uma verdadeira excursão psicológica, como outras obras suas.) Será que você, graças a uma extensão da imaginação ou do inconsciente, pode compreender a vida como uma escritora? Sei que isso é especulativo, mas, caso pudesse escolher, gostaria de viver como homem ou como mulher? (Também pode assinalar "outro".)

Resposta: ambos. Como a personagem central de *Orlando*. Quer dizer, sequencialmente, e não ao mesmo tempo. Não seria muito diferente do que é agora se eu não fosse capaz de comparar uma vida com a outra. Também seria interessante não ser judeu, já tendo vivido por tanto tempo como judeu. Arthur Miller imagina o oposto, uma "possibilidade de pesadelo" em *Focus* quando um antissemita é visto pelo mundo como aquilo que ele odeia. No entanto não estou falando em erros de identidade ou conversões superficiais, e sim, como creio você também, em torna-se magicamente o outro *por inteiro*, embora retendo o conhecimento do que foi o ser original, portando os sinais de identidade do original. No começo da década de 1960, escrevi (e pus na estante) uma peça de um ato intitulada *Buried Again* [*Enterrado de novo*], sobre um judeu morto que, ao lhe ser dada a oportunidade de reencarnação como gói, recusa-se e é de pronto condenado ao olvido eterno. Entendo perfeitamente como ele se sentiu, embora, se me oferecessem tal chance no Além, duvido que agisse do mesmo modo. Sei que isso vai gerar muitas críticas na revista *Commentary*, mas terei de aprender a viver com isso uma segunda vez, como aprendi na primeira.

Sherwood Anderson escreveu "The Man Who Turned Into Woman", um dos contos mais maravilhosamente sensuais que li até hoje: um rapaz se vê no espelho de um bar como uma moça, mas duvido que você esteja se referindo a essa obra. E, de qualquer forma, não fui eu quem escreveu sobre uma transformação sexual, a menos que esteja pensando em *Minha vida de homem*, cujo protagonista certo dia veste as roupas de baixo da esposa. Mas só de brincadeirinha.

Naturalmente, escrevi *sobre* mulheres, tendo me identificado bastante com algumas delas, imaginando-me na pele delas enquanto escrevia. Em *As melhores intenções*, Martha Reganhart e Libby Herz; em *Quando ela era boa*, Lucy Nelson e sua mãe; e, em *Minha vida de homem*, Maureen Tarnopol e Susan McCall (assim como Lydia Ketterer e as duas Sharon Shatzky). Até onde estendi minha imaginação para "compreender a vida como uma mulher" está demonstrado nesses livros.

Não fiz grande coisa com Brenda em *Adeus, Columbus*, que me parece uma obra de aprendiz e fraca no que tange à invenção dos personagens. Talvez não tenha ido longe com ela porque Brenda foi formulada como um tipo bastante imperturbável, uma moça que sabia como obter o que queria e como cuidar de si própria — coisa que, como se vê, não chegou a estimular muito minha imaginação à época em que escrevi o livro. Além disso, quanto mais fiquei conhecendo as moças que haviam escapado do ninho da família — exatamente o que Brenda Patimkin decide não fazer —, menos imperturbáveis elas pareciam. Começando com *As melhores intenções* — em que passei a escrever sobre a vulnerabilidade feminina e a lidar com tal vulnerabilidade não apenas como ela determinava a vida das mulheres (que com frequência a sentiam em seu âmago), mas também como definia os homens em quem buscavam amor e apoio —, as mulheres se tornaram personagens que minha imaginação era capaz de absorver e ampliar. Como essa vulnerabilidade molda os relacionamentos com os homens (cada qual vulnerável no estilo de seu gênero) de fato se situa no centro de todas as histórias que contei sobre aquelas personagens.

Em certas partes de O complexo de Portnoy, Our Gang, O seio *e mais recentemente na sua extravaganza sobre beisebol,* The Great American Novel, *você parece comemorar a pura alegria do artista, uma condição quase sem a presença do ego, na qual, para usar a frase de Thomas Mann, a ironia olha de relance para todos os lados. Há um ditado sufi segundo o qual o universo é "uma brincadeira infinita e uma ilusão infinita"; no entanto, a maioria de nós o sente como algo profundamente sério — e, por isso, temos a necessidade, de fato é impossível não termos, de incorporar um aspecto "moral" a nossas obras. Tendo feito isso de modo intenso em* As melhores intenções *e* Quando ela era boa, *assim como em parte considerável de* Minha vida de homem, *e até mesmo naquele longo conto maravilhosamente demoníaco intitulado* "On the Air", *você acha que seu fascínio pela comédia é apenas uma reação contra esse outro aspecto de sua personalidade, ou é algo permanente? Será que você prevê (mas não: isso não é possível) algum movimento violento de pêndulo voltando ao que era anos atrás em relação ao seu compromisso com as obras "sérias", até mesmo no estilo de Henry James?*

A Pura Alegria e a Profunda Seriedade são minhas amigas mais íntimas: é com elas que dou uma caminhada no fim do dia. Também me dou bem com a Alegria Profunda, a Alegria Alegre, a Alegria Séria, a Seriedade Séria e a Pureza Pura. Desta última, porém, nada recebo: ela simplesmente mexe com meu coração e me deixa sem palavras.

Não sei se os livros que você chama de comédias são tão desprovidos de ego. Será que de fato não há mais ego na exibição e assertividade espalhafatosas de *The Great American Novel* do que numa obra como *As melhores intenções*, na qual é necessário dedicar um esforço de afastamento do eu para a investigação da mente que lá ocorre? Creio que as comédias são as que mais exigem a presença do ego: ao menos não constituem exercícios de auto--humilhação. O que me deu grande prazer ao escrever *The Great American Novel* foi justamente a autoafirmação que ele implicava — ou, se é que se pode dizer assim, o desfile do ego. Permiti que viessem à tona, e seguissem seu caminho, todos os tipos de impulso que no passado eu teria posto de lado como excessivos, frívolos ou exibicionistas. A ideia era ver o que sairia se tudo o que fosse à primeira vista "um pouco demasiado" tivesse permissão de ir até o fim. Entendi que podia ocorrer um desastre (alguns me informaram que isso aconteceu), mas tentei depositar minha fé no divertimento que estava tendo. *Escrever por prazer.* O que faria Flaubert dar cambalhotas na sepultura.

Não sei o que esperar depois. *Minha vida de homem*, que terminei faz alguns meses, é um livro que eu vinha abandonando e retomando desde que publiquei *O complexo de Portnoy*. Sempre que o deixava de lado, ia trabalhar num dos livros "brincalhões" — talvez meu desespero devido às dificuldades dessa obra explique por que desejei ser tão divertido nas outras. De qualquer maneira, enquanto *Minha vida de homem* ficava em banho-maria, escrevi *Our Gang*, *O seio* e *The Great American Novel*. No momento, não há nada cozinhando, o que não me preocupa em nada. Sinto (mais uma vez *neste momento*) como se tivesse chegado a uma espécie de área de repouso, sem nada me pressionando para ser iniciado — apenas fragmentos de obsessões aparecendo na superfície e afundando de novo; por ora, invisíveis. As ideias para os livros me vêm em geral com toda a aparência de meros acidentes ou acasos, embora, quando os termino, normalmente saiba como aquilo que foi formulado teve origem na interação entre meus trabalhos anteriores de ficção, minha história pessoal recente e não digerida, as circunstâncias de minha existência cotidiana e os livros que venho lendo e que fazem parte das minhas aulas. As relações cambiantes entre essas experiências põem o tema em foco e, com isso, ruminando, descubro como me apossar dele. Uso *ruminando* para descrever com o que essa atividade se assemelha: dentro de mim, o sentimento é na verdade muito *sufi*sticado.

Entrevista a *Le Nouvel Observateur**

Antes de O complexo de Portnoy, *você já era um escritor bem conhecido.* Portnoy *o fez famoso em todo o mundo e, nos Estados Unidos, uma estrela de primeira grandeza. Li até que, embora vivendo como um recluso no campo, foi dito na imprensa que você circulava em Manhattan com Barbra Streisand. O que significa ser uma celebridade num país como os Estados Unidos, dominado pela mídia?*

Provavelmente significa que sua renda está aumentando, ao menos por algum tempo. Você pode ter se tornado celebridade só porque sua renda aumentou. O que distingue o meramente famoso de uma celebridade ou uma estrela em geral tem a ver com dinheiro, sexo ou, como em meu caso, as duas coisas. Disseram que ganhei um milhão de dólares, e disseram que eu era o próprio Portnoy. Tornar-se uma celebridade é se transformar numa marca. Há marcas como Ivory, Rice Krispies e Philip Roth. Ivory

---

* Entrevista concedida a Alain Finkielkraut (1981).

é um sabonete que boia na água; Rice Krispies, o cereal consumido no café da manhã que estala ao ser mastigado; Philip Roth, o judeu que se masturba com um pedaço de carne de fígado. E que ganha um milhão por causa disso. Não é mais interessante, útil ou divertido do que isso, não depois da primeira meia hora. Imagina-se que a ascensão ao rol das celebridades cria um público maior para um escritor, mas no fundo é apenas mais um obstáculo que a maioria dos leitores precisa superar para ter uma percepção direta da obra daquele autor.

No final da década de 1960, o sexo era trombeteado como a "coisa": o âmago da vida, o redentor etc. Para muitos, O complexo de Portnoy, com sua linguagem obscena e sua franqueza eretomaníaca, parecia estar em sintonia com esse ponto de vista. Mas, em trabalhos subsequentes, você parece ter recuado dessa posição "avançada". Em vez de Sade ou Bataille, você se refere em ensaios e entrevistas a autores sexualmente contidos, como James, Tchékhov, Gógol, Bábel, Kafka. Com isso você quer desapontar os adoradores do sexo? Ou recuperar a credibilidade numa sociedade respeitável?

Não recuei de nenhuma posição, porque nunca a ocupei. Jamais escreveria um livro tão farsesco quanto *O complexo de Portnoy* caso tivesse alguma devoção à causa do sexo; causas não florescem em meio à autossátira. E eu também não era um soldado em defesa da causa da obscenidade. A obscenidade de Portnoy é intrínseca ao problema dele, não ao meu estilo. Não tenho interesse em defender o uso de palavras de baixo calão, dentro ou fora da ficção — defendo só o direito de ter acesso a elas quando parecem relevantes.

Três anos depois de *O complexo de Portnoy*, publiquei um longo conto sobre um homem que se transforma num seio de mulher. Imaginei cenas mais sensacionalistas e nada divertidas em O complexo de Portnoy, mas não necessariamente para satisfazer os "cultores do sexo". O seio foi até mesmo lido como uma crítica ao salvacionismo sexual.

Vários de seus romances são escritos na primeira pessoa, e seus protagonistas têm muito em comum com você. Portnoy é criado em Newark, como você foi; David Kepesh, em O professor do desejo, *também dá as aulas de literatura que você deu na Universidade da Pensilvânia. Seu livro mais recente,* O escritor fantasma, *começa uns vinte anos atrás com a busca de um jovem escritor por um pai espiritual que valide sua arte. Esse jovem escritor, Nathan Zuckerman, acaba de publicar uma coletânea de contos que inevitavelmente nos faz lembrar de seu primeiro livro,* Adeus, Columbus. *Será que isso tudo significa que devemos ler seus livros como uma confissão, como autobiografia um pouco disfarçada?*

Você deveria ler meus livros como ficção, exigindo os prazeres que a ficção pode proporcionar. Nada tenho a confessar e ninguém a quem deseje confessar qualquer coisa. Quanto à minha autobiografia, não posso nem começar a lhe dizer como ela será enfadonha. Minha autobiografia consistiria quase só de capítulos relatando como fico sentado sozinho num quarto olhando para uma máquina de escrever. A falta de acontecimentos em minha autobiografia faria com que o O inominável, de Beckett, fosse lido como um livro escrito por Dickens.

Isso não significa que eu tenha deixado de usar minhas experiências para alimentar a imaginação. Mas não é por ter interesse em me revelar, exibir ou mesmo me expressar. É para que eu possa me inventar. Meus eus. Meus mundos. Ao rotular livros como os meus de "autobiográficos" ou "confessionais" não só se falsifica o caráter de suposição que eles encerram, mas também, se posso assim dizer, se desmerece a engenhosidade que leva alguns leitores a pensar que os livros devem ser autobiográficos.

Essas palavras — *confessional* e *autobiográfico* — constituem mais um obstáculo entre o leitor e a obra, nesse caso ao fortalecer a tentação, já bastante forte numa plateia pouco atenta, de trivializar a ficção ao transformá-la em fofoca. Não que isso tenha algo de novo. Relendo Virginia Woolf nos últimos meses, deparei com um diálogo em seu romance de 1915, *A viagem*, no qual um personagem que deseja escrever livros diz o seguinte: "Ninguém se importa. Você só lê um romance para saber que tipo de pessoa é o autor e, se o conhece, quais de seus amigos entraram na história. Quanto ao próprio romance, a concepção toda, como o autor viu a coisa, sentiu a coisa, como fez com que ela se relacionasse com outras coisas, nem um indivíduo em um milhão liga para isso".

"L'art, c'est une idée qu'on exagère", disse Gide. Um exagero deu origem a Portnoy, e conhecemos seu destino: esse personagem se transformou num arquétipo. Outro exagero produziu Maureen, a mulher majestosamente louca, a Fúria de ciúme e paranoia em Minha vida de homem. *Mas é como se* Portnoy *tivesse exaurido a curiosidade do leitor na França.* Minha vida de homem, *um livro seu que eu admiro muito, é praticamente desconhecido aqui. Como ele foi recebido nos Estados Unidos — por exemplo, pelo movimento de liberação feminina?*

Só posso lhe dizer que, alguns anos após o aparecimento de *Minha vida de homem*, o artigo de uma ativista foi publicado na primeira página de um influente semanário de Manhattan, *The Village Voice*, com um título em letras garrafais: POR QUE ESSES HOMENS ODEIAM AS MULHERES? Abaixo vinham as fotografias de Saul Bellow, Norman Mailer, Henry Miller e a minha. *Minha vida de homem* era a prova mais grave apresentada contra mim pela acusação.

Por quê? Porque, em 1974, o mundo tinha acabado de descobrir que as mulheres eram boas e só boas, perseguidas e só perseguidas, exploradas e só exploradas; e eu tinha retratado uma mulher que não era boa, que perseguia os outros e explorava os outros — que estragava tudo. Uma mulher sem consciência, uma mulher vingativa com astúcia ilimitada e crueldade, ódio e raiva sem foco — e retratar tal mulher era contrário à nova ética e à revolução que a esposava. Era antirrevolucionário. Estava no lado errado da causa. Era tabu.

Claro que, Minha vida de homem *é mais que um desafio aos doces sentimentos feministas. Em uma cena, Maureen compra uma amostra de urina de uma negra grávida para fazer o teste do coelho e enganar Peter Tarnopol para que se case com ela. Em outra cena — a última briga brutal entre eles —, Maureen se borra nas calças, roubando assim o elemento de tragédia que marcaria para ambos o momento mais doloroso do casamento. Sem dúvida, a intenção desse romance é desafiar os sentimentos piegas da cultura norte-americana em geral, o moralismo e o sentimentalismo banais tão difundidos lá. Você concorda com essa interpretação?*

Que foi concebido e realizado com a intenção de ser um desafio? Não. Mas talvez você esteja descrevendo a forma como o livro foi recebido. As resenhas foram duras, as vendas fracas, e logo entrou em circulação uma edição *paperback*. Foi o primeiro livro meu que desapareceu assim. Se vale de consolo para você como francês, o livro é quase tão desconhecido em meu país como no seu.

Você parece profundamente preocupado com os obstáculos que nossa sociedade põe entre uma obra de arte e seus leitores. Falamos sobre a fama e a distorção feita pela mídia a respeito dos propósitos do escritor. Falamos sobre as fofocas, a distorção grosseira de pessoas que transformam a leitura num ato de voyeurismo. Falamos sobre *sentimentos piegas, a distorção dos ativistas, que exploram a literatura como propaganda. Mas há ainda outro obstáculo, não é mesmo? O clichê estruturalista, criticado na palestra inicial de David Kepesh, o seu professor do desejo: "Vocês descobrirão (e nem todos aprovarão) que não concordo com alguns de meus colegas que nos dizem que a literatura, em seus momentos mais sublimes e intrigantes, é 'essencialmente não referencial'. Posso me apresentar diante de vocês de paletó e gravata, posso chamá-los de senhor e senhora, mas, seja como for, vou exigir que se abstenham de falar de 'estrutura', 'forma' e 'símbolos' em minha presença".* O que torna os princípios da avant-garde literária tão perniciosos?*

Não vejo as palavras *estrutura*, *forma* e *símbolo* como propriedade da avant-garde. Nos Estados Unidos, elas são usadas como instrumento de trabalho pelos professores de literatura mais ingênuos. Quando dou aulas, não sou tão gentil como meu professor do desejo, o sr. Kepesh: proíbo meus alunos de pronunciarem tais palavras sob pena de serem expulsos. Isso resulta num aperfeiçoamento encantador do domínio da língua inglesa por parte deles e até mesmo, às vezes, de como pensam.

Quanto ao estruturalismo: na verdade não desempenhou nenhum papel na minha vida. Não posso satisfazê-lo com uma denúncia injuriosa.

Eu não estava esperando uma denúncia injuriosa. Só estava interessado em saber o que pensa sobre a leitura.

Leio ficção para me libertar de minha perspectiva de vida sufocantemente enfadonha e estreita, para ser atraído a manter

---

* *O professor do desejo.* Trad. de Jorio Dauster. São Paulo: Companhia das Letras, 2013. (N. T.)

um relacionamento imaginativo com um ponto de vista narrativo totalmente desenvolvido que não seja o meu. É a mesma razão pela qual escrevo.

Como você avalia agora a década de 1960? Foi uma década de liberação, que permitiu que cada um escrevesse o que bem entendesse e vivesse a vida que quisesse? Ou um tempo de arrogância, de novos dogmas limitados aos quais era melhor se curvar para não se meter em problemas?

Como cidadão norte-americano, fiquei horrorizado e mortificado com a Guerra do Vietnã, assustado com a violência urbana, enojado com os assassinatos, perplexo com os levantes estudantis, identificado com os grupos de pressão liberacionistas, deliciado com a teatralidade abrangente, desconsolado com a retórica das causas, excitado pelas exibições sexuais e estimulado pelo ar generalizado de confrontação e mudança. Durantes os últimos anos da década, eu estava escrevendo *O complexo de Portnoy*, um livro estridente, agressivo e abrasivo cuja concepção e composição foram sem dúvida influenciadas pelo espírito da época. Não creio que teria ou poderia ter escrito um livro como aquele uma década antes, não só por causa das atitudes sociais, morais e culturais que prevaleceram na década de 1950, mas porque, como um jovem escritor ainda bastante envolvido nos estudos literários, eu havia posto minha lealdade a serviço de uma linha de trabalho mais moralmente séria.

Mas, em meados da década de 1960, eu já tinha escrito dois livros inquestionavelmente sérios — *As melhores intenções* e *Quando ela era boa* — e estava morrendo de vontade de me voltar para outra coisa, algo que pudesse se valer de uma faceta mais brincalhona de meu talento. Tinha então a confiança para revelar esse lado da minha ficção, em parte porque, depois dos trinta, não precisava dar tão duro para estabelecer minhas credenciais de maturidade, e em parte por causa da volatilidade infecciosa de um momento que inspirava feitos de autotransformação e autoexperimentação em praticamente todo mundo.

Você é conhecido aqui na França como um escritor judeu-norte--americano — até mesmo como membro (ao lado de Bellow e Malamud) de uma "escola judaica de Nova York". Você aceita esse rótulo?

Desses três, só Malamud nasceu em Nova York e lá viveu durante a infância numa vizinhança pobre do Brooklyn. Praticamente toda a vida adulta de Malamud foi muito longe de Nova York, lecionando em universidades de Oregon e de Vermont. Bellow nasceu em Montreal e morou quase a vida toda em Chicago, a uns 1300 quilômetros a oeste de Nova York, numa cidade tão diferente de Nova York como Marselha de Paris. O livro que lhe trouxe fama, *As aventuras de Augie March*, não começa com a frase: "Sou um judeu, nascido em Nova York", e sim: "Sou um americano, nascido em Chicago".

Nasci em Newark, Nova Jersey, na minha infância um porto industrial com cerca de 430 mil habitantes, na maioria brancos da classe operária, e ao longo das décadas de 1930 e 1940 ainda muito provinciano. O rio Hudson, que separa Nova York de Nova Jersey, poderia muito bem ser o canal que separa a Inglaterra da França — tão grande era a divisão antropológica, ao menos para gente de nossa posição social. Morei num bairro judeu de classe média em Newark até os dezessete anos e fui para uma pequena universidade na área rural da Pensilvânia que tinha sido fundada por batistas em meados do século XIX e que ainda exigia dos alunos o cumprimento semanal nos serviços religiosos na capela. Era impossível estar mais distante do espírito de Nova York ou de minha vizinhança em Newark. Eu estava ávido para descobrir como era o resto da "América". América entre aspas porque ela era uma ideia na minha cabeça, tanto quanto tinha sido na de Franz Kafka. Aos dezesseis e dezessete anos, eu estava bastante influenciado por Thomas Wolfe e sua visão rapsódica da vida no país. Era igualmente influenciado pela retórica populista que nascera com a Depressão e fora transformada pelo fervor patriótico da Segunda Guerra Mundial no popular mito nacional sobre a "vastidão" da "terra", a "rica diversidade do povo". Tinha lido Sinclair Lewis, Sherwood Anderson e Mark Twain, e nenhum deles me levou a pensar que encontraria a "América" em Nova York ou mesmo em Harvard.

Por isso escolhi cursar uma universidade simples, sobre a qual não sabia praticamente nada, numa linda cidadezinha situada num belo vale ocupado por fazendas, no centro do estado da Pensilvânia. Lá frequentei a capela uma vez por semana com os cristãos de ambos os sexos que eram meus colegas, jovens com formações convencionais e interesses predominantemente burgueses. A tentativa de me entregar de corpo e alma à vida tradicional de uma universidade daquela época durou uns seis meses, embora nunca tivesse tolerado a capela e fizesse questão de que todos vissem que eu estava ali sentando lendo Schopenhauer durante o sermão.

Passei o ano seguinte à formatura num curso de pós-graduação na Universidade de Chicago, que fazia mais o meu gênero, e fui para Washington, D.C., onde prestei o serviço militar. Em 1956 voltei a Chicago e dei aulas na universidade durante dois anos. Comecei a escrever os contos reunidos em meu primeiro livro, *Adeus, Columbus*. Quando a antologia foi aceita para publicação no verão de 1958, pedi dispensa do emprego na universidade e me mudei para Manhattan a fim de ganhar a vida como jovem escritor em vez de jovem professor. Morei no Lower East Side por uns seis meses, bem infeliz: não gostava da "cena literária". Não

174

estava interessado no mundo editorial; não era capaz de dominar o estilo de combate sexual em voga naquele lugar, no final da década de 1950; e, como não estava empregado nas áreas de vendas, produção ou finanças, não vi muitos motivos para ficar. Nos anos seguintes, morei em Roma, Londres. Iowa City e Princeton. Voltei a Nova York em 1963 para escapar de um casamento oitenta quilômetros ao sul, em Princeton, onde lecionava na universidade, e mais tarde para ser psicanalisado. Quando a análise e a década de 1960 terminaram, parti para o campo, onde vivo desde então.

Então Nova York é um erro. Mas a formação judaica é uma fonte importante de inspiração em sua obra. E o que me impressiona, desde Adeus, Columbus *até* O escritor fantasma, *é que, como romancista, você é atraído pelo mundo judaico por todas as possibilidades cômicas que ele lhe oferece, mas não pelas trágicas, como seria de esperar. Como explica isso?*

Por minha biografia.

Como Bellow e Malamud, tive pais judeus e fui criado conscientemente como um judeu. Não quer dizer que tenha sido criado de modo rígido conforme as tradições judaicas ou preparado para ser um judeu praticante, mas que nasci numa situação em que era judeu e não demorou para que eu compreendesse suas ramificações.

Vivi num bairro predominantemente judeu e frequentei escolas públicas em que cerca de noventa por cento dos alunos e professores eram judeus. Viver num enclave étnico e cultural como aquele não era raro para uma criança urbana norte-americana da minha geração. Newark, uma cidade próspera e dinâmica durante minha infância, tem hoje em dia uma população menor e predominantemente negra num estado de decadência aterrador. Até o final da década de 1950, era demograficamente dividida como numerosas cidades industriais norte-americanas que tinham recebido, em fins do século XIX e início do XX, grandes ondas de imigrantes da Alemanha, Irlanda, Itália, Europa do Leste e Rússia. Assim que conseguiam escapar dos cortiços em que iniciavam a vida nos Estados Unidos quase sem um tostão nos bolsos, os imigrantes formavam nas cidades uns bairros onde podiam ter o conforto e a segurança de um ambiente que lhes era familiar enquanto sofriam as árduas transformações rumo a um novo modo de viver. Essas vizinhanças se tornaram rivais, competidoras, subculturas relativamente xenofóbicas dentro das cidades. Cada uma acabou tendo um estilo americanizado próprio e, em vez de se dissolverem quando a imigração praticamente cessou com o início da Primeira Guerra Mundial, elas se transformaram ao longo das décadas, devido à sua crescente afluência e estabilidade, numa característica permanente da vida norte-americana.

O importante é entender que a minha "América" em nada se assemelhava à França ou à Inglaterra, onde eu teria sido criado como uma criança judia. Não era uma questão de poucos de nós e muitos deles. O que eu vi foram poucos de todos. Em vez de crescer intimidado pela monolítica maioria — ou desafiando-a, ou respeitando-a em demasia —, eu me senti parte da maioria composta de minorias em competição, e nenhuma delas me impressionava por ocupar uma posição mais invejável que a nossa. Quando fiquei pronto para cursar uma universidade, não admira a escolha que fiz: nunca conhecera de fato em primeira mão nenhuma daquelas pessoas chamadas de Americanos que também viviam em nosso país.

Ao mesmo tempo, desde que nasci eu tinha sido bombardeado por uma *definição* do que era ser judeu, bombardeamento de proporções emocionais e históricas tão avassaladoras que não era possível deixar de me sentir envolvido por ela, apesar de muito distante de minha própria experiência. Tratava-se da definição do judeu como sofredor, do judeu como objeto de ridículo, repugnância, escárnio, desprezo e zombaria, como vítima de todas as formas cruéis de perseguição e brutalidade, incluindo o assassinato. Embora a definição não fosse confirmada em minha experiência, era corroborada pela experiência de meus avós e antepassados ainda mais longínquos, bem como pela experiência dos contemporâneos europeus. A disparidade entre essa dimensão trágica da vida dos judeus na Europa e o cotidiano de nossas vidas em Nova Jersey era algo que me intrigava e, na verdade, foi na ampla discrepância entre as duas condições de judeus que encontrei o terreno para meus primeiros contos e, mais tarde, para *O complexo de Portnoy*.

E deixe que eu diga alguma coisa sobre a "escola", a última categoria naquele rótulo.

É óbvio que Bellow, Malamud e eu não constituímos nenhuma escola nova-iorquina. Se constituímos uma escola judaica é simplesmente no sentido de ter cada um de nós encontrado seus próprios meios de transcender o paroquialismo imediatista de sua formação, transformando aquilo que antes tinha sido propriedade imaginativa de cronistas locais anedóticos — e de apologistas, saudosistas, publicistas e propagandistas — numa ficção que tinha intenções totalmente diferentes, mas que, apesar disso, permanece enraizada na especificidade da situação. E mesmo tal similaridade é pouco relevante quando você pensa em tudo o que decorre de nossas diferenças de idade, formação, origem regional, classe, temperamento, educação, interesses intelectuais, antecedentes literários e objetivos e ambições artísticas.

Naturalmente, O escritor fantasma *não versa apenas sobre judeus. Um de seus temas é o que você chamou de "escrevendo sobre judeus": o jovem Nathan é acusado, bem no início de sua carreira, de passar informações, de colaborar com o inimigo antissemita. O que faz com que escrever sobre judeus seja tão problemático?*

O que o faz problemático é que os judeus que manifestam fortes objeções ao que veem como retratos ficcionais daninhos de judeus não são necessariamente falsos ou paranoicos. Se os nervos deles estão em frangalhos, por isso ser infundado ou injustificável. Eles não querem livros que acreditam que possam reconfortar os antissemitas ou confirmar estereótipos antissemitas. Não querem livros que vão ferir os sentimentos de judeus já vitimizados, senão pela perseguição antissemita de uma forma ou de outra, pela aversão aos judeus, ainda endêmica em bolsões de nossa sociedade. Não querem livros que, na visão deles, ofendem a autoestima dos judeus e pouco fazem, se é que fazem algo, para aumentar o prestígio dos judeus no mundo dos não judeus. Na esteira dos horrores que afetaram muitos milhões de judeus neste século, não é difícil compreender a preocupação deles. É a facilidade de compreendê-los que gera um conflito de lealdades difícil de ser resolvido. Isso porque, por mais que eu odeie o antissemitismo, por mais que me enfureça quando confrontado com a menor manifestação real desse sentimento, por mais que deseje consolar suas vítimas, meu trabalho num livro de ficção não é proporcionar alívio aos judeus sofredores, montar um ataque contra seus perseguidores ou defender a causa judaica junto aos indecisos. Meus críticos judeus, e nos Estados Unidos há muitos, lhe diriam que eu me esforço para não defender a causa judaica. Depois de mais de vinte anos de veementes desacordos, só posso repetir que o modo como eles veem a questão não é como a vejo. Trata-se de um conflito infrutífero — justamente o que torna tão problemático escrever sobre judeus.

Ao ler O escritor fantasma *antes de nossa conversa, tomei como certo que você era o jovem escritor Nathan Zuckerman e que Lonoff*

— o autor austero, ascético e mais velho que Zuckerman tanto admira — era um amálgama de Malamud e Singer. Mas agora vejo que, tal como Lonoff, você vive quase como um recluso na Nova Inglaterra, escrevendo e lendo a maior parte do tempo. Em outras palavras, passa a maior parte da vida, segundo a autodescrição de Lonoff, "dando voltas nas frases". Você é o Lonoff? Ou, para me expressar de modo menos incisivo: você compartilha o ideal do escritor como eremita, um monge por escolha própria que deve permanecer afastado da vida pelo amor à arte?

Você sabe, a arte também é vida. A solidão é vida, a meditação é vida, o fingimento é vida, a suposição é vida, a contemplação é vida, a linguagem é vida. Haverá menos vida em dar voltas nas frases do que em fabricar automóveis? Haverá menos vida em ler *Ao farol* do que ordenhar uma vaca ou atirar uma granada de mão? O isolamento de uma vocação literária — o isolamento que envolve bem mais do que se sentar sozinho num quarto durante a maior parte de sua existência enquanto desperto — tem tanto a ver com a vida quanto acumular sensações ou companhias multinacionais em meio à balbúrdia generalizada.

Será que sou Lonoff? Será que sou Zuckerman? Será que sou Portnoy? Suponho que podia ser. Posso ainda vir a ser. No momento, não sou nada tão claramente delineado quanto um personagem num livro. Ainda sou o amorfo Roth.

Você me parece especialmente revoltado pelo veio de moralização sentimental na cultura dos Estados Unidos. Ao mesmo tempo, é enérgico ao afirmar sua herança norte-americana. Minha última pergunta é bastante simples: o que os Estados Unidos significam para você?

Os Estados Unidos me permitem a maior liberdade possível para praticar minha vocação. Os Estados Unidos têm a única plateia literária que eu posso imaginar que terá sempre prazer em minha ficção. Os Estados Unidos são o lugar que melhor conheço no mundo. O *único* que conheço no mundo. Minha consciência e minha linguagem foram moldadas nos Estados Unidos. Sou um autor norte-americano de um modo tal que um encanador não é um encanador norte-americano, um mineiro não é um mineiro norte-americano ou um cardiologista não é um cardiologista norte-americano. É bem simples: o que o coração é para o cardiologista, o carvão para o mineiro e a pia da cozinha para o encanador, os Estados Unidos são para mim.

Entrevista ao *Sunday Times* de Londres[*]

Imagino que você se aborrece quando os críticos leem essa trilogia [O escritor fantasma, Zuckerman libertado e A lição de anatomia] como uma confissão. Zuckerman como Philip Roth. No entanto, às vezes, é difícil não ler assim.

É muito fácil ler assim. É a maneira mais fácil de ler esses livros. Como quem lê o jornal da tarde. Fico aborrecido porque não se trata do jornal da tarde. Shaw escreveu para Henry James: "As pessoas não querem de você obras de arte, querem ajuda". Também querem confirmação de suas crenças, incluindo as crenças sobre si mesmo.

Mas sem dúvida a abordagem jornalística é inevitável, a menos que o leitor esqueça tudo o que sabe ou tenha lido sobre você, Philip Roth.

Se meus livros são tão persuasivos a ponto de convencer es-

[*] Concedida a Ian Hamilton (1984).

ses leitores de que lhes dou a vida ainda quentinha, sem nenhuma transformação, como é vivida, bem, suponho que essa não é a cruz mais pesada que um romancista tenha de carregar. Melhor do que se não acreditassem nem um pouco em mim. A moda agora é louvar livros em que você não acredita. "Este é mesmo um grande livro, não acredito nada nele." Mas eu quero que acreditem, e trabalho para conseguir isso. Se todos esses leitores veem algo biográfico em minha obra, então é porque são insensíveis à ficção — ao arremedo, ao ventriloquismo, à ironia, insensíveis aos milhares de observações com que se constrói um livro, insensíveis aos artifícios com os quais os romances criam a ilusão de uma realidade mais real do que aquela que respiramos. Fim da lição. Ou precisamos deixar ainda mais claro?

Como você parece estar gostando tanto disso, por que não ir mais adiante? Em A lição de anatomia, *o personagem Milton Appel é um conceituado e poderoso crítico literário. Os resenhistas o têm identificado com Irving Howe, dando isso como certo. Não vou lhe pedir que confirme ou desminta. No entanto acho que, uma vez feita a identificação, fica difícil para o leitor não ir atrás do interesse biográfico (isto é, Roth versus Howe), às custas, vez por outra, do embate ficcional entre Zuckerman e Appel.*

Eu não escreveria um livro para ganhar uma briga. Preferiria lutar quinze rounds com Sonny Liston. Ao menos terminaria em uma hora e eu poderia voltar a dormir, talvez para sempre. Mas um livro me toma dois anos, se eu der sorte. Oito horas por dia, sete dias por semana, 365 dias por ano. É preciso sentar-se sozinho num quarto, com apenas uma árvore do lado de fora da janela para conversar. Tem que ficar sentado lá produzindo rascunhos, uma porcaria atrás da outra, aguardando, como um bebê negligenciado, por uma gotinha do leite materno.

Qualquer um que fizesse isso para ganhar uma briga teria de ser ainda mais louco que eu. E mais raivoso também. Milton Appel não está naquele livro porque uma vez fui demolido na imprensa por Irving Howe. Appel está lá porque ser indignado faz parte de ser escritor. E *estar certo* também. Se você soubesse como estamos certos! Mostre-me um escritor que não fica furioso por ser representado erroneamente, por ser mal interpretado ou por não ser lido direito e que não tenha certeza de que está certo.

Minha trilogia é sobre a vocação de um autor norte-americano que, além de tudo, é judeu. Se eu deixasse de fora as rixas, a paranoia e a indignação, se deixasse de fora o fato de que eles estavam errados e nós estávamos certos, não estaria contando toda a verdade pouco charmosa sobre o que se passa na cabeça até mesmo dos ganhadores do prêmio Nobel — e posso lhe assegurar que eles também não se oporiam a que seus críticos fossem alvejados com lixo enquanto percorressem a Quinta Avenida dentro de jaulas.

Appel se dá muito bem na discussão entre os dois — de fato, melhor do que Zuckerman. Durante a conversa decisiva ao telefone, a gente fica até com pena de Zuckerman.

Claro, você dá ao outro sujeito as melhores linhas. Não fosse assim, seria um jogo de cartas marcadas.

A velha magnanimidade.

Sim, é o meu forte. Mas também acontece de ser uma necessidade. Duelar consigo mesmo é interessante. Bem mais interessante do que ganhar. Deixe os insultos fluírem e a boca espumar de ódio, mas, se você subestimar a oposição, enfraquece o livro. Para mim, o trabalho de escrever significa transformar a loucura do eu na loucura do ele. Um último ponto sobre Appel. A raiva de Zuckerman contra Appel tem menos a ver com Appel do que com a condição física de Z. Como se o desejado egocentrismo do escritor não fosse um cárcere suficiente, há o egocentrismo compulsório, exacerbado pela dor crônica.

Não fosse pela dor física de Zuckerman, não existiria um Appel nesse livro. Zuckerman não teria seu harém de Florence Nightingales. Não decidiria aos quarenta anos tornar-se médico e sair na disparada para Chicago, com Percodan escorrendo de cada poro. O livro é sobre a dor física e o estrago que ela provoca nas credenciais humanas de um indivíduo. Se Zuckerman estivesse em boa forma para lutar, por que confrontaria até mesmo seus inimigos literários na revista judaica que ele chama de *Prepúcio*? Não teria se dado a esse trabalho.

Mas como a dor não é diagnosticada, como é uma dor misteriosa, podemos pensar que seja uma dor simbólica, uma dor causada nele pelos Appels, pelas mulheres que não são de primeira classe, e por aí vai.

Dor simbólica? Talvez, até onde sei. Porém num ombro de verdade. O que dói são um pescoço e um ombro verdadeiros. Estão matando Zuckerman. O problema com as dores é que a gente não sente como algo simbólico, exceto, quem sabe, os professores de literatura.

Qual é o seu dignóstico?

Meu diagnóstico é que essas coisas acontecem. Quando estava escrevendo, falei a mim mesmo: "Quero alguém que tenha uma dor crônica conhecida e que, ao ler este livro, possa dizer: 'É isso mesmo, é assim que é'". Queria ser o mais realista possível, e *não* simbólico. Não conhecer a fonte da dor não a faz simbólica: só aumenta o sofrimento. Não que seria um alívio para Zuckerman se ele soubesse, por exemplo, que tinha câncer. Às vezes saber é pior, às vezes não saber é pior. Meu livro não é sobre saber. Veja bem, não faltam diagnósticos no livro. *Todas* as demais pessoas sabem. Todo mundo o sabe, exatamente como Appel. Todas as suas mulheres sabem o que há de errado com ele. Até o tricologista que cuida da calvície dele sabe por que seus cabelos estão caindo: "pressão indevida". O livro está cheio de gente que sabe o que está errado com Zuckerman. Deixo o diagnóstico para aqueles que o consolam. Tento ficar fora disso.

Naturalmente, Zuckerman termina o livro num estado avançado de metáfora, com a boca fechada por arames, depois de uma cirurgia.

Ele quebra a mandíbula ao cair na lápide de um cemitério de judeus coberto de neve, depois de abusar de analgésicos e álcool. O que há de metafórico nisso? Acontece o tempo todo.

Mas ele é silenciado totalmente. Não pode escrever por causa da dor agonizante no ombro, e não pode falar porque quebrou o queixo.

Em 1957, publiquei na *New Yorker* um conto intitulado "O defensor da fé". Tinha 24 anos e fiquei muito excitado com aquilo, mas muitos leitores judeus da revista se enfureceram. Entre eles estava um eminente rabino de Nova York, que escreveu uma carta de protesto para a Liga Antidifamação da B'nai B'rith, uma conceituada organização que, aliás, luta contra a discriminação antissemita nos tribunais dos Estados Unidos há décadas. Nunca esqueci uma linha da carta do rabino: "O que está sendo feito para calar esse homem?". Bem, cumpre lhes dar crédito pelo fato de que jamais tentaram. Os Estados Unidos são um país livre, e ninguém aprecia isso mais que os judeus. Mas eu me lembro dessa frase. O que está sendo feito para calar esse homem? Ela me veio enquanto escrevia o livro. Por isso quebrei a mandíbula de Zuckerman. Fiz isso pelo rabino.

Quer dizer que a acusação de difamação começou cedo?

Começou quando eu comecei. De certo modo diferenciou minha carreira da carreira da maioria dos meus colegas norte-americanos. Fui considerado uma figura perigosa quando ainda usava fraldas. Estranhamente, o furor logo no início talvez tenha dado à minha obra uma direção e ênfase que de outro modo não teria. É difícil ignorar esse tipo de ataque, em especial aos 24 anos. Naquela época, fiz duas coisas idiotas: comecei a me explicar e comecei a me defender. Obviamente, ainda continuo a fazer essas besteiras.

Como você se explicou?

Fui convidado a falar em sinagogas, templos e auditórios de centros comunitários judaicos. As pessoas ficavam de pé e gritavam comigo durante a sessão de perguntas e respostas. No fim das contas, foi bom. Obrigou-me a sair do departamento de inglês das universidades e aprender a berrar. Havia gente de verdade lá fora, e gente enfurecida. Não escreviam ensaios sobre o que tinham lido: demonstravam sua raiva. Que surpresa!

Quer dizer que, quando escreveu O complexo de Portnoy, *você já havia enfurecido leitores judeus.*

Eu também tinha leitores judeus que me apreciavam. Até mesmo uns poucos góis liam meus livros. Mas, quanto a meus detratores judeus, não, esses não paravam nunca. Não davam folga, independentemente do que eu escrevia. Por isso, acabei pensando: "Bem, se é o que querem, lá vai!". E surgiu Portnoy com seus esguichos.

E sua família? Como eles reagiram?

Aos ataques contra mim? Ficaram pasmos. Feridos. Ouviram muito os vizinhos sobre minhas inadequações. Iam a uma palestra sobre mim no templo, esperando que pregassem uma estrela na lapela do menino deles como acontecia na escola. Em vez disso, ouviam do tablado que, dormindo em meu quarto todos aqueles anos, comendo com eles à mesa, havia um judeu antissemita que odiava a si próprio. Mamãe tinha de segurar papai na cadeira, de tão enraivecido que ele ficava. Não, comportaram-se muito bem. Reconheceram nos romances muita gente que conheciam, então não tinham como pensar que as pessoas que descrevi nos livros de ficção nunca teriam circulado por Nova Jersey.

Então seu pai não é como o de Zuckerman, que, no leito de morte, amaldiçoa o filho pelos livros que ele escreve?

Nunca disse que era. Você está me confundindo com todos aqueles astutos resenhistas que têm certeza de que sou o único romancista na história da literatura que nunca inventou nada.

Nos dois últimos livros, Zuckerman sofre uma perda. No segundo, Zuckerman libertado, seu pai morre chamando-o de "filho da puta". Em A lição de anatomia, morre a mãe de Zuckerman, deixando-o com um pedaço de papel em que ela escreveu a palavra "Holocausto".

Ela está morrendo de câncer no cérebro. O neurologista vai ao hospital para ver seu estado de saúde e pede que ela escreva seu nome num pedaço de papel. Estamos em Miami Beach, no ano de 1970. Trata-se de uma mulher que ao longo da vida escreveu apenas receitas em cartões, receitas de tricô e bilhetes de agradecimento. Quando o médico põe a caneta em sua mão e pede que ela escreva seu nome, em vez de escrever "Selma" ela escreve "Holocausto", numa grafia perfeita. O médico não consegue jogar aquilo fora e, após a morte dela, entrega o papel a Zuckerman — que também não consegue jogá-lo no lixo e passa a carregá-lo na carteira.

Por que ele não consegue jogar no lixo?

Quem poderia? Zuckerman não é a única pessoa que não pode jogar essa palavra no lixo e que a carrega com ele todo o tempo, mesmo que ele não saiba disso. Sem tal palavra não haveria Nathan Zuckerman, não na situação em que ele está. Nenhum pai quiropodista e sua maldição no leito de morte, nenhum irmão dentista com sua feroz punição. Obviamente não haveria uma Amy Bellette, a moça em *O escritor fantasma* que ele gosta de imaginar que poder ter sido Anne Frank. Não haveria um Milton Appel, com suas normas moralistas e imperativos nobres. E Zuckerman não estaria em sua jaula. Se você retirasse aquela palavra — e com ela o fato histórico —, não existiria nenhum desses livros com Zuckerman como protagonista.

Mas isso não significa dizer que o tema desses livros foi o Holocausto?

Claro que não — não da forma como foi tema central do romance *A escolha de Sofia*, de Styron. Acho que, para um escritor como eu, não há o mesmo ímpeto ou, curiosamente, nem a necessidade que há para um cristão norte-americano, como Styron, de eleger tão cruamente o Holocausto como tema, de fazer jorrar sobre ele tanta especulação moral e filosófica, tanta invenção furiosa e angustiante. O Holocausto opera na vida dos judeus de um modo menos visível e menos espetacular. E é assim que prefiro lidar com ele em minha ficção. Para a maior parte dos judeus pensantes, acho eu, simplesmente está lá, oculto, submerso, às vezes emergindo, voltando a desaparecer, jamais esquecido. Não se faz uso dele — ele faz uso de você. Sem dúvida faz uso de Zuckerman. Há nesses três livros uma certa arquitetura temática que espero que venha a ser sentida quando forem publicados num único volume. Não significa que todo mundo vai se maravilhar com minha grandeza conceitual. Só quero dizer que aquele pequeno pedaço de papel na carteira de notas de Zuckerman talvez não pareça tão pequeno.

Entrevista a *The Paris Review**

Como você começa um novo livro?

Começar um livro é desagradável. Não tenho nenhuma certeza sobre os personagens e o problema central, e é disso que preciso para dar a partida. Pior do que não conhecer o assunto é não saber como tratá-lo, porque, afinal de contas, isso é tudo. Datilografo começos e eles são pavorosos, mais uma paródia inconsciente de meus livros anteriores que o rompimento com o passado, que eu desejo. Necessito de alguma coisa que seja a linha central, um ímã que atraia tudo — é o que busco durante os primeiros meses em que escrevo algo novo. Com frequência, preciso escrever cem ou mais páginas antes que apareça um parágrafo realmente vivo. Está bem, eu me digo, esse é o começo, parta daí: e eis o primeiro parágrafo do livro. Repasso o trabalho feito nos seis meses anteriores e sublinho com tinta vermelha um parágrafo,

* Concedida a Hermione Lee (1985).

uma frase, às vezes não mais que uma oração, desde que eu veja nelas uma centelha de vida. Depois, datilografo todas elas numa página. Geralmente não passa de uma página, mas, se estou com sorte, esse é o esboço da primeira página. Uso as linhas vivas para estabelecer o tom. Após esse início horroroso, vêm os meses de diversão desinibida, seguidos de crises em que me volto contra o material e odeio o livro.

Quanto do livro está em sua mente antes de começar?

O que mais importa não está lá. Não me refiro às soluções para os problemas. E sim aos próprios problemas. Ao iniciar, você está procurando aquilo que vai oferecer resistência. Está procurando sarna para se coçar. Às vezes, a incerteza surge no começo não porque é difícil escrever, mas sim porque não é suficientemente difícil. A fluência pode ser um sinal de que não está acontecendo nada. A fluência pode ser de fato meu sinal para parar, enquanto estar no escuro ao passar de uma frase para a outra é o que me convence a seguir em frente.

É necessário ter um começo? Você alguma vez começaria com um final?

Até onde eu sei, estou começando pelo final. Minha primeira página pode terminar, um ano depois, com o número duzentos, se ainda estiver por lá.

O que acontece com essas cento e tantas páginas que ficaram para trás? Você guarda?

Geralmente prefiro nunca mais vê-las.

Você trabalha melhor em alguma hora específica do dia?

Trabalho o dia todo, manhãs e tardes, praticamente todos os dias. Se ficar lá sentado por uns dois ou três anos, no final tenho um livro.

Acha que outros escritores trabalham durante tantas horas?

Não pergunto aos escritores sobre a rotina de trabalho. Realmente não me interessa. Joyce Carol Oates disse em algum lugar que, quando os autores perguntam uns aos outros a que horas começam a escrever, a que horas param e quanto tempo gastam no almoço, na verdade estão tentando saber: "Será que ele é tão louco quanto eu?". Não preciso ter resposta a essa pergunta.

Suas leituras influenciam o que você escreve?

Leio o tempo todo enquanto trabalho, normalmente à noite. É um meio de manter os circuitos abertos. Um meio de pensar sobre minha linha de trabalho enquanto descanso um pouco do que estou fazendo. Ajuda na medida em que alimenta a obsessão geral.

Você mostra a alguém os trabalhos em andamento?

É mais útil que meus erros amadureçam e estourem sozinhos — eu mesmo me ofereço toda a oposição de que necessito enquanto estou escrevendo, e o elogio é irrelevante para mim quando sei que alguma coisa não está terminada nem pela metade. Ninguém vê o que estou fazendo até que não possa de algum modo avançar mais, e até que eu imagine ter acabado.

Você tem em mente um leitor de Roth ao escrever?

Não. De vez em quando tenho em mente um leitor anti-Roth. Penso: "Como ele vai odiar isto!". Pode ser exatamente o encorajamento de que preciso.

Você já disse que a última fase de escrever um romance é uma "crise" em que você se volta contra o material e odeia o livro. Há sempre esse tipo de crise, com todos os livros?

Sempre. Meses olhando o manuscrito e dizendo: "Isto está errado, mas o que está errado?". Pergunto-me: "Se este livro fosse um sonho, seria um sonho de quê?". No entanto, ao fazer tal pergunta, também estou tentando *acreditar* no que escrevi, esquecer que é uma ficção e dizer: "Isto aconteceu", mesmo que não tenha acontecido. A ideia é perceber sua invenção como uma realidade passível de ser compreendida como sonho. A ideia é transformar gente de carne e osso em personagens literários, e personagens literários em gente de carne e osso.

Pode falar mais sobre essas crises?

No livro *O escritor fantasma*, a crise — uma entre muitas — tinha a ver com Zuckerman, Amy Bellette e Anne Frank. Não era fácil ver que Amy Bellette *como* Anne Frank era uma criação do próprio Zuckerman. Só depois de trabalhar em várias alternativas decidi que, além de ser uma criação dele, podia ser também a criação dela própria, uma moça se inventando *dentro* da invenção de Zuckerman. Enriquecer a fantasia de Zuckerman sem ofuscar ou confundir, ser ambíguo *e* claro — bem, esse foi meu problema durante todo um verão e um outono. Em *Zuckerman libertado*, a crise foi decorrência da incapacidade de ver que o pai dele não devia já estar morto quando o livro começa. Afinal me dei conta de que a morte teria de ser no final, importante como consequência do livro blasfemo do filho, que se tornara um sucesso de vendas. Mas, ao começar, a coisa estava do avesso, e eu a contemplei durante meses sem conseguir ver nada. Sabia que o livro devia se desviar de Alvin Pepler — gosto de avançar celeremente numa direção para então fazer uma surpresa —, mas não conseguia me livrar da premissa de meus primeiros rascunhos até ver que a preocupação obsessiva do romance com assassinatos, ameaças de morte, enterros e casas funerárias estava conduzindo para a morte do pai de Zuckerman em vez de afastar-se dela. A maneira como os fatos são justapostos pode gerar vários nós, e o rearranjo da sequência pode de repente liberar o autor para alcançar a linha de chegada. Em *A lição de anatomia*, a descoberta que fiz depois de bater com a cabeça na máquina de escrever por muito tempo foi que Zuckerman, no momento em que toma o avião para Chicago a fim de tentar ser um médico, deveria começar a personificar um pornógrafo. Teria de haver um extremismo desejado nas duas pontas do espectro moral, cada um de seus sonhos de fuga mediante a autotransformação subvertendo o significado e zombando da intenção do outro. Se ele fosse apenas para se tornar médico, impelido só por esse sublime ardor, ou se apenas tivesse passado a representar o papel de pornógrafo, pondo para fora unicamente aquela raiva anárquica e alienadora, ele não seria o meu protagonista. Ele tem duas facetas dominantes: a da autoabnegação e a do foda-se. Se vocês querem um judeuzinho mau, é o que vão ter. Descansa de uma assumindo a outra, embora, como podemos ver, não seja um grande descanso. O que me interessa em Zuckerman é que todo mundo tem alguma divisão dentro de si, mas não tão ostensiva. Todo mundo está cheio de fendas e fissuras, mas em geral vemos as pessoas fazendo o possível para ocultar as partes em que estão divididas. A maioria das pessoas deseja desesperadamente se curar das lesões, e continua tentando. Escondê-las é considerado às vezes uma forma de cura (ou de não ter o que curar). Mas Zuckerman não é capaz de fazer nenhuma dessas duas coisas e, no fim da trilogia, comprovou isso até para si mesmo. O que determinou sua vida e sua obra foram as linhas de fratura, nenhuma delas constituindo uma ruptura total. Eu estava interessado em seguir essas linhas.

O que acontece com Philip Roth quando ele se transforma em Nathan Zuckerman?

Zuckerman é um ato de personificação, não é mesmo? Esse é o dom fundamental do romancista. Zuckerman é um escritor que deseja ser médico representando o papel de pornógrafo. Eu sou um escritor escrevendo um livro que representa um escritor que deseja ser médico representando o papel de pornógrafo — que então, para complicar a caracterização e criar arestas, faz de conta que é um conhecido crítico literário. Criar uma biografia fajuta, uma história falsa, bolar uma existência parcialmente imaginária a partir do drama real da minha vida — isso é a minha vida. Tem de haver algum prazer nesse tipo de trabalho, e consigo isso circulando disfarçado. Fazer o papel de um personagem. Fazer-me passar pelo que não sou. *Fingir.* O baile de máscaras astuto e engenhoso. Pense no ventriloquista. Ele fala de maneira tal que sua voz parece vir de outra pessoa. Mas, se ele não estivesse diante de seus olhos, você não encontraria nenhum prazer em sua arte. Sua arte consiste no fato de ele estar presente e ausente, ele se afirma como pessoa por ser simultaneamente outra pessoa, nenhuma das quais *é* ele próprio quando cai a cortina. Como escritor, você não precisa abandonar completamente sua biografia para executar um ato de personificação. Pode ser mais intrigante quando não o faz. Você distorce a biografia, faz dela uma caricatura ou uma paródia, você a tortura, subverte e explora — tudo isso para dar à biografia aquela dimensão que excitará sua vida verbal. Naturalmente, milhões de pessoas fazem isso o tempo todo, e não com a justificativa de estarem produzindo literatura. *Acreditam* no que estão fazendo. É incrível as mentiras que as pessoas são capazes de sustentar sob a máscara de seu rosto verdadeiro. Pense na arte do adúltero: sob tremenda pressão e enfrentando uma enorme probabilidade, maridos e mulheres comuns, que num palco ficariam imobilizados pela autoconsciência, no teatro do lar, diante da plateia do cônjuge traído, desempenham seus papéis de inocência e fidelidade com uma habilidade dramática impecável. Performances maravilhosas, concebidas com genialidade até nos menores detalhes, atuação naturalista irretocável, e tudo feito por amadores sem nenhuma experiência profissional. Pessoas fingindo com tanta beleza que são "elas mesmas". Como você sabe, o faz de conta pode assumir diversas formas. Por que deveria um romancista, fingidor por profissão, ser menos hábil ou mais confiável que um lerdo escriturário sem imaginação que trai a esposa? Jack Benny* costumava fingir que era avarento. Usava seu próprio nome e declarava ser sovina e mesquinho. Isso excitava sua imaginação cômica. Provavelmente ele não seria tão engaçado caso se mostrasse como mais uma boa pessoa que dava dinheiro a instituições de caridade e pagava o jantar aos amigos. Céline fingia ser bem indiferente como médico, até mesmo irresponsável, quando de fato tudo indica que dava duro no consultório e era consciencioso com seus clientes. Mas isso não era interessante.

---

* Ator de vaudevile, rádio, televisão e cinema, célebre por encarnar um personagem extremamente pão-duro. (N. T.)

Mas é. Ser um bom médico é interessante.

Para William Carlos Williams talvez, porém não para Céline.* Ser um marido leal, pai inteligente e médico de família dedicado em Rutherford, Nova Jersey, poderia ter parecido admirável a Céline tanto quanto para você, ou até mesmo para mim, porém o vigor dos escritos *dele* tinha origem na voz e na dramatização demóticas de sua faceta fora da lei (que era considerável), e por isso ele criou o Céline dos grandes romances, assim como Jack Benny, também namorando o tabu, se apresentava como um sovina. As pessoas precisam ser tremendamente ingênuas para não compreender que um escritor é um ator que desempenha o papel em que se crê mais competente, em particular quando veste a máscara da primeira pessoa do singular. Essa talvez seja a melhor máscara de todas para exibir um segundo eu. Alguns (muitos) fingem que são mais adoráveis do que são, e alguns fingem ser menos adoráveis. É irrelevante. A literatura não é um concurso de beleza moral. Seu poder advém da autoridade e audácia com que a personificação é executada, o que conta é a crença que ela inspira. A pergunta a ser feita ao escritor não é: "Por que ele se comporta tão mal?", e sim "O que ele ganha por usar essa máscara?". Eu não admiro o Genet da forma que Genet se apresenta mais do que o repugnante Molloy criado por Beckett. Admiro Genet porque ele escreve livros que não me deixarão esquecer quem é Genet. Quando Rebecca West estava escrevendo sobre Santo Agostinho, ela comentou que as *Confissões* eram subjetivamente verdadeiras demais para serem objetivamente verdadeiras. Acho que acontece o mesmo nos romances escritos na primeira pessoa por Genet e

---

* William Carlos Williams, poeta e pediatra norte-americano, atendia gratuitamente aos pobres em seu consultório; Louis-Ferdinand Céline, romancista e médico francês, ficou conhecido pelo romance *Viagem ao fim da noite* (1932), que causou impacto pelo uso, incomum à época, de palavras de baixo calão. (N. T.)

Céline, bem como por Colette em *L'Entrave* e *A vagabunda*. Gombrowicz tem um romance intitulado *Pornografia*, em que se apresenta como personagem, usando seu próprio nome para ficar mais implicado em certas atividades bastante duvidosas e assim dar vida ao terror moral. Outro polonês, Konwicki, em seus dois últimos romances, *The Polish Complex* e *A Minor Apocalypse*, procura reduzir o espaço que separa o leitor e a narrativa dando seu nome ao protagonista. Ao personificar sua própria pessoa, ele fortalece a ilusão de que o romance é verdadeiro e não deve ser visto como "ficção". Com isso voltamos a Jack Benny. Contudo será que preciso dizer que não se trata de uma empreitada desinteressada? Escrever para mim não é uma coisa natural, que eu simplesmente vou fazendo, como um peixe nada ou um pássaro voa. É algo feito sob uma espécie de provocação, uma urgência especial. É a transformação, mediante uma personificação complexa, de uma emergência pessoal num ato público (nos dois sentidos da palavra "ato"). Pode ser um exercício espiritual muito exasperante filtrar através do seu ser qualidades que são estranhas à sua constituição moral — tão exasperante para o escritor como para o leitor. O autor pode terminar se sentindo mais como um engolidor de espadas do que como ventríloquista ou ator. O escritor às vezes se usa de modo bem cruel a fim de alcançar o que está, literalmente, mais além dele. O imitador não pode se entregar aos instintos humanos comuns que determinam o que as pessoas querem exibir e o que querem ocultar.

Se o romancista é um imitador, então o que dizer da autobiografia? Qual a relação, por exemplo, entre as mortes dos pais de Zuckerman, tão importantes nos dois últimos romances em que ele é o protagonista, e a morte de seus próprios pais?

Por que não perguntar sobre a relação entre a morte de meus pais e a morte da mãe de Gabe Wallach, o incidente que dá origem a meu romance de 1962, *As melhores intenções*? Ou perguntar sobre a morte e enterro do pai que está no cerne do meu primeiro conto publicado, "The Day It Snowed", que apareceu na *Chicago Review* em 1955? Ou perguntar sobre a morte da mãe de Kepesh, esposa do dono de um hotel nas Catskills, que é o ponto de virada no livro *O professor do desejo*? O golpe terrível que representa a morte de um pai ou mãe é algo sobre o qual comecei a escrever muito antes da morte de um de meus pais. Os romancistas com frequência estão tão interessados no que não aconteceu com eles quanto no que aconteceu. O que pode ser considerado pelos ingênuos como pura autobiografia é, como venho sugerindo, mais provavelmente uma autobiografia falsa, uma autobiografia hipotética ou uma autobiografia grandiosamente ampliada. Sabemos que há gente que entra numa delegacia e confessa um crime que não cometeu. Ora, a confissão falsa também atrai os escritores. Os romancistas estão até interessados no que acontece a outras pessoas e, como mentirosos e vigaristas em toda parte, fingem que aconteceu consigo alguma coisa dramática, desagradável, aterradora ou esplêndida que aconteceu com outro. As circunstâncias físicas e até mesmo morais que caracterizaram a morte da mãe de Zuckerman não têm praticamente nada a ver com a morte da minha mãe. A morte da mãe de um de meus melhores amigos — cujo relato dos sofrimentos dela ficou na minha mente muito tempo depois que ele me contou — forneceram os detalhes mais marcantes da morte da mãe em *A lição de anatomia*. A arrumadeira negra que se solidariza com Zuckerman em Miami Beach por causa da morte da mãe dele é baseada na empregada de um velho amigo da Pensilvânia, uma mulher que não vejo faz dez anos e que não conheceu nenhum dos membros de minha família. Sempre me senti atraído por seu estilo picante de falar e, chegada a hora certa, tratei de usá-lo. Mas inventei as palavras que ela pronuncia. Olivia, a arrumadeira negra de 83 anos, *c'est moi*.

Como você bem sabe, a intrigante questão autobiográfica — e na verdade a questão fundamental — não é que um autor vá escrever sobre alguma coisa que aconteceu com ele, mas *como* escreve sobre isso — o que, quando entendido adequadamente, nos ajuda muito a compreender *por que* ele escreve sobre aquele assunto. Uma questão mais intrigante é por que e como ele escreve sobre o que não aconteceu — como insere o que é hipotético ou imaginado no que é inspirado e controlado pela recordação, e como o que é assim reunido gera a fantasia toda. Sugiro, aliás, que a melhor pessoa para responder sobre a relevância autobiográfica da importante morte do pai em *Zuckerman libertado* é meu próprio pai, que mora em Elizabeth, Nova Jersey. Vou lhe dar o número de telefone dele.

Então qual é a relação entre sua experiência de psicanálise e o uso da psicanálise como um estratagema literário?

Se eu não tivesse passado pela análise, não teria escrito *O complexo de Portnoy* como o escrevi ou *Minha vida de homem* como o escrevi, nem *O seio* se assemelharia ao que é. Nem eu me assemelharia ao que sou hoje. A experiência da psicanálise foi provavelmente mais útil para mim como escritor que como neurótico, embora talvez haja aqui uma falsa distinção. É uma experiência que compartilhei com dezenas de milhares de pessoas confusas, e qualquer coisa tão potente no domínio privado que une um escritor à sua geração, à sua classe, ao seu momento histórico, é tremendamente importante para ele, desde que depois o autor saiba se distanciar o suficiente para examinar a experiência de modo objetivo, imaginativo, por assim dizer, numa clínica literária. Você precisa ser capaz de se tornar o doutor do seu doutor, mesmo que apenas para escrever sobre a condição de paciente, que foi, sem dúvida ao menos em parte, um tema em *Minha vida de homem*. A questão dos analisandos me interessava — já em *As melhores intenções*, escrito quatro ou cinco anos antes que eu iniciasse minha análise — porque muitos contemporâneos tão cultos tinham aceitado tanto a condição de pacientes como as ideias de doença psíquica, cura e recuperação. Você está me perguntando sobre a relação entre a arte e a vida? É como a relação entre as oitocentas horas que passei sendo psicanalisado e as oito horas que levaria para ler em voz alta *O complexo de Portnoy*. A vida é longa e a arte, breve.

Você pode falar sobre seu casamento?

Aconteceu faz tanto tempo que não confio mais em minhas recordações. O problema é ainda mais complicado por conta do livro *Minha vida de homem*, que diverge de forma tão dramática e em tantos pontos de sua origem na minha desagradável situação que, uns 25 anos depois, acho difícil separar a invenção de 1975 dos fatos de 1959. Você poderia também perguntar ao autor de *Os nus e os mortos* o que lhe aconteceu nas Filipinas. Só posso dizer que foi um período em que servi como soldado de infantaria e *Minha vida de homem* é o romance de guerra que escrevi, alguns anos mais tarde, após não ter conseguido ganhar uma medalha por bravura no campo de batalha.

Você tem sentimentos dolorosos olhando para trás?

Olhando para trás, vejo aqueles anos como as pessoas com cinquenta anos costumam contemplar as aventuras juvenis pelas quais pagaram com uma década de suas vidas num tempo confortavelmente distante. Eu era então mais agressivo do que sou hoje — há quem diga que se sentia intimidado por mim —, mas eu era de toda forma um alvo fácil. Somos alvos fáceis aos 25 anos quando alguém enxerga a imensa mosca que existe no centro.

E como enxergá-la?

Ah, é comum encontrar naqueles que se autoproclamam gênios literários em floração. Meu idealismo. Meu romantismo. Minha paixão para pôr em maiúscula a letra V de vida. Eu queria que acontecesse comigo alguma coisa difícil e perigosa. Queria viver tempos conturbados. Muito bem, consegui. Tinha vindo de um ambiente provinciano limitado, seguro, relativamente feliz — minha vizinhança em Newark nas décadas de 1930 e 1940 era como uma cidadezinha do interior habitada por judeus —, e eu absorvera, junto com a ambição e o impulso, os medos e as fobias das crianças judias da minha geração. Com pouco mais de vinte anos, desejava provar a mim mesmo que não tinha receio de todas aquelas coisas. Não foi um erro querer provar isso, embora, terminada a festa, eu tenha ficado praticamente incapaz de escrever por três ou quatro anos. De 1962 a 1967 foi o período mais longo em que não publiquei um livro, desde que me tornei escritor. O pagamento da pensão alimentícia e outros custos recorrentes levaram o último centavo que eu podia ganhar dando aulas e escrevendo. Assim, mal entrado nos trinta anos, eu devia milhares de dólares a meu amigo e editor, Joe Fox. O empréstimo era para me ajudar a pagar a análise, de que eu precisava sobretudo para não cometer um assassinato por causa da pensão alimentícia e das custas judiciais incorridas pelo fato de ter cumprido a pena de dois anos de um casamento sem filhos. A imagem que me perseguia naqueles anos era a de um trem que fora desviado para os trilhos errados. Com vinte e poucos anos, lá ia eu a toda velocidade — você sabe, no horário, só com as poucas paradas de um trem expresso, o destino final claramente definido; e então, de repente, estava no trilho errado, correndo a toda para longe de tudo. Eu me perguntava: "Como é que vou botar essa droga de volta no trilho certo?". Bom, não é possível. Continuo a ser surpreendido, ao longo dos anos, sempre que me vejo, altas horas da noite, entrando na estação errada.

Mas supõe-se que não voltar aos mesmo trilhos foi ótimo para você, não?

John Berryman disse que, para um escritor, toda provação que não o mata é excelente. O fato de que a provação dele por fim o tenha matado não significa que suas palavras estivessem erradas.

O que acha do feminismo, em especial do ataque feminista contra você?

Que ataque?

O essencial do ataque seria, em parte, que suas personagens femininas são tratadas de forma antipática. Por exemplo, que Lucy Nelson em Quando ela era boa *é apresentada de modo hostil.*

Não valorize isso, chamando de ataque "feminista" o que não passa de uma leitura imbecil. Lucy Nelson é uma adolescente furiosa que deseja ter uma vida decente. Ela é apresentada como sendo melhor do que seu mundo, e consciente de ser melhor. Sofre a oposição de homens cujos tipos são profundamente irritantes para muitas mulheres. Protege uma mãe passiva e impotente cuja vulnerabilidade a deixa louca. Tem uma postura raivosa diante de aspectos da classe média norte-americana que o novo feminismo militante só veio a identificar como inimigo anos depois que Lucy apareceu em letras de imprensa — o caso dela pode até ser visto como uma manifestação prematura da ira feminina. *Quando ela era boa* lida com o empenho de Lucy para libertar-se do terrível desapontamento criado numa filha por um pai irresponsável. Lida com seu ódio pelo pai que ele foi, e seu desejo ardente de ter o pai que ele não era capaz de ser. Seria uma total idiotice, particularmente se *fosse* um ataque feminista, argumentar que esses poderosos sentimentos de perda e desprezo não existem na filhas de alcoólatras, covardes e criminosos. Há também o incapaz filhinho da mamãe com quem Lucy se casa, e o ódio que ela sente pela incompetência e inocência profissional dele. Será que não existe no mundo o ódio matrimonial? Isso seria novidade para todos os ricos advogados que cuidam de divórcios, bem como para Thomas Hardy e Gustave Flaubert. Aliás, o pai de Lucy é tratado "de modo hostil" por se tratar de um alcoólatra e ladrãozinho que termina na cadeia? E o marido de Lucy é tratado "de modo hostil" por ser um bebezão? O tio que tenta destruir Lucy é tratado "de modo hostil" por ser um animal? Trata-se de um romance sobre uma filha muito sofrida que tem razões mais do que suficientes para sentir raiva dos homens em sua vida. Ela só é apresentada "de modo hostil" caso seja um ato de hostilidade reconhecer que jovens mulheres podem ser feridas e podem se encolerizar. Aposto que existem até mulheres enfurecidas e feridas que são feministas. *Quando ela era boa* não serve à causa — isso é verdade. A raiva dessa jovem não é apresentada para ser endossada com gritos entusiasmados de "É isso mesmo!", que levarão as massas a agir. A natureza da raiva é examinada, assim como a profundidade das feridas. O mesmo se dá com as consequências da raiva, para Lucy assim como para todos os outros. Odeio que caiba a mim falar isso, mas o retrato não deixa de ser comovente. Com a expressão "ser comovente" não quero dizer o que resenhistas piedosos chamam de "compaixão". Quero dizer que você vê todo o sofrimento que vem da verdadeira raiva.

Mas supondo que eu lhe dissesse que quase todas as mulheres nos livros estão lá para atrapalhar, ajudar ou consolar os personagens masculinos. Há a mulher que cozinha, consola, é sensata e acalma, ou o outro tipo de mulher, a louca perigosa, a que atrapalha, dificulta. Elas surgem como um meio de ajudar ou atrapalhar Kepesh, Zuckerman ou Tarnopol. E isso pode ser considerado uma visão limitada das mulheres.

Veja bem, algumas mulheres que não são loucas também sabem cozinhar. O mesmo vale para algumas das mulheres perigosas que são doidas de pedra. Por isso, deixemos de fora o pecado de saber cozinhar. Um grande livro na linha de *Oblómov** poderia ser escrito sobre um homem que se alia a uma série de mulheres que o entopem com refeições maravilhosas, mas eu não o escrevi. Se sua descrição da mulher "sensata", "calma" e "consoladora" se aplica a alguém é a Claire Ovington em *O professor do desejo*, com quem Kepesh estabelece uma terna relação alguns anos após o fim de seu casamento. Ora, não tenho nenhuma objeção a que você escreva um romance sobre tal relação na perspectiva de Claire Ovington. Eu até teria curiosidade em saber como ela viu a coisa. Assim, por que você assume um tom ligeiramente crítico pelo fato de eu escrever um romance na perspectiva de David Kepesh?

Não há nada de errado que o romance seja escrito na perspectiva de David Kepesh. O que pode causar dificuldades para alguns leitores é que Claire e as outras mulheres no livro lá estão para ajudá-lo ou prejudicá-lo.

Não procurei oferecer nada mais que o sentimento dele sobre a vida com aquela jovem. O livro não se sustenta ou despenca porque Claire Ovington é calma e sensata, e sim se tenho capaci-

---

* *Oblómov* é o romance mais conhecido do escritor russo Ivan Gontcharóv, publicado em 1859. O personagem central, que dá nome ao livro, é um jovem nobre absolutamente inútil, que passa os dias deitado na cama ou no sofá. (N. T.)

dade de retratar o que é a calma e a sensatez, e o que significa ter uma companheira — e por que alguém quer ter alguma companheira — que tenha tais virtudes e outras em abundância. Ela também é vulnerável ao ciúme quando a ex-mulher de Kepesh aparece sem ser convidada, além de carregar consigo certa tristeza por conta de seu ambiente familiar. Não está lá "como um meio" de ajudar Kepesh. Ela o *ajuda* e ele a ajuda. *Estão apaixonados.* Ela está lá porque Kepesh se apaixonou por uma mulher sensata, calma e consoladora depois de um casamento infeliz com uma mulher difícil e excitante, com quem não conseguiu lidar. Isso não acontece com as pessoas? Alguém mais doutrinário que você poderia me dizer que estar apaixonado, particularmente em se tratando de uma paixão ardente, não consiste numa base sólida para estabelecer relações permanentes entre homens e mulheres. Mas as pessoas, mesmo as inteligentes e experientes, *farão* isso — têm feito e parecem dispostas a continuar a fazê-lo —, e eu não estou interessado em escrever sobre o que as pessoas *deveriam* fazer para o bem da raça humana e nem em fingir que *fazem* isso, e sim em escrever sobre o que fazem na realidade por não terem a eficiência programática dos teóricos infalíveis. A ironia da situação de Kepesh reside no fato de que, tendo encontrado a mulher calma e consoladora com quem pode viver, uma mulher de *inúmeras* qualidades, ele então descobre que, de um modo perverso, seu desejo por ela se esvai aos poucos, e ele se dá conta de que, se essa diminuição involuntária da paixão não puder ser interrompida, vai acabar alienando-o da melhor coisa que aconteceu em sua vida. Será que isso também não acontece? Pelo que ouço, essa horrível diminuição do desejo acontece o tempo todo e é extremamente perturbadora para as pessoas envolvidas. Olhe, não inventei a perda do desejo, não inventei a atração causada pela paixão, não inventei as companheiras sensatas e não inventei as loucas. Sinto muito se meus personagens masculinos não têm os sentimentos corretos pelas mulheres, nem o espectro universal de sentimentos pelas mulheres ou os sentimentos sobre a mulheres que todos gostariam que os homens tivessem em 1995, mas insisto em que há uma pequena dose de verdade em minha descrição do que pode significar para um homem assemelhar-se a um Kepesh, a um Portnoy ou a um seio.

Por que você nunca voltou a usar o personagem de Portnoy *em outro livro da mesma forma que usou Kepesh e Zuckerman?*

Mas eu usei Portnoy em outro livro. *Our Gang* e *The Great American Novel* são Portnoy em outros livros. Portnoy não foi um personagem para mim, e sim uma explosão — e não parei de explodir depois de *O complexo de Portnoy*. A primeira coisa que escrevi depois de *O complexo de Portnoy* foi um longo conto intitulado "On the Air", que apareceu na *American Review*, de Ted Solotaroff. John Updike esteve aqui algum tempo atrás e, enquanto jantávamos, perguntou: "Por que você nunca republicou aquele conto?". Respondi: "É repugnante demais". John riu e disse: "É mesmo, é um conto realmente repugnante". E eu retruquei: "Não sei em que estava pensando quando escrevi aquilo". E isso até certo ponto é verdade — eu não queria saber, a ideia era não saber. Mas, de fato, eu sabia. Olhei no arsenal, descobri outro bastão de dinamite e pensei: "Acenda o pavio e veja o que acontece". Eu estava tentando explodir mais um pedaço de mim mesmo. Os estudantes de literatura sabem que esse fenômeno está associado à mudança de estilo de um escritor. Eu estava explodindo uma porção de velhas lealdades e inibições, tanto literárias como pessoais. Acho que por isso tantos judeus ficaram irritados com *O complexo de Portnoy*. Não é que jamais tivessem ouvido falar de garotos se masturbando ou de brigas em famílias judaicas. Era porque, se eles não conseguiam mais controlar alguém como eu, com minhas afiliações e credenciais respeitáveis, toda a minha Seriedade de Propósitos, então algo tinha desandado. Afinal de contas, eu não era Abbie Hoffman ou Lenny Bruce, e sim um professor universitário com trabalhos publicados na revista *Commentary*. Porém, na época, achei que a coisa mais próxima de ser sério era não ser tão babacamente sério. Como Zuckerman lembra a Appel: "A seriedade pode ser tão idiota quanto qualquer outra coisa".

Você também não estava procurando briga ao escrever O complexo de Portnoy?

Entrei numa briga sem procurar por ela, muito antes disso. Eles nunca saíram do meu cangote depois que publiquei *Adeus, Columbus*, considerado em alguns círculos como meu *Mein Kampf*. Ao contrário de Alexander Portnoy, minha educação em matéria de moralidade pequeno-burguesa não começou em casa, mas depois que saí de lá e publiquei meus primeiros contos. O ambiente familiar em que vivi como adolescente foi muito mais parecido com o de Zuckerman do que com o de Portnoy. Tinha suas restrições, mas nada que se assemelhasse à limitação mental de cunho censório e à xenofobia nascida da vergonha que tive de confrontar quando autoridades judaicas quiseram me calar. A atmosfera moral na família de Portnoy, em seus aspectos repressivos, deve muito à reação de vozes persistentes nos segmentos oficiais da comunidade judaica quando iniciei minha carreira literária. Eles contribuíram bastante para fazê-la parecer auspiciosa.

Você já falou sobre a oposição a O complexo de Portnoy. *Que dizer do reconhecimento? Como seu enorme sucesso o afetou?*

Foi grande demais, numa escala maior e mais louca do que eu era capaz de lidar, e por isso fui embora. Algumas semanas após a publicação, peguei um ônibus no terminal da Port Authority rumo a Saratoga Springs, e durante três meses fiquei entocado na Yaddo, a colônia de escritores. Exatamente o que Zuckerman devia ter feito depois de *Carnovsky* — mas ele não saiu de onde estava, o bobalhão, e veja o que lhe aconteceu. Ele teria apreciado a Yaddo mais do que apreciou Alvin Pepler. Mas *Zuckerman libertado* ficou mais engraçado porque o mantive em Manhattan, e fez minha vida mais fácil não permanecer lá.

Você não gosta de Nova York?

Morei lá de 1962 até me mudar para o campo, depois de *O complexo de Portnoy*, e não trocaria aqueles anos por nada. Nova York de certo modo me deu *O complexo de Portnoy*. Quando eu morava e lecionava em Iowa City e Princeton, nunca me senti tão livre como em Nova York, na década de 1960, para me permitir bancar o cômico no papel e perante os amigos. Havia noitadas barulhentas com meus amigos nova-iorquinos, havia um despudor sem censura em minhas sessões psicanalíticas, havia a atmosfera teatralmente dramática da própria cidade nos anos que se seguiram ao assassinato de Kennedy — tudo isso me inspirou a tentar uma nova voz, uma quarta voz, uma voz menos aprisionada à página que aquela de *Adeus, Columbus*, *As melhores intenções* ou *Quando ela era boa*. A oposição à Guerra do Vietnã teve o mesmo efeito. Por trás de um livro sempre existe alguma coisa com a qual parece que não há nenhuma conexão, algo invisível ao leitor e que contribuiu para liberar o impulso inicial do escritor. Estou me referindo à raiva e à rebeldia que pairavam no ar, os exemplos vívidos que notei ao meu redor de desafio indignado e oposição histérica. Daí saíram certas ideias para meu show.

Você sentiu que fazia parte do que estava ocorrendo na década de 1960?

Senti o poder da vida à minha volta. Acreditava estar tendo a plena consciência de um lugar — naquele momento, Nova York

— realmente pela primeira vez desde que era criança. Estava também, como outros, recebendo uma lição chocante sobre as possibilidades morais, políticas e culturais que nos era dada por uma vida pública muito agitada e pelo que acontecia no Vietnã.

Mas você publicou um famoso ensaio em 1960 na revista Commentary *intitulado "Escrevendo ficção nos Estados Unidos", sobre o modo como os intelectuais e as pessoas conscientes sentiam estar vivendo num país estrangeiro, num país em cuja vida comunitária eles não estavam envolvidos.*

Bem, essa é a diferença entre 1960 e 1968. (Aparecer na *Commentary* é outra diferença.)* Alienados nos Estados Unidos, distantes de seus prazeres e preocupações — é assim que muitos jovens como eu viam sua situação na década de 1950. Era uma postura perfeitamente honrosa, creio eu, moldada por nossas aspirações literárias e entusiasmos modernistas, pessoas da segunda geração de imigrantes capazes de reflexão e entrando em conflito com a primeira grande erupção de lixo midiático no pós-guerra. Mal sabia eu que, uns vinte anos mais tarde, a ignorância materialista e pequeno-burguesa para a qual dávamos as costas infestaria o país como a peste de Camus. Qualquer escritor de sátiras que, durante os anos do governo Eisenhower, escrevesse um romance futurista tendo como personagem o presidente Reagan seria acusado de perpetrar um ato de crueldade grosseiro, desprezível, juvenil e antiamericano, quando, de fato, teria servido como sentinela

---

* *Commentary* é uma revista mensal lançada em 1945 por um comitê de judeus norte-americanos. Embora de início defendesse ideias liberais, a partir da década de 1960 tornou-se um bastião do neoconservadorismo. Tendo publicado alguns contos de Roth no começo de sua carreira, mais tarde transformou-se na principal plataforma de ataque ao suposto antissemitismo do autor. (N. T.)

profético exatamente onde Orwell errou: essa pessoa teria visto que tudo de grotesco que tomaria conta do mundo de língua inglesa não seria uma extensão do pesadelo totalitário e repressivo da Oriente, e sim uma proliferação da farsa ocidental representada pela estupidez midiática e pelo comercialismo cínico — um desenfreado anti-intelectualismo no melhor estilo norte-americano. Não era o Grande Irmão nos olhando da tela, mas nós olhando um líder mundial terrivelmente poderoso, com a alma de uma vovozinha bondosa de novela, os valores de um vendedor de Cadillacs de Beverly Hills com preocupações cívicas e o equipamento intelectual de um ginasiano num filme musical de June Allyson.*

O que aconteceu com você depois, na década de 1970? O que estava ocorrendo no país continuou a significar muito para alguém como você?

Tenho de lembrar que livro eu estava escrevendo, pois então consigo lembrar o que aconteceu comigo, embora o que estivesse acontecendo comigo era em boa parte o livro que escrevia no momento. Nixon veio e se foi em 1973 e, enquanto isso, eu estava ficando quase louco por conta de *Minha vida de homem*. De certa forma, eu vinha escrevendo aquele livro, parando e recomeçando, desde 1964. Continuava procurando um pano de fundo para a cena sórdida em que Maureen compra a amostra de urina de uma pobre negra grávida a fim de fazer com que Tarnopol pense que a deixou prenha. Pensei de início como uma cena de *Quando ela era boa*, mas não funcionava com Lucy e Roy no Liberty Center de Nova York. Depois pensei que poderia entrar em *O complexo*

---

* Atriz norte-americana (1917-2006) que desempenhou papéis edificantes em vários filmes musicais, como *Duas garotas e um marujo* (1944) e *Tudo azul* (1947). (N. E.)

de Portnoy, mas era malevolente demais para aquele tipo de comédia. Mais tarde enchi várias caixas de papelão com rascunhos do que terminou sendo *Minha vida de homem* — isso depois que me dei conta de que a solução residia no próprio problema que eu não conseguia superar: minha incapacidade de encontrar o pano de fundo apropriado para o sórdido fato, ao contrário do sórdido fato por si mesmo, estava realmente no âmago do romance. Watergate tornou a vida interessante enquanto eu não estava escrevendo, mas, das nove da manhã às cinco da tarde, todos os dias, eu não pensava muito em Nixon ou no Vietnã. Estava tentando resolver o problema daquele livro. Quando tive a impressão de que nunca conseguiria, parei e escrevi *Our Gang*; voltei a tentar e, ainda incapaz de ir adiante, parei e escrevi o livro sobre beisebol; então, enquanto terminava esse livro sobre beisebol, parei para escrever *O seio*. Era como se eu estivesse abrindo um túnel com dinamite para atingir o romance que não conseguia escrever. Cada um daqueles livros é uma explosão, abrindo caminho para o próximo. Na verdade, a gente só escreve um livro. À noite, tem seis sonhos. Mas serão mesmo seis sonhos? Um sonho prefigura ou antecipa o seguinte, ou de algum modo conclui aquilo que nem foi totalmente sonhado. Aí vem o próximo sonho, que corrige o anterior — o sonho alternativo, o sonho-antídoto —, o sonho ampliando, rindo dele, contradizendo ou simplesmente tentando apenas consertá-lo. Você pode continuar tentando a noite inteira.

Depois de Portnoy *e depois de se mudar de Nova York, você foi morar no campo. O que acha da vida rural? É óbvio que ela foi usada como material em* O escritor fantasma.

Talvez nunca me interessasse em escrever sobre um escritor recluso se eu mesmo não tivesse provado um pouco dos 35 anos de esplendor rural de E. I. Lonoff. Preciso de algo sólido sob meus pés para dar impulso à imaginação. Mas, além de me familiarizar com a vida do casal Lonoffs, esses anos passados no campo não me ofereceram ainda nenhum tema. Provavelmente jamais o farão, e eu devia ir embora o mais rápido possível. Acontece que adoro morar aqui e não posso fazer com que todas as escolhas se adaptem às necessidades do meu trabalho.

E que tal a Inglaterra, onde você passa uma parte de cada ano? É uma fonte possível de ficção?

Pergunte-me daqui a vinte anos. Foi o tempo que levou para que Isaac Singer eliminasse o suficiente da Polônia de seu sistema — permitindo que entrasse alguma coisa dos Estados Unidos — a fim de começar, pouco a pouco, a ver e descrever os cafés do norte da Broadway. Se você não conhece a vida de fantasia de um país, é difícil escrever sobre ele uma ficção que não seja apenas descrição do cenário, inclusive humano. Pequenas coisas me ocorrem quando vejo o país sonhando em voz alta — no teatro, numa eleição, durante a crise das Malvinas, mas nada sei de verdade sobre o que elas significam para as pessoas daqui. É muito difícil para mim compreender o que elas são, mesmo quando me contam, e nem sei se é *por causa* de quem são ou por minha causa. Não sei quem está personificando o quê, se estou necessariamente vendo a realidade ou apenas uma imitação, nem sei ver com facilidade onde as duas se justapõem. Minhas percepções são obscurecidas pelo fato de que falo a língua. Acredito que sei o que está sendo dito, mesmo se não sei de fato. Pior que tudo, não odeio nada aqui. É um grande alívio não ter queixas culturais, não ter de ouvir o som de sua própria voz tomando posições, expressando opiniões e recontando tudo o que há de errado! Uma enorme felicidade — mas para o autor não se trata de vantagem. Nada me deixa alucinado aqui, e um escritor *precisa* ficar enfurecido para ajudá-lo a *ver*. Um escritor necessita de seus venenos. Muitas vezes, o antídoto para esses venenos é um livro. Ora, se eu tivesse de viver aqui, se por algum motivo fosse impedido de voltar aos Estados Unidos, se minha posição e meu bem-estar pessoal de repente ficassem vinculados de forma permanente à Inglaterra, então o que existe de enlouquecedor e significativo pode entrar em foco e, sim, talvez em 2005 ou quem sabe 2010, pouco a pouco eu deixaria de escrever sobre Newark e ousaria situar uma história num bar onde servem vinhos na Kensington Park Road. Um conto sobre um velho escritor exilado, naquela ocasião lendo não o *Jewish Daily Forward*, e sim o *Herald Tribune*.

Nesses três últimos livros, os romances sobre Zuckerman, houve uma reiteração da luta com o judaísmo e as críticas feitas por judeus. Por que você acha que esses livros remetem tanto ao passado? Por que isso está acontecendo agora?

No começo da década de 1970, passei a visitar com regularidade a Tchecoslováquia. Costumava ir a Praga na primavera e fiz um cursinho relâmpago em matéria de repressão política. Eu conhecia a repressão diretamente em formas algo mais inofensivas e ocultas — como restrições psicossexuais ou sociais. Conhecia mais a repressão que os judeus exercem sobre si mesmos, e entre si, devido à história do antissemitismo, do que a repressão antissemita por experiência própria. Portnoy, você lembra, ele se considera judeu praticante. De qualquer modo, compreendi bem as diferenças entre a vida de um escritor na Praga totalitária e numa Nova York em que tudo era permitido, e decidi, após algumas incertezas iniciais, concentrar-me nas consequências não reconhecidas de uma vida artística no mundo que eu conhecia melhor. Dei-me conta de que já havia muitos contos e romances maravilhosos e famosos sobre a vida do artista por Henry James, Thomas Mann e James Joyce, mas eu não conhecia nenhum sobre a comédia em que pode se transformar uma vocação artística nos Estados Unidos. Quando Thomas Wolfe cuidou do tema, ele foi bastante rapsódico. A luta de Zuckerman com representantes do judaísmo e críticos judeus é vista no contexto de sua cômica carreira como escritor norte-americano, expulso da família, alienado de seus fãs e, por fim, brigando com seus próprios nervos. A qualidade judaica de livros como os meus não está efetivamente no tema. Falar sobre os traços típicos de um judeu em nada me interessa. O que vincula aos judeus um livro como *A lição de anatomia* é uma espécie de sensibilidade: o nervosismo, a excitabilidade, o amor ao debate, a dramatização, a indignação, a obsessividade, a suscetibilidade, a encenação que acompanha as falas. O quanto se discute e se grita. Os judeus, você sabe, não param de falar. Não é a *matéria* que está sendo tratada que dá ao livro a característica de algo judeu — é o fato de que o livro não cala a boca. O livro não o deixa em paz. Não descansa. Chega perto demais. "Escute, escute! Isso é só o começo!" Eu sabia o que estava fazendo quando quebrei a mandíbula de Zuckerman. Para um judeu, uma mandíbula quebrada é uma tragédia terrível. É para evitar isso que tantos de nós vamos ser professores em vez de pugilistas.

Por que Milton Appel, o judeu bom e magnânimo que é um guru para Zuckerman em seus primeiros anos, torna-se um saco de pancadas em A lição de anatomia, *alguém que Zuckerman deseja tirar do altar?*

Se eu não fosse quem sou, se a outra pessoa tivesse sido dado o papel de ser Roth e de escrever seus livros, eu bem poderia, nessa outra encarnação, ter sido o Milton Appel dele.

A raiva de Zuckerman por Milton Appel é a manifestação de alguma espécie de culpa da sua parte?

Culpa? Nem um pouco. Na verdade, num primeiro rascunho do livro, Zuckerman e sua jovem namorada Diana assumem exatamente as posições opostas numa discussão sobre Appel. Ela, com toda sua inexperiência mal-humorada, disse a Zuckerman: "Por que você o deixa manipular desse jeito, por que engole tanta merda sem reagir?", e Zuckerman, mais velho, responde: "Não seja ridícula, minha querida, trate de se acalmar, ele não tem importância". Essa era a cena realmente autobiográfica, e não tinha a menor centelha de vida. Eu precisava incutir a raiva no protagonista, embora minha própria raiva por esse assunto já tivesse se dissipado muito tempo antes. Ao ser fiel à vida, eu estava na verdade fugindo da questão. Por isso, inverti a posição dos dois, e fiz com que a universitária de vinte anos dissesse a Zuckerman para deixar de ser criança, provocando nele um ataque de birra. Muito mais divertido. Eu não iria a lugar nenhum com um Zuckerman tão eminentemente razoável quanto eu.

Quer dizer que seu protagonista sempre tem de ser raivoso, reclamar de alguma coisa ou estar vivendo um grande problema.

Meu protagonista precisa estar num estado de vívida transformação ou deslocamento radical. "Eu não sou o que sou. Se sou alguma coisa, eu sou o que não sou!" A ladainha começa mais ou menos assim.

Quão consciente você é ao escrever quando está passando de uma narrativa na terceira para outra na primeira pessoa?

Não é consciente ou inconsciente — o movimento é espontâneo.

Mas como você se sente ao escrever na terceira pessoa e não na primeira?

Como você se sente ao olhar num microscópio e ajustar o foco? Tudo depende de quão perto você quer trazer o objeto nu ao olho nu. E vice-versa. Depende do que você deseja ampliar e a que potência.

Mas você se liberta de algum modo ao pôr Zuckerman na terceira pessoa?

Eu me liberto para dizer sobre Zuckerman o que seria inapropriado ele dizer sobre si próprio da mesma forma. A ironia se perderia na primeira pessoa, ou a comédia: posso introduzir uma nota de gravidade que poderia soar dissonante vinda dele. Numa narrativa, a passagem de uma voz para a outra é como se determina a perspectiva moral do leitor. Queremos fazer algo semelhante nas conversas cotidianas quando empregamos "a gente" ao falar de nós mesmos. O uso de "a gente" coloca a observação numa relação mais frouxa com a pessoa que fala. Às vezes é mais incisivo deixar que ele fale por si, às vezes mais incisivo falar sobre ele; às vezes é mais incisivo narrar de forma enviesada, às vezes não. *O escritor fantasma* é narrado na primeira pessoa provavelmente porque o que está sendo descrito é sobretudo um mundo que Zuckerman descobriu fora dele, o livro de um jovem explorador. Quanto mais velho e mais coberto de cicatrizes ele fica, mais introspectivo se torna, e eu preciso me afastar ainda mais. A crise de solipsismo que ele sofre em *A lição de anatomia* é mais bem-vista de certa distância.

Ao escrever você se obriga a fazer distinções entre o que é falado e o que é narrativa?

Não "me obrigo" a nada. Reajo ao que me parecem ser as

possibilidades mais vívidas. Não há necessariamente um equilíbrio a ser atingido entre o que é falado e o que é narrado. Você vai atrás do que é mais palpitante. Duas mil páginas de narrativa e seis linhas de diálogo pode ser a fórmula correta para um escritor, e 2 mil páginas de diálogo e seis linhas de narrativa, a solução para outro.

Você costuma transformar longos trechos de diálogos em narrativas ou vice-versa?

Sem dúvida. Fiz isso na parte sobre Anne Frank em *O escritor fantasma*. Tive problemas para acertar aquilo. Quando comecei, na terceira pessoa, estava de certa forma reverenciando o material. Assumindo um tom altamente elegíaco ao contar a história de que Anne Frank havia sobrevivido e vindo para os Estados Unidos. Não sabia onde eu queria chegar e, por isso, comecei como se supõe que alguém deva começar quando escreve a vida de um santo. Era o tom apropriado para uma hagiografia. Em vez de Anne Frank ganhar um novo significado no contexto da minha história, eu estava tentando me valer do estoque disponível de emoções convencionais que supostamente todo mundo tem em relação a ela. É o que até bons atores fazem às vezes durante as primeiras semanas de ensaio de uma peça teatral — gravitar na direção de uma forma corriqueira de representação, agarrar-se ao clichê enquanto espera com ansiedade que surja algo autêntico. Em retrospecto, minhas dificuldades parecem quase bizarras porque Zuckerman estava justamente lutando contra aquilo a que eu de fato me sujeitava, à lenda oficialmente autorizada e mais consoladora. Posso lhe garantir que, se eu tivesse recorrido àquelas banalidades, ninguém que depois reclamou que abusei da memória de Anne Frank em *O escritor fantasma* teria movido um dedo. Isso seria ótimo, eu talvez até recebesse algum prêmio por fazê-lo. Mas eu não podia me dar nenhum prêmio por aquilo. As dificuldades de contar uma história sobre judeus — Como deve ser contada? Em que tom? A quem deve ser contada? Para que fim? Será que deve mesmo ser contada? — isso acabou sendo o tema de *O escritor fantasma*. Porém, antes de tornar-se um tema, aparentemente teve de ser uma provação. É comum, ao menos comigo, que as lutas que geram a vida moral do livro sejam encenadas no corpo da obra durante as primeiras e hesitantes etapas da redação. Essa é a provação, que terminou quando peguei toda a seção e a reformulei na primeira pessoa — a história de Anne Frank contada por Amy Bellette. A vítima não falaria, ela própria, sobre seus apuros na voz de um locutor de documentário. Como ela não tinha feito isso no *Diário*, por que haveria de fazê-lo em vida? Eu não queria que essa seção fosse como uma narração na primeira pessoa, mas sabia que, ao passá-la no filtro da primeira pessoa, tinha uma boa chance de me livrar daquele tom pavoroso que não era dela, e sim meu. E me livrei dele. As cadências ardentes, as emoções exacerbadas, a dicção sombria, superdramática e arcaica — eliminei tudo isso graças a Amy Bellette. Sem maiores problemas, pus a seção então de volta na terceira pessoa e pude começar a trabalhar no texto — escrever, em vez de cantar loas ou prestar homenagens.

O quanto você, como escritor, influenciou o ambiente cultural e político?

Em nada. Se eu tivesse seguido meu plano ao entrar na universidade e tivesse me tornado advogado, não vejo como isso teria influenciado a cultura.

Você diz isso com amargura ou alegria?

Nem uma coisa nem outra. É só um fato. Numa imensa sociedade comercial que exige completa liberdade de expressão, a cultura é um sorvedouro. Recentemente, o primeiro romancista norte-americano a receber uma medalha especial de ouro do Congresso por sua "contribuição à nação" foi Louis L'Amour.* A comenda lhe foi entregue pelo presidente, na Casa Branca. Além dos Estados Unidos, o outro único país no mundo onde um escritor como ele receberia a mais alta condecoração do governo seria a União Soviética. Entretanto num Estado totalitário, toda a cultura é ditada pelo regime. Felizmente, nós vivemos na república de Reagan e não na de Platão e, excetuada a medalha idiota deles, a cultura é quase ignorada por completo. E isso é de longe o preferível. Enquanto os donos do poder estiverem cobrindo de honrarias Louis L'Amour sem se importarem com mais nada, tudo estará muito bem. Quando fui pela primeira vez à Tchecoslováquia, ocorreu-me que trabalho numa sociedade em que, como escritor, vale tudo e nada importa, enquanto, para os escritores tchecos que encontrei em Praga, nada vale e tudo importa. Isso não significa que eu queira trocar de lugar com eles. Não invejei a perseguição que sofrem e a forma como isso aumenta a importância social dos autores. Nem mesmo invejei seus temas aparentemente mais valiosos e sérios. A banalização ocidental de muita coisa que é mortalmente séria no Leste constitui por si só um tema, o qual demandaria considerável engenhosidade imaginativa para ser transformado numa ficção convincente. Escrever um livro sério que não proclama sua seriedade com dicas retóricas ou a gravidade temática tradicionalmente associada à seriedade constitui também uma empreitada válida. Fazer justiça a uma grave dificuldade espiritual que não seja ostensivamente chocante e monstruosamente horrível, que não evoque a compaixão universal ou ocorra num grande palco histórico ou na escala máxima do poço

---

* Louis L'Amour, pseudônimo de Louis Dearborn LaMoore, ficou famoso por suas histórias de faroeste. (N. T.)

de sofrimentos do século xx — essa é a tarefa que cabe àqueles que escrevem onde vale tudo e nada importa. Há pouco tempo, ouvi o crítico George Steiner, na televisão inglesa, denunciar a literatura ocidental de nossos dias como totalmente sem valor e sem qualidade, argumentando que os grandes documentos da alma humana, as obras-primas, só podiam ter origem em almas esmagadas por regimes como aquele da Tchecoslováquia. Perguntei-me então por que todos os escritores que conheci na Tchecoslováquia odeiam o regime e desejam ardorosamente que ele desapareça da face da Terra. Será que não compreendem, como Steiner, que essa é a oportunidade que têm de serem grandes? Às vezes um ou outro escritor, com uma força bruta colossal, consegue realmente sobreviver como que por milagre e, tomando o sistema como assunto, produz uma arte de alto gabarito com base na perseguição que sofre. Mas quase todos, que permanecem enclasurados em Estados totalitários, são, como escritores, sufocados pelo sistema. O sistema não cria obras-primas: ele cria problemas de coração, úlceras e asma, cria alcoólatras, cria depressivos, cria amargura, desespero e insanidade mental. Os escritores são intelectualmente deformados, espiritualmente desmoralizados, fisicamente enfermos e culturalmente entediados. Com frequência, são silenciados por completo. Nove em dez nunca escreverão seu melhor livro, por causa do sistema. Os autores por ele alimentados são os escrevinhadores do Partido. Quando um sistema desse tipo se mantém por duas ou três gerações, moendo sem cessar uma comunidade de escritores por vinte, trinta ou quarenta anos, as obsessões se tornam fixas, a linguagem definha, o público leitor morre aos poucos de inanição — e a existência de uma literatura nacional dotada de originalidade, variedade e vibração (coisa muito diferente da sobrevivência heroica de uma única voz poderosa) é quase impossível. Uma literatura sujeita ao infortúnio de permanecer isolada nos subterrâneos por muito tempo inevitavelmente se tornará provinciana, retrógrada e até mesmo ingênua, malgrado o fundo de amargas experiências que pode inspirá-la. Em contraste, ao nosso trabalho aqui não tem faltado autenticidade, porque, como escritores, não fomos pisoteados por um governo totalitário. Com exceção de George Steiner (tão grandiosa e sentimentalmente iludido sobre o sofrimento humano e as "obras-primas"), não conheço nenhum escritor ocidental que, tendo conhecido o outro lado da Cortina de Ferro, sentiu-se desvalorizado por não ter de confrontar um ambiente intelectual e literário tão desgraçado. Se a escolha é entre Louis L'Amour e nossa liberdade literária, entre nossa literatura nacional ampla e palpitante de um lado e, do outro, Soljenítsin, aquele deserto cultural e a esmagadora supressão, então fico com L'Amour.

Mas você não se sente impotente como um escritor nos Estados Unidos?

Escrever romances não é um meio de chegar ao poder. Creio que, na minha sociedade, os romances só causam efeitos significativos naquele punhado de pessoas que são escritores, e cujos próprios romances são obviamente afetados de forma significativa pelos livros dos outros romancistas. Não consigo ver nada parecido acontecendo com o leitor comum, nem esperaria que acontecesse.

Então, de que servem os romances?

Para o leitor comum? Os romances proporcionam aos leitores alguma coisa para ler. Na melhor das hipóteses, os escritores modificam a forma como os leitores leem. Essa me parece ser a única expectativa realista. Também me parece ser suficiente. Ler romances é um prazer profundo e singular, uma atividade humana absorvente e misteriosa — que, como o sexo, não exige nenhuma justificativa moral ou política.

Mas não há outros efeitos secundários?

Você perguntou se eu achava que minha ficção havia mudado alguma coisa na cultura, e a resposta é não. Sem dúvida causei algum escândalo, mas as pessoas se escandalizam o tempo todo, é uma forma de viver para elas. Não tem a menor importância. Caso me pergunte se eu *quero* que minha ficção mude alguma coisa na cultura, a resposta ainda é não. Quero é possuir meus leitores enquanto estiverem lendo meus livros — se possível, possuí-los de formas que outros escritores não possuem. Que voltem depois, exatamente como são, a um mundo em que todos os demais estão se esforçando para mudá-los, persuadi-los, aliciá-los e controlá-los. Os melhores leitores vêm para a ficção para se livrar de todos esses ruídos, para liberar a consciência que de outro modo está condicionada e limitada por tudo o que não é ficção. Isso é algo que toda criança, apaixonada por livros, compreende na hora, embora as crianças não tenham de forma alguma essa ideia da importância da leitura.

Última pergunta: como você se descreveria? O que acha que é, em comparação com seus protagonistas, que atravessam vívidos processos de transformação?

Sou como alguém que está tentando vividamente se transformar num de meus protagonistas em vívido processo de transformação. Sou bem parecido com quem passa o dia inteiro escrevendo.

Entrevista sobre Zuckerman[*]

Muitos críticos e resenhistas continuam a escrever sobre Roth e não sobre sua obra. Por que tal persistência depois de todos esses anos?

Se é assim, talvez seja devido à intensidade com que minha obra focalizou os dilemas autorreveladores de um único protagonista cuja biografia, em certos detalhes óbvios, se superpõe à minha e que, por isso, muitos supõem que "eu" seja ele. *O escritor fantasma* foi automaticamente descrito na imprensa como "autobiográfico" porque o narrador, Nathan Zuckerman, é um escritor judeu e norte-americano da minha idade, nascido em Newark, cujos primeiros contos provocam o protesto de alguns leitores judeus. Entretanto, na verdade, para por aí a similaridade entre minha história e a de Zuckerman naquele livro. Fui poupado da inquietante oposição que o jovem Zuckerman sofre da parte do pai e que impulsiona a trama moral de *O escritor fantasma*. O

[*] Concedida a Asher Z. Milbauer e Donald G. Watson para o livro *Reading Philip Roth* (St. Martin's Press, 1968).

interesse inteligente e paternal pelos trabalhos de Zuckerman, demonstrado por um conceituado escritor mais velho, que por sorte o hospeda em sua casa da Nova Inglaterra quando ele tem 23 anos, não se assemelha a nenhuma experiência minha ao começar a escrever na década de 1950. Tampouco encontrei alguma vez uma mulher que me atraísse por se parecer com a Anne Frank, ou a quem eu tivesse mentalmente transformado em Anne Frank e lhe conferido importância pública para me livrar das acusações de ódio a mim mesmo e de antissemitismo feitas por judeus.

Embora alguns leitores possam ter dificuldade em desemaranhar minha vida da de Zuckerman, *O escritor fantasma* — junto com *Zuckerman libertado* e *O avesso da vida* — constituem uma biografia imaginária, uma invenção estimulada por temas que fazem parte da minha experiência. Mas são o resultado de um processo de elaboração literária muito distante dos métodos, sem falar dos propósitos, de uma autobiografia. Se um autobiógrafo assumido transformasse seus temas pessoais numa detalhada narrativa distinta e independente de sua verdadeira história, mas povoada de personagens imaginários que conversam usando palavras que nunca foram pronunciadas e cujo sentido é dado por uma sequência de eventos que nunca ocorreu, não nos surpreenderíamos se ele fosse acusado de apresentar como sua vida real o que era uma mentira deslavada.

Posso citar John Updike? Questionado sobre meus livros que têm Zuckerman como protagonista, ele disse a um entrevistador: "Roth está inventando o que parece ser um *roman à clef* mas não é".

Mas, se seus livros são lidos de forma equivocada por todos menos John Updike, essa não é mais ou menos a sina da boa escrita? Você não espera ser lido assim?

O fato de que os romancistas servem aos leitores de formas que eles não podem prever ou levar em conta enquanto escrevem não é novidade para alguém que passou oito anos com *Zuckerman libertado*. Essa é a história contada em quase cada uma de suas oitocentas páginas, desde a cena inicial em que Nathan, o escritor emergente, entra na sala de visita de Lonoff buscando absolvição pelos pecados cometidos em sua juventude contra a autoestima da família, até o final em que, como autor bem-conceituado aos quarenta anos, ele é forçado a entregar à polícia de Praga os contos em iídiche totalmente inofensivos que as autoridades locais haviam decidido confiscar como subversivos.

A única leitura que chega perto da ideal é a que faz o próprio escritor. Todas as demais são um pouco surpreendentes, para usar minha palavra, ou "equivocadas", para usar sua expressão, o que não significa que a leitura seja superficial ou burra, e sim que foi determinada por formação, ideologia, sensibilidade e outros fatores que caracterizam o leitor.

No entanto para ser lido de modo equivocado de uma forma que mereça alguma reflexão, o escritor *precisa ser lido*. Mas *aquelas* leituras equivocadas, feitas por leitores hábeis e intelectualizados, que já fizeram outras inúmeras leituras assim, podem ser instrutivas, mesmo quando são bizarras — como se vê no caso de Lawrence falando sobre a literatura norte-americana ou de Freud, que fez leituras equivocadas de ficção imaginativa e foi o leitor mais influente de todos os tempos. Os censores também são leitores influentes que fazem essas leituras equivocadas, embora por outras razões. Mas será que os censores soviéticos *fazem esse tipo* de leitura ao ver objetivos políticos na ficção de Soljenítsin? Embora os censores possam parecer os leitores equivocados mais limitados e mais perversos de todos, às vezes eles podem ter maior discernimento das implicações socialmente difamantes de um livro do que o público mais tolerante e generoso.

Graves leituras mal interpretadas pouco têm a ver com a impenetrabilidade de um texto: há gênios que leem dessa forma cantigas de roda infantis. Basta que tenha outros interesses a defender.

À luz disso, que tal o público leitor? Você acha que tem seu próprio público? E, caso tenha, o que ele significa para você?

Tive dois tipos de público, um geral e outro composto de judeus. Praticamente não tenho como avaliar meu impacto no público mais amplo, de fato não conheço sua composição. E quando falo de público geral nem me refiro a algo vasto. Malgrado a popularidade de *O complexo de Portnoy*, o número de cidadãos do país que podem ter lido com real atenção metade de meus livros — em contraste com os que leram um ou dois — não deve ser superior a 50 mil, se é que chega a tanto. Não penso neles enquanto trabalho mais do que eles pensam em mim enquanto trabalham. São tão remotos quanto os espectadores para um enxadrista que se concentra no tabuleiro e nas jogadas do oponente. Ao mesmo tempo, um público desconhecido de 50 mil leitores judiciosos (ou que fazem leitura equivocada imaginativa), cuja concentração eu consigo comandar por vontade deles, é uma grande satisfação. A troca enigmática entre um livro silencioso e um leitor silencioso me atraiu, desde criança, como uma transação ímpar. No que me diz respeito, é nisso que se resume a faceta pública da vocação de romancista. É tudo o que importa.

Contrabalançando o público geral, tem havido um público judeu, o que me permite o melhor dos dois mundos. Com meu público judeu sinto intensamente suas expectativas, desprezo, apreciação, críticas, o amor-próprio ferido, a curiosidade saudável, a indignação — algo que imagino que se assemelhe à consciência de um escritor em relação a seus leitores na capital de um país pequeno em que a cultura significa tanto quanto a política, em que a cultura é a política: uma pequena nação perpetuamente engajada em avaliar seu propósito, contemplar seu significado, minimizar suas esquisitices por meio de piadas e sentir-se o tempo todo ameaçada, de uma forma ou de outra.

Por que você irrita tanto os judeus?

Ainda irrito? Sem dúvida, "tanto" deve ser um exagero a esta altura. Depois de quinze livros, posso ter me tornado bem menos irritante do que Zuckerman descreveu, sobretudo porque a geração de judeus que não gostava de mim está menos influente e os outros não sentem mais vergonha, se é que alguma vez sentiram, do modo como os judeus se comportam na minha ficção.

Porque *era* uma vergonha — deles — que tinha muito a ver com aquele conflito. Mas agora que estão todos mais confiantes sobre o direito dos judeus de terem pensamentos sexuais e se entregarem a práticas eróticas autorizadas ou até mesmo não autorizadas, acho que o problema foi superado. De modo geral, os leitores judeus não reagem tanto às ideias dos outros (reais ou imaginárias) do que constitui um comportamento socialmente aceitável, e não parecem estar obsessivamente preocupados que percepções prejudiciais sobre eles possam ficar gravadas de forma indelével na mente do público devido a uma obra de ficção que provocará reações antissemitas. Os judeus norte-americanos mostram-se muito menos intimidados pela desaprovação dos góis do que na década de 1950, quando comecei a publicar; e também mais experientes sobre o antissemitismo e suas causas, menos sufocados por conceitos estreitos de normalidade.

Isso porque não estão mais tão preocupados quanto antes com a natureza problemática da assimilação e, portanto, estão, com razão, menos aflitos com as disparidades étnicas na sociedade norte-americana dos últimos quinze anos — uma sociedade criada pelo influxo maciço de 20 milhões de pessoas ainda menos assimiláveis que eles, cerca de oitenta por cento de europeus cuja presença visível restabeleceu a poligênese como um fato ostensivo e inalterável da vida de nossa nação. Quando a alta sociedade de Miami é composta da burguesia cubana e os melhores alunos do MIT são chineses, e nenhum candidato à convenção presidencial democrata deixa de enfatizar suas credenciais raciais ou étnicas — quando todo mundo se exibe e não parece se importar —, talvez os judeus estejam menos propensos a se preocupar *por estarem* em destaque ou menos propensos *a se destacarem*.

Além da vergonha que fomentei, houve a ameaça que disseram que eu representava por ter confirmado as crenças dos inimigos convictos de judeus e por ter mobilizado o antissemitismo latente na população gói em geral. Alguns anos atrás, Gershom Scholem, o eminente estudioso do misticismo judaico, publicou um ataque a *O complexo de Portnoy* num jornal israelense, vaticinando que não apenas eu, mas todos os judeus, pagaríamos o preço pela impudência do livro. Só recentemente, numa visita a Israel, soube do artigo de Scholem. Um professor universitário de Tel Aviv resumiu os argumentos do texto para mim e perguntou o que eu pensava. Respondi que a história provara que Scholem estava errado: mais de quinze anos haviam se passado desde a publicação de *O complexo de Portnoy* e nem um único judeu pagara pelo livro mais que uns poucos dólares que custou na livraria. A resposta do professor? "Ainda não", ele disse, "mas os góis farão uso dele quando chegar a hora certa."

Os judeus que ainda irrito devem ser, em sua maioria, como o professor de Israel: para eles, o perigo de instigar o antissemitismo é maior que qualquer outra consideração.

Sem dúvida haverá muitos judeus, bem como góis, que não gostam de meus livros por acharem que não sei escrever ficção. Não há nada de errado nisso. Penso em especial numa orientação psicológica ou ideológica que teria de transformar *O complexo de*

Portnoy em anátema para certos grupos de leitores. Embora o exemplo do professor israelense possa sugerir o contrário, essa orientação entre os judeus norte-americanos me parece estar desaparecendo *graças especificamente* à existência oficial de Israel e ao seu efeito sobre a autoconfiança desses judeus norte-americanos.

Não me refiro ao orgulho que possa ter sido inspirado nos judeus do país pelo poderio militar israelense. Não são as imagens de Israel triunfante nem noções ingênuas sobre a infalibilidade israelense que sinalizaram aos judeus norte-americanos que não precisavam mais ser tão rigidamente constrangidos pela autocensura protetiva, mas justamente o oposto, a consciência de Israel como uma sociedade dividida, com discordâncias ostensivas, que não faz nenhum esforço para ocultar suas imperfeições de si própria e que seria incapaz de fazê-lo do mundo, mesmo se quisesse. A tremenda publicidade a que os judeus de Israel estão expostos — e com a qual parecem se regozijar — tem muitas causas, nem todas inofensivas, mas sem dúvida um efeito da autodivulgação franca dos israelenses tem sido a circunstância de levar os judeus dos Estados Unidos a associarem toda uma gama de comportamentos a pessoas que só podem ser percebidas como judeus, mesmo se eles próprios preferissem não estar publicamente identificados com tais modos de agir.

A fim de mudar para um assunto mais geral, você vê a ficção como um meio de conhecer o mundo, de transformá-lo?

Como um meio de conhecer o mundo de um modo que só pode ser conhecido assim. É possível conhecer muito sobre o mundo sem a ficção, mas nada gera o tipo de conhecimento possibilitado por ela, porque nada transforma o mundo *em* ficção. O que conhecemos por Flaubert, Beckett ou Dostoiévski nunca é muito mais do que já conhecemos sobre o adultério, a solidão ou o assassinato — o que você fica conhecendo é *Madame Bovary*, *Molloy* e *Crime e castigo*. A ficção se origina dessa condição única de escrutínio — a imaginação —, e sua sabedoria é inseparável dela. A inteligência do romancista mais inteligente é com frequência depreciada, e distorcida, quando isolada do romance que a incorpora; sem ter tal intenção, o romance atinge apenas a mente em vez de espalhar-se por toda a consciência e, por mais que lhe demos o prestígio de um "pensamento", ele cessa de ser um meio de conhecer o mundo, que de outra forma não pode ser conhecido. Apartada da ficção, a sabedoria de um romancista não passa de conversa pura.

Os romances *de fato* influenciam o comportamento, moldam a opinião, alteram a conduta — um livro, é claro, pode transformar a vida de alguém, mas devido à escolha feita pelo leitor de usar a ficção para seus próprios fins (fins que podem horrorizar o romancista), e não pelo fato de o romance ser incompleto caso o leitor não empreenda alguma ação.

Você dá a impressão de que prefere mesmo que a ficção não mude nada.

Tudo muda tudo — ninguém contesta isso. Meu argumento é que quaisquer mudanças aparentemente inspiradas pela ficção em geral têm a ver com os objetivos do leitor, e não do escritor.

Há uma coisa que os romancistas têm o poder de mudar, e eles trabalham para mudar todos os dias: é sua capacidade individual de escrever. A responsabilidade de um autor é com a integridade de seu próprio tipo de discurso.

Você acha que a importância, se não a integridade mesma, do discurso ficcional é ameaçada por rivais como os filmes, a televisão e as manchetes dos jornais, que propõem visões totalmente diferentes do mundo? Será que as mídias populares não usurparam quase toda a função de escrutínio que você atribui à imaginação literária?

A ficção que tem uma função de escrutínio não está apenas ameaçada, na verdade ela foi quase varrida dos Estados Unidos como uma forma séria de conhecer o mundo, praticamente tanto no interior da pequena elite cultural do país como entre as dezenas de milhões de pessoas para quem a televisão é às vezes a única fonte para conhecer qualquer coisa. Conversas animadas sobre filmes de décima classe por pessoas de primeira classe praticamente substituíram os debates em igual extensão e intensidade sobre um livro. Os filmes favorecem as conversas conduzidas de um jeito despreocupado e impressionista não só por pessoas de pouca leitura, como se constituíssem sua vida literária, mas também por pessoas cultas. Mesmo para indivíduos de formação erudita, parece que é mais fácil articular como conhecem o mundo a partir de um filme do que, com igual confiança, a partir de uma narrativa verbal.

As mídias populares usurparam a função de escrutínio da ficção e ainda a trivializaram. A mídia de massa norte-americana caminha para a banalização de tudo — fenômeno que não é menos importante para nós que a repressão no Leste Europeu; e, se no PEN Club o problema não alcançou a mesma notoriedade que a repressão política, é porque ele tem origem na *liberdade* política. A ameaça aos Estados Unidos civilizados não advém da censura deste ou daquele livro num distrito escolar atípico em alguma região do país. Não há uma tentativa por parte do governo de suprimir qualquer material de informação. O problema está na *superabundância* de informação, os circuitos *explodindo* com o excesso de informações — é a censura do *nada*. A trivialização de tudo resulta exatamente do que eles não têm no Leste Europeu ou na União Soviética — a liberdade de dizer qualquer coisa e vender qualquer coisa que se deseje.

No Ocidente, existem até escritores tentados a pensar que poderia ser mesmo melhor para o trabalho deles se estivessem oprimidos em Moscou ou Varsóvia, em vez de livres em Londres ou Paris. É como se, na falta de um ambiente autoritário, as possibilidades imaginativas fossem restringidas, e a seriedade literária do autor, passível de ser questionada. Aos escritores que podem estar contaminados por tais anseios, infelizmente a situação intelectual de nossos compatriotas com capacidade de reflexão de modo algum espelha, exibe paralelos ou se assemelha ao que é pavoroso para as pessoas com capacidade de reflexão na órbita soviética. No entanto existe uma ameaça crescente no horizonte dos Estados Unidos que evoca suas formas próprias de privação, e essa é a banalização gradual de tudo ("a burrificação", como às vezes se diz) numa sociedade em que a liberdade de expressão nada tem de reprimida.

Segundo o escritor tcheco Josef Škvorecký, que agora mora em Toronto: "Para ser um mau escritor no Leste Europeu, você tem de ser realmente muito ruim". Com isso ele quis dizer que naqueles países as origens políticas do sofrimento são plenamente visíveis na vida cotidiana, a situação exposta o tempo todo aos olhos de todos; é inevitável que o infortúnio pessoal seja influenciado pela política e pela história, não existe um drama individual que não tenha implicações sociais mais amplas. O que Škvorecký raivosamente sugere é que há uma afinidade quase química entre as consequências da opressão e o gênero dos romances; o que eu estou dizendo é que, nas consequências menos óbvias de nossa liberdade sem precedentes no Ocidente, talvez haja um tema digno de exame imaginativo não menos grave. Nossa sociedade não carece de possibilidades imaginativas pelo fato de não ser perseguida pela polícia secreta. O fato de que nem sempre é fácil ser tão interessante em nossa parte do mundo quanto no país ocupado de Škvorecký pode significar apenas que para ser um bom escritor no Ocidente, e do Ocidente, você tenha de ser *mesmo* muito bom.

Para sua geração de escritores, não foi um problema estabelecer a seriedade de sua ficção sem recorrer ou retroceder às convenções de seriedade criadas no passado, seja pelo realismo de Henry James ou pelo modernismo de James Joyce?

Esse é um problema para cada geração. Jovens escritores ambiciosos com frequência sentem-se tentados a imitar os consagrados pela crítica. A influência de um escritor conceituado sobre um iniciante em geral tem a ver com a busca por credenciais. Descobrir uma voz e um tema próprios, no entanto, implica produzir ficção que talvez leve os primeiros leitores do autor a pensar: "Mas isto não pode ser sério!", em vez de "Isto é mesmo muito sério!". A lição do modernismo não está encapsulada numa técnica que é "joyciana" ou numa visão "kafkiana": ela tem origem no senso de seriedade revolucionária que é exemplificado pela ficção de Joyce, Kafka, Beckett, Céline — ficção que, para um leitor de conhecimentos limitados, talvez não sugira seriedade, e sim excentricidade ou uma obsessão tola. A esta altura, os métodos desses escritores excepcionais acabaram se tornando as convenções de seriedade, mas isso de modo algum dilui a mensagem, que não é "Faça algo de novo", e sim "Faça algo sério da forma menos provável".

Para você, a "forma menos provável" foi seu tipo de comédia?

A comédia tem sido frequentemente minha forma mais provável, embora tenha tomado tempo até que eu criasse confiança suficiente para assumir pra valer meu instinto cômico, para permitir que ele lutasse contra minha seriedade e por fim pudesse se expressar. Isso não quer dizer que eu não confie no meu lado não cômico ou que não o tenha: é que o lado não cômico se assemelha mais ou menos com o de todo mundo. Até agora, foi em geral por meio de gradações expressivas de comicidade que consegui imaginar melhor o que sei.

Entretanto em A lição de anatomia, não é verdade que Zuckerman teme não ser suficientemente "sério", teme que apesar de todos os seus achaques físicos não esteja "sofrendo" o suficiente? Não é por isso que ele deseja cursar uma faculdade de medicina e que, no livro A orgia de Praga, *viaja para o o Leste Europeu?*

Seus problemas cômicos resultam das tentativas repetidas de escapar de seus problemas cômicos. Zuckerman está preso à comédia — o que é risível em *Zuckerman acorrentado* é seu insaciável desejo de ser um homem sério levado a sério por todos os homens sérios, como seu pai, seu irmão e Milton Appel. Uma direção de palco que aparece em *A orgia de Praga* poderia ter sido o título da trilogia: *Entra Zuckerman, uma pessoa séria.* Aceitar a dimensão profana do que ele presumira ser uma das profissões mais sagradas é para ele uma terrível provação. Sua busca pela superseriedade é o tema da comédia.

Zuckerman acorrentado começa com uma peregrinação ao santo padroeiro da seriedade, E. I. Lonoff; termina, como você assinalou, no santuário do sofrimento, a Praga de Kafka ocupada. Imaginar-se casado com Anne Frank é a primeira fuga que ele tenta criar daquilo que a princípio desafia suas ilusões juvenis sobre um papel honroso no mundo. O juiz Leopold Wapter, Alvin Pepler, a polícia secreta tcheca, uma dor no pescoço paralisante e inexplicável — todos são exemplos da vida ímpia invadindo aquela seriedade que no passado ele considerava inerente à sua vocação. Mas o que mais consegue subverter a estima dessa vocação é seu próprio e substancial talento para descrever o ímpio: é Zuckerman o escritor que repetidamente cria complicações para a dignidade.

O desfecho da trilogia começa no meio do terceiro volume, quando, a caminho de Chicago para se tornar um médico para os judeus que mais o questionam, a corporificação da seriedade profissional — Zuckerman adota o disfarce de um pornógrafo profissional e, abandonando qualquer esperança que ainda pudesse alimentar de ser levado a sério, transforma-se num instrumento do profano. Percorreu um longo caminho desde que fingiu estar noivo de Anne Frank no *sanctum sanctorum* de E. I. Lonoff até se declarar editor da revista *Rapidinhas*.

Compreendo que esse tipo de provação, sofrida por meus personagens principais de bons princípios, parece ser um velho tema obsessivo se você pensa em Gabe Wallach de *As melhores intenções* ou David Kepesh em *O seio* e *O professor do desejo*. A provação de uma existência ímpia está presente também em *O complexo de Portnoy*.

Você está reclamando disso? Essa é a razão para seu velho tema obsessivo?

Como tudo, os temas obsessivos têm origem no pasmo. O escritor é acossado não tanto pelo tema em si, mas pela *naïveté* subjacente ao confrontá-lo. O romancista padece de uma genuína ignorância em relação a seu tema obsessivo. Ele o ataca de tempos em tempos por ser o que menos entende.

Compreendemos que você reluta em explicar um livro antes da publicação. Entretanto, sem "explicá-lo", pode fazer um comentário geral sobre o formato incomum de O avesso da vida, *que com certeza é diferente de tudo o que escreveu antes?*

Normalmente há um contrato entre autor e leitor que é rasgado no fim do livro. Nesse livro o contrato é rasgado no fim de cada capítulo: um personagem que está morto e enterrado aparece de repente vivo, um personagem que se imagina vivo na verdade está morto. Não se trata da narrativa aristotélica de praxe, que os leitores estão acostumados a ler ou que eu esteja acostumado a escrever. Não que lhe falte começo, meio e fim: pelo contrário, há numerosos começos, meios e fins. É um livro em que você nunca chega ao fundo das coisas — em vez de terminar com toda as perguntas respondidas, deixa tudo em aberto. Como a leitura original está sendo sempre desafiada e o livro mina suas premissas ficcionais, o leitor é obrigado a canibalizar constantemente as próprias reações que vai tendo no curso da leitura.

De muitas maneiras, é tudo o que as pessoas não querem de um romance. O que elas querem fundamentalmente é uma história em que possam acreditar; de outro modo, não desejam perder seu tempo. Segundo os termos do contrato entre autor e leitor, ele concorda em crer que a história que lhe está sendo contada é verdadeira — e, então, em *O avesso da vida*, o que lhe está sendo contado é uma história contraditória. "Estou interessado no que está se passando", diz o leitor, "só que agora, de repente, há três coisas acontecendo. Qual é a verdadeira e qual é a falsa? Em qual delas você quer que eu acredite? Por que me chateia com isso?"

Qual é a verdadeira e qual é a falsa? Todas são igualmente verdadeiras e igualmente falsas.

Em qual delas quer que eu acredite? Em todas e em nenhuma.

Por que me chateia com isso? Porque não há nada incomum em alguém mudar sua história. As pessoas mudam sua história o tempo todo — vemos isso todos os dias. Não há nada de "modernista", "pós-modernista" ou minimamente avant-garde nisso: estamos escrevendo versões inventadas de nossa vida o tempo todo, histórias contraditórias porém mutuamente entrelaçadas, histórias que, falsificadas de forma sutil ou grosseira, constituem nosso domínio sobre a realidade e são a coisa que temos mais próxima da verdade.

Por que eu o chateio com isso? Porque a vida não tem necessariamente um curso já traçado, uma sequência simples, um padrão previsível. A abordagem que incomoda tem a intenção de dramatizar justamente isso. As narrativas estão todas distorcidas mas têm uma unidade: ela se expressa no título — a ideia da vida do avesso, de vidas do avesso, de viver do avesso. A vida, como o romancista, é movida por um poderoso impulso transformador.

II.

ENTRE NÓS:
UM ESCRITOR E SEUS COLEGAS FALAM
DE TRABALHO

A meu amigo C. H. Huvelle
1916-2000

Primo Levi

[1986]

Na sexta-feira de setembro de 1986 em que cheguei a Turim para retomar uma conversa com Primo Levi que havíamos iniciado certa tarde em Londres na primavera anterior, pedi para conhecer a fábrica de tintas onde ele fora empregado como pesquisador químico e, mais tarde, até aposentar-se, como gerente. Ao todo, a companhia emprega cinquenta pessoas, na maioria químicos que trabalham nos laboratórios e operários especializados no chão da fábrica. O equipamento de produção, a fileira de tanques que servem como depósitos, o prédio do laboratório, os produtos guardados em tambores da altura de um homem, prontos para serem despachados, a instalação de reprocessamento que purifica os resíduos — tudo isso ocupa uma área de cerca de dois hectares, a onze quilômetros de Turim. As máquinas que secam resinas, misturam vernizes e extraem poluentes não são barulhentas demais, o cheiro acre no pátio (que, segundo Levi não se desgrudou de suas roupas por dois anos depois que se aposentou) não é enjoativo, e o reservatório de trinta metros cheio até a borda com os resíduos pastosos resultantes do processo de despoluição não é particularmente desagradável à vista. Está longe de ser o ambiente industrial mais feio do mundo, e bem distante daquelas frases carregadas de sentimento, características das narrativas autobiográficas de Levi.

Por mais longínqua que seja do espírito da sua prosa, a fábrica está muito próxima do coração dele. Absorvendo o que pude do ruído, do cheiro, do mosaico de canos, tambores, tanques e painéis, eu me lembrei de Faussone, o habilidoso movimentador de carga de *A chave estrela*, falando para Levi (que o chama de "meu alter ego"): "O senhor deve saber que gosto de estar num canteiro de obras".*

Enquanto atravessávamos o pátio aberto em direção ao laboratório, um edifício de dois andares, de arquitetura simples, construído quando Levi era gerente, ele me disse: "Estou afastado da fábrica faz doze anos. Isso vai ser uma aventura para mim". Acreditava que quase todos que haviam trabalhado com ele tinham se aposentado ou morrido. E, na verdade, os poucos que lá estavam de seu tempo lhe pareceram seres espectrais. "É outro fantasma", sussurrou depois que alguém do escritório central que ele ocupara saiu para cumprimentá-lo. A caminho da seção do laboratório onde as matérias-primas eram examinadas antes de entrar na produção, perguntei a Levi se ele era capaz de identificar o aroma químico que pairava de forma tênue no ar do corredor: achei que era igual ao de um corredor de hospital. Ele ergueu ligeiramente o rosto para expor as narinas. Com um sorriso, declarou: "Posso identificar e analisar o cheiro como um cachorro". Deu-me a impressão de ter ficado animado, como um ágil e pequeno gnomo dotado de toda a inteligência das florestas. Levi é

* Trad. de Maurício Santana Dias. São Paulo: Companhia das Letras, 2009. (N. T.)

baixo e magro, embora não tenha um corpo tão delicado quanto seu comportamento discreto faz parecer à primeira vista, e é aparentemente tão lépido quanto deve ter sido aos dez anos. Em seu corpo, assim como no rosto, vê-se mais que em outros homens o corpo e o rosto do rapaz que ele foi. A vivacidade é palpável, o entusiasmo brilha dentro dele como uma lâmpada-piloto.

Não é tão surpreendente, como se poderia a princípio pensar, que os escritores se dividem, como o restante da humanidade, em duas categorias: os que ouvem você e os que não o ouvem. Levi ouve e o faz com todo o seu rosto, um rosto moldado com precisão e que, terminando na barba branca do queixo, parece, aos 67 anos, o rosto de um Pã jovem mas também professoral, o rosto da curiosidade irreprimível e do conceituado *dottore*. Posso acreditar em Faussone quando diz a Primo Levi no começo de *A chave estrela*: "Mas sabe que só mesmo o senhor para me fazer contar essas histórias, que nunca disse a ninguém, exceto ao senhor?". Não admira que as pessoas estejam sempre lhe contando coisas e que tudo seja fielmente registrado antes de ser escrito: ao ouvir, ele é tão focado e imóvel quanto um esquilo que, de cima de um muro, vê algo desconhecido.

Num grande e imponente prédio construído alguns anos antes que Levi nascesse — na verdade, onde ele *nasceu*, pois seus pais haviam morado lá antes —, ele vive com a esposa, Lucia. Com exceção do ano que passou em Auschwitz e dos meses rocambolescos após sua libertação, ele morou naquele apartamento a vida toda. O edifício, cuja solidez burguesa começa a mostrar sinais da passagem do tempo, fica numa avenida larga ladeada de prédios semelhantes, que me deram a impressão de ser a versão do norte da Itália da West End Avenue em Manhattan: um fluxo contínuo de carros e ônibus, bondes correndo nos trilhos, mas também grandes castanheiros plantados ao longo de ilhas estreitas nos dois lados da rua, e, visíveis da encruzilhada, as colinas verdes que cercam a cidade. As famosas arcadas do centro comercial estão a quinze minutos a pé num ritmo bom, em linha reta — ao que Levi se refere como "obsessiva geometria de Turim".

Desde que eles se casaram, o apartamento amplo é compartilhado com a mãe de Primo Levi, uma senhora de 91 anos. A sogra dele, de 95 anos, mora perto. No apartamento ao lado, reside seu filho de 28 anos, um físico. A alguns quarteirões de distância, mora a filha de 38 anos, uma botânica. Não conheço nenhum escritor contemporâneo que tenha voluntariamente permanecido, por tantas décadas, em contato tão íntimo e direto com os familiares mais próximos, em sua cidade natal, sua região, no mundo de seus antepassados e, em especial, no ambiente local de trabalho que, em Turim, berço da Fiat, é sobretudo industrial. Dos artistas intelectualmente mais talentosos do século xx — e a particularidade de Levi é ser o artista-químico mais que o químico-artista —, ele talvez seja o que demonstra a maior adaptação à vida toda que o cerca. É possível que, no caso de Primo Levi, uma vida de interconexão comunitária, junto com sua obra-prima sobre Auschwitz, constitua sua resposta profundamente corajosa aos que tudo fizeram para romper suas firmes conexões e apagar da história ele e tantos outros judeus.

Em *A tabela periódica*, Levi começa com frases das mais simples um parágrafo que descreve um dos processos mais satisfatórios da química: "Destilar é bonito".* O que se segue é também uma destilação, uma redução aos pontos essenciais da conversa vívida e abrangente que tivemos, em inglês, durante um longo fim de semana, a maior parte do tempo atrás da porta do tranquilo escritório contíguo ao vestíbulo do apartamento de Levi. O escritório é um cômodo amplo, mobiliado com simplicidade. Há um velho sofá com forro estampado de flores e uma poltrona con-

---

* Trad. de Luiz Sérgio Henriques. Rio de Janeiro: Relume-Dumará, 1994.

fortável; sobre a escrivaninha, um computador coberto; atrás dela, cuidadosamente dispostos nas estantes, ficam os multicoloridos cadernos de nota de Levi; nas estantes que cobrem as outras paredes, há livros em italiano, alemão e inglês. O objeto mais notável é um dos menores: pendurado discretamente, o desenho de uma cerca semidestruída de arame farpado do campo de concentração de Auschwitz. Exibidos de forma mais visível nas paredes se veem construções divertidas habilmente feitas pelo próprio Levi com arames de cobre isolado — isto é, arames recobertos com o verniz desenvolvido com tal propósito em seu laboratório. Há uma grande borboleta, uma coruja, um pequeno inseto e, no alto da parede bem atrás da escrivaninha, duas figuras maiores: a de um pássaro guerreiro armado com uma agulha de tricô e a outra, como explicou Levi quando eu não consegui entender o que ela representava: "um homem cutucando o nariz". "Um judeu", sugeri. "Sim, sim", ele disse rindo, "claro que é um judeu."

Roth: Em *A tabela periódica*, o livro sobre o "sabor forte e amargo" de sua experiência como químico, você fala de Giulia, a jovem e atraente colega de uma fábrica química de Milão, em 1942. Giulia explica sua "mania de trabalhar" pelo fato de, com pouco mais de vinte anos, você ser tímido com as mulheres e não ter namorada. Mas acho que ela estava errada. Sua verdadeira mania de trabalhar deriva de alguma coisa mais profunda. O trabalho parecia ser seu principal tema, não só em *A chave estrela*, mas mesmo em seu primeiro livro sobre o confinamento em Auschwitz.

Arbeit Macht Frei ("o trabalho liberta") são as palavras gravadas pelos nazistas sobre o portão de Auschwitz. Mas o trabalho lá é uma pavorosa paródia de trabalho, inútil e sem sentido — trabalho como punição, levando a uma morte angustiosa. É possível ver toda a sua obra literária como dedicada a restaurar ao trabalho seu significado humano, removendo da palavra *Arbeit* o toque de cinismo desdenhoso com o qual seus empregadores em Auschwitz a desfiguraram. Faussone lhe diz: "Para mim, cada trabalho que começo é como um primeiro amor". Ele gosta de falar sobre seu trabalho quase tanto quanto gosta de trabalhar. Faussone é Homem Trabalhador, que se liberta verdadeiramente por meio de seus afazeres.

Levi: Não creio que Giulia estava errada em atribuir meu fanatismo pelo trabalho à timidez que eu sentia naquela época em relação às moças. Essa timidez, ou inibição, era genuína, dolorosa e pesada — muito mais importante para mim que a devoção ao trabalho. O trabalho na fábrica de Milão que descrevi em *A tabela periódica* não era pra valer, eu não confiava nele. A catástrofe do armistício italiano de 8 de setembro de 1943 já estava no ar, e seria tolice ignorá-la mergulhando numa atividade científica sem sentido. Nunca tentei analisar seriamente essa minha timidez, mas sem dúvida as leis raciais de Mussolini desempenharam papel importante. Outros amigos judeus sofreram o mesmo, alguns colegas "arianos" zombavam de nós, dizendo que a circuncisão nada mais era que uma castração, e nós, ao menos no nível do subconsciente, acreditávamos nisso, graças também a nossas famílias puritanas. Acho que, naquela época, o trabalho era para mim uma compensação sexual, e não uma verdadeira paixão.

Entretanto tenho plena consciência de que, depois do campo de concentração, meu trabalho, ou melhor, meus dois tipos de trabalho (química e literatura) desempenharam, e ainda desempenham, um papel essencial na minha vida. Tenho certeza de que os seres humanos normais são biologicamente construídos para exercer uma atividade que visa atingir determinado objetivo, e de que a inércia ou o trabalho sem propósito (como o *Arbeit* de Auschwitz) dá origem ao sofrimento e à atrofia. Em meu caso, e no de meu *alter ego* Faussone, trabalhar é "resolver problemas".

Em Auschwitz, observei com bastante frequência um fenômeno curioso. A necessidade do *lavoro ben fatto* é tão forte que induz as pessoas a executar "com afinco" mesmo as tarefas impostas a um escravo. O pedreiro italiano que salvou minha vida me levando comida às escondidas durante seis meses odiava os alemães, a comida e a língua deles, assim como a guerra que conduziam; mas, quando o mandavam erguer muros, ele os fazia retos e sólidos, não por obediência e sim por dignidade profissional.

Roth: *É isto um homem?* termina com um capítulo intitulado "História de dez dias", em que você descreve, em forma de diário, como sobreviveu de 18 a 27 de janeiro de 1945, em meio a um punhado de pacientes doentes e moribundos na enfermaria improvisada do campo de concentração, depois que os nazistas fugiram em direção ao oeste com cerca de 20 mil prisioneiros "saudáveis". O que é contado ali me parece ser a história de Robinson Crusoé no inferno, com você, Primo Levi, como Crusoé, arrancando o que precisava para se manter vivo a partir dos resíduos caóticos de uma ilha cruelmente maligna. O que me impressionou naquele capítulo, como em todo o livro, foi quanto a capacidade de pensar contribuiu para sua sobrevivência, o pensamento de uma mente científica prática e humana. Sua sobrevivência não me parece ter sido determinada pela força bruta biológica ou por uma sorte incrível. Teve origem em sua formação profissional, o homem preciso, o controlador de experimentos que busca o princípio da ordem, confrontado com a diabólica inversão de tudo a que ele dá valor. Admito que você era uma peça numerada numa máquina infernal, mas uma peça numerada com uma mente sistemática que sempre precisava compreender. Em Auschwitz você se diz: "Penso demais" para resistir, "sou civilizado demais". Mas, para mim, o homem civilizado que pensa demais é inseparável do sobrevivente. O cientista e o sobrevivente são uma só pessoa.

Levi: Exatamente. Você acertou na mosca. Naqueles dias memoráveis, eu me senti de verdade como Robinson Crusoé, mas com uma diferença importante. Crusoé cuidou de sua sobrevivência individual, enquanto eu e meus dois companheiros franceses estávamos conscientes e satisfeitos, dispostos a por fim trabalhar em prol de um objetivo justo e humano: salvar a vida de nossos camaradas enfermos.

Quanto à sobrevivência, essa é uma pergunta que me fiz muitas vezes e que muitas pessoas já me fizeram. Insisto em que não há uma regra geral, exceto chegar ao campo com boa saúde e saber alemão. Fora isso, era a sorte que decidia. Vi sobreviverem pessoas espertas e tolas, corajosas e covardes, "pensadoras" e loucas. No meu caso, a sorte teve papel crucial em pelo menos duas ocasiões: por conhecer o pedreiro italiano e por só ficar doente uma única vez, mas no momento certo.

E, no entanto, é verdade o que você diz, que para mim pensar e observar foram fatores que contaram para a sobrevivência, embora em minha opinião tenha prevalecido a pura sorte. Lembro-me de que vivi meu ano em Auschwitz com um vigor excepcional. Não sei se isso resultou da minha formação profissional, de uma capacidade física insuspeita ou de um instinto atilado. Nunca parei de registrar o mundo e as pessoas ao meu redor, tanto que ainda guardo uma imagem detalhada de tudo aquilo. Tinha um desejo intenso de compreender, sentia uma permanente curiosidade que alguém mais tarde considerou nada menos que cínica: a curiosidade do naturalista que se vê transplantado para um meio que é monstruoso mas novo, monstruosamente novo.

Concordo com sua observação de que minha frase "Penso demais", "sou civilizado demais" é inconsistente com esse outro estado de espírito: no campo de concentração, nosso estado de espírito era instável, passava da esperança ao desespero de uma hora para outra. A coerência que se pode notar em meus livros é um artefato, uma racionalização a posteriori.

Roth: Em inglês, seu livro sobre o campo de concentração, agora lançado como *Survival in Auschwitz*, foi a princípio publicado com o título *If This Is a Man*, tradução fiel do título italiano *Se questo è un uomo* (que seus primeiros editores nos Estados Unidos deveriam ter tido o bom senso de preservar).* A descrição e análise de suas memórias atrozes do "gigantesco experimento biológico e social" dos alemães são determinadas precisamente pela preocupação quantitativa quanto aos meios pelos quais um homem pode ser transformado ou quebrado e, como uma substância que se decompõe numa reação química, perder suas propriedades. *É isto um homem?* pode ser lido como as memórias de um teórico da bioquímica moral que se viu recrutado à força como uma amostra de organismo a ser sujeito a um experimento de laboratório do tipo mais sinistro. A criatura aprisionada no laboratório do cientista louco é ela própria o símbolo do cientista racional.

No livro *A chave estrela*, que poderia ser corretamente intitulado *É isto um homem?*, você diz a Faussone, sua Sherazade da classe operária, que "sendo um químico aos olhos do mundo e no entanto sentindo o sangue do escritor em minhas veias", você consequentemente "parecia levar no corpo duas almas demasiadas". Eu diria que há uma única alma inconsútil e com uma capacidade digna de inveja; diria que não só são inseparáveis o sobrevivente e o cientista, como também o escritor e o cientista.

Levi: Isso não é uma pergunta, e sim um diagnóstico, que aceito de bom grado. Vivi no campo de concentração tão racionalmente quanto pude, e escrevi *É isto um homem?* lutando para explicar aos outros, e a mim mesmo, os eventos dos quais eu havia participado, mas sem nenhuma intenção literária definida. Meu modelo (ou, se prefere, meu estilo) era o do "relatório sema-

---

* Ed. bras.: *É isto um homem?* Trad. de Luigi Del Re. Rio de Janeiro: Rocco, 2013. (N. T.)

nal" que costuma ser feito nas fábricas: devem ser precisos, concisos e redigidos numa linguagem compreensível para todos na hierarquia industrial. E com certeza sem jargão científico. Aliás, não sou um cientista e nunca fui: quis ser, mas a guerra e o campo de concentração me impediram. Tive de limitar-me a ser um técnico durante toda a minha vida profissional.

Concordo com você sobre o fato de que só há "uma única alma inconsútil", e agradeço mais uma vez. Minha afirmação sobre duas almas serem algo demasiado era em parte uma piada, mas ao mesmo tempo sugeria coisas sérias. Trabalhei numa fábrica durante quase trinta anos, e devo admitir que não existe incompatibilidade entre ser químico e escritor; de fato, há um reforço mútuo. Mas a vida numa fábrica, em particular num cargo de gerência, envolve diversas coisas além da química: contratar e despedir funcionários; discutir com os chefes, clientes e fornecedores; lidar com acidentes; ser chamado ao telefone mesmo à noite ou quando se está numa festa; lutar contra a burocracia; e muitas outras tarefas que destroem a alma. Todas essas atividades são brutalmente incompatíveis com a função de escrever, a qual exige uma considerável paz de espírito. Por isso, senti um imenso alívio ao atingir a idade da aposentadoria e poder sair, renunciando assim à minha alma de número um.

Roth: A continuação de *É isto um homem?* (*The Reawakening*, tal como intitulado infelizmente por um de seus primeiros editores norte-americanos) foi chamada em italiano de *La tregua*. Conta sua volta para a Itália ao sair de Auschwitz. Há uma dimensão lendária naquela viagem tortuosa, em especial a história do longo período de gestação na União Soviética esperando para ser repatriado. O que surpreende em *A trégua* — que poderia ser caracterizado, e seria totalmente compreensivo, por um clima de pesar e desespero inconsolável — é a exuberância. Sua reconciliação com a vida ocorre num mundo que lhe parecia corresponder ao caos da origem dos tempos. No entanto você presta atenção em todo mundo, divertindo-se e aprendendo tanto que me pergunto se, malgrado a fome, o frio e os medos, sem falar nas recordações, você de fato viveu alguma época mais intensamente que aqueles meses que chama de "parêntese de ilimitada disponibilidade, um dom providencial, embora irrepetível, do destino".*

Você parece ser alguém que exige, acima de tudo, o enraizamento em sua profissão, seus ancestrais, sua região e sua língua, mas, quando se vê sozinho e desenraizado, no limite do que um ser humano pode sentir, considerou tal situação uma dádiva.

Levi: Um amigo meu, excelente médico, me disse anos atrás: "Suas recordações do que veio antes são em preto e branco; as de Auschwitz e da viagem para casa são em tecnicolor". Ele tinha razão: família, lar, fábrica são coisas boas em si, mas me privam de alguma coisa de cuja falta ainda me ressinto: aventura. O destino decidiu que eu encontraria a aventura na terrível confusão da Europa varrida pela guerra.

Você é do ramo, por isso sabe como essas coisas acontecem. *A trégua* foi escrita catorze anos depois de *É isto um homem?*, e trata-se de um livro mais "autoconsciente", mais metódico, mais literário, com a linguagem mais profundamente elaborada. Conta a verdade, mas a verdade filtrada. Foi precedido de inúmeras versões verbais, quer dizer, recontei cada aventura muitas vezes, em lugares de níveis culturais bem diversos (sobretudo para amigos, e também para alunos e alunas de ginásio), retocando no caminho para obter as reações mais favoráveis. Quando *É isto um homem?* começou a ter sucesso, e vi um futuro como escritor, cuidei de passar aquelas aventuras para o papel. Meu objetivo era me divertir e divertir os leitores em potencial. Por isso, enfatizei os episódios estranhos, exóticos e alegres — principalmente focando os russos

---

* Trad. de Marco Lucchesi. São Paulo: Companhia das Letras, 1997. (N. T.)

em close-up — e releguei para a primeira e última páginas o clima, como você mencionou, "de pesar e desespero inconsolável".

Devo relembrá-lo que o livro foi escrito por volta de 1961. Naqueles anos de Kruschev, de Kennedy, do papa João XXIII, do primeiro degelo da Guerra Fria e de grandes esperanças. Na Itália, pela primeira vez, era possível falar da União Soviética em termos objetivos sem ser chamado de filocomunista pela direita e de reacionário destruidor pelo poderoso Partido Comunista do país.

Quanto ao "desenraizamento", é verdade que tenho fortes vínculos e dei sorte de não perdê-los. Minha família foi quase toda poupada da carnificina nazista. A escrivaninha onde escrevo ocupa, segundo a lenda da família, exatamente o lugar onde vi a luz pela primeira vez. Quando me encontrei tão "desenraizado, no limite do que um ser humano pode sentir", com certeza sofri, mas depois isso foi mais do que compensado pelo fascínio da aventura, pelos encontros humanos, pela doçura da "convalescência" da praga de Auschwitz. Em sua realidade histórica, minha "trégua" russa só se tornou uma "dádiva" muitos anos depois, quando purificada ao repensá-la e ao escrever sobre ela.

Roth: Você começa *A tabela periódica* falando de seus ancestrais judeus, que chegaram em 1500 ao Piemonte vindo da Espanha e passando pela Provence. Descreve suas raízes familiares no Piemonte e Turim como "não enormes, porém profundas, extensas e fantasticamente entrelaçadas". Fornece um breve léxico do jargão que esses judeus inventaram e usaram sobretudo como uma linguagem secreta aos ouvidos dos góis, uma gíria composta de palavras derivadas do hebraico mas com finais piemonteses. Para um estranho, seu enraizamento no mundo judaico dos antepassados parece não só entrelaçado, mas, essencialmente, idêntico a seu enraizamento na região. Entretanto em 1938, quando foram instituídas as leis raciais que restringiam a liberdade dos judeus italianos, você considerou uma "impureza" ser judeu, embora diga em *A tabela periódica* que "comecei a me orgulhar de ser impuro".

A tensão entre seu enraizamento e sua impureza me faz pensar em algo que o professor Arnaldo Momigliano escreveu sobre os judeus da Itália, que eles "eram menos uma parte da vida italiana do que pensavam ser". O quanto você pensa pertencer à vida italiana? Continua a ser uma impureza, "um grão de sal ou mostarda", ou essa sensação de ser algo distinto desapareceu?

Levi: Não vejo contradição entre "enraizamento" e ser (ou sentir-se) "um grão de mostarda". Para se sentir um catalisador, um acicate em seu meio cultural, alguma coisa ou alguém que proporciona gosto e sentido à vida, você não precisa de leis raciais, de antissemitismo ou do racismo em geral; no entanto, é uma vantagem pertencer a uma minoria (não necessariamente racial). Em outras palavras, pode comprovar-se útil não ser puro. Se me permite voltar à pergunta: será que você, Philip Roth, não se sente "enraizado" em seu país e ao mesmo tempo "um grão de mostarda"? Em seus livros eu percebo um forte gosto de mostarda.

Acho que esse é o significado de sua citação de Arnaldo Momigliano. Os judeus italianos (mas o mesmo pode se dizer dos judeus de muitas outras nações) deram contribuições importantes à vida cultural e política de seus países sem renunciar à própria identidade, na verdade por se manterem fiéis à sua tradição cultural. Ter duas tradições, como ocorre com os judeus mas não apenas com eles, é uma riqueza — para os escritores mas não só para eles.

Sinto-me ligeiramente pouco à vontade para responder à sua pergunta explícita. Sim, sem dúvida sou parte da vida italiana. Vários dos meus livros são lidos e discutidos nas escolas de segundo grau. Recebo um grande número de cartas — inteligentes, tolas, absurdas — de apreciação, e com menos frequência discordantes ou mal-humoradas. Recebo manuscritos inúteis enviados por candidatos a escritores. O que me tornava "diferente" mudou de natureza: não me sinto mais um *emarginato*, um cidadão do gueto, um fora da lei, porque hoje não existe antissemitismo na Itália. Na verdade, o judaísmo é visto com interesse e, na maioria dos casos, com simpatia, embora com sentimentos mistos em relação a Israel.

A meu modo, continuei a ser uma impureza, uma anomalia, mas agora por razões diferentes das de antes: não particularmente por ser judeu, mas por ser um sobrevivente de Auschwitz e um escritor pouco convencional, pois não venho dos círculos literários ou acadêmicos, e sim do mundo industrial.

Roth: O livro *Se não agora, quando?* não se parece com nenhum outro livro seu que eu tenha lido em inglês. Embora claramente extraído de eventos históricos, ele narra a aventura picaresca de um pequeno bando de guerrilheiros judeus nascidos na Polônia e na Rússia e que infernizam os alemães atrás das linhas de frente que eles haviam estabelecido no Leste. Suas outras obras são talvez menos "imaginárias" quanto ao tema, porém me impressionam por sua técnica mais imaginativa. O assunto de que trata *Se não agora, quando?* parece mais tendencioso — e por consequência libera menos o escritor — que o impulso que gera os trabalhos autobiográficos.

Pergunto-me se você concorda com isto: se, ao escrever sobre a coragem dos judeus que revidaram, você se sentiu fazendo alguma coisa que *devia* fazer, respondendo a demandas morais e políticas que não se manifestam necessariamente em outros livros, mesmo quando o tema sem dúvida é seu destino como judeu.

Levi: Esse livro seguiu uma trajetória inesperada. Foram muitas as motivações que me levaram a escrevê-lo. São as seguintes, em ordem de importância.

Eu havia feito uma espécie de aposta comigo mesmo. Depois de tanta autobiografia ostensiva ou disfarçada, você é ou não um escritor pleno, capaz de formular um romance, criar personagens e descrever paisagens que nunca viu? Tente!

Planejava me divertir escrevendo um tema de "faroeste" encenado numa paisagem pouco comum na Itália. Planejava divertir meus leitores contando-lhes uma história essencialmente otimista, uma história de esperança, até mesmo alegre em alguns momentos, embora projetada num pano de fundo de massacre.

Desejava atacar um lugar-comum ainda prevalecente na Itália: o judeu é um ser brando, estudioso (religioso ou profano), não bélico, humilhado, que tolerou séculos de perseguição sem jamais reagir. Parecia-me um dever homenagear os judeus que, em condições desesperadoras, encontraram a coragem e a capacidade de resistir.

Alimentava a ambição de ser o primeiro (talvez o único) escritor italiano a descrever o mundo iídiche. Planejava "explorar" minha popularidade no país para impor aos leitores um livro centrado na civilização, história, língua e moldura mental asquenaze, todas praticamente desconhecidas na Itália, exceto por alguns leitores sofisticados de Joseph Roth, Bellow, Singer, Malamud, Chaim Potok e você, claro.

Pessoalmente, estou satisfeito com esse livro porque me diverti um bocado ao planejá-lo e escrevê-lo. Pela primeira e única vez na minha vida de escritor, tive a impressão (quase uma alucinação) de que meus personagens estavam vivos, me cercavam, olhavam por cima do meu ombro, como se sugerissem espontaneamente seus feitos e diálogos. O ano que passei escrevendo aquilo foi um ano feliz, e por isso, qualquer que seja o resultado, para mim foi um livro libertador.

Roth: Falemos sobre a fábrica de tintas. Hoje em dia, muitos escritores trabalham como professores, jornalistas e a maioria deles com mais de cinquenta anos, no Leste Europeu ou no Ocidente, serviram, ao menos durante algum tempo, como soldados de algum país. Há uma lista impressionante de escritores que foram também médicos ou sacerdotes. T.S. Eliot foi editor, e todos sabem que Wallace Stevens e Franz Kafka foram funcionários de grandes empresas de seguros. Até onde sei, só dois escritores de relevo foram gerentes de fábricas de tintas: você, em Turim, e Sherwood Anderson, em Elyria, Ohio. Anderson precisou abandonar a fábrica de tintas (e sua família) para se tornar escritor; você se tornou o escritor que é seguindo sua carreira na fábrica. Eu me pergunto se você se acha mais afortunado ou até mais preparado para escrever que nós que não tivemos uma fábrica de tintas e tudo o que implica esse tipo de relação.

Levi: Como eu disse antes, entrei para a indústria de tintas por acaso, mas nunca tive muito a ver com a produção de tintas e vernizes. Logo depois que abriu, nossa companhia se especializou na fabricação de esmaltes para arames, coberturas de isolamento para fios elétricos de cobre. No auge da minha carreira, eu estava entre os trinta ou quarenta maiores especialistas do mundo nessa área. Os animais pendurados aqui são feitos de restos desse tipo de arame.

Honestamente, nunca tinha ouvido falar de Sherwood Anderson antes que você o mencionasse. Não, nunca me ocorreria abandonar a família e a fábrica para escrever em tempo integral, como ele fez. Teria temido dar um pulo no escuro e perder meu direito à aposentadoria.

No entanto, à sua lista de escritores e fabricantes de tintas eu acrescentaria um terceiro nome, Italo Svevo, um judeu convertido de Trieste, autor da *As confissões de Zeno*, que viveu de 1861 a 1928. Durante muito tempo, Svevo foi gerente comercial de uma companhia de tintas de Trieste, a Società Venziani, que pertencia a seu sogro e foi dissolvida faz pouco tempo. Até 1918, Trieste era parte da Áustria, e essa companhia ficou famosa porque forneceu à Marinha austríaca uma tinta excelente, que evitava a incrustação de mariscos no casco das belonaves. Depois de 1918, Trieste se tornou italiana, e a tinta foi entregue às Marinhas italiana e inglesa. Para lidar com o almirantado britânico, Svevo teve aulas de inglês com James Joyce, na época professor naquela cidade. Eles ficaram amigos, e Joyce ajudou Svevo a encontrar um editor para seus livros. A marca da tinta era Moravia. Não é por acaso que esse seja também o *nom de plume* do romancista: tanto no caso do empreendedor de Trieste como no do escritor de Roma, o sobrenome vem de um parente comum do lado materno. Perdoe-me esse fuxico em nada relevante.

Não, como já sugeri, nada tenho a lamentar. Não creio que tenha desperdiçado meu tempo administrando uma fábrica. Minha *militanza* industrial — o serviço compulsório e honrado que lá prestei — me manteve em contato com o mundo das coisas verdadeiras.

Aharon Appelfeld

[1988]

Aharon Appelfeld mora alguns quilômetros a oeste de Jerusalém, num conglomerado labiríntico de casas de pedra encantadoras, próximo a um "centro de absorção", onde os imigrantes são temporariamente abrigados, instruídos e preparados para viver em sua nova sociedade. Como a árdua viagem que o fez desembarcar nas praias de Tel Aviv em 1946 aos catorze anos parece ter gerado um fascínio insaciável por todas as almas desenraizadas, na mercearia local onde ele e os residentes do centro de absorção fazem suas compras, Appelfeld com frequência inicia uma conversa com um judeu etíope, russo ou romeno ainda vestido para o clima de um país para o qual nunca voltará.

A sala de visita do apartamento duplex é mobiliada com simplicidade: algumas cadeiras confortáveis, nas estantes, livros em três línguas e, nas paredes, impressionantes desenhos de adolescência de Meir, filho de Appelfeld que agora tem 21 anos e que, desde que concluiu o serviço militar, estuda arte em Londres.

Yitzak, de dezoito anos, terminou recentemente o curso secundário e está no meio do primeiro dos três anos de serviço militar obrigatório. Na casa ainda mora Batya, uma adolescente inteligente de doze anos, com cabelos negros e olhos azuis, filha de Judith, a judia argentina que é a jovem e bem-humorada esposa de Appelfeld. A família parece ter criado o ambiente calmo e harmonioso que toda criança poderia ter a esperança de usufruir. Durante os quatro anos em que eu e Aharon somos amigos, não creio que o visitei alguma vez na sua casa de Mevaseret Zion sem me lembrar de que sua infância — como fugitivo de um campo nazista de trabalhos forçados nos cafundós da Ucrânia — constitui a mais sombria antítese possível daquele ideal doméstico.

Um retrato de Aharon Appelfeld — uma daquelas fotos de estilo antiquado, tirada em 1938, na cidade de Tchernovtsy, Bucovina, quando ele tinha seis anos, e trazida para a Palestina por parentes que sobreviveram — mostra uma criança refinada de família burguesa, sentada com olhar atento num cavalo de brinquedo e vestindo uma bela roupa de marinheiro. Não se pode imaginar tal criança, apenas 24 meses depois, enfrentando as exigências de sobreviver nos bosques durante anos como um menininho caçado e sem pais. A inteligência aguçada certamente está lá, mas onde estava a astúcia vigorosa, o instinto de animal feroz, a tenacidade biológica necessária para que ele suportasse a aventura aterrorizante?

Há muita coisa oculta tanto naquela criança como no escritor em que ela se transformou. Aos 55 anos, Aharon é um homem pequeno e compacto, que usa óculos e exibe um ar brincalhão mas pensativo de um mago benévolo. Não teria dificuldade alguma de se passar por um mágico que entretém crianças em festas de aniversário tirando pombos de uma cartola — é mais fácil associar sua aparência gentil e afável com tal ocupação do que com a responsabilidade para a qual ele parece ter sido inevitavelmente empurrado: reagir, numa série de contos repletos de presságios dissimulados, ao desaparecimento da Europa — enquanto ele tapeava os camponeses e se alimentava com o que encontrava nas florestas — ao desaparecimento de praticamente todos os judeus que viviam no continente, inclusive seus pais.

No entanto, seu tema literário não é o Holocausto, nem mesmo a perseguição aos judeus. Tampouco, a meu ver, o que ele escreve é ficção judaica ou até israelense. Além disso, mesmo sendo um cidadão judeu de um Estado judaico composto sobretudo de imigrantes, não se trata de uma ficção sobre o exílio. E, apesar de muitos de seus romances se passarem na Europa e terem ecos de Kafka, esses livros escritos em hebraico não fazem parte da ficção europeia. Na verdade, tudo o que Appelfeld é não o define por inteiro — ou seja, um escritor arrancado de seu local de nascimento, um escritor deportado, um escritor desalojado e desenraizado. Appelfeld é um escritor desterrado que produz uma ficção desterrada, que fez do desterro e da desorientação um tema unicamente seu. Sua sensibilidade — caracterizada muito cedo pelas perambulações solitárias de um menininho burguês por lugares pavorosos — parecem ter gerado espontaneamente um estilo de uma especificidade frugal, uma progressão atemporal e impulsos narrativos distorcidos, que constitui o estranho reflexo em prosa de uma mente desterrada. Tão único como o tema é a voz que nasce de uma consciência ferida situada entre a amnésia e a memória, fazendo com que a ficção por ela narrada fique a meio caminho entre a parábola e a história.

Desde que nos conhecemos, em 1984, Aharon e eu temos conversado longamente, em geral enquanto caminhamos pelas ruas de Londres, Nova York e Jerusalém. Durante esses anos passei a ver nele um contador de casos oracular, um mago folclórico, um comentarista lacônico e engraçado, um analista obsessivo dos estados de espírito dos judeus — suas aversões, fantasias, recordações e manias. Entretanto, como costuma acontecer nas amizades entre escritores, no curso dessas conversas peripatéticas nunca chegamos a discutir a obra de cada um de nós — isto é, até o mês passado, quando viajei a Jerusalém a fim de trocar ideias com ele sobre os seis de seus quinze livros traduzidos para o inglês.

Após nossa primeira tarde juntos, nos livramos de um gravador intrometido e, embora eu tenha tomado algumas notas, conversamos como nos era habitual — vagando pelas ruas da cidade ou sentando em cafés onde parávamos para descansar. Quando por fim parecia haver pouco a falar, nós nos sentamos e tentamos sintetizar no papel — eu em inglês, Aharon em hebraico — a essência da conversa. As respostas de Aharon às minhas perguntas foram traduzidas por Jeffrey Green.

Roth: Ouço em sua ficção ecos de dois escritores da Europa Central de uma geração anterior: Bruno Schulz, o judeu polonês que escreveu em sua própria língua e foi fuzilado aos cinquenta anos pelos nazistas em Drohobych, na Galícia, que tinha um forte contingente populacional de judeus e onde ele, professor de curso secundário, vivia com a família; e Kafka, o judeu de Praga que escreveu em alemão e também viveu, segundo Max Brod, "enfeitiçado dentro do círculo familiar" durante a maior parte de seus quarenta anos. Você nasceu em Tchernovtsy, oitocentos quilômetros a oeste de Praga e duzentos quilômetros a sudeste de Drohobych. Sua família — próspera, bastante assimilada, falando alemão — tinha certas similaridades culturais e sociais com a de Kafka, e, como Schulz, você e seus familiares sofreram na pele o terror nazista. No entanto, a afinidade que me interessa não é biográfica, e sim literária. E, embora eu enxergue sinais dela em sua obra, isso fica especialmente claro em *The Age of Wonders*. A cena que abre o livro, por exemplo, descreve a mãe e o filho de doze anos que a adora, os dois desfrutando uma luxuosa viagem de trem ao voltarem para casa das idílicas férias de verão, e me faz lembrar de cenas semelhantes nos contos de Schulz. E, poucas páginas depois, há uma surpresa kafkiana quando o trem para inesperadamente numa velha e lúgubre serraria, e as forças de segurança exigem que "todos os passageiros austríacos que não sejam cristãos de nascimento" se registrem no escritório da empresa. Isso me faz lembrar de *O processo* e também de *O castelo*, nos quais há no início um ataque ambiguamente ameaçador à condição legal do protagonista. Diga-me, quão pertinente para sua imaginação você considera que são Kafka e Schulz?

Appelfeld: Descobri Kafka aqui em Israel na década de 1950 e, como escritor, eu o senti bem próximo desde o primeiro contato. Ele me falava na minha língua natal, o alemão — não o alemão dos alemães, mas o alemão do Império dos Habsburgos, de Viena, Praga e Tchernovtsy, com um tom especial, aliás, que os judeus trabalharam duro para criar.

Para minha surpresa, ele me falava não só na língua materna mas também em outra língua que eu conhecia intimamente, o idioma do absurdo. Sabia do que ele estava falando. Não era uma linguagem secreta para mim, eu não necessitava de explicações. Chegado do campo e das florestas, de um mundo que englobava o absurdo, nada naquele mundo me era estranho. O que havia de surpreendente era como um homem que nunca estivera lá pudesse saber tanto sobre aquele mundo, e em pormenores tão precisos.

Outras descobertas surpreendentes se seguiram: a maravilha de seu estilo objetivo, sua preferência pela ação à interpretação, a clareza e precisão, a visão larga e abrangente repleta de humor e ironia. E, como se isso não bastasse, outra descoberta: ele me mostrou que, por trás da máscara de desenraizamento, de falta de um lar em sua obra, havia um judeu, como eu, de uma família parcialmente assimilada, cujos valores judaicos tinham perdido seu conteúdo e cuja paz interna era estéril e mal-assombrada.

O maravilhoso é que a esterilidade não o levou à autonegação, e sim a uma espécie de curiosidade sobre cada fenômeno judaico, em especial os judeus do Leste Europeu, o iídiche, o teatro na língua iídiche, o hassidismo, o sionismo, e até o ideal de se mudar para o Mandato da Palestina. Esse é o Kafka dos diários, que não são menos fascinantes que seus romances. Encontrei uma materialização palpável do envolvimento de Kafka com as coisas judaicas na sua caligrafia em hebraico, língua que ele estudara e conhecia. Sua caligrafia em hebraico é clara e incrivelmente bonita, mostra tanto esforço e concentração como na caligrafia em alemão, mas com uma aura adicional de amor pela letra isolada.

Kafka revelou-me não apenas o mapa do mundo absurdo, mas também os encantos de sua arte — dos quais eu necessitava como judeu assimilado. A década de 1950 foi uma época de busca para mim, e a obra de Kafka iluminou o estreito caminho que eu tentava abrir. Kafka emerge de um mundo interior e procura ganhar certo domínio sobre a realidade, enquanto eu vinha de um mundo provido de uma realidade detalhada e empírica, os campos e as florestas. Meu mundo real estava muito além do poder da imaginação, e minha tarefa como artista não consistia em desenvolver minha imaginação, e sim em contê-la, o que então me parecia impossível, porque tudo era tão extraordinariamente inacreditável que eu próprio sentia ser uma ficção.

A princípio, tentei fugir de mim mesmo e das minhas recordações, viver uma vida que não era a minha e escrever sobre uma vida que não era a minha. Mas um sentimento oculto me disse que não me era permitido escapar de mim e que, se eu negasse a experiência da minha infância durante o Holocausto, ficaria espiritualmente mutilado. Só quando cheguei aos trinta anos senti a liberdade de lidar com aquelas experiências na condição de artista.

Lamentavelmente, conheci os trabalhos de Bruno Schulz tarde demais, depois que minha abordagem literária estava muito bem consolidada. Senti, e ainda sinto, uma grande afinidade com a obra dele, mas não igual à que sinto com relação a Kafka.

Roth: Dos seus seis livros até agora traduzidos para o inglês, *The Age of Wonders* é o que tem um pano de fundo histórico mais claramente identificável. O pai do escritor que o narra é um admirador de Kafka, além de, assim ficamos sabendo, participar de um debate intelectual sobre Martin Buber e ser amigo de Stefan Zweig. Mas tal especificidade, embora não se estenda muito além dessas poucas referências ao mundo exterior, não é comum em seus livros. Em geral, os problemas atingem seus judeus do mesmo modo que a provação esmagadora desaba sobre as vítimas de Kafka: de modo inexplicável, vinda não se sabe de onde, numa sociedade aparentemente sem história ou política. "O que eles querem de nós?", pergunta um judeu no livro *Badenheim 1939* após ir registrar-se como judeu no, entre todos os lugares possíveis, Departamento de Esgotos da cidade. "É difícil de entender", responde outro judeu.

Nenhuma indicação de conhecimento pronunciado serve de alerta a uma vítima de Appelfeld, nem o iminente desastre que sofrerá é apresentado como parte de uma catástrofe europeia. O foco histórico é fornecido pelo leitor, que compreende — de uma forma que as vítimas não podem — a magnitude do mal que paira no ar. Sua reticência como historiador, quando combinada com a perspectiva histórica do leitor informado, explica o impacto peculiar que tem sua obra, pois o poder que emana das histórias é transmitido por meios muito modestos. Além disso, graças à falta de definição histórica e à maneira difusa de exibir o pano de fundo, você provavelmente evoca a desorientação sentida pelas pessoas que ignoravam estar à beira de um cataclismo.

Ocorreu-me que a perspectiva dos adultos em sua ficção lembra, nas limitações que exibe, o ponto de vista infantil. Uma criança não tem um calendário histórico para situar os eventos em curso nem os meios intelectuais para penetrar em seu significado. Pergunto-me se sua própria consciência como criança na beira do Holocausto não está espelhada na simplicidade com que o horror iminente é percebido em seus romances.

Appelfeld: Você tem razão. Em *Badenheim 1939* ignorei completamente a explicação histórica. Supus que os fatos históricos eram conhecidos pelos leitores e que eles preencheriam o que faltava. Você também está correto, me parece, ao supor que minha descrição da Segunda Guerra Munial tem algo semelhante à visão infantil, mas não estou certo se a qualidade histórica de *Badenheim 1939* decorre da visão da criança preservada em mim. Afastei-me das explicações históricas desde que me conscientizei como artista. E a experiência dos judeus na Segunda Guerra Mundial não foi "histórica". Entramos em contato com forças míticas arcaicas, uma espécie de subconsciente tenebroso cujo significado não conhecíamos e continuamos a não conhecer nos dias de hoje. Aquele mundo parecia racional (com trens, horários de partida, estações e maquinistas), mas na verdade eram viagens da imaginação, mentiras e estratagemas — que só poderiam ser inventadas por impulsos profundos e irracionais. Não entendi, e ainda não entendo, a motivação dos assassinos.

Fui uma vítima e tento entender a vítima. Trata-se de uma vasta e complicada área da vida com a qual venho buscando lidar faz trinta anos. Não idealizei as vítimas. Também não creio que em *Badenheim 1939* haja alguma idealização. Aliás, Badenheim é um lugar real, e estações de água como aquela estão espalhadas por toda a Europa, que nos chocam por serem pequeno-burguesas e imbecis em suas formalidades. Até mesmo quando era criança percebi como eram ridículas.

Ainda hoje existe a opinião generalizada de que os judeus são criaturas habilidosas, astutas e sofisticadas, que guardam em si a sabedoria do mundo. Mas não é fascinante ver como foi fácil tapear os judeus? Com os truques mais simples, quase infantis, eles foram reunidos nos guetos, privados de alimentos durante meses, encorajados com falsas esperanças e por fim enviados em trens para a morte. Essa ingenuidade estava diante dos meus olhos enquanto escrevia *Badenheim*. Nela encontrei uma espécie de destilação da humanidade, sua cegueira e surdez — a preocupação obsessiva com si próprios foi parte da ingenuidade dos judeus. Os assassinos eram pragmáticos, sabiam exatamente o que queriam. A pessoa ingênua é sempre um *shlemazl* [infeliz], uma vítima cômica do azar, nunca ouve os sinais de alerta a tempo, confunde-se, enrola-se até cair por fim na armadilha. Essas fraquezas me encantaram. Apaixonei-me por elas. O mito de que os judeus controlam o mundo com suas maquinações comprovou ser um pouco exagerado.

Roth: De todos os seus livros traduzidos, *Tzili* descreve a realidade mais cruel e o sofrimento mais extremo. Tzili, a filha simples de uma família de judeus pobres, é deixada sozinha quando seus parentes fogem da invasão nazista. O romance conta suas aventuras horrendas para sobreviver e a solidão dolorosa entre os camponeses brutais para quem ela trabalha. O livro impressionou-me como uma contrapartida ao *Pássaro pintado*, de Jerzy Kosiński. Embora menos grotesco, *Tzili* retrata uma criança apavorada num mundo ainda mais lúgubre e mais estéril que no livro de Kosiński, uma criança que se move em isolamento por uma paisagem tão inóspita à vida humana como as que aparecem em *Molloy*, de Beckett.

Ainda menino você vagou sozinho como Tzili depois que escapou, aos oito anos, do campo de concentração. Sempre me perguntei por que, quando conseguiu transformar sua vida num lugar desconhecido, escondendo-se em meio aos camponeses hostis, você decidiu imaginar uma menina como a sobrevivente dessa provação. E alguma vez lhe ocorreu não dar tratamento de ficção a esse material, apresentando suas experiências como lembrava delas, escrevendo uma história de sobrevivente tão direta quanto, por exemplo, a descrição que Primo Levi faz do cárcere em Auschwitz?

Appelfeld: Nunca escrevi sobre as coisas como aconteceram. Todos os meus livros são na verdade capítulos de minha experiência mais pessoal, porém não constituem "a história da minha vida". As coisas que aconteceram comigo na minha vida de fato já aconteceram, já estão formadas, o tempo as amassou e modelou. Escrever como as coisas aconteceram significa me escravizar à memória, que é apenas um elemento menor no processo criativo. A meu ver, criar implica ordenar, selecionar e escolher as palavras e o ritmo apropriado ao trabalho. Os materiais são na verdade extraídos da própria vida, mas em última instância a criação é um ser independente.

Tentei diversas vezes escrever "a história da minha vida" nas florestas depois que fugi do campo de concentração. Mas meus esforços foram em vão. Eu queria ser fiel à realidade e ao que de fato havia acontecido. No entanto, a crônica que surgia comprovou ser um frágil andaime. O resultado era bastante parco, um relato imaginário pouco convincente. É fácil falsificar as coisas que são mais verdadeiras. A realidade, como você sabe, é sempre mais poderosa que a imaginação humana. Não só isso, a realidade pode se permitir ser inacreditável, inexplicável, fora de todas as proporções. O trabalho criativo, para minha tristeza, não pode se permitir nada disso.

A realidade do Holocausto ultrapassou minha imaginação. Se eu permanecesse fiel aos fatos, ninguém acreditaria em mim. Mas, no momento em que escolhi uma menina, um pouco mais velha do que eu era à época, arranquei "a história da minha vida" do forte abraço da memória e a entreguei ao laboratório criativo. Lá, as recordações não são os únicos operadores. Lá é preciso haver uma explicação causal, um fio para unir tudo. O excepcional só é permitido se faz parte de uma estrutura maior e contribui para sua compreensão. Eu precisei remover aquelas partes que eram inacreditáveis na "história da minha vida" e apresentar uma versão mais crível.

Quando escrevi *Tzili* eu tinha uns quarenta anos. Naquela altura estava interessado nas possibilidades da ingenuidade na arte. Será possível ter uma arte moderna ingênua? Parecia-me que, sem a ingenuidade ainda encontrada nas crianças, nos velhos e, em certa medida, em nós mesmos, a obra de arte seria defeituosa. Tentei corrigir tal defeito. Deus saberá se tive êxito.

Roth: *Badenheim 1939* foi considerado uma fábula, um sonho, um pesadelo, e por aí vai. Nenhuma dessas descrições torna o livro menos incômodo para mim. O leitor é convidado — de forma direta, penso eu — a compreender a transformação de uma agradável estação de águas austríaca para judeus num local hostil, onde eles são reunidos antes de seguir para o "reassentamento" na Polônia, como se isso fosse análogo aos fatos que precederam o Holocausto de Hitler. Ao mesmo tempo, sua visão de Badenheim e de seus habitantes judeus é quase impulsivamente bizarra e indiferente às questões de causalidade. Não que uma situação ameaçadora se desenvolva, como com frequência acontece na vida, sem pré-aviso ou lógica, mas, creio eu, você é lacônico em relação a tais eventos a ponto de se tornar inescrutável. Você se incomoda de considerar minhas dificuldades como leitor desse romance altamente elogiado, que é talvez seu livro mais famoso nos Estados Unidos? Qual é a relação entre o mundo ficcional de *Badenheim* e a realidade histórica?

Appelfeld: Recordações infantis muito intensas estão na raiz de *Badenheim 1939*. Como outras famílias pequeno-burguesas, todos os verões nós partíamos para uma estação de férias. Todos os verões tentávamos achar um local tranquilo, onde as pessoas não fofocassem nos corredores, não fizessem confissões umas às outras nos cantos, não se intrometessem na sua vida, e, claro, não falassem iídiche. Mas, a cada verão, como se estivéssemos sendo perseguidos, acabávamos cercados de judeus, o que deixava um travo na boca dos meus pais e lhes causava muita irritação.

Muitos anos após o Holocausto, quando cuidei de resgatar minha infância da época anterior à guerra, vi que aquelas estações de férias ocupavam um lugar especial em minhas recordações. Muitos rostos e gestos corporais voltaram à vida. Ficou claro que o grotesco estava gravado, não menos que o trágico. Caminhadas nos bosques e refeições elaboradas levavam as pessoas reunidas em Badenheim a conversar bastante e a se fazerem confissões mútuas. As pessoas se permitiam não apenas vestimentas extravagantes, mas também falar livremente, às vezes de forma pitoresca. Às vezes os maridos perdiam a esposa amorosa e, de tempos em tempos, ouvia-se um disparo durante a noite, sinal inconfundível de algum amor desiludido. Claro que eu podia ajeitar esses preciosos retalhos de vida para compor um todo artístico. Mas como fazer isso? Sempre que procurava reconstruir mentalmente aquelas esquecidas estações de férias, tinha visões de trens e dos campos de concentração — e minhas recordações de infância mais recônditas eram conspurcadas com a fuligem das locomotivas.

O destino já estava oculto dentro daquelas pessoas como uma doença fatal. Os judeus assimilados construíam uma estrutura de valores humanísticos e olhavam o mundo de dentro dela. Estavam convencidos de que não eram mais judeus e de que o que se referia "aos judeus" não se referia a eles. Essa estranha certeza os tornou cegos ou quase cegos. Sempre gostei dos judeus assimilados porque neles o caráter judaico, e talvez também o destino judaico, estava concentrado com maior força.

Em *Badenheim* tentei combinar visões de minha infância com visões do Holocausto. Meu sentimento era de que eu precisava permanecer fiel a ambos os domínios. Isto é, não devia embelezar as vítimas, e sim retratá-las por inteiro, sem enfeites, mas ao mesmo tempo indicando o destino oculto dentro delas, embora elas não o soubessem.

Era uma ponte muito estreita e sem corrimão, e era bem fácil cair dela.

Roth: Só depois que chegou à Palestina, em 1946, você entrou em contato com o hebraico. Que efeito você crê que isso teve sobre sua prosa nessa língua? Tem consciência de alguma conexão entre como aprendeu o hebraico e como escreve em hebraico?

Appelfeld: Minha língua materna foi o alemão. Meus avós falavam iídiche. A maioria dos habitantes de Bucovina, onde morei quando criança, era de rutenos e eles falavam todos a língua deles. O governo era romeno, e todo mundo também era obrigado a falar a língua deles. Quando estourou a Segunda Guerra Mundial, com oito anos fui deportado para um campo na Transnístria. Depois que escapei, vivi em meio a ucranianos, por isso aprendi o idioma deles. Em 1944 fui libertado pelo Exército russo e trabalhei para eles como mensageiro, adquirindo assim meu conhecimento de russo. Durante dois anos, de 1944 a 1946, vaguei por toda a Europa e aprendi outras línguas. Quando por fim cheguei à Palestina, em 1946, minha cabeça estava repleta de idiomas, mas a verdade é que eu não tinha nenhuma língua.

Aprendi hebraico com muito esforço. É uma língua difícil, severa e ascética. Sua base antiga é um provérbio encontrado na Mishná: "O silêncio é uma cerca que protege a sabedoria". O hebraico ensinou-me a pensar, a ser avaro com as palavras, a não usar muitos adjetivos, a não interferir demais, a não interpretar. Digo "ensinou-me". Na verdade, essas são as exigências que o hebraico faz. Não fosse por ele, duvido que teria encontrado meu caminho para chegar ao judaísmo. Ele me ofereceu o cerne do mito judaico, sua forma de pensar e suas crenças desde os dias da Bíblia até Agnon. Trata-se de um fio grosso de criatividade judaica, com todas as ascensões e quedas: a linguagem poética da Bíblia, a linguagem jurídica do Talmude e a linguagem mística da Kabala. Às vezes é difícil lidar com tal riqueza, às vezes ficamos sufocados por um número excessivo de associações, pela multidão de coisas ocultas numa só palavra. Mas não importa, são recursos maravilhosos. Em última instância, você encontra neles mais do que procurava.

Assim como a maior parte dos rapazes que veio para este país como sobrevivente do Holocausto, eu queria escapar das minhas recordações, da minha condição de judeu, a fim de construir uma imagem diferente para mim. O que não fazemos para mudar, para ficarmos altos, louros e fortes, para sermos góis, com todos os traços exteriores. O hebraico também soava para nós como um idioma gói, razão pela qual talvez nos apaixonássemos por ele com tanta facilidade.

Mas então aconteceu uma coisa extraordinária. A própria língua, que vimos como um meio para mergulhar no esquecimento de nosso passado e nos mesclarmos com a celebração israelense da terra e do heroísmo, essa língua me tapeou e me conduziu, contra minha vontade, aos depósitos mais secretos do judaísmo. Desde então, nunca saí de lá.

Roth: Vivendo nesta sociedade, você é bombardeado por notícias e debates políticos. Entretanto, como romancista, pôs de lado em grande medida a turbulência cotidiana de Israel a fim de contemplar problemas judaicos claramente diferentes. O que significa tal turbulência para um romancista como você? Como sua vida de escritor é afetada por ser um cidadão desta sociedade que se expõe, se afirma, se desafia e cria lendas sobre si própria? A realidade que produz notícias alguma vez tentou sua imaginação?

Appelfeld: Sua pergunta toca numa questão que é muito importante para mim. De fato, Israel vive dramas desde a manhã até a noite, e há pessoas que se sentem dominadas por esses dramas a ponto de ficarem inebriadas. A atividade frenética não resulta apenas da pressão externa. A inquietação judaica contribui também. Tudo aqui é vibrante, denso. Fala-se muito, não faltam controvérsias. O espírito da pequena aldeia habitada por judeus não desapareceu.

Em certa época houve uma forte tendência contra a diáspora, um afastamento das coisas tipicamente judaicas. Agora as coisas mudaram um pouco, embora o país seja agitado, enroscado em si mesmo, com altos e baixos. Hoje temos a redenção, amanhã as trevas. Os escritores estão envolvidos nesse emaranhado. Os territórios ocupados, por exemplo, não constituem somente uma questão política, mas também literária.

Cheguei aqui em 1946, ainda menino, mas sobrecarregado de vida e de sofrimento. Durante o dia trabalhava nos kibutz e à noite estudava hebraico. Ao longo de muitos anos, vaguei por este país febril, perdido e desorientado. Procurava por mim e pelo rosto dos meus pais, que haviam se perdido no Holocausto. Na década de 1940, tinha-se a impressão de renascer aqui como judeu, tornando-se assim algo maravilhoso. Toda visão utópica produz esse tipo de atmosfera. Não esqueçamos que tudo isso foi depois do Holocausto. Ser forte não era só uma questão de ideologia. "Nunca mais iremos como ovelhas para o matadouro", berravam os alto-falantes em cada esquina. Eu desejava muito participar daquela grande atividade, da aventura que representava o nascimento de uma nova nação. Ingenuamente, acreditava que a ação silenciaria minhas recordações e que eu floresceria como os cidadãos locais, livre do pesadelo judaico. Mas o que podia fazer? A necessidade de ser fiel a mim mesmo e às lembranças da minha infância me tornaram uma pessoa distante, contemplativa. A contemplação levou-me de volta à região onde nasci e onde ficava a casa dos meus pais. Essa é a minha história espiritual, e é lá que teço minhas tramas.

Do ponto de vista artístico, ao me instalar lá, ganhei ancoragem e perspectiva. Não sou obrigado a correr para me envolver nos eventos em curso e interpretá-los de imediato. Os fatos cotidianos na verdade batem em todas as portas, mas eles sabem que não admito hóspedes agitados na minha casa.

Roth: No livro *To the Land of the Cattails*, uma judia e seu filho adulto, cujo pai era gói, estão viajando para uma área remota da Rutênia onde ela nasceu. Estamos no verão de 1938. Quanto mais perto chegam da antiga casa, maior é a ameaça de violência pelos góis. A mãe diz ao filho: "Eles são muitos, e nós somos poucos". Então você escreve: "A palavra *gói* escapou dos lábios dela, que sorriu, como se ouvisse uma recordação longínqua. Seu pai às vezes usava essa palavra, embora só de vez em quando e para indicar uma burrice irremediável".

Nos seus livros, os góis com quem os judeus parecem compartilhar o mundo em geral são a corporificação da burrice irremediável e de comportamentos sociais primitivos e ameaçadores — os góis como bêbados, homens que batem nas esposas, o grosseiro e brutal semisselvagem que "não tem controle sobre si mesmo". No entanto é óbvio que há mais a ser dito sobre o mundo não judaico naquelas províncias onde seus livros se situam — e sobre a capacidade dos judeus, em seu próprio mundo, de serem também burros e primitivos. Até mesmo um judeu não europeu teria de reconhecer que o poder dessa imagem sobre a imaginação judaica tem raízes nas experiências reais. Alternadamente, os góis são retratados como "almas da terra, esbanjando saúde". Saúde *invejável*. Como a mãe em *Cattails* diz sobre seu filho com um gói: "Ele não é nervoso como eu. Um sangue diferente, calmo, corre em suas veias".

Eu diria que é impossível saber qualquer coisa sobre a imaginação dos judeus sem examinar o lugar ocupado pelos góis na mitologia folclórica. Nos Estados Unidos, ela foi um pouco explorada por cômicos como Lenny Bruce e Jackie Mason e, em nível totalmente diverso, pelos romancistas judeus. O retrato mais incisivo de um gói na ficção norte-americana foi feito por Malamud, em *O ajudante*. O gói é Frank Alpine, o ladrão e vagabundo que assalta a mercearia decadente do judeu, Bober, mais tarde tenta estuprar a filha estudiosa dele e por fim, numa conversão ao ramo sofredor de judaísmo de Bober, renuncia simbolicamente à selvageria de gói. O nova-iorquino protagonista do segundo romance de Saul Bellow, *A vítima*, é perseguido por um sujeito desajustado e alcoólatra, chamado Allbee, que é tão vagabundo quanto Alpine, mesmo se seu ataque à compostura duramente conquistada de Leventhal seja intelectualmente mais refinado. No entanto o gói mais impressionante em toda a obra de Bellow é Henderson — o rei da chuva que explora a si mesmo e que, para restaurar sua saúde psíquica, leva seus instintos embotados para a África. Tanto para Bellow como para Appelfeld, o verdadeiro "ser da terra" não é o judeu, nem a busca para recuperar as energias primitivas é retratada como o ato de um judeu. Para Bellow tanto quanto para Appelfeld e, surpreendentemente, para Mailer tanto quanto para Appelfeld — todos sabemos que, em Mailer, quando um homem é um sádico agressor sexual, seu nome é Sergius O'Shaughnessy; quando mata sua esposa, seu nome é Stephen Rojack;* e quando é um assassino ameaçador não se chama Lepke Buchalter ou Gurrah Shapiro, e sim Gary Gilmore.**

---

* Sergius O'Shaughnessy, protagonista do romance *Parque dos cervos* (1955) e do conto "O tempo do seu tempo" (1959), de Norman Mailer; Stephen Rojack, narrador e personagem principal do romance *Um sonho americano* (1965), também de Mailer. (N. E.)

**Louis "Lepke" Buchalter (1897-1944) e Jacob "Gurrah" Shapiro (1899-1947) fundaram a gangue de assassinos de aluguel conhecida como Murder Incorporated; Gary Gilmore (1940-77), personagem de *A canção do carrasco* (1979), de Mailer, foi condenado e executado em Utah por dois assassinatos que cometeu durante assaltos à mão armada. (N. E.)

Appelfeld: O lugar do não judeu na imaginação dos judeus é uma coisa complexa que resulta de gerações de medo judaico. Quem de nós ousa aceitar o ônus da explicação? Vou arriscar só algumas palavras, algo extraído de minha experiência pessoal.

Eu falei *medo*, mas o medo não era uniforme, e não era de todos os góis. Na verdade, havia uma espécie de inveja do não judeu no coração do judeu moderno. O não judeu muitas vezes era, na imaginação dos judeus, uma criatura liberada, sem crenças antigas ou obrigações sociais, que vivia uma vida natural em sua própria terra. O Holocausto, é claro, de certa maneira alterou o curso da imaginação dos judeus. No lugar da inveja entrou a suspeita. Os sentimentos que circulavam à vista de todos desceram para os subterrâneos.

Existe algum estereótipo do não judeu na alma do judeu? Sim, existe, e com frequência está incorporado à palavra *gói*, mas se trata de um estereótipo pouco desenvolvido. Aos judeus foi imposto um número excessivo de restrições morais e religiosas para que tais sentimentos pudessem ser expressos de forma totalmente livre. Entre os judeus, nunca houve confiança suficiente para exprimir de forma verbal a extensão da hostilidade que podem ter sentido. Para o bem ou para o mal, eles eram racionais demais. A hostilidade que se permitiam sentir era, paradoxalmente, dirigida a si próprios.

O que me preocupou, e continua a me perturbar, é esse antissemitismo dirigido contra si próprio, uma antiga enfermidade judaica que, nos tempos atuais, assumiu vários disfarces. Cresci num lar de judeus assimilados em que a língua alemã era cultuada. O alemão era considerado não só uma língua, mas toda uma cultura, e a atitude com respeito à cultura alemã era quase religiosa. À nossa volta viviam massas de judeus que falavam iídiche, porém em nossa casa esse idioma era totalmente proibido. Fui criado com o sentimento de que qualquer coisa judaica era conspurcada. Desde a mais tenra infância, meu olhar foi dirigido para a beleza dos não judeus. Eles eram louros, altos e se comportavam com naturalidade. Tinham boa formação cultural e, quando não agiam de modo culto, ao menos o faziam sem artificialismos.

Nossa empregada doméstica ilustrava muito bem a teoria. Era bonita e tinha seios fartos, e eu tinha fixação por ela. Aos meus olhos, aos olhos de uma criança, era a própria natureza e, quando ela fugiu com as joias da minha mãe, não vi nisso mais que um erro perdoável.

Desde os primeiros anos da juventude senti-me atraído por não judeus. Eles me fascinavam pelo jeito diferente, pela altura, pela indiferença. No entanto os judeus também me pareciam estranhos. Levei anos para entender como meus pais haviam internalizado todo o mal que atribuíam aos judeus, transmitindo-me tal sentimento. Um grão duro de repugnância fora plantado dentro de cada um de nós.

A mudança ocorreu em mim quando fomos arrancados da nossa casa e levados aos guetos. Então reparei que todas as portas e janelas da nossa vizinhança estavam de repente fechadas, e caminhamos a sós por ruas desertas. Nenhum dos nossos muitos vizinhos, com quem nos relacionávamos, foi à janela quando passamos arrastando as malas. Falo em "mudança", mas essa não é a verdade por inteiro. Eu tinha oito anos, e o mundo todo me parecia um pesadelo. Depois, ao ser separado dos meus pais, não sabia por quê. Durante toda a guerra vaguei entre as aldeias ucranianas, mantendo em segredo minha condição de judeu. Por sorte, eu era louro e não levantava suspeitas.

Levei anos para me aproximar do judeu que havia dentro de mim. Tive de me livrar de muitos preconceitos internos e conhecer muitos judeus para me encontrar neles. O antissemitismo dirigido a si próprio foi uma criação original dos judeus. Não tenho notícia de outra nação tão inundada de autocrítica. Mesmo após o Holocausto, os judeus não se viram como isentos de culpa. Pelo contrário, comentários duros foram feitos por judeus eminentes contra as vítimas, por não se protegerem e não reagirem. A capacidade que os judeus têm de internalizar qualquer observação crítica ou condenatória, e de castigar-se, é uma das maravilhas da natureza humana.

O sentimento de culpa instalou-se e se refugiou em todos os judeus que querem reformar o mundo, os vários tipos de socialistas e anarquistas, mas em particular entre os artistas judeus. Noite e dia, a chama desse sentimento produz pavor, vulnerabilidade, autocrítica e às vezes autodestruição. Em suma, não se trata de um sentimento particularmente glorioso. Só uma coisa pode ser dita a seu favor: não faz mal a ninguém, exceto aos que sofrem dele.

Roth: No livro *The Immortal Bartfuss*, o protagonista pergunta ao ex-marido moribundo de sua amante, "com um jeito irreverente": "O que nós, sobreviventes do Holocausto, fizemos? Nossa grande experiência mudou alguma coisa em nós?". Essa é a pergunta que perpassa praticamente cada página do romance. Sentimos nos solitários anseios e pesares de Bartfuss, em seu atônito esforço para superar seu próprio distanciamento, em sua avidez por contato humano, nas mudas perambulações pela costa de Israel e encontros enigmáticos em cafés sórdidos, a agonia que a vida pode se tornar na esteira de um grande desastre. Dos sobreviventes judeus que terminam fazendo contrabando e vendas clandestinas na Itália após a guerra, você escreve: "Ninguém sabia o que fazer com as vidas que tinham sido salvas".

Minha última pergunta, que surge dessa preocupação em *The Immortal Bartfuss*, talvez seja absurdamente abrangente. Do que observou como jovem sem teto vagando pela Europa depois da guerra, e do que aprendeu durante quatro décadas em Israel, você discerne padrões diferenciados na experiência das pessoas cujas vidas foram poupadas? O que fizeram os sobreviventes do Holocausto e de que modo eles foram inevitavelmente modificados?

Appelfeld: Verdade, essa é a questão dolorosa da qual trato no meu último livro. Indiretamente, lá tentei responder à sua pergunta. Agora vou procurar expandir um pouco. O Holocausto pertence ao tipo de experiência incomensurável, que reduz o espectador ao silêncio. Qualquer assertiva, qualquer declaração, qualquer "resposta" é diminuta, sem sentido e até ridícula. Até mesmo as respostas mais grandiosas parecem irrisórias.

Com sua permissão, dois exemplos. O primeiro é o sionismo. Sem dúvida, Israel oferece aos sobreviventes não só um lugar de refúgio, mas também o sentimento de que não é o mundo inteiro que é maligno. Embora a árvore tenha sido cortada, a raiz não secou — apesar de tudo, continuamos vivos. Entretanto tal satisfação não basta para eliminar o sentimento do sobrevivente de que ele ou ela precisa fazer algo com essa vida que foi poupada. Os sobreviventes tiveram experiências que ninguém mais teve, e os outros esperam alguma mensagem deles, alguma chave para compreenderem o mundo — um exemplo humano. Mas eles, é óbvio, não têm condições de executar as imensas tarefas que lhes são impostas, e por isso vivem fugindo e se escondendo. O problema é que não há mais lugares para se esconderem. As pessoas têm um sentimento de culpa que cresce ano a ano, até se tornar, como em Kafka, uma acusação. A ferida é profunda demais e as ataduras não vão ajudar. Nem mesmo um curativo como o Estado judaico.

O segundo exemplo é a postura religiosa. Paradoxalmente, como um gesto em homenagem a seus pais assassinados, não foram poucos os sobreviventes que adotaram a fé religiosa. Conheço bem as lutas internas que essa postura paradoxal implica, e respeito. Mas tal postura nasce do desespero. Não negarei a verdade do desespero. Mas se trata de uma posição sufocante, uma espécie de monasticismo judaico e autopunição indireta.

Meu livro não oferece ao sobrevivente uma consolação sionista ou religiosa. Ele, Bartfuss, engoliu o Holocausto por inteiro e circula levando-o em todos os seus membros. Bebeu o "leite negro" do poeta Paul Celan, de manhã, ao meio-dia e à noite. Não goza de nenhuma vantagem sobre ninguém, mas ainda não perdeu seu rosto humano. Não é muito, porém é alguma coisa.

Ivan Klíma

[1990]

Nascido em Praga no ano de 1931, Ivan Klíma foi submetido ao que Jan Kott chama de "educação europeia":* já adulto, durante seus anos como romancista, crítico e dramaturgo, sua obra foi proibida na Tchecoslováquia pelas autoridades comunistas (e os membros de sua família foram perseguidos e punidos com ele), e quando criança, uma criança judia, foi transportado com os pais pelos nazistas para o campo de concentração de Terezin. Em 1968, quando os russos invadiram a Tchecoslováquia, ele estava fora do país, em Londres, a caminho da Universidade de Michigan para assistir à encenação de uma de suas peças e dar aulas de literatura. Quando concluiu suas obrigações como professor em Ann Arbor

---

* Referência ao escritor polonês Tadeusz Borowski (1922-51), que foi internado no campo de concentração de Auschwitz e mais tarde se suicidou. Ver o posfácio de Kott para um conto de Borowski na *American Poetry Review*, nov.-dez., 1975. Jan Kott (1914-2001) foi um crítico teatral polonês, autor de *Shakespeare nosso contemporâneo* (1961). (N. E.)

na primavera de 1970, Klíma voltou à Tchecoslováquia com a mulher e os dois filhos, passando a integrar o grupo dos "poucos admiráveis" (como um professor recentemente readmitido na Universidade Carlos se referiu a Klíma e seu círculo durante almoço comigo), cuja persistente oposição ao regime fazia da vida deles uma dura provação.

De seus quinze romances e coletâneas de contos, os escritos depois de 1970 só foram publicados abertamente no exterior, em particular na Europa; apenas dois livros — nenhum deles considerado entre os melhores — foram publicados nos Estados Unidos, onde sua obra é quase desconhecida. Por coincidência, seu romance *Amor e lixo*, inspirado em parte nos meses em que trabalhou como lixeiro em Praga na década de 1970, saiu da Tchecoslováquia no mesmo dia em que lá desembarquei para encontrar-me com ele, em fevereiro de 1990. Klíma chegou ao aeroporto para me buscar depois de passar a manhã numa livraria da capital — onde os leitores que tinham acabado de comprar seu livro aguardavam o autógrafo numa fila que ia até a rua. (Durante a semana que passei em Praga, as filas mais compridas que vi eram para comprar sorvetes e livros.) A tiragem inicial de *Amor e lixo*, seu primeiro livro publicado em vinte anos, foi de 100 mil exemplares. Mais tarde, ele soube que outro livro seu, *My Merry Mornings*, uma antologia de contos, também tinha sido publicado naquele dia com uma tiragem de 100 mil exemplares. Nos três meses que se seguiram à abolição da censura, uma peça de Klíma foi encenada no teatro e outra transmitida pela televisão. Outros cinco livros dele vão ser publicados este ano.

Amor e lixo é a história de um conhecido escritor tcheco "proibido de publicar" que trabalha como varredor de ruas e que, durante alguns anos, saiu do refúgio claustrofóbico de sua casa — da mulher confiante que quer fazer as pessoas felizes e está escrevendo um estudo sobre o autossacrifício, e das duas filhas que ele adora — e encontrou alguma liberdade com uma escultora volúvel, sinistra e exigente, ela própria casada e com filhos, e que mais tarde o amaldiçoa e difama a esposa que ele não consegue abandonar. O personagem tem uma atração erótica doentia por essa mulher:

> Havia caído muita neve naquele inverno. Ela levava a filhinha para a aula de piano. Eu seguia atrás delas, sem que a criança tomasse conhecimento de minha presença, escorregando na neve fresca porque não olhava onde pisava. Estava olhando para elas ao caminharem.

É a história de um homem responsável que, com sentimento de culpa, anseia dar as costas a todas as amargas injustiças e fugir para uma "região privada de beatitude". "Minhas incessantes fugas": é como ele descreve o desenho em seu tapete.

Ao mesmo tempo, o livro é uma colcha de retalhos: uma ruminação sobre a alma de Kafka (o escritor elabora mentalmente um ensaio sobre Kafka enquanto limpa as ruas); sobre o significado da fuligem, da fumaça, da sujeira e do lixo num mundo que é capaz de transformar até mesmo gente em lixo; sobre a morte; sobre a esperança; sobre pais e filhos (um leitmotiv terno e sombrio é a doença fatal do pai do escritor); e, entre outras coisas, sobre o declínio da língua tcheca, que se transforma em "idiotês" [*jerkish*]. Esse seria o nome da língua criada alguns anos antes nos Estados Unidos para a comunicação entre seres humanos e chimpanzés, consistindo de 225 palavras. O protagonista de Klíma prediz que, após o que aconteceu com seu próprio idioma sob os comunistas, não levará muito tempo para que o idiotês seja falado por toda a humanidade. "Enquanto tomava o café da manhã", diz o escritor cujas obras o Estado não permite que sejam publicadas, "li no jornal um poema do autor mais importante que escreve em idiotês." As quatro quadras banais são citadas. "Para esse poema de 69 palavras", ele diz, "incluindo o título, o autor precisou só de 37 termos idióticos e nenhuma ideia [...]. Qualquer pessoa forte o suficiente para ler o poema com atenção se dará conta de que, para o poeta que verseja em idiotês, até mesmo um vocabulário de 225 palavras é desnecessariamente grande."

Amor e lixo é um livro maravilhoso, prejudicado apenas por alguns lapsos infelizes de banalidade filosófica, em especial quando a trama principal chega ao fim, e também (na versão em inglês publicada por Chatto and Windus, em Londres) pela incapacidade do tradutor de imaginar falas pungentes e críveis que correspondessem à gíria dos desajustados sociais que compõem a equipe de limpeza de ruas de Klíma. Trata-se de um livro inventivo que, exceto pelo título algo absurdo, nada tem de exibicionista. Klíma maneja uma dúzia de temas e executa as mais ousadas transições sem truques de prestidigitação, como Tchékhov no conto "A groselheira". Fornece assim um agradável antídoto a toda a mágica que existe no realismo fantástico. A simplicidade com que cria sua colagem complexa — recordações horrendas do campo de concentração, reflexões ecológicas, brigas imaginárias entre amantes separados, e análises kafkianas objetivas —, tudo isso justaposto e colado à provação do adultério divertido e exaustivo, é acompanhado do estilo encantadoramente direto, que beira a engenhosidade juvenil com que o personagem principal, claramente autobiográfico, confessa sua perturbação emocional.

O livro é permeado por uma inteligência cuja ternura dá cor a tudo e não é limitada nem velada pela ironia. Nesse sentido, Klíma é a antítese de Milan Kundera — uma observação que pode parecer supérflua, não fosse pela correspondência de interesses. A divisão temperamental entre os dois é considerável, tanto a origem de cada um como os caminhos que seguiram como adultos divergem; e, no entanto, a afinidade de ambos pelo indivíduo eroticamente vulnerável, sua luta contra o desespero político, as elucubrações sobre os rejeitos sociais, sejam eles o lixo ou a cafonice, uma inclinação compartilhada pelo comentário extenso e pela mistura de modos de escrita — sem falar na fixação pelo destino dos marginalizados — criam um parentesco estranho e tenso, embora aparentemente improvável, entre os dois escritores. Ao ler *Amor e lixo*, às vezes tenho a sensação de estar lendo *A insustentável leveza do ser* ao avesso. O contraste retórico entre os dois títulos indica exatamente como podem ser discordantes, e até conflitantes, as perspectivas de imaginação engajadas com temas similares — no caso de Klíma com aquilo que seu protagonista chama de "o mais importante de todos os temas [...], o sofrimento resultante de uma vida privada de liberdade".

Durante os primeiros anos da década de 1970, quando comecei a visitar Praga todas as primaveras, Ivan Klíma foi quem mais me instruiu sobre a realidade. Levou-me de carro a quiosques de esquina onde havia escritores vendendo cigarros, a prédios públicos onde eles lavavam o chão, a canteiros de obras onde eles assentavam tijolos e, fora da cidade, aos reservatórios onde havia escritores trabalhando de macacão e botas, com uma chave inglesa numa das mãos e um livro na outra. Eu só conseguia conversar longamente com esses escritores quando jantávamos na casa de Ivan.

Depois de 1976, não consegui mais o visto para entrar na Tchecoslováquia e nos correspondíamos por meio de mensageiros holandeses ou alemães que discretamente carregavam manuscritos e livros, entrando e saindo do país, para essas pessoas que eram vigiadas de perto. No verão de 1978, dez anos depois da invasão russa, até Ivan, que sempre me parecia o mais efervescente dos opositores do regime que encontrei, estava suficientemente exausto para admitir, numa carta escrita num inglês um pouco irregular: "Às vezes hesito se é razoável permanecer nesta miséria pelo resto da vida". Continuou:

Nossa vida aqui não é muito encorajadora, a anormalidade dura tempo demais e é deprimente. Somos perseguidos sem cessar, não basta sermos proibidos de publicar uma única palavra neste país — somos chamados para interrogatórios, muitos dos meus amigos foram presos por algum tempo. Não me prenderam, mas tomaram a carteira de motorista (é claro que sem nenhum motivo) e meu telefone foi desligado. O pior é que um de nossos colegas...

Como lhe era característico, ele então descreveu em detalhes a situação de um escritor que considerava mais grave que a sua.

Passados catorze anos desde que o vira pela última vez, a atraente mistura de vivacidade e solidez de Ivan Klíma me impressionou por estar maravilhosamente intacta, e sua força em nada diminuída. Embora o corte de cabelo *à la* Beatle tivesse sido um pouco aparado desde a década de 1970, seus fortes traços faciais e a boca cheia de dentes carnívoros ainda me faz às vezes pensar (sobretudo quando ele está se divertindo) que me encontro na presença de um Ringo Starr altamente intelectualizado. Embora Ivan estivesse no centro das atividades ditas revolucionárias na Tchecoslováquia, ele não demonstrava o menor sinal de cansaço: mesmo seus jovens estudantes de literatura inglesa, ao lado de quem assisti a aulas sobre Shakespeare na universidade, me disseram que Klíma os deixava mortos de cansaço, sendo um alívio quando voltavam a estudar tranquilamente alguma coisa tão difícil de compreender como as cenas iniciais de *Macbeth*.

Certa noite, tive um exemplo da obstinada força de temperamento de Ivan durante um jantar em sua casa, quando ele aconselhou um escritor nosso amigo sobre como retomar o pequeno apartamento de dois aposentos que lhe fora confiscado no final da década de 1970, quando a polícia secreta o forçara a um exílio miserável. "Pegue sua mulher", Ivan lhe disse, "pegue seus quatro filhos e vá para o escritório do Jaroslav Kořán." Jaroslav Kořán era o novo prefeito de Praga, antes um tradutor de poesia inglesa; no curso da semana, ao encontrar ou ouvir falar das pessoas indicadas por Václav Havel, comecei a ver que aparentemente uma das principais qualificações para participar da recém-instalada administração era ter traduzido para o tcheco os poemas de John Berryman. Será que alguma vez houve tantos tradutores, romancistas e poetas gerenciando qualquer outra coisa que não o PEN Club?

"No escritório do Kořán", Ivan continuou, "deitem-se no chão, todos vocês, e se recusem a mexer um dedo. Diga: 'Eu sou escritor, tomaram meu apartamento e quero ele de volta'. Não suplique, não reclame, simplesmente fique lá deitado e se recuse a se mexer. Em vinte e quatro horas você vai ter um apartamento." O escritor sem apartamento — uma pessoa muito mansa e espiritual —, que, desde que eu o vira vendendo cigarros em Praga, envelhecera de um modo tal que não se via em Ivan — reagiu apenas com um sorriso tristonho, sugerindo com delicadeza que Ivan estava louco. Virando-se para mim, Ivan disse com naturalidade: "Algumas pessoas não têm estômago para esse tipo de coisa".

Helena Klímová, a esposa de Ivan, é uma psicoterapeuta formada na universidade clandestina que os dissidentes criaram usando várias salas de visita durante a ocupação russa. Quando lhe perguntei como seus pacientes estavam reagindo à revolução e à nova sociedade por ela gerada, ela me disse, com seu jeito preciso, afável e sério, o seguinte: "Os psicóticos estão melhorando e os neuróticos piorando". "Como se explica isso?", perguntei. "Com toda essa nova liberdade", ela respondeu, "os neuróticos estão terrivelmente inseguros. O que vai acontecer agora? Ninguém sabe. Claro que a antiga rigidez era detestável até para eles, mas também tranquilizadora, confiável. Havia uma estrutura. Você sabia o que esperar e o que não esperar. Sabia em quem confiar e a quem odiar. Para os neuróticos, a mudança é muito perturbadora. Eles se veem de repente num mundo de escolhas." "E os psicóticos? É mesmo possível que eles estejam melhorando?" "Acho que sim. Os psicóticos absorvem o estado de espírito corrente. Agora reina uma grande felicidade. Todos estão contentes, por isso os psicóticos estão ainda mais contentes. Estão eufóricos. É tudo muito estranho. Todo mundo está sofrendo um choque de adaptação."

Perguntei a Helena a que ela própria tinha mais dificuldade em se adaptar. Sem hesitação, respondeu que era ao fato de ser tratada com simpatia por pessoas que antes não o faziam — vizinhos e conhecidos pouco tempo antes mantinham uma atitude cautelosa com relação a ela e Ivan para evitar problemas. Como Helena sempre me impressionara por parecer uma maravilha em matéria de tolerância e equilíbrio, fiquei surpreso com sua expressão de raiva diante da rapidez com que aquela gente antes tão cuidadosa — ou claramente antagônica — se tornara amigável com o casal. Os psicóticos estavam melhorando, os neuróticos piorando e, apesar da atmosfera geral de grande alegria, entre os corajosamente decentes, o punhado de pessoas admiráveis, alguns estavam começando a enfurecer-se abertamente com aquelas emoções venenosas gerenciadas com prudência e força de vontade durante as décadas de resistência para manter a sanidade mental.

No meu primeiro dia inteiro em Praga, antes que Ivan viesse encontrar-se comigo para começar nossa conversa, saí para dar uma caminhada pela manhã nas ruas comerciais que desembocam na Václavské náměstí, a grande avenida onde as multidões que impeliram a revolução ao sucesso se reuniram, em novembro de 1989. Em poucos minutos, na frente de uma loja encontrei um grupo de umas setenta ou oitenta pessoas rindo por causa da voz transmitida por um alto-falante. A julgar pelos pôsteres e cartazes no prédio, vi que, por acaso, eu tinha encontrado a sede do Fórum Cívico, o movimento de oposição liderado por Havel.

Até onde consegui entender, aquele grupo de gente, formado por pessoas que ia fazer compras, transeuntes e funcionários dos escritórios. ouvia um comediante que devia estar se apresentando no auditório do prédio. Não falo nem entendo tcheco, mas achei que se tratava de um cômico — e alguém muito engraçado —, devido à elocução em *staccato* do monólogo, às quebras de ritmo e mudanças de tom, destinadas a provocar espasmos de riso na plateia, que afinal rugiu sua aprovação e lhe deu uma salva de palmas. Era o tipo de resposta que se tem num filme de Chaplin. Por uma passagem entre os prédios, vi que outro grupo às gargalhadas estava reunido no lado oposto do Fórum Cívico. Só quando cheguei lá compreendi o que eu estava testemunhando. Dois aparelhos de televisão acima da janela da frente do Fórum mostravam o comediante: em close-up, sentado sozinho numa mesa de conferência, via-se o ex-secretário geral do Partido Comunista da Tchecoslováquia, Miloš Jakeš. Deposto em dezembro de 1989, Jakeš falava numa reunião fechada para membros do Partido, em outubro, na cidade de Pilsen.

Sabia que era Jakeš na reunião de Pilsen porque na noite anterior, durante o jantar, Ivan e seu filho, Michal, haviam me falado tudo sobre aquele vídeo, gravado secretamente pela televisão tcheca. Agora ele era passado o tempo todo na parte externa da sede do Fórum Cívico de Praga, onde os pedestres paravam ao longo do dia para soltar boas risadas. Riam da retórica dogmática e sem graça de Jakeš em sua alocução primitiva e defeituosa — frases deploravelmente embaralhadas, disparates linguísticos ridículos, eufemismos, evasivas, mentiras, tudo no mais puro idiotês, que, apenas alguns meses antes, causara tamanha vergonha e horror a tanta gente. Michal me dissera que, na véspera do Ano-Novo, a Radio Free Europe havia transmitido o vídeo de Jakeš em Pilsen como "a performance mais engraçada do ano".

Observando as pessoas voltarem a andar com um sorriso estampado no rosto, pensei que este devia ser o propósito mais nobre do riso, sua razão sacramental para existir: soterrar a maldade sob uma camada de ridículo. Achei que se tratava de um sinal muito esperançoso o fato de tantos homens e mulheres comuns (adolescentes e até mesmo crianças também faziam parte da multidão) serem capazes de reconhecer que a injúria contra a língua deles era algo tão humilhante e atroz quanto tudo o mais. Ivan contou-me mais tarde que, em certo momento durante a revolução, um jovem emissário do movimento democrático húngaro, dirigindo-se a uma grande multidão, concluiu seus comentários de apoio à nossa causa pedindo desculpas pela precária língua tcheca. No mesmo instante, numa só voz, meio milhão de pessoas bradou de volta: "Você fala melhor que o Jakeš".

Pregado à janela sob os aparelhos de televisão, havia dois dos ubíquos pôsteres com o retrato de Václav Havel, cuja maestria em matéria do idioma tcheco é tudo o que Jakeš nunca teve.

Ivan Klíma e eu passamos dois dias conversando; posteriormente, por escrito, comprimimos a essência da troca de ideias que segue abaixo.

Roth: Como foi, durante todos esses anos, publicar no seu próprio país em edições *samizdat*?* A publicação sub-reptícia de obras literárias sérias em pequenas quantidades precisa contar com uma plateia que seja em geral mais ilustrada intelectualmente e mais sofisticada que o leitor tcheco comum. A publicação *samizdat* presumivelmente dá origem a uma solidariedade entre o escritor e o leitor que pode ser empolgante. No entanto como ela é uma reação artificial e limitada aos males da censura, permanece insatisfatória para todos. Conte-me sobre a cultura literária que foi criada pela publicação *samizdat*.

---

* Nos tempos da União Soviética, uma prática muito usada foi o *samizdat*, com a qual eram copiados e distribuídos clandestinamente livros e outros bens culturais proibidos pelos governos dos Partidos Comunistas em todos os países da Europa Oriental. (N. T.)

Klíma: Sua observação de que a literatura *samizdat* gera um leitor especial parece-me correta. O *samizdat* tcheco nasceu de uma situação de certa forma única. O poder — apoiado por forças militares estrangeiras, instalado pelo invasor e consciente de que só podia existir graças à vontade deste— tinha medo de ser criticado. Também entendeu que qualquer tipo de vida espiritual tem como objetivo a liberdade. Por isso, não hesitou em proibir praticamente toda a cultura tcheca, tornando impossível que um escritor escrevesse, que um pintor mostrasse seus quadros, que os cientistas — em especial nas ciências sociais — conduzissem pesquisas independentes.

Destruiu as universidades, nomeando como professores em sua maioria funcionários dóceis. A nação, atingida de surpresa por essa catástrofe, aceitou-a de forma passiva, ao menos por algum tempo, contemplando com desolação, à distância, o desaparecimento, um a um, das pessoas que até recentemente respeitava e a quem via com esperança.

O *samizdat* surgiu devagar. No início da década de 1970, meus amigos e colegas escritores que eram proibidos de publicar costumavam encontrar-se na minha casa uma vez por mês. Faziam parte do grupo os principais criadores da literatura tcheca: Václav Havel, Jiří Gruša, Ludvík Vaculík, Pavel Kohout, Alexandr Kliment, Jan Trefulka, Milan Uhde e dezenas de outros. Nessas reuniões, líamos em voz alta nossos trabalhos novos; alguns, como Bohumil Hrabal e Jaroslav Seifert, não compareciam pessoalmente mas enviavam seus trabalhos para que nós lêssemos. A polícia se interessou por essas reuniões; instruída por ela, a televisão produziu um pequeno filme sugerindo sombriamente que perigosos conclaves conspiratórios ocorriam no meu apartamento. Foi-me dito que eu devia suspender tais encontros, porém todos concordamos que datilografaríamos nossos manuscritos e venderíamos a preço de custo. O "negócio" foi assumido por um dos melhores escritores tchecos, Ludvík Vaculík. Foi assim que começamos: um datilógrafo e uma máquina de escrever comum. Os trabalhos eram impressos em edições de dez a vinte exemplares; o custo de uma cópia era cerca de três vezes o preço de um livro normal. Em breve o que fazíamos tornou-se conhecido, as pessoas começaram a procurar esses livros. Novas "oficinas" surgiram, muitas vezes fazendo cópias não autorizadas. Ao mesmo tempo, melhorou a qualidade da apresentação. De maneira um tanto ardilosa, conseguimos que os livros fossem encapados nas oficinas especializadas do Estado; muitos deles eram acompanhados de ilustrações feitas por artistas de destaque, também proibidos. Muitos desses livros serão, ou já são, o orgulho das coleções de bibliófilos. Com o passar do tempo, o número de cópias cresceu, assim como o de títulos e leitores. Quase todo mundo suficientemente "sortudo" para ter um *samizdat* estava cercado de gente interessada em tomá-lo por empréstimo. Os escritores foram logo seguidos por outros: filósofos, historiadores, sociólogos, católicos não conformistas, bem como fãs de jazz, música pop e folclórica, além de jovens escritores que se recusavam a publicar seus livros do modo oficial, mesmo quando podiam. Dezenas de traduções começaram a aparecer nessas edições — livros políticos e religiosos, poesia lírica ou prosa meditativa. Registraram-se alguns feitos em matéria de edição: por exemplo, as obras reunidas e comentadas do nosso maior filósofo contemporâneo, Jan Patočka.

No início, a polícia tentou impedir os *samizdats*, fazendo buscas nas casas para confiscar cópias individuais. Diversas vezes prenderam os datilógrafos que faziam as cópias, sendo alguns condenados à prisão pelos tribunais "livres", mas, do ponto de vista das autoridades, o *samizdat* começava a parecer o dragão de múltiplas cabeças dos contos de fadas — ou uma praga. Ele era imbatível.

Ainda não temos estatísticas precisas, mas sei que havia umas duzentas revistas *samizdat* e muitos milhares de livros. É óbvio que quando falamos de milhares de títulos não podemos esperar sempre uma alta qualidade, porém uma coisa separava por completo o *samizdat* do resto da cultura tcheca: ele era independente tanto do mercado como do censor. Essa cultura tcheca independente atraiu bastante a geração mais nova, em parte por causa da aura de coisa proibida. Quão vasta ela realmente foi talvez seja em breve confirmado pela pesquisa científica. Estimamos que alguns livros tiveram dezenas de milhares de leitores, e não devemos esquecer que muitos deles foram publicados por editoras tchecas no exterior e entraram na Tchecoslováquia por caminhos bem tortuosos.

Nem devemos ignorar o grande papel desempenhado na propagação do que se chamou de "literatura sem censura" pelas estações de rádio estrangeiras, Radio Free Europe e Voice of America. A Radio Free Europe transmitiu as obras *samizdat* mais importantes em capítulos, com ouvintes na casa de centenas de milhares. (Um dos últimos que ouvi nessa estação foi o notável livro de Havel, *Long-Distance Interrogation*, que é um relato de sua vida e também de suas ideias políticas.) Estou convencido de que essa "cultura subterrânea" teve influência fundamental nos eventos revolucionários do outono de 1989.

Roth: Sempre me pareceu que havia uma conversa meio vaga e romântica no Ocidente sobre "a musa da censura"* atrás da Cortina de Ferro. Arrisco dizer que alguns escritores no Ocidente às vezes até invejavam a terrível pressão sob a qual gente como você escrevia e a clareza da missão que tal ônus gerava: em sua sociedade, vocês eram praticamente os únicos sustentáculos da

---

* Título de uma palestra de George Steiner, crítico e escritor de ficção norte-americano nascido em 1929 em Paris. (N. E.)

verdade. Numa cultura de censura, onde todos vivem uma vida dupla — de mentiras e verdades —, a literatura se torna uma boia de salvação, o que sobra da verdade à qual as pessoas se agarram. Acho também ser verdade que, numa cultura como a minha, em que nada é censurado mas a mídia de massa nos inunda com falsificações imbecis das coisas humanas, a literatura séria também constitui uma boia de salvação, mesmo que a sociedade praticamente o ignore.

Quando voltei de Praga para os Estados Unidos após minha primeira visita no começo da década de 1970, comparei a situação dos escritores tchecos à nossa, dizendo: "Lá nada vale e tudo importa; aqui vale tudo e nada importa". Mas qual foi o custo de tudo o que você escreveu? Como avalia o preço que a repressão, tão preocupada com a literatura, cobrou dos escritores que você conhece?

Klíma: Com frequência repito sua comparação da situação dos escritores tchecos com a dos escritores num país livre. Não sou capaz de julgar o paradoxo da segunda parte, mas a primeira reflete de modo maravilhoso o paradoxo da nossa situação. Os escritores tiveram de pagar um preço alto por conta das palavras que cresciam em importância devido às proibições e à perseguição — a proibição às publicações estava conectada não apenas à proibição de todas as atividades sociais, mas também, na maior parte dos casos, à proibição de fazer qualquer trabalho para o qual os escritores estivessem qualificados. Quase todos os meus colegas banidos tiveram de ganhar a vida como operários. Limpadores de janelas, como vemos no romance de Kundera (*A insustentável leveza do ser*), não eram na verdade típicos entre os médicos, mas muitos escritores, críticos e tradutores ganharam a vida dessa maneira. Outros trabalharam em canteiros de obras do metrô, operaram guindastes, escavaram em locais de pesquisa geológica. Ora, pode parecer que esse tipo de ocupação é capaz de oferecer uma experiência interessante ao escritor. E isso é verdade, desde que o trabalho dure um tempo limitado e haja alguma perspectiva de escapar da rotina emburrecedora e estafante. Quinze ou mesmo vinte anos desse tipo de trabalho, dessa exclusão, afetam toda a personalidade do indivíduo. A crueldade e a injustiça quebraram por completo alguns dos que foram submetidos a isso; outros ficavam tão cansados que eram simplesmente incapazes de empreender uma tarefa criativa. Se de algum modo conseguiam perseverar, era sacrificando tudo por esse objetivo, qualquer possibilidade de descanso e quase sempre qualquer chance de vida pessoal.

Roth: Vejo que Milan Kundera é quase uma obsessão aqui entre os escritores e jornalistas com quem converso. Parece haver uma controvérsia sobre o que pode ser chamado de seu "internacionalismo". Alguns me sugeriram que, em seus dois livros produzidos no exílio, *O livro do riso e do esquecimento* e *A insustentável leveza do ser*, ele está escrevendo "para" os franceses, "para" os americanos, e por aí vai, o que constitui algum tipo de contravenção cultural ou mesmo de traição. Para mim, ele parece, ao contrário, um escritor que, tendo se visto morando no exterior, decidiu bem realisticamente que era melhor não fingir que vivia em sua terra natal e que precisou inventar, então, uma estratégia literária, uma estratégia coerente não com suas velhas complexidades, e sim com as novas. Deixando de lado a questão da qualidade, a evidente diferença de abordagem entre os livros escritos na Tchecoslováquia, como *A brincadeira* e *Risíveis amores*, e os escritos na França não representa a meu ver um lapso de integridade, muito menos uma falsificação da experiência dele, mas uma reação forte e inovadora diante de um desafio inevitável. Você poderia explicar os problemas que Kundera apresenta aos intelectuais tchecos que estão tão obcecados com a obra dele escrita no exílio?

Klíma: A relação deles com Kundera é mesmo complicada, e eu enfatizaria de início que só uma minoria de tchecos tem alguma opinião sobre a obra dele, por uma simples razão: seus livros não são publicados aqui faz mais de vinte anos. A queixa de que Kundera está escrevendo para estrangeiros e não para os tchecos é só uma das muitas que lhe são feitas, e apenas parte da reprovação mais substancial: que ele perdeu os vínculos com sua terra natal. Podemos de fato deixar de lado a questão da qualidade, porque em grande medida a alergia a Kundera não é causada por isso, mas por outra coisa.

Os defensores de Kundera — e há muitos por aqui — explicam a animosidade dos intelectuais tchecos com uma atitude que não é tão rara no que se refere a nossos compatriotas famosos: inveja. Mas não considero que o problema seja tão simples. Posso mencionar muitos compatriotas famosos, mesmo entre os escritores (Havel no país, Škvorecký no exterior), que são muito populares entre nossos intelectuais e até amados por eles.

Usei a palavra *alergia*. Uma alergia pode ser produzida por vários fatores irritantes, e é bem difícil encontrar os decisivos. Na minha opinião, a alergia é provocada em parte pelo que as pessoas consideram ser o modo simplificado e espetacular com que Kundera apresenta sua experiência tcheca. Além disso, a experiência que Kundera apresenta, dizem essas pessoas, não é coerente com o fato de que foi um filho mimado e premiado do regime comunista até 1968.

O regime totalitário é terrivelmente duro para com os indivíduos, como Kundera reconhece, mas a dureza da vida tem um formato muito mais complexo do que o descrito por ele. O retrato de Kundera, segundo seus críticos, é do tipo que seria feito por um competente jornalista estrangeiro após passar alguns dias em nosso país. Tal retrato é aceitável pelo leitor ocidental porque confirma suas expectativas e reforça o conto de fadas sobre a luta entre bem e mal, que toda boa criança gosta de ouvir várias vezes. Mas, para esses leitores tchecos, nossa realidade não é um conto de fadas. De um escritor da magnitude de Kundera, eles esperam um retrato muito mais abrangente e complexo, uma percepção mais profunda de nossa vida. Ele sem dúvida tem outras aspirações para seus escritos do que só oferecer um retrato da realidade tcheca, porém esses atributos de sua obra podem não ser relevantes para a audiência tcheca a que estou me referindo.

Outra razão para a alergia provavelmente tem a ver com o puritanismo de alguns leitores tchecos. Embora em suas vidas pessoais eles possam não se comportar puritanamente, são muito mais estritos no tocante à moralidade de um autor.

Por fim, mas não menos importante, há uma razão estranha à literatura, mas que pode estar no âmago das acusações contra Kundera. Na época em que ele estava no auge da popularidade mundial, a cultura tcheca estava engajada numa batalha amarga contra o sistema totalitário. Os intelectuais aqui no país, bem como os que se encontravam no exílio, participaram dessa luta. Sofreram toda espécie de dificuldades, sacrificaram liberdade individual, posição profissional, tempo, o conforto de suas vidas. Por exemplo, Josef Škvorecký e sua esposa quase abandonaram a vida pessoal para trabalhar no exterior em favor da literatura tcheca sufocada. Para muitos, Kundera deu a impressão de manter-se distante desse esforço. Claro que era um direito dele: por que todo escritor deve se tornar um guerreiro? E sem dúvida pode-se argumentar que ele fez mais que o suficiente pela causa tcheca, graças a seus próprios livros. Seja como for, tentei explicar, com toda franqueza, por que Kundera tem sido aceito em seu próprio país com muito mais hesitação do que no resto do mundo.

Em defesa dele, deixe-me dizer que há aqui uma espécie de xenofobia quanto ao sofrimento dos últimos cinquenta anos. Os tchecos são agora muito possessivos em relação ao que sofreram e, embora isso talvez seja uma deformação bastante compreensível e natural, resultou, a meu ver, numa difamação injusta de Kundera, que é sem dúvida um dos grandes escritores tchecos do século xx.

Roth: Os escritores oficiais, ou oficializados, são um mistério para mim. Eram todos escritores ruins? Havia escritores oportunistas mas interessantes? Digo escritores oportunistas em vez de escritores adeptos porque, embora possa ter havido escritores que acreditavam no regime durante a primeira década após a Segunda Guerra Mundial, suponho que, nos últimos dez anos, os escritores aprovados pelo sistema não passavam mesmo de oportunistas. Corrija-me caso eu esteja errado. E me diga se era possível continuar a ser um bom escritor aceitando os governantes e suas regras. Ou a produção literária era automaticamente enfraquecida e comprometida por tal aceitação?

Klíma: É verdade que existe uma diferença básica entre os escritores que apoiaram o regime na década de 1950 e os que o fizeram depois da ocupação russa em 1968. Antes da guerra, o que se chamava de literatura de esquerda desempenhou um papel relativamente importante. O fato de que o Exército soviético libertou a maior parte da República fortaleceu ainda mais a tendência esquerdista; o mesmo se passou com a recordação de Munique e a forma como as potências ocidentais abandonaram a Tchecoslováquia, apesar de todos os tratados e de suas promessas. A geração mais jovem, em especial, sucumbiu às ilusões de uma nova sociedade mais justa a ser construída pelos comunistas. Foi justamente essa geração que em breve enxergou a realidade do regime, dando contribuições enormes para gerar o movimento da Primavera de Praga em 1968 e desmistificar a ditadura stalinista.

Depois de 1968 não havia mais nenhuma razão para ninguém compartilhar daquelas ilusões do pós-guerra, exceto por alguns fanáticos enlouquecidos. O Exército soviético tinha se transformado de força de libertação em força de ocupação, o regime que apoiava tal ocupação se transformara num bando de traidores. Se um escritor não notou tais mudanças, sua cegueira o privou do direito de se incluir entre as almas criativas; se notou mas fingiu que não via, podemos com justiça chamá-lo de oportunista — e essa talvez seja a palavra mais gentil a ser usada.

É óbvio que o problema estava no fato de que o regime não durou apenas alguns meses ou anos, mas duas décadas. Isso significa que, descontadas as exceções de praxe — e o regime perseguiu duramente tais exceções —, quase toda uma geração de rebeldes, desde o fim da década de 1970, foi forçada a emigrar. Todos os demais tiveram de aceitar de certo modo o regime ou até apoiá-lo. A televisão e o rádio precisavam funcionar de alguma maneira, as editoras precisavam cobrir as folhas com letras de imprensa. Mesmo pessoas muito decentes raciocinaram: "Se eu não continuar neste emprego, alguém pior vai ocupá-lo. Se eu não escrever — e vou tentar fazer chegar de forma sub-reptícia pelo menos um grão de verdade ao leitor —, as únicas pessoas que sobrarão serão aquelas dispostas a servir ao regime com devoção e subserviência".

Quero evitar dizer que todos os que publicaram alguma coisa nos últimos vinte anos são necessariamente escritores ruins. É verdade também que o regime aos poucos tentou atrair escritores tchecos importantes e, por isso, começou a publicar alguns de seus livros. Dessa forma vieram a público ao menos algumas obras de Bohumil Hrabal e do poeta Miroslav Holub (ambos fizeram autocríticas públicas), bem como poemas do vencedor do prêmio Nobel Jaroslav Seifert, que subscreveu a Carta 77.* Mas pode-se

---

* Em dezembro de 1976, um grupo de dissidentes tchecos redigiu a Carta 77, uma declaração que solicitava ao governo do país que fossem respeitados os direitos humanos fundamentais com que se comprometera nos Acordos de Helsinque de 1975 e em outras convenções internacionais. Quando Václav Ha-

afirmar categoricamente que o esforço de publicar, escapando de todas as armadilhas do censor, constituía um ônus pesado para as obras daqueles que foram publicados. Fiz uma comparação cuidadosa dos livros de Hrabal — que, a meu ver, é um dos maiores escritores de prosa europeus vivos. Comparei as obras produzidas em formato de *samizdat* e publicadas no exterior com as impressas de forma oficial aqui na Tchecoslováquia. As mudanças que ele foi evidentemente forçado a fazer pelo censor são, do ponto de vista da obra, monstruosas — no sentido literal da palavra. Mas muito pior que isso foi o fato de que vários escritores se anteciparam à censura e deformaram seus trabalhos, claro que com isso também deformando a si mesmos.

Só na década de 1980 começaram a aparecer os "jovens zangados", em particular nos círculos de escritores moços, gente de teatro e compositores de músicas de protesto. Eles disseram exatamente o que queriam dizer, correndo o risco de que seus trabalhos não fossem divulgados ou mesmo de perderem suas fontes de sustento. Contribuíram para que tivéssemos hoje uma literatura livre, e não uma literatura qualquer.

Roth: Desde a ocupação da Tchecoslováquia, um grupo considerável de escritores tchecos contemporâneos teve seus trabalhos publicados nos Estados Unidos: entre os que vivem no exílio, Kundera, Pavel Kohout, Jiří Gruša, Arnošt Lustig e Škvorecký; entre os que vivem na Tchecoslováquia, você, Hrabal, Holub e

---

vel (1936-2011), Pavel Landovský (1936-2014) e Ludvík Vaculík (1926-2015) tentaram entregar a declaração, assinada por mais de duzentas pessoas, no prédio da Assembleia Federal em Praga, em 6 de janeiro de 1977, foram presos e interrogados pela polícia secreta. O texto da Carta 77 foi proibido na Tchecoslováquia, mas circulou em versões clandestinas e veio a ser publicado no Ocidente. Membros do movimento da Carta 77 foram continuamente acossados e às vezes detidos pelas autoridades até que o regime comunista fosse derrubado em 1989 pela Revolucão de Veludo. (N. E.)

Havel. Trata-se de uma representação surpreendente de uma pequena nação europeia, pois não conseguimos lembrar o nome de dez noruegueses ou holandeses que foram publicados nos Estados Unidos desde 1968. Sem dúvida, o lugar que produziu Kafka tem uma relevância especial. Mas não acho que nenhum de nós dois acredita que isso justifique a atenção que a literatura de seu país foi capaz de atrair no Ocidente. Vocês têm sido ouvidos por muitos escritores estrangeiros. Eles se mostraram incrivelmente respeitosos para com sua literatura. Vocês foram objeto de uma deferência única, a vida e os livros de vocês absorveram o pensamento de muitos desses escritores. Já lhe ocorreu que tudo isso agora mudou e que, no futuro, vocês talvez não estarão mais falando tanto conosco e sim outra vez entre si?

Klíma: Claro que, como vimos, o destino cruel do país sugeriu muitos temas interessantes. Um escritor muitas vezes é forçado pelas circunstâncias a viver experiências que não conheceria de outro modo e que, ao escrever sobre elas, podem ter parecido quase exóticas aos leitores. É verdade também que escrever ou dedicar-se a qualquer ramo da arte era o último lugar em que o indivíduo podia se sentir dono de seu nariz. Muitas pessoas criativas de fato se tornaram escritores exatamente por tal motivo. Tudo isso vai passar até certo ponto, muito embora eu creia que exista uma aversão ao culto da elite na sociedade tcheca e que os escritores daqui sempre se preocuparão com os problemas cotidianos das pessoas comuns. Isso se aplica aos grandes escritores do passado, assim como aos contemporâneos: Kafka nunca deixou de ser um funcionário de escritório ou Čapek um jornalista; Hašek e Hrabal passaram muito tempo em bares esfumaçados bebendo cerveja com seus camaradas. Holub nunca abandonou seu emprego como cientista, e o obstinado Vaculík evitou tudo o que pudesse impedi-lo de levar uma vida de cidadão mais simplório. Claro que, como ocorrem mudanças na vida social, também ocorrerão mudanças nos temas. Mas não estou convencido de que isso significará necessariamente que nossa literatura vai se tornar desinteressante aos estrangeiros. Creio que ela abriu os portões para a Europa e até um pouquinho para o mundo, não só pelos assuntos de que trata, mas também pela qualidade.

Roth: E na Tchecoslováquia? Neste momento, as pessoas estão famintas por livros, mas, depois que o fervor revolucionário diminuir, e dissipado o sentimento de união pela luta, será que você não pode vir a representar muito menos para os leitores locais do que quando estava batalhando para manter viva uma linguagem diferente daquela dos jornais oficiais, dos discursos oficiais, dos livros sancionados pelo governo?

Klíma: Concordo que nossa literatura vai perder parte de sua atração extraliterária. Mas muitos pensam que essas atrações secundárias estavam desviando a atenção dos escritores e dos leitores com questões que, na realidade, deveriam ser tratadas por jornalistas, sociólogos, analistas políticos. Voltemos ao que chamo de tramas intrigantes oferecidas pelo sistema totalitário: a imbecilidade triunfante, a arrogância do poder, a violência contra os inocentes, a brutalidade policial, a crueldade que perpassa a vida e produz campos de trabalho forçado ou prisões; a humilhação dos indivíduos; a vida baseada em mentiras e fingimentos: todas essas histórias perderão seu caráter atual, assim espero, muito embora os escritores voltem a considerá-las de novo por algum tempo. Mas a nova situação deve trazer novos assuntos. Em primeiro lugar, quarenta anos do sistema totalitário deixaram em sua esteira um vazio material e espiritual, e preencher esse vazio envolve dificuldades, tensão, desapontamento e tragédia.

É verdade também que na Tchecolosváquia existe uma longa tradição de amor aos livros, que vem desde a Idade Média, e mesmo com aparelhos de televisão em toda parte é difícil encontrar uma família que não tenha sua própria coleção de bons livros.

Embora eu não goste de profetizar, creio que ao menos por agora a queda do sistema totalitário não tornará a literatura um assunto esporádico, que sirva apenas para afastar o tédio nas festas.

Roth: O escritor polonês Tadeusz Borowski disse que a única maneira de escrever sobre o Holocausto era do ponto de vista do culpado, do cúmplice e implicado na carnificina. Foi o que ele fez em suas memórias ficcionais, na primeira pessoa, intitulada *This Way for the Gas, Ladies and Gentlemen*. No livro, Borowski pode até ter fingido um grau dramaticamente mais arrepiante de insensibilidade moral do que sentiu como prisioneiro em Auschwitz, para assim revelar o horror do campo de concentração de uma forma que as vítimas totalmente inocentes não conseguiam. Sob o domínio do comunismo soviético, alguns dos escritores mais originais da Europa Oriental que li em inglês se posicionaram de modo similar — Tadeusz Konwicki, Danilo Kiš e Kundera, por exemplo, para mencionar apenas três que têm nomes com K — rastejaram de baixo da barata de Kafka para nos dizer que não há anjos não contaminados, que o mal está tanto dentro como fora. Não obstante, esse tipo de autoflagelação, malgrado suas ironias e nuances, não pode estar livre de certo elemento de culpa, do hábito moral de localizar a fonte do mal no sistema, mesmo ao examinar como esse sistema nos contamina. Você está acostumado a ficar do lado da verdade, com todos os riscos que isso implica em termos de se tornar moralista, hipócrita, didático, contrapropagandista por dever de ofício. Não está acostumado a viver sem aquela espécie bem definida de mal, reconhecível, objetiva. Pergunto-me o que acontecerá com sua obra — e com os hábitos morais nela enraizados — ante o desaparecimento do sistema: sem seus algozes, só com você e comigo.

Klíma: Essa pergunta me faz pensar em tudo o que eu disse até agora. Vejo que de fato várias vezes descrevo um conflito em que estou me defendendo contra um mundo agressivo, corporificado no sistema. Mas muitas vezes escrevi sobre o conflito entre mim e o sistema sem necessariamente supor que o mundo é pior do que eu. Acho mesmo que essa dicotomia, eu num lado e o mundo no outro, é o modo como não apenas os escritores, mas todos nós tentamos perceber as coisas.

O mais importante não é saber se o mundo surge como um sistema mau ou indivíduos maus, leis más ou má sorte. Nós dois poderíamos listar dezenas de livros escritos em sociedades livres nos quais o protagonista é jogado pra cá e pra lá por uma sociedade má, hostil e incompreensiva, e assim nos asseguraríamos de que não é só em nossa parte do mundo que os escritores sucumbem à tentação de ver como um dualismo entre bem e mal o conflito entre eles — ou seus protagonistas — e o mundo à volta. Imagino que os que aqui têm o hábito de ver o mundo num prisma dualista sem dúvida encontrarão outra forma de mal externo. Além disso, a mudança na situação pode ajudar outros escritores a escapar do círculo de só reagir à crueldade e estupidez do sistema, levando-os a refletir sobre o ser humano no mundo. E o que acontecerá agora com meus escritos? Nos últimos três meses fui apanhado num redemoinho de tantas obrigações que a ideia de algum dia escrever um romance em paz e tranquilidade me parece até fantasia. Mas, para não fugir à pergunta, considero um alívio não ter de me preocupar mais com o infeliz sistema social.

Roth: Kafka. Em novembro passado, enquanto as manifestações que resultaram na nova Tchecoslováquia ouviam as palavras do ex-prisioneiro e marginalizado Havel aqui em Praga, eu dava um curso sobre Kafka numa universidade de Nova York. Os alunos leram *O castelo*, sobre a luta extenuante e vã de K. para ser reconhecido como agrimensor por parte daquele dorminhoco que controlava a burocracia do castelo, o sr. Klamm. Quando apareceu no *New York Times* a fotografia de Havel apertando por cima da mesa a mão do primeiro-ministro do antigo regime, tratei de mostrá-la a meus alunos. "Bem, K. por fim se encontra com o sr. Klamm." Eles ficaram satisfeitos quando Havel decidiu se candidatar a presidente — isso poria K. no castelo nada menos do que como sucessor do chefe de Klamm.

A ironia presciente de Kafka pode não ser a qualidade mais notável de sua obra, mas é sempre chocante pensar nela. Ele não é um fantasista criando um sonho ou um pesadelo, e sim, pelo contrário, um realista. Sua ficção fica insistindo o tempo todo que aquilo que parece uma alucinação inimaginável e um paradoxo insolúvel é precisamente o que constitui a realidade na vida da pessoa. Em obras como *A metamorfose*, *O processo* e *O castelo*, ele relata a educação de alguém que termina por aceitar — tarde demais, quanto ao acusado Joseph K. — que aquilo que dá a impressão de ser estranho, ridículo e inacreditável, indigno e irrelevante, é nada menos do que está acontecendo com você: aquela coisa indigna revela ser seu destino.

"Não era um sonho", Kafka escreve momentos após Gregor Samsa acordar e descobrir que não mais era um bom filho sustentando a família, e sim um inseto repulsivo. O sonho, segundo Kafka, pertence a um mundo de probabilidade, de proporções, de estabilidade e ordem, de causa e efeito — um mundo confiável de dignidade e justiça é algo absurdamente fantástico para ele. Como Kafka se divertiria com a indignação daqueles sonhadores que nos dizem a cada dia: "Não vim aqui para ser insultado!". No mundo de Kafka — e não apenas no dele —, a vida só começa a fazer sentido quando nos damos conta da razão de estarmos aqui.

Gostaria de saber que papel pode ter tido Kafka na sua imaginação, Ivan, durante os anos em que esteve aqui para ser insultado, atormentado e rebaixado. Kafka foi excluído pelas autoridades comunistas das livrarias, bibliotecas e universidades na própria cidade em que nasceu e em toda a Tchecoslováquia. Por quê? O que as assustou? O que as enraiveceu? O que ele significa para vocês, que conhecem a obra dele de perto e podem até sentir forte afinidade com suas origens?

Klíma: Tal como você, estudei a obra de Kafka não faz muito tempo: escrevi um longo ensaio sobre ele e uma peça de teatro sobre seu romance com Felice Bauer.* Eu formularia de forma um pouco diferente minha opinião sobre o conflito entre o mundo dos sonhos e o real na obra de Kafka. Você diz: "O sonho, segundo Kafka, pertence a um mundo de probabilidade, de proporções, de estabilidade e ordem, de causa e efeito — um mundo confiável de dignidade e justiça é algo absurdamente fantástico para ele". Eu substituiria a palavra *fantástico* por *inalcançável*. Para Kafka, o que você chama de mundo dos sonhos era, pelo contrário, o mundo real, o mundo em que reinava a ordem, em que as pessoas, ao menos como ele as via, eram capazes de gostar de outras pessoas, de fazer amor, de ter famílias, de cumprirem todos os seus deveres — mas para ele esse mundo era, com seu amor quase doentio pela verdade, inalcançável. Seus protagonistas sofriam não pela incapacidade de realizar seus sonhos, mas por não serem fortes o bastante para entrar de modo adequado no mundo real, para cumprir seus deveres de forma adequada.

A razão pela qual Kafka foi proibido pelos regimes comunistas é explicada numa única frase pelo personagem central do meu romance *Amor e lixo*: "O que mais importa na personalidade de Kafka é sua honestidade". Um regime que se baseia no embuste, que pede às pessoas que finjam, que exige a concordância externa sem ligar para as convicções íntimas daqueles a quem solicita consentimento, um regime com medo de qualquer um que reflita sobre o sentido de suas ações, esse regime não pode permitir que

---

* O ensaio "The Swords Are Approaching: Franz Kafka's Sources of Inspiration" (1985) e a peça *Kafka and Felice* (1983). (N. E.)

se dirija ao público alguém cuja veracidade tenha atingido um nível tão fascinante ou aterrador de inteireza.

Se você pergunta o que Kafka significou para mim, voltamos à questão em torno da qual estamos dando voltas. Em termos gerais, Kafka era um escritor apolítico. Gosto de citar a entrada em seu diário de 21 de agosto de 1914. É bem curta: "A Alemanha declarou guerra à Rússia. Vou nadar à tarde". Aqui, o fato histórico, que sacudiu o mundo, e o pessoal estão no mesmo plano. Tenho certeza de que Kafka escreveu apenas por causa de sua profunda necessidade interna de confessar suas crises pessoais e resolver o que para ele era insolúvel em sua vida íntima, começando pela relação com o pai e a incapacidade de passar de certo limite nos relacionamentos com as mulheres. Em meu ensaio sobre Kafka, mostro, por exemplo, que sua máquina mortífera em *Na colônia penal* é uma imagem maravilhosa, candente e desesperada do estado de casado ou noivo. Vários anos depois de escrever esse conto, ele confidenciou a Milena Jesenská seus sentimentos sobre a possibilidade de viverem juntos:

> Você sabe, quando tento escrever alguma coisa [sobre nosso noivado], as espadas cujas pontas me circundam começam lentamente a se aproximar do corpo, é a mais completa tortura; quando elas começam a roçar em mim, já é tão terrível que de imediato, no primeiro grito, eu traio você, a mim mesmo, a tudo.

As metáforas de Kafka eram tão potentes que excediam de longe suas intenções originais. Sei que *O processo* e *Na colônia penal* foram explicados como engenhosas profecias acerca da tragédia pavorosa que se abateu sobre os judeus durante a Segunda Guerra Mundial, que estourou quinze anos depois da morte dele. Mas não foi a profecia de um gênio. Essas obras provam unicamente que um criador que sabe como refletir suas experiências pessoais de forma profunda e honesta também alcança as esferas suprapessoais ou sociais. Mais uma vez estou respondendo à pergunta sobre o conteúdo político na literatura. A literatura não precisa fuçar à sua volta em busca das realidades políticas, nem mesmo se preocupar com sistemas que chegam um dia e se vão depois: ela pode transcendê-los e ainda responder a perguntas que o sistema provoca nas pessoas. Essa é a lição mais importante que extraí para mim em Kafka.

Roth: Ivan, você é judeu de nascimento e, por isso, passou parte da infância num campo de concentração. Sente que esse tipo de passado diferencia sua obra — ou que, sob o regime comunista, ele alterou seus problemas como escritor de alguma forma que mereça ser comentada? Na década anterior à guerra, era impensável uma Europa Central sem judeus como uma presença cultural generalizada — sem leitores judeus ou escritores judeus, sem jornalistas, dramaturgos, editores e críticos judeus. Agora que a vida literária está prestes a ser retomada numa atmosfera intelectual que remonta ao período anterior à guerra, eu me pergunto se — talvez até pela primeira vez — a ausência de judeus terá algum impacto na sociedade. Há na literatura tcheca ainda algum resquício da cultura judaica anterior à guerra, ou a mentalidade e a sensibilidade dos judeus, que já foram fortes em Praga, abandonaram a literatura tcheca de vez?

Klíma: Qualquer um que tenha passado por um campo de concentração na infância — que ficou dependente por completo de um poder externo que podia a qualquer momento surrá-lo ou matá-lo, a você e a todos ao seu redor — provavelmente se movimenta ao longo da vida pelo menos de modo um pouco diferente das pessoas que foram poupadas desse tipo de formação. O fato de que a vida pode ser rompida como um pedaço de barbante: essa foi minha lição cotidiana quando era criança. E o efeito disso em meus trabalhos? Uma obsessão com o problema da justiça, com os sentimentos de pessoas que foram condenadas e marginalizadas, com os solitários e indefesos. Os temas que tiveram origem aí, graças ao destino do meu país, nada perderam de sua atualidade. E o efeito na minha vida? Entre os amigos sempre fui conhecido como um otimista. Qualquer um que sobreviva depois de ser repetidamente condenado à morte pode sofrer de paranoia a vida inteira ou ter uma confiança — que a razão não consegue explicar — de que no fim tudo pode ser superado e tudo pode dar certo.

Quanto à influência da cultura judaica em nossa cultura atual, se olhamos para trás temos a propensão de idealizar a realidade cultural da mesma maneira que idealizamos nossa própria infância. Contemplando em retrospecto a Praga em que nasci, digamos, no começo do século xx, fico surpreso com a maravilhosa mescla de culturas e costumes, com o número de grandes homens na cidade: Kafka, Rilke, Hašek, Werfel, Einstein, Dvořák, Max Brod... Mas, é claro, o passado de Praga, que aponto aqui apenas como símbolo da Europa Central, consistia não só de um número estonteante de indivíduos altamente talentosos, não só do ímpeto cultural: foi também uma época de ódio, de disputas furiosas, mesquinhas e não raro sanguinolentas.

Se falamos da magnífica onda de cultura judaica que Praga testemunhou mais do que qualquer outra cidade, devemos reconhecer também que nunca houve um longo período aqui sem algum tipo de explosão antissemita. Para a maioria das pessoas, os judeus representavam um elemento estranho, que tentavam pelo menos isolar. Não há dúvida de que a cultura judaica enriqueceu a cultura tcheca pelo simples fato de — assim como a cultura alemã, que também teve forte presença na Boêmia (e a literatura judaica na Boêmia era escrita sobretudo em alemão) — ela ter servido como uma ponte para a Europa Ocidental, uma ponte adotada pela cultura tcheca então em desenvolvimento após sua evolução ter sido sufocada por duzentos anos.

O que sobreviveu desse passado? Aparentemente, nada. Mas estou convencido de que essa não é toda a história. O atual desejo de superar o passado niilista com tolerância, o desejo de voltar às fontes não conspurcadas, não será essa a resposta ao chamamento quase esquecido dos mortos — na verdade, dos assassinados — a nós, os vivos?

Roth: Havel. Um homem complicado, de uma ironia maliciosa e intelecto sólido, um homem de letras, estudante de filosofia, um idealista com fortes inclinações espirituais, um pensador brincalhão que fala sua língua materna com precisão e clareza, que raciocina com lógica e matizes, que ri com prazer, que se encanta com a teatralidade, que conhece intimamente e compreende a história e a cultura de seu país — essa pessoa teria menos chance de ser eleita nos Estados Unidos que Jesse Jackson ou Geraldine Ferraro.*

Nesta manhã mesmo fui ao Castelo assistir a uma conferência de imprensa dada por Havel sobre suas viagens aos Estados Unidos e à Rússia, ouvindo com prazer e certo espanto um presidente compor, ali na hora, frases com pegada, fluentes e ricas de observações humanas, frases de um tipo que provavelmente não foram formuladas com tanta frequência — e de improviso — na nossa Casa Branca desde o assassinato de Lincoln.

Quando um jornalista alemão perguntou de quem ele havia gostado mais — Dalai Lama, George Bush ou Mikhail Gorbachev, três personalidades que ele encontrara recentemente —, Havel começou: "Bem, não seria sábio fazer uma hierarquia de

---

* Jesse Louis Jackson (1941-), pastor batista e ativista político que participou com Martin Luther King Jr. da luta pelos direitos civis para os negros nos Estados Unidos, tendo se apresentado por duas vezes (1984 e 1988) como pré-candidato do Partido Democrata às eleições presidenciais; Geraldine Anne Ferraro (1935--2011), advogada e política filiada ao Partido Democrata, foi a primeira mulher a candidatar-se à vice-presidência, em 1984, na chapa de Walter Mondale. (N. T.)

simpatia…". Quando lhe pediram que descrevesse Gorbachev, ele disse que uma de suas qualidades mais atraentes era ser "um homem que não hesita em confessar seu embaraço quando o sente". Ao anunciar que havia marcado a chegada do presidente da Alemanha para 15 de março, o mesmo dia em que Hitler entrou em Praga em 1939, um dos repórteres observou que Havel "gostava de aniversários", ao que ele na hora corrigiu: "Não, eu não disse que gosto de aniversários. Falei sobre símbolos, metáforas, e um sentimento de estruturas dramáticas na política".

Como isso aconteceu aqui? E por que aconteceu aqui com Havel? É provável que ele seria o primeiro a reconhecer que não era a única pessoa teimosa e publicamente sincera entre vocês, nem foi o único posto na prisão por suas ideias. Gostaria que você me dissesse por que ele surgiu como a corporificação da nova imagem que a nação fez de si própria. Pergunto-me se ele era mesmo um herói para amplos segmentos do país, quando, de forma quixotesca — no exemplo mais claro do intelectual tolo e bem-intencionado que não compreende a vida real —, ele escrevia longas e aparentemente inúteis cartas de protesto para seu antecessor, o presidente Husák. Será que muita gente não o achava um estorvo ou um doido? Para as centenas de milhares de pessoas que nunca questionaram o regime comunista, será que a idolatria a Havel não é um meio conveniente de se desfazer, praticamente da noite para o dia, da cumplicidade com o que você chama de passado niilista?

Klíma: Antes que eu tente explicar esse fenômeno notável chamado "Havel", vou tentar lhe dar minha opinião sobre a personalidade chamada Havel. (Espero não estar violando a lei, ainda em vigor, que praticamente proíbe qualquer crítica ao presidente.) Concordo com sua caracterização de Havel. Mas, como alguém que se encontrou com ele inúmeras vezes ao longo dos últimos 25 anos, eu faria complementações. Havel é conhecido no mundo sobretudo como um importante dramaturgo, depois como um ensaísta interessante e, por fim, como um dissidente, um oponente do regime tão firme em seus princípios que não hesitou em enfrentar qualquer coisa em prol de suas convicções, inclusive ser posto numa prisão tcheca — ou, mais exatamente, numa prisão comunista. Mas, nessa lista de habilidades ou profissões falta uma, e que na minha opinião é fundamental.

Como dramaturgo, Havel é visto pelos críticos do mundo todo como um autor do teatro do absurdo. Mas, quando ainda era permitido assistir a suas peças em nossos teatros, o público tcheco as compreendia acima de tudo como peças políticas. Eu costumava dizer, só em parte como piada, que Havel se tornou dramaturgo só porque, naquela época, o teatro era a única plataforma em que suas opiniões políticas podiam ser manifestadas. Desde quando o conheci, Havel foi para mim em primeiro lugar um político, em segundo um ensaísta genial e só em último lugar dramaturgo. Não estou classificando o valor de suas conquistas, e sim a prioridade de seus interesses, inclinações pessoais e entusiasmo.

No deserto político tcheco, onde os antigos representantes do regime democrático tinham emigrado, sido presos ou desaparecido por completo da cena política, Havel foi por muito tempo o único representante ativo da linha de políticos totalmente democráticos representada por Tomáš Masaryk. Masaryk vive hoje na consciência nacional como um ídolo ou como o autor dos princípios que fundamentaram a Primeira República. Poucos sabem que ele foi um político extraordinário, um mestre em matéria de conciliação, capaz de realizar manobras políticas surpreendentes e atos arriscados e com motivação ética. (Um deles foi a apaixonada defesa de um jovem e infeliz judeu errante nascido numa família rica, Leopold Hossner, que tinha sido condenado pelo assassinato de uma costureira durante um ritual.) Essa atitude de Masaryk deixou os nacionalistas tchecos tão enraivecidos que, por algum tempo, parecia que o experiente homem público cometera um suicídio político: ele deve ter sido visto pelos contemporâneos como "um estorvo ou um doido". Havel seguiu brilhantemente a linha de Masaryk ao adotar um comportamento ético "suicida", embora, claro, conduzisse sua atividade política em condições muito mais terríveis do que as que dominaram no período austro-húngaro. Sua carta para Husák, em 1975, foi na verdade um ato com motivações éticas — até mesmo suicidas —, mas com claros propósitos políticos, assim como as campanhas por abaixo-assinados, que ele instigou diversas vezes e pelas quais foi sempre processado.

Como Masaryk, Havel foi um mestre em matéria de conciliações e alianças, que nunca perdeu de vista o objetivo básico: derrubar o sistema totalitário e substituí-lo por um sistema renovado de democracia pluralista. Com tal objetivo, ele não hesitou, em 1977, em juntar-se a todas as forças antitotalitárias, fossem elas compostas de comunistas reformadores — todos eles desde há muito expulsos do Partido —, membros da clandestinidade artística ou cristãos praticantes. O maior significado da Carta 77 residiu justamente nesse ato de unificação, e não tenho a menor dúvida de que Václav Havel foi o autor da ideia e a pessoa capaz de unir forças políticas tão heterogêneas.

A candidatura de Havel à presidência e sua eleição foram, em primeiro lugar, uma expressão do curso precipitado e verdadeiramente revolucionário dos eventos neste país. No fim de novembro, ao voltar da reunião de um dos comitês do Fórum Cívico,* meus amigos e eu nos dizíamos que estava chegando a hora de indicarmos nosso candidato ao cargo de presidente. Concordamos então que o único candidato a ser considerado, pois goza-

---

* Movimento e partido político tchecos fundados em 1989 com a participação de Václav Havel na esteira do movimento da Carta 77. (N. E.)

va de um apoio público mais ou menos amplo, era Alexander Dubček. Porém, alguns dias depois, ficou claro que a revolução ultrapassara o ponto em que seria aceitável à geração mais nova de tchecos um candidato associado ao Partido Comunista, mesmo que isso fizesse parte do passado dele. Nesse momento, surgiu o único candidato viável, Václav Havel. Mais uma vez, um exemplo dos instintos políticos de Havel — pois Dubček com certeza era o único candidato viável para a Eslováquia — foi ele ter condicionado sua candidatura à participação de Dubček na segunda mais alta função do governo.

A mudança de atitude do público tcheco em relação a Havel — porque para certos segmentos ele era na verdade mais ou menos desconhecido, ou conhecido como o filho de um rico capitalista ou até mesmo como um prisioneiro — pode ser explicada pelo espírito revolucionário que tomou conta da nação. Em determinada atmosfera, no meio de uma multidão, por mais que ela seja bem-comportada e contida, um indivíduo de repente se identifica com o estado de espírito dominante e captura o entusiasmo de todos. É fato que os cidadãos do país em sua maioria compartilharam do funcionamento do sistema anterior, mas também é fato que ao mesmo tempo o odiavam exatamente por havê-los tornado cúmplices em seus horrores — e quase ninguém ainda se identificava com aquele regime que com tanta frequência os humilhara, enganara e ludibriara. Em poucos dias, Havel se tornou o símbolo da mudança revolucionária, o homem que tiraria a sociedade da crise — embora ninguém soubesse exatamente o caminho a ser trilhado para sair do mal rumo ao bem. Como a motivação para apoiá-lo foi basicamente metafísica, só o tempo dirá se esse apoio será mantido ou se eventualmente vai se fundamentar mais na razão e em preocupações práticas.

Roth: Falamos antes sobre o futuro. Posso encerrar com uma profecia? O que vou dizer pode lhe parecer arrogantemente paternalista — o sujeito que disfruta de liberdade alertando o sujeito privado de liberdade sobre os perigos de ficar rico. Você lutou por alguma coisa durante tantos anos, uma coisa da qual precisava tanto quanto do ar, e o que vou dizer é que o ar pelo qual você lutou também é um pouco envenenado. Posso lhe assegurar que não sou um artista sagrado desmerecendo o profano, nem um garotão privilegiado se vangloriando de suas posses. Não estou me queixando. Estou apenas fazendo um relatório acadêmico.

Ainda há um verniz do período anterior à guerra nas sociedades que, desde a década de 1940, ficaram sob o domínio soviético. Os países-satélites foram apanhados numa dobra do tempo, com a consequência de que, por exemplo, a revolução de McLuhan mal afetou suas vidas. Praga ainda é Praga, e não uma parte da aldeia global. A Tchecoslováquia ainda é a Tchecoslováquia e, no entanto, a Europa a que vocês voltarão a pertencer está se homogeneizando rapidamente, é uma Europa em que nações tão distintas estão prestes a serem transformadas de modo radical. Vocês vivem aqui numa sociedade de inocência racial edênica, sem conhecer nada das grandes migrações pós-coloniais — sua sociedade é, a meus olhos, incrivelmente branca. Além disso, há a questão do dinheiro e da cultura do dinheiro, que assume o controle numa economia de mercado.

O que vocês escritores vão fazer quanto ao dinheiro, diante da necessidade de sair de sob as asas de uma indústria editorial subsidiada, de competir no mercado e publicar livros que deem lucro? E daqui a cinco ou dez anos, como será essa economia de mercado da qual fala o novo governo, como vocês lidarão com a cultura comercializada que ela cria?

À medida que a Tchecoslováquia se torna uma sociedade de consumo livre e democrática, vocês escritores vão se ver atormentados por uma nova série de adversários, dos quais, estranhamente, o totalitarismo repressivo e estéril os protegia. Particularmente perturbador será um adversário que é o onipresente e poderoso arqui-inimigo da literatura, da alfabetização, da linguagem. Posso lhe garantir que não haverá uma multidão desafiadora enchendo a praça Wenceslas para derrubar sua tirania, e nenhum intelectual ou dramaturgo será aclamado pelas massas enfurecidas para redimir a alma da nação da imbecilidade a que esse adversário reduz quase toda a capacidade de expressão humana. Falo de uma coisa que banaliza tudo: a televisão comercial — não um punhado de canais que ninguém quer ver porque são controlados por um censor estatal ignorante, mas uma ou duas dúzias de canais repletos de clichês entediantes que quase todo mundo vê o tempo todo porque consistem em *entretenimento*. Finalmente você e seus colegas escritores escaparam da prisão intelectual do totalitarismo comunista. Bem-vindos ao Mundo do Entretenimento Total. Você não sabe o que está perdendo! Ou sabe?

Klíma: Como uma pessoa que, afinal de contas, viveu por algum tempo nos Estados Unidos e que por vinte anos vem sendo publicado apenas no Ocidente, tenho consciência do "perigo" que uma sociedade livre, e sobretudo os mecanismos de mercado, podem representar para a cultura. Sem dúvida sei que a maioria das pessoas prefere praticamente qualquer coisa sentimentaloide de mau gosto a ler Cortázar ou Hrabal. Sei que vai acabar o tempo em que até os livros de poesia alcançam em nosso país tiragens de dezenas de milhares de exemplares. Suponho que uma onda de lixo literário e televisivo se abaterá sobre nosso mercado — não há como evitar. Não sou o único a me dar conta de que, nessa liberdade recém-conquistada, a cultura ganha alguma coisa importante, porém também perde alguma coisa. No começo de janeiro, um dos melhores diretores de cinema tchecos foi entrevistado na televisão e fez um alerta quanto à comercialização da cultura. Quando ele disse que a censura nos havia protegido não só dos melhores exemplos de nossa cultura e das culturas estrangeiras, mas também do que há de pior na cultura de massa, irritou muita gente, mas eu o compreendo. Há pouco tempo foi divulgado um memorando sobre a posição da televisão, que afirma o seguinte:

> Devido à sua ampla influência, a televisão é diretamente capaz de contribuir ao máximo para um renascimento moral. Isso, é claro, pressupõe estabelecer uma nova estrutura não apenas do ponto de vista organizacional, mas no sentido da responsabilidade moral e criativa da instituição como um todo e de cada pessoa envolvida na atividade, em especial seus dirigentes Os tempos que estamos vivendo oferecem à nossa televisão uma oportunidade única de tentar algo que não existe em nenhum outro lugar do mundo.

O memorando, é evidente, não pede a introdução da censura, mas a criação de um conselho artístico suprapartidário, um grupo de autoridades independentes do mais alto padrão espiritual e moral. Assinei-o como presidente do PEN Club tcheco, mas pessoalmente penso que é bastante utópico o desejo de estruturar dessa forma a televisão de uma sociedade livre. O memorando impressionou-me pelo tipo de linguagem irrealista e moralista que resulta da euforia revolucionária.

Já mencionei que, sobretudo entre os intelectuais, ideias utópicas começaram a vir à tona sobre como o país combinará os aspectos positivos de ambos os sistemas: alguma coisa do sistema de controle estatal, alguma coisa do novo sistema de mercado. E essas ideias são provavelmente mais fortes na área da cultura. O futuro mostrará até que ponto são puramente utópicas. Haverá uma televisão comercial em nosso país ou continuaremos apenas com emissões subsidiadas e controladas por uma instituição central? E, no segundo caso, ela poderá resistir às exigências do gosto popular? Só saberemos com o passar do tempo.

Já lhe disse também que na Tchecoslováquia a literatura sempre gozou não só de popularidade, mas também de estima. Isso é comprovado pelo fato de que, num país com menos de 12 milhões de habitantes, os livros de bons escritores, tanto locais como traduzidos, tinham edições de centenas de milhares de exemplares. Além disso, o sistema está mudando num momento em que o pensamento ecológico cresce tremendamente (o meio ambiente na Tchecoslováquia é um dos piores da Europa), e com certeza não faz sentido tentar purificar a atmosfera e ao mesmo tempo poluir nossa cultura. Por isso, não é uma ideia assim tão utópica tentar influenciar as mídias de massa para que mantenham padrões elevados e até eduquem a nação. Se ao menos parte dessa ideia puder ser realizada, com certeza seria, como dizem os autores do memorando, um evento único na história das comunicações de massa. E, afinal, uma vez ou outra impulsos de caráter espiritual têm se originado neste nosso pequeno país no centro da Europa.

Isaac Bashevis Singer

[1976]

Alguns meses depois que li Bruno Schulz pela primeira vez e decidi incluí-lo na série de livros *Writers from the Other Europe*, da Penguin Books, soube que, quando seu romance autobiográfico *A rua dos crocodilos* apareceu em inglês catorze anos antes, o livro fora resenhado e elogiado por Isaac Bashevis Singer. Uma vez que ambos, Schulz e Singer, nasceram na Polônia de pais judeus, com uma diferença de doze anos (Schulz em 1892 na cidade interiorana de Drohobych, na Galícia; Singer em 1904, na cidade de Radzymin, perto de Varsóvia), telefonei para Singer, com quem me encontrara socialmente uma ou duas vezes, perguntando se poderíamos conversar sobre Schulz e sobre como fora a vida para um escritor judeu na Polônia durante as décadas em que ambos se firmavam como artistas. Nosso encontro ocorreu no apartamento de Singer em Manhattan, no final de novembro de 1976.

Roth: Quando você leu Schulz pela primeira vez, aqui ou na Polônia?

Singer: Li pela primeira vez nos Estados Unidos. Devo lhe dizer que, como muitos outros escritores, sempre abro um livro de ficção com certa dúvida. Como a maioria dos escritores não é realmente boa, quando me mandam um livro suponho que ele não será muito bom. E fiquei surpreso tão logo comecei a ler Schulz. Disse a mim mesmo que ali estava um escritor de primeira classe.

Roth: Conhecia-o de nome antes?

Singer: Não, não tinha ouvido falar dele. Saí da Polônia em 1935. Schulz não era muito conhecido na época e, se era, eu nunca tinha ouvido falar. Minha primeira impressão foi a de que aquele sujeito escrevia como Kafka. A meu ver, há dois escritores que escrevem como Kafka. Um deles era Agnon, que costumava dizer nunca ter lido Kafka, embora muitos tenham dúvidas sobre isso. Na verdade, ele com certeza leu Kafka, não há o que discutir. Não diria que foi influenciado por Kafka, existe a possibilidade de que duas pessoas escrevam no mesmo tipo de estilo, no mesmo espírito, porque ninguém é totalmente único. Se Deus foi capaz de criar um Kafka, poderia ter criado três Kafkas caso Ele tivesse vontade. Mas, quanto mais eu lia Schulz — talvez eu nem devesse dizer isso —, mais o achava melhor que Kafka. Há uma força maior em alguns de seus contos. Ele é também bem forte em matéria de absurdo. E não de forma tola, e sim muito inteligente. Eu diria que, entre Schulz e Kafka, há uma coisa que Goethe chama de *Wahlverwandtschaft*, uma afinidade de almas que se escolhe para si próprio. Esse pode ter sido o caso com Schulz, e talvez até certo ponto com Agnon.

Roth: A mim parece que Schulz não conseguia manter sua imaginação longe de nada, inclusive do trabalho de outros escritores e em particular da obra de um autor como Kafka, com quem ele dá a impressão de ter importantes afinidades de formação e temperamento. Assim como no livro *A rua dos crocodilos* ele transforma sua cidade natal de Drohobych num lugar mais estarrecedor e maravilhoso do que realmente é — em parte, diz ele, para "ser liberado das torturas do tédio" —, ele também se vale de fragmentos de Kafka para seus propósitos específicos. Kafka pode ter posto algumas ideias divertidas na cabeça dele, mas o fato de que servem a fins diferentes talvez seja mais bem exemplificado pela circunstância de que, no livro de Schulz, o personagem transformado em barata não é o filho, e sim o pai. Imagine Kafka imaginando isso! Fora de questão. Certas predileções artísticas podem ser similares, porém estão associadas a desejos totalmente diversos. Como você sabe, Schulz traduziu *O processo* para o polonês em 1936. Eu me pergunto se Kafka alguma vez foi traduzido para o iídiche.

Singer: Não que eu saiba. Quando era moço, li muitos escritores do mundo todo em iídiche: se Kafka tivesse sido traduzido para aquele idioma, isso teria sido na década de 1930 e eu saberia. Temo que não haja nenhuma tradução da obra dele em iídiche. Ou talvez haja e eu não saiba, o que também é possível.

Roth: Você tem alguma ideia de por que Schulz escreveu em polonês e não em iídiche?

Singer: É mais provável que ele tenha sido criado numa família que já estava em boa parte assimilada. Muitos judeus na Polônia — depois que o país se tornou independente, mas até antes — foram criados falando polonês. Isso aconteceu até na Polônia russa, mas sobretudo na Galícia, a parte da Polônia que pertencia à Áustria e que gozava de certa autonomia e não era culturalmente subjugada. Natural que as pessoas que falavam polonês criassem seus filhos falando a mesma língua. Se isso era bom ou mau, não sei. Mas, sendo o polonês sua língua materna, por assim dizer, Schulz não tinha escolha, uma vez que um verdadeiro escritor não escreve numa língua que aprendeu, e sim na que conhece desde a infância. E a força de Schulz, obviamente, está na linguagem. Eu o li primeiro em inglês e, embora a tradução seja boa, quando li mais tarde em polonês vi essa sua força com toda clareza.

Roth: Schulz nasceu de pais judeus na Polônia em 1892. Você nasceu em 1904. Era incomum para um judeu daquela geração escrever em polonês ou em iídiche, como você?

Singer: Os judeus tiveram certo número de escritores importantes escrevendo em polonês, todos nascidos mais ou menos naquela época, na década de 1890: Antoni Słonimski, Julian Tuwim, Józef Wittlin. Eram bons escritores, mas nada de especial. Alguns, contudo, eram bem fortes na língua polonesa. Tuwim era um mestre em polonês. Słonimski era neto de Chaim Zelig Słonimski, fundador do jornal hebraico *Hatsefira*, em Varsóvia. Słonimski converteu-se ao catolicismo quando era criança, por causa dos pais, enquanto Tuwim e Wittlin permaneceram judeus só no nome. Tinham pouco a ver com os escritores em iídiche. Meu irmão mais velho, Israel Joshua Singer, nasceu mais ou menos na mesma época que eles e, sendo conhecido na Polônia como autor em iídiche, não tinha relação alguma com aqueles autores. Eu era ainda um principiante na Polônia e, sem dúvida, não tive nenhum relacionamento com eles. Nós que escrevíamos em iídiche os enxergávamos como pessoas que haviam abandonado suas raízes e sua cultura para se tornarem parte da cultura polonesa, que considerávamos mais jovem e talvez menos importante que a nossa. Eles achavam que nós escrevíamos para gente ignorante, sem educação formal, enquanto seus leitores frequentavam as universidades. Por isso, ambos tínhamos boas razões para desprezar--nos uns aos outros. Embora a verdade seja que nenhum dos dois grupos tinha escolha. Eles não sabiam iídiche, nós não sabíamos polonês. Mesmo tendo nascido na Polônia, o polonês não era tão natural para mim quanto o iídiche. Na verdade, falo todas as línguas com sotaque.

Roth: Não o iídiche, suponho.

Singer: Sim, os judeus lituanos dizem que falo iídiche com sotaque.

Roth: Quero lhe perguntar sobre Varsóvia na década de 1930. Schulz estudou arquitetura em Lviv ainda jovem e então, até onde sei, voltou para a cidade de Drohobych, na Galícia, onde ensinou desenho num ginásio pelo resto da vida. Aos quarenta anos foi para Varsóvia, mas antes não se afastou de lá durante nenhum período significativo. Que tipo de atmosfera cultural ele teria encontrado em Varsóvia naquela época?

Singer: Há duas coisas a lembrar sobre Schulz. Primeiro, ele era uma pessoa terrivelmente modesta. O próprio fato de ter ficado em sua cidade natal, que era bem distante de tudo, mostra toda sua modéstia, e também um certo medo. Ele se sentia como um matuto que teme ir para a cidade grande, onde encontraria gente já famosa. É bem provável que receava ser vítima de zombaria ou ser ignorado. Acho que era uma pilha de nervos. Sofria de todas as inibições que um escritor pode sofrer. Quando você olha o retrato dele, vê o rosto de um homem que nunca ficou em paz com a vida. Nunca se casou. Diga-me, sr. Roth, ele tinha alguma namorada?

Roth: Se os desenhos dele são alguma indicação, acho que mantinha relações estranhas com as mulheres. Um tema recorrente nos desenhos que vi é o domínio feminino e a sujeição masculina. Há em algumas dessas figuras uma curiosa sugestividade erótica quase de mau gosto: homens pequenos e suplicantes, parecidos com o próprio Schulz, e moças adolescentes remotas e parcialmente despidas ou vendedoras de loja de porte escultural e rostos muito pintados. Elas me fazem lembrar um pouco do mundo erótico "fuleiro" de outro escritor polaco, Witold Gombrowicz. Tal como Kafka, que nunca se casou, comenta-se que Schulz manteve longas e intensas trocas de correspondência com mulheres, vivendo boa parte de sua vida erótica pelo correio. Seu biógrafo, Jerzy Ficowski, que escreveu a introdução da edição da Penguin de *A rua dos crocodilos,* afirma que o romance começou como uma série de cartas para uma amiga íntima. Devem ter sido umas cartas e tanto! De acordo com Ficowski, foi essa mulher quem incentivou Schulz — na verdade, uma pessoa profundamente inibida — a ver tais cartas como um trabalho literário. Mas, voltando a Schulz e Varsóvia, como era a vida cultural quando ele chegou lá, em meados da década de 1930? Qual era o estado de espírito ou a ideologia dominante nos círculos de escritores e intelectuais?

Singer: Eu diria que eles tinham quase o mesmo movimento que temos aqui agora — mais ou menos de esquerda. Isso era verdade com relação aos escritores judeus que escreviam em polonês. Eram todos esquerdistas ou considerados esquerdistas pelos velhos escritores poloneses, que, na realidade, os viam como intrusos.

Roth: Porque escreviam em polonês?

Singer: Sim, porque escreviam em polonês. Poderiam ter dito: "Por que demônios não escrevem em seu próprio jargão, seu próprio iídiche? O que querem de nós, poloneses?". Seja como for, na década de 1930 esses escritores judeus se tornaram muito importantes, apesar de seus adversários. Primeiro, por serem muito bons escritores, embora não grandes escritores; segundo, por serem de esquerda, e essa era a tendência da época; e, terceiro, por serem ativos, pois apareciam com frequência na revista *Wiadomości Literackie*, escreviam para o teatro de variedades, e por aí vai. Às vezes, esses escritores judeus escreviam coisas que soavam antissemitas para outros judeus. É claro que não concordo que era antissemitismo, porque alguns críticos disseram o mesmo de mim. Embora eu escrevesse em iídiche, eles diziam: "Por que você escreve sobre ladrões judeus e prostitutas judias?". E eu dizia: "Devo escrever sobre ladrões espanhóis e prostitutas espanholas? Escrevo sobre os ladrões e as prostitutas que conheço".

Roth: Quando você elogiou Schulz em 1963, também fez algumas críticas. Disse que "se Schulz tivesse se identificado mais com sua gente, talvez não gastasse tanta energia com imitação, paródia e caricatura". Pergunto-me se tem mais a dizer sobre isso.

Singer: Senti isso quando escrevi, e acho que continuo a sentir. Há muita zombaria na escrita tanto de Schulz como de Kafka, embora em Kafka ela seja menos visível. Acho que Schulz tinha capacidade suficiente para escrever romances sérios, mas, em vez disso, muitas vezes escreveu alguma forma de paródia. E creio que, basicamente, ele desenvolveu seu estilo porque não se sentia tão à vontade entre os poloneses ou os judeus. É um estilo um pouco característico de Kafka também, que, da mesma forma, sentia não ter raízes. Era um judeu que escrevia em alemão e vivia na Tchecoslováquia, onde a língua era de fato o tcheco. É verdade que Kafka pode ter sido mais assimilado que Schulz — ele não morava numa cidade judaica como Drohobych, repleta de judeus chassídicos, e seu pai era mais chegado à assimilação que o de Schulz. No entanto a situação era basicamente idêntica, e como estilistas ambos tinham mais ou menos o mesmo perfil.

Roth: É possível pensar de outro modo no "desenraizamento" de Schulz: não como algo que o impediu de escrever romances sérios, mas como uma condição graças à qual seu talento e imaginação especiais floresceram.

Singer: Sim, sem dúvida, isso é verdade. Se um talento genuíno não pode se alimentar diretamente do solo, vai se nutrir de outra maneira. Mas, do meu ponto de vista, preferiria tê-lo visto como um escritor em iídiche. Assim ele não teria todo o tempo para ser tão negativo e zombeteiro.

Roth: Não sei se foi tanto o negativismo e a zombaria que predominaram em Schulz ou, pelo contrário, o enfado e a claustrofobia. Talvez o que o impeliu rumo ao que chama de "contraofensiva da fantasia" foi ser um homem de enormes dons artísticos e rica imaginação vivendo como professor de ginásio numa cidade provinciana com uma família de comerciantes. Além disso, ele é o filho do pai, e seu pai, tal como o descreve, era, ao menos nos últimos anos, um louco muito engraçado mas aterrador, um grande "heresiarca", fascinado, segundo Schulz, "por formas duvidosas e problemáticas". Isso pode se aplicar muito bem ao próprio Schulz, que me parece totalmente consciente de que sua imaginação agitada era capaz de levá-lo bem próximo à loucura, ou à heresia. Não acho que, quanto a Schulz ou também Kafka, o maior problema fosse a incapacidade de sentir-se à vontade com um ou outro tipo de gente, embora isso possa ter contribuído para as dificuldades de ambos. A julgar por aquele livro, tenho a impressão de que Schulz mal conseguia se identificar com a realidade, para não dizer com os judeus. Somos lembrados da observação de Kafka sobre suas afiliações: "O que é que eu tenho em comum com os judeus? Mal tenho alguma coisa em comum comigo mesmo, e ficaria quietinho num canto, feliz de poder respirar". Schulz não precisava ter ficado em Drohobych se achasse o lugar tão sufocante. As pessoas podem reunir suas forças e ir embora. Ele poderia ter permanecido em Varsóvia depois que finalmente chegou lá. Mas talvez ter o ambiente claustrofóbico que não satisfazia as necessidades do homem era justamente o que dava vida a seu tipo de arte. A fermentação é uma de suas palavras prediletas. Quem sabe só em Drohobych a imaginação de Schulz fermentasse.

Singer: Acho também que, em Varsóvia, ele entendeu que precisava voltar para Drohobych porque todo mundo dizia: "Quem é esse Schulz?". Os escritores não estão de fato preparados para ver um jovem provinciano e logo dizer: "Você é nosso irmão, você é nosso professor". Mais provável que dissessem: "Outro chato com um manuscrito". Além disso, ele era judeu. E esses escritores judeus na Polônia, que na verdade comandavam o campo literário, eram muito cautelosos sobre o fato de serem judeus.

Roth: Cautelosos como?

Singer: Eu diria que era mais difícil. Explico por quê. Um advogado judeu, se não gostasse de se chamar Levin ou Katz, podia trocar o nome para Levinski ou Kacinski, e as pessoas não o incomodariam. Mas, com relação a um escritor, eram sempre cautelosas. Diriam: "Você não tem nada a ver conosco". Acho que existe uma pequena similaridade neste país quanto aos escritores judeus que escrevem em inglês e conhecem bem a língua. Nenhum escritor aqui diria para Saul Bellow ou para você: "Por que não escreve em iídiche, por que não volta para a East Broadway?". Entretanto uma pequena parte disso ainda existe. Acho que ainda existem aqui alguns escritores ou críticos conservadores que diriam que gente como você não é realmente um escritor norte-americano. Porém os escritores judeus neste país não têm vergonha de serem judeus e não pedem desculpas o tempo todo. Lá na Polônia havia uma atmosfera de desculpas. Lá eles tentavam mostrar como eram poloneses de verdade. E, claro, procuravam saber polonês melhor que os poloneses, no que tinham sucesso. Mas os poloneses diziam: "Vocês não têm nada a ver conosco". Vou deixar a coisa mais clara. Digamos que existisse agora, aqui, um gói que escrevesse em iídiche. Se ele fosse um fracasso, nós o deixaríamos em paz. Mas se fosse um grande sucesso, diríamos: "O que você está fazendo ao escrever em iídiche? Por que não volta e fica com outros góis, não precisamos de você".

Roth: Um judeu polonês de sua geração escrevendo em polonês seria uma criatura assim tão estranha?

Singer: Quase. E se existissem muitas pessoas fazendo isso, digamos seis góis que escrevessem em iídiche, e chegasse um sétimo...

Roth: Sim, ficou mais claro. Você deixou a coisa bem mais clara.

Singer: Uma vez entrei num vagão do metrô onde estava S., um escritor de língua iídiche que usava barba numa época em que poucos usavam, quarenta anos atrás. E como ele gostava de mulheres olhou à volta e viu uma moça sentada à sua frente que lhe despertou bastante interesse. Eu estava sentado ao lado e vi tudo — ele não me viu. De repente, perto dele sentou-se outro homem também usando barba, que começou a olhar para a mesma mulher. Quando S. viu outro sujeito barbudo, levantou-se e saiu. De repente se deu conta do ridículo da situação. E aquela mulher, tão logo o outro homem chegou, deve ter pensado: "O que é que está havendo aqui? Dois homens barbudos?".

Roth: Você não usava barba?

Singer: Não, não. Será que preciso de tudo? Careca e de barba?

Roth: Você deixou a Polônia em meados da década de 1930, alguns anos antes da invasão nazista, em 1942. A caminho daqui, vim pensando como você, o escritor judeu da Europa Oriental mais sintonizado com o mundo judaico e mais ligado a ele abandonou aquele mundo e veio para os Estados Unidos, enquanto outros importantes escritores judeus de sua geração — judeus bem mais assimilados, mais profundamente atraídos pelas correntes contemporâneas da cultura geral, escritores como Schulz na Polônia, Isaac Babel na Rússia e Jiří Weil na Tchecoslováquia (que escreveu alguns dos contos mais horripilantes que li sobre o Holocausto) — foram de algum modo pavoroso destruídos pelo nazismo ou pelo stalinismo. Posso lhe perguntar quem ou o que o encorajou a partir antes que começassem os horrores? Afinal de contas, ficar exilado da terra natal e da língua materna é algo a que quase todos os escritores temeriam e provavelmente relutariam muito em realizar de forma voluntária. Por que você fez isso?

Singer: Eu tinha todas as razões para partir. Primeiro, era muito pessimista. Vi que Hitler já estava no poder em 1935 e ameaçava invadir a Polônia. Nazistas como Göring iam caçar e passar férias na Polônia. Em segundo lugar, eu trabalhava para a imprensa de língua iídiche, que afundava cada vez mais, embora nunca tenha sido um sucesso. Meu padrão de vida se tornou muito frugal, eu mal conseguia subsistir. Mas o principal é que meu irmão já estava aqui, tinha vindo dois anos antes. Por isso eu tinha todas as razões para ir embora.

Roth: E, ao sair da Polônia, você teve receio de perder o contato com seu material?

Singer: Claro, e o receio cresceu quando cheguei neste país, ao ver que todos falavam inglês. Quer dizer, houve uma reunião da Hadassah Women's Zionist Organization of America, e fui esperando ouvir iídiche. Mas lá estavam sentadas umas duzentas mulheres e só ouvi: "*delicious, delicious, delicious*". Não sabia o que era. Mas não era iídiche. Não sei o que deram para elas comerem, mas duzentas mulheres estavam sentadas repetindo aquela palavra. Aliás, foi a primeira que aprendi em inglês. A Polônia parecia então muito distante. Quando morre uma pessoa próxima, nas primeiras semanas após sua morte ela fica muito distante de você, o mais distante possível; só com o passar dos anos ela chega mais perto, e então você quase pode viver com ela. Foi o que aconteceu comigo. A Polônia, a vida dos judeus na Polônia, está mais próxima agora do que naquela época.

Milan Kundera

[1980]

Esta entrevista foi condensada de duas conversas que tive com Milan Kundera após ler a tradução do manuscrito de seu *O livro do riso e do esquecimento*. Uma das conversas foi quando ele visitou Londres pela primeira vez e a outra, em sua primeira visita aos Estados Unidos. Em ambas as vezes ele partiu da França, onde mora desde 1975 com a mulher, ambos como imigrantes, a princípio em Rennes, onde ele dava aulas na universidade, e agora em Paris. Durante nossas conversas, Kundera falou uma vez ou outra em francês, mas sobretudo em tcheco, e sua esposa Vera foi nossa intérprete. Um texto final em tcheco foi traduzido para o inglês por Peter Kussi.

Roth: Você acha que a destruição do mundo está próxima?

Kundera: Depende do que você quer dizer com a palavra *próxima*.

Roth: Amanhã ou depois de amanhã.

Kundera: O sentimento de que o mundo ruma veloz para a ruína é bem antigo.

Roth: Então não temos por que nos preocupar.

Kundera: Pelo contrário. Se tal medo tem estado presente na mente humana por um tempo tão longo, deve ter alguma coisa por trás.

Roth: De todo modo, parece-me que essa preocupação é o pano de fundo de todos os contos do seu último livro, mesmo os que têm uma natureza decididamente humorística.

Kundera: Se alguém tivesse me dito quando eu era criança: "Algum dia você verá sua nação desaparecer do mundo", eu consideraria isso uma bobagem, algo inimaginável. Um homem sabe que é mortal, mas tem como certo que sua nação tem uma espécie de vida eterna. No entanto, depois da invasão russa de 1968, todo tcheco foi confrontado com o pensamento de que sua nação podia ser discretamente apagada da Europa, assim como nas últimas cinco décadas 40 milhões de ucranianos vêm desaparecendo discretamente do mundo sem que o mundo dedique a menor atenção a isso. Ou os lituanos. Você sabe que no século XVII a Lituânia era uma poderosa nação europeia? Hoje os russos mantêm os lituanos numa reserva, como se pertencessem a uma tribo parcialmente extinta, impedindo-os de receber visitantes para assim evitar que a existência deles seja conhecida por outras pessoas. Não sei o que o futuro guarda para minha nação. É certo que os russos tudo farão para dissolvê-la de modo gradual, para absorvê-la na civilização deles. Ninguém sabe se terão êxito. Mas a possibilidade existe. E a repentina percepção de que tal possibilidade existe é o bastante para mudar o sentido da vida de qualquer um. Hoje eu vejo até mesmo a Europa como um organismo frágil, mortal.

Roth: Mas os destinos da Europa Oriental e Ocidental não são questões absolutamente diferentes?

Kundera: Como conceito de história cultural, a Europa Oriental é a Rússia, com sua história muito específica ancorada no mundo bizantino. Boêmia, Polônia, Hungria, assim como a Áustria, nunca foram parte da Europa Oriental. Desde o começo participaram da grande aventura da civilização ocidental, com o gótico, o Renascimento e a Reforma — movimento que tem seu berço exatamente naquela região. Foi lá, na Europa Central, que a cultura moderna encontrou seus maiores impulsos: a psicanálise, o estruturalismo, a dodecafonia, a música de Bartók, as novas estéticas do romance com Kafka e Musil. No pós-guerra, a anexação da Europa Central (ou ao menos da maior parte dela) pela civilização russa fez com que a cultura ocidental perdesse seu centro de gravidade vital. Esse é o evento mais importante na história do Ocidente em nosso século, e não podemos menosprezar a possibilidade de que o fim da Europa Central marcou o começo do fim da Europa como um todo.

Roth: Durante a Primavera de Praga, seu romance *A brincadeira* e a antologia de contos *Amores risíveis* foram publicados com cerca de 150 mil exemplares. Depois da invasão russa, você foi demitido do cargo de professor na academia de cinema e todos os seus livros foram retirados das estantes das bibliotecas públicas. Sete anos mais tarde, você e sua mulher jogaram alguns livros e roupas na mala do carro e foram para a França, onde você se tornou um dos autores estrangeiros mais lidos. Como se sente na condição de alguém que emigrou?

Kundera: Para um escritor, a experiência de viver em vários países é uma enorme vantagem. Você só compreende o mundo se o enxerga de diversos ângulos. Minha última obra [*O livro do riso e do esquecimento*], que escrevi na França, desenrola-se num espaço geográfico especial: os fatos que ocorrem em Praga são vistos pelos olhos de um europeu ocidental, enquanto o que acontece na França é visto pelos olhos de um cidadão de Praga. É um encontro de dois mundos. De um lado, meu país de origem: no decorrer de apenas meio século, viveu a democracia, o fascismo, a revolução e o terror stalinista, assim como a desintegração do stalinismo, a ocupação alemã e russa, deportações em massa, a morte do Ocidente em sua própria terra. Dessa forma, está afundando sob o peso da história e olha para o mundo com imenso ceticismo. Do outro lado, a França: ao longo de séculos foi o centro do mundo e agora está sofrendo a falta de grandes eventos históricos. É por isso que se diverte com posturas ideológicas radicais. É a expectativa lírica e neurótica de algum grande feito seu — que, entretanto, não está prestes a vir e nunca virá.

Roth: Você vive na França como um estranho ou se sente culturalmente em casa?

Kundera: Gosto imensamente da cultura francesa e devo muito a ela. Em especial à literatura antiga. Rabelais é meu autor predileto. E Diderot. Adoro seu *Jacques, o fatalista* tanto quanto a obra de Laurence Sterne. Esses foram os grandes experimentadores de todos os tempos no que se refere à forma do romance. E seus experimentos foram, por assim dizer, divertidos, repletos de felicidade e alegria, que agora desapareceram da literatura francesa e sem as quais tudo na arte perde a importância. Sterne e Diderot entenderam o romance como um grande jogo. Descobriram o humor da forma novelística. Quando ouço alguém dizer que o romance exauriu suas possibilidades, tenho o sentimento diametralmente oposto: no curso da história, o romance perdeu muitas de suas possibilidades. Por exemplo, impulsos para o desenvolvimento do romance presentes em Sterne e Diderot não foram aproveitados por nenhum de seus sucessores.

Roth: *O livro do riso e do esquecimento* não é caracterizado como romance, embora no texto você declare: "Este livro é um romance na forma de variações". Afinal, é ou não um romance?

Kundera: No meu julgamento estético bastante pessoal, é de fato um romance, mas não tenho o menor desejo de inculcar essa opinião em ninguém. Há uma enorme liberdade latente no gênero. É um erro considerar certa estrutura estereotipada como a essência inviolável do romance.

Roth: No entanto, sem dúvida há alguma coisa que faz de um romance um romance e que limita essa liberdade.

Kundera: Um romance é uma longa peça de prosa sintética baseada num jogo com personagens inventados. Esses são seus únicos limites. Por "sintético" entendo o desejo do romancista de apreender seu tema de todos os lados e do modo mais completo possível. Ensaio irônico, narrativa novelística, fragmento autobiográfico, fato histórico, voos de fantasia: o poder sintético do romance é capaz de combiná-los num todo unificado como as vozes na música polifônica. A unidade de um livro não precisa surgir da trama porque pode ser fornecida pelo tema. Em meu último livro, há dois temas: riso e esquecimento.

Roth: O riso sempre esteve perto de você. Seus livros provocam risos graças ao humor ou à ironia. Quando seus personagens sofrem, é porque se chocam contra um mundo que perdeu o senso de humor.

Kundera: Aprendi o valor do humor durante o tempo do terror stalinista. Eu tinha vinte anos na época. Sempre podia reconhecer uma pessoa que não era stalinista, alguém que eu não precisava temer, pela maneira como sorria. O senso de humor é um sinal confiável de reconhecimento. Desde então, vivo aterrorizado ao ver que o mundo está perdendo seu senso de humor.

Roth: No entanto, em *O livro do riso e do esquecimento*, algo mais está envolvido. Numa pequena parábola, você compara o riso dos anjos com o riso do demônio. O demônio ri porque o mundo de Deus lhe parece absurdo. Os anjos riem de alegria porque tudo no mundo de Deus tem seu significado.

Kundera: Sim, o homem usa a mesma manifestação fisiológica — o riso — para exprimir duas atitudes metafísicas diferentes. O chapéu de alguém cai no caixão dentro de uma sepultura recém-cavada, o funeral perde seu significado, e brota o riso. Dois amantes correm por um vale, de mãos dadas, rindo. O riso deles nada tem a ver com piadas ou o humor, é o riso sério de anjos expressando a alegria de viver. Ambas as espécies de riso fazem parte dos prazeres da vida, mas, quando levadas ao extremo, denotam um apocalipse duplo: o riso entusiástico do anjo-fanático, tão convencido do significado de seu mundo que está pronto a enforcar qualquer um que não compartilhe de sua alegria. E o outro riso, no lado oposto, que proclama que tudo se tornou sem sentido, que até mesmo os funerais são ridículos e o sexo grupal uma mera pantomima cômica. A vida humana é limitada por esses dois abismos: de um lado, o fanatismo; do outro, o ceticismo absoluto.

Roth: O que você agora chama de riso dos anjos é um novo termo para designar a "atitude lírica diante da vida" de seus romances anteriores. Num de seus livros, você caracteriza a era do terror stalinista como o reinado do carrasco e do poeta.

Kundera: O totalitarismo não é apenas o inferno, mas também um sonho no qual todos vivem em harmonia, unidos por uma vontade e uma fé comuns, sem segredos uns dos outros. André Breton sonhou também com esse paraíso ao falar sobre a casa de vidro em que desejava ardentemente morar. Se não tivesse explorado esses arquétipos, que têm raízes profundas em todos nós e em todas as religiões, o totalitarismo jamais teria atraído tanta gente, em especial durante suas primeiras fases. Contudo, tão logo o sonho do paraíso começa a se transformar em realidade, aqui e ali as pessoas brotam do chão e obstruem seu caminho, motivo pelo qual os governantes do paraíso precisam construir um pequeno gulag ao lado do Éden. Com o tempo, esse campo de trabalhos forçados se torna cada vez maior e mais perfeito, enquanto o paraíso contíguo fica cada vez menor e mais pobre.

Roth: Em seu livro, o grande poeta francês Éluard paira sobre o paraíso e o gulag, cantando. Esse fragmento de história que você menciona no livro é autêntico?

Kundera: Depois da guerra, Paul Éluard abandonou o surrealismo e se tornou o maior expoente do que posso chamar de "poesia do totalitarismo". Cantou a irmandade, a paz, a justiça, melhores amanhãs, cantou em prol da camaradagem e contra o isolamento, em prol da alegria contra a tristeza, em prol da inocência contra o cinismo. Quando em 1950 os governantes do paraíso condenaram à morte por enforcamento o surrealista Záviš Kalandra, seu amigo de Praga, Éluard sufocou os sentimentos de amizade em favor dos ideais suprapessoais, declarando em público que aprovava a execução do companheiro. O carrasco matou enquanto o poeta cantava.

E não só o poeta. Durante todo o período do terror stalinista, assistiu-se a um delírio lírico coletivo. Agora isso foi completamente esquecido, mas é o âmago da questão. As pessoas gostam de dizer: "A revolução é uma coisa bonita, só é ruim o terror que vem com ela". Mas não é verdade. O mal já está presente no bonito, o inferno está contido no sonho do paraíso e, se queremos entender a essência do inferno, devemos examinar a essência do paraíso no qual ele se originou. É extremamente fácil condenar os gulags, mas é bem difícil — como sempre foi — rejeitar a poesia totalitária que leva a eles pela via do paraíso. Hoje em dia, no mundo todo as pessoas rechaçam claramente a ideia dos gulags, embora ainda estejam dispostas a serem hipnotizadas pela poesia totalitária e a marchar rumo a novos gulags ao som da mesma canção lírica entoada por Éluard quando pairou sobre Praga como o grande arcanjo com a lira, enquanto a fumaça do corpo de Kalandra subia ao céu da chaminé do crematório.

Roth: O que é muito característico em sua prosa é a constante confrontação entre privado e público. Mas não no sentido de que as histórias privadas ocorrem num ambiente político ou que os eventos políticos se intrometem na vida privada. Pelo contrário, você mostra o tempo todo que os fatos políticos são governados pelas mesmas leis que regem os acontecimentos privados, de modo que sua prosa é uma espécie de psicanálise da política.

Kundera: A metafísica do homem é a mesma na esfera privada e na pública. Veja o outro tema do livro, o esquecimento. Este é o grande problema privado do homem: a morte como perda do eu. Mas o que é esse eu? É a soma de tudo o que lembramos. Assim, o que nos aterroriza sobre a morte não é a perda do futuro, mas do passado. Esquecer é uma forma de morte sempre presente na vida. Esse é o problema da minha personagem central ao tentar desesperadamente preservar as recordações de seu querido marido morto, que estão se esvanecendo. Mas esquecer é também o grande problema da política. Quando uma grande potência deseja privar um pequeno país de sua consciência nacional, ela usa o método do esquecimento organizado. É o que está acontecendo agora na Boêmia. A literatura tcheca contemporânea, tenha ou não algum valor, não é publicada há doze anos; duzentos escritores tchecos foram proibidos, incluindo o falecido Franz Kafka; 145 historiadores tchecos foram demitidos de seus cargos, a história foi reescrita, monumentos foram demolidos. Uma nação que perde contato com seu passado perde a alma de forma gradual. E, assim, a situação política ilustra o problema metafísico corriqueiro do esquecimento que defrontamos todo o tempo, dia após dia, sem lhe dar grande atenção. A política desmascara a metafísica da vida privada, a vida privada desmascara a metafísica da política.

Roth: Na sexta parte de seu livro de variações, a protagonista, Tamina, chega a uma ilha onde só há crianças. No fim, elas a perseguem até matá-la. É um sonho, um conto de fadas, uma alegoria?

Kundera: Não há nada mais distante de mim que uma alegoria, uma história inventada pelo autor para ilustrar determinada tese. Os fatos, sejam eles realistas ou imaginários, precisam ser significativos em si, e espera-se que o leitor seja seduzido ingenuamente por seu poder e poesia. Sempre fui perseguido por aquela imagem e, durante certo período de minha vida, ela reaparecia com frequência em meus sonhos: uma pessoa está num mundo de crianças, do qual não pode escapar. E, de repente, a infância, que todos nós tratamos com lirismo e adoramos, revela ser um puro horror. Como uma armadilha. Essa história não é uma alegoria. Mas meu livro é uma polifonia em que várias histórias se explicam, iluminam e complementam umas às outras. O evento básico no livro é a história do totalitarismo, que priva as pessoas da memória e, desse modo, transforma-as numa nação de crianças. Todos os regimes totalitários fazem isto. E talvez toda a nossa era tecnológica também o faça. Com seu culto do futuro, seu culto da juventude e da infância, sua indiferença quanto ao passado e a desconfiança em relação ao pensamento. Imerso numa sociedade incessantemente juvenil, um adulto equipado com memória e ironia sente-se como Tamina na ilha das crianças.

Roth: Quase todos os seus romances, de fato todas as partes de seu último livro, encerram com grandes cenas de coito. Mesmo aquela parte que tem o título inocente de "Mãe" não passa de uma longa cena de sexo a três, com um prólogo e um epílogo. O que o sexo representa para você como romancista?

Kundera: Hoje em dia, agora que a sexualidade não é mais um tabu, a simples descrição e a mera confissão sexuais tornaram-se claramente tediosas. Como Lawrence nos parece datado, ou mesmo Henry Miller com seu lirismo da obscenidade! E, no entanto, certas passagens eróticas de Georges Bataille me deixaram uma impressão permanente. Talvez porque não sejam líricas, e sim filosóficas. Você tem razão, comigo tudo termina em grandes cenas eróticas. Tenho a sensação de que uma cena de amor físico gera uma luz muito intensa que, de repente, revela a essência dos personagens e resume a situação existencial deles. Hugo transa com Tamina enquanto ela está desesperadamente tentando pensar sobre as férias que não gozou com o marido morto. A cena erótica é o foco para o qual todos os temas da história convergem e onde estão localizados os segredos mais profundos.

Roth: A última parte, a sétima, na verdade só trata da sexualidade. Por que é ela que fecha o livro, em vez de qualquer outra, como a sexta, que é bem mais dramática e na qual a protagonista morre?

Kundera: Falando metaforicamente, Tamina morre em meio ao riso dos anjos. No entanto ao longo da última parte do livro, soa o tipo contrário de riso, aquele que ouvimos quando as coisas perdem seu significado. Há uma linha imaginária além da qual as coisas parecem absurdas e ridículas. Uma pessoa se pergunta: "Não será uma idiotice levantar toda manhã? Ir para o trabalho? Lutar por qualquer coisa? Pertencer a uma nação só porque nasci lá?". O homem vive próximo dessa linha limítrofe, e com facilidade pode se ver do outro lado. A linha existe em toda parte, em todas as áreas da vida humana, até na mais profunda e mais biológica de todas: a sexualidade. E precisamente por ser a região mais profunda da vida, a questão posta pela sexualidade é também a mais profunda. Por isso é que meu livro de variações só pode terminar com aquela variação.

Roth: Então esse é o auge do seu pessimismo?

Kundera: Desconfio das palavras *pessimismo* e *otimismo*. Um romance não afirma nada; um romance faz buscas e suscita questões. Não sei se minha nação vai perecer e não sei qual dos meus personagens está certo. Invento histórias, confronto uma com outra, e dessa forma faço perguntas. A imbecilidade das pessoas nasce do fato de terem resposta para tudo. A sabedoria do romance nasce de ter uma pergunta para tudo. Quando Dom Quixote parte para o mundo, este se transforma num mistério diante de seus olhos. Esse é o legado que o primeiro romance europeu faz a toda a história subsequente do gênero. O romancista ensina o leitor a compreender o mundo como uma pergunta. Há sabedoria e tolerância nessa atitude. Num mundo feito de certezas sacrossantas, o romance está morto. O mundo totalitário — quer se baseie em Marx, no Islã ou em qualquer outra coisa — é um mundo de respostas, e não de perguntas. Nele, o romance não tem lugar. Em todo caso, hoje em dia parece-me que em toda parte as pessoas preferem julgar a compreender, responder a perguntar, de tal maneira que a voz do romance mal pode ser ouvida em meio à tolice barulhenta das certezas humanas.

Edna O'Brien

[1984]

A escritora irlandesa Edna O'Brien, que mora em Londres há muitos anos, mudou-se recentemente para uma larga avenida de casas do século XIX, com fachadas imponentes, uma rua que, ao ser aberta na década de 1870, era famosa, me contou ela, por abrigar muitas amantes e concubinas. Os agentes imobiliários costumam chamar essa área do bairro de Maida Vale de "a Belgravia do futuro".* No momento, lembra um pouco um canteiro de obras, por conta de todas as restaurações em curso.

O'Brien trabalha num silencioso escritório que dá para o verdejante gramado do imenso jardim particular nos fundos de seu apartamento, um jardim provavelmente muitas vezes maior que a aldeia rural em County Clare onde ela ia à missa quando criança. Há uma escrivaninha, um piano, um sofá, um tapete orien-

---

* Belgravia é um bairro no centro de Londres que concentra um dos maiores níveis de renda de todo o mundo. (N. T.)

tal num tom de cor-de-rosa mais intenso que o rosa-pálido das paredes que imitam a textura de mármore. Através da porta-balcão que se abre para o jardim, vê-se um número de plátanos capaz de encher um pequeno parque. Sobre a cornija da lareira estão dispostas fotografias dos dois filhos adultos, frutos de um casamento anterior — "Vivo aqui mais ou menos sozinha" — e a famosa e sentimental foto de perfil da jovem Virginia Woolf, a protagonista da obra *Virginia: A Play*, de O'Brien. Sobre a escrivaninha, disposta de modo a permitir a visão do campanário da igreja mais além do fundo do jardim, há um exemplar dos trabalhos reunidos de J. M. Synge aberto num capítulo de *The Aran Islands*; um livro que contém a correspondência de Flaubert está sobre o sofá, a página aberta numa troca com George Sand. Enquanto esperava por mim, ela autografava uma edição especial de 15 mil exemplares de seus contos selecionados e ouvia um disco de coros vibrantes das óperas de Verdi para ajudá-la naquela árdua tarefa.

Como só usava roupas pretas para a entrevista, era impossível deixar de notar a pele alva, os olhos verdes, o cabelo ruivo. O colorido é dramaticamente irlandês — assim como a fluência melíflua.

Roth: Em *Malone morre*, seu compatriota Samuel Beckett escreve: "Deixem-me dizer em primeiro lugar que não perdoo ninguém. Desejo a todos uma vida atroz e depois as chamas e o gelo do inferno e nas execráveis gerações por vir uma memória honrada".* Essa citação é usada como epígrafe de *Mother Ireland*, livro de memórias que você publicou em 1976. Você queria sugerir com essa epígrafe que seus próprios escritos sobre a Irlanda são inteiramente contaminados por tais sentimentos? Para ser franco, não sinto tal dureza em sua obra.

* Trad. de Ana Helena Souza. São Paulo: Globo, 2014. (N. T.)

O'Brien: Selecionei aquela epígrafe porque sou, ou era, em especial naquela época, implacável com muita coisa na minha vida, e escolhi alguém que disse isso com mais eloquência e mais ferocidade do que eu seria capaz.

Roth: O fato é que sua ficção nega essa incapacidade de perdoar.

O'Brien: Até certo ponto, sim, mas porque sou uma criatura de conflitos. Quando vitupero, logo depois creio que devo apaziguar. Isso acontece ao longo de toda a minha vida. Por natureza, não sou capaz só de odiar, nem também só de amar, o que significa que é comum entrar em choque comigo mesma e com outras pessoas!

Roth: Qual é *a* criatura imperdoável em sua imaginação?

O'Brien: Até quando morreu, um ano atrás, era meu pai. Mas, graças à morte, há uma metamorfose: dentro da gente. Desde que ele se foi, escrevi uma peça de teatro incorporando todos os traços dele — a ira, a sexualidade, a rapacidade etc. — e agora sinto meu pai de uma forma diferente. Não que eu queira reviver minha vida com ele ou reencarnar como filha dele, mas eu o perdoo. Minha mãe é outra questão. Eu a amava, amava demais, e no entanto ela me sobrecarregou com um legado diferente, uma culpa infindável. Ainda tenho a sensação de que ela olha por cima do meu ombro, julgando.

Roth: Aqui está você, uma mulher experiente, falando de perdoar sua mãe e seu pai. Você acha que sua preocupação ainda hoje com esses problemas tem bastante a ver com o fato de ser escritora? Se não fosse escritora, se fosse advogada, médica, talvez não estivesse pensando tanto sobre eles.

O'Brien: Sem dúvida. É o preço de ser escritora. Somos perseguidos pelo passado — dores, sensações, rejeições, tudo isso. De fato, acredito que esse apego ao passado constitui um desejo zeloso, porém sem esperança, de reinventá-lo para mudar o que aconteceu. Médicos, advogados e muitos outros cidadãos estáveis não são afligidos por recordações persistentes. A seu modo, podem ser tão perturbados quanto você ou eu, mas não têm essa consciência. Não vão fundo.

Roth: Mas nem todos os escritores se empanturram tanto de suas infâncias quanto você.

O'Brien: Sou obsessiva e também trabalhadora. Além disso, a época em que a gente está mais viva e mais alerta é a infância, e cabe recapturar essa atenção exacerbada.

Roth: Do ponto de vista não de uma filha ou mulher, e sim de uma escritora de ficção, você considera ser bem-afortunada por conta de suas origens — por ter nascido numa região isolada da Irlanda, criada numa fazenda solitária à sombra de um pai violento, e educada por freiras atrás de um portão trancado num convento provinciano? Como escritora, quanto ou quão pouco você deve ao mundo rural primitivo que descreve com frequência em suas histórias sobre a Irlanda de sua infância?

O'Brien: Na verdade é impossível dizer. Se eu tivesse sido criada nas estepes da Rússia ou no Brooklyn — meus pais viveram onde se casaram —, meu material seria diferente, mas minha capacidade de compreensão poderia ser exatamente a mesma. Por acaso cresci num lugar que era estonteantemente bonito, o que instilou em mim a apreciação da natureza, da vegetação, do solo. Além disso, não havia espaço para a cultura ou a literatura, de modo que minha ânsia de escrever nasceu por conta própria, foi espontânea. Os únicos livros em minha casa eram de orações, receitas de cozinha ou relatórios sobre a linhagem de cavalos puro-sangue. Eu conhecia intimamente o mundo ao meu redor, conhecia a vidinha de cada pessoa, a matéria-prima para escrever contos e romances. No nível pessoal, a situação era muito drástica. Por isso, todas essas pequenas coisas se combinaram para fazer de mim o que sou.

Roth: Mas você se surpreendeu por ter sobrevivido à fazenda isolada, ao pai violento e ao convento provinciano sem ter perdido a liberdade mental que lhe permitiu escrever?

O'Brien: Sim, surpreendo-me com minha força e solidez, mas as cicatrizes estão presentes. Coisas como dirigir um carro ou nadar estão além da minha capacidade. De muitos modos, eu me sinto mutilada. O corpo era sagrado como um tabernáculo, e qualquer coisa constituía uma potencial ocasião para pecar. É engraçado agora, mas não tanto — o corpo contém a história da vida, assim como o cérebro. Eu me consolo com a ideia de que, se uma parte foi destruída, a outra floresce.

Roth: Vocês tinham bastante dinheiro durante sua adolescência?

O'Brien: Não, mas antes sim. Meu pai gostava de cavalos e de lazer. Herdou muitas terras e uma bela casa de pedra, mas era um irresponsável e a terra foi dada ou esbanjada no mais típico estilo irlandês. Primos vindos dos Estados Unidos nos traziam roupas, e herdei da minha mãe um certo prazer infantil por essas coisas. Nossa maior excitação eram aquelas visitas, aquelas bugigangas presenteadas, aqueles sinais de um mundo exterior, cosmopolita, no qual eu ansiava entrar.

Roth: Em particular nas histórias sobre a Irlanda rural nos anos da guerra, surpreende-me a amplidão e a precisão de sua capacidade de rememoração. Você parece se recordar do formato, da textura, da cor e das dimensões de cada objeto sobre o qual seus olhos pousaram enquanto crescia — para não falar da importância humana de tudo o que viu, ouviu, cheirou, provou e tocou. O resultado é uma prosa que se assemelha a um tecido delicado de malha, uma trama de detalhes em que cabem todos os anseios, as dores e a compaixão que brotam em meio à ficção. O que desejo perguntar é como você explica essa capacidade de reconstruir com tal exatidão apaixonada um mundo irlandês em que você não vive faz décadas. Como as recordações permanecem vivas, por que aquele mundo desaparecido não a deixa em paz?

O'Brien: Em certas ocasiões, sou sugada de volta para lá: o mundo normal e o tempo presente recuam. As recordações, ou o quer que seja aquilo, me invadem. Não é algo que eu possa invocar, simplesmente vem e eu me torno sua servidora. Minha mão faz o trabalho e não preciso pensar; na verdade, caso pensasse, o fluxo cessaria. É como se ruísse uma barragem no meu cérebro.

Roth: Você visita a Irlanda para ajudar na rememoração?

O'Brien: Quando visito a Irlanda, sempre tenho a esperança secreta de que alguma coisa vai desencadear o mundo oculto e as histórias lá escondidas que aguardam para serem liberadas, mas não é assim que acontece! Como você sabe bem, acontece de uma forma muito mais complexa, com os sonhos, por acaso e, no meu caso, por conta da catadupa de emoções estimulada por um caso de amor e seu desfecho.

Roth: Eu me pergunto se você não escolheu esse estilo de vida — viver sozinha — para evitar qualquer coisa emocionalmente poderosa demais que a separasse do seu passado.

O'Brien: Tenho certeza que sim. Reclamo da minha solidão, mas ela me é tão querida quanto o pensamento de me unir a um homem. Não raro digo que gostaria de dividir minha vida em períodos alternados de penitência, fornicação e trabalho, mas, como você pode ver, isso não estaria muito adequado a um casamento convencional.

Roth: A maioria dos autores norte-americanos que eu conheço ficaria muito nervosa diante da perspectiva de viver longe do país que constitui seu tema, a fonte de sua linguagem e o repositório de suas recordações. Muitos escritores da Europa Oriental que conheço permanecem atrás da Cortina de Ferro porque as provações causadas pelo totalitarismo parecem preferíveis aos perigos do exílio, para quem vive de escrever. Como exemplos de autores que nunca saíram de sua vizinhança, menciono os dois norte-americanos que, a meu ver, constituem a espinha dorsal da literatura do meu país no século xx: Faulkner, que se estabeleceu de volta no Mississippi após uma breve estada no exterior, e Bellow, que, depois de girar pelo mundo, voltou a Chicago para ali morar e dar aulas. Mas sabemos que nem Beckett nem Joyce pareciam desejar uma base na Irlanda, ou precisar dela, ao começarem a fazer experimentos com suas heranças irlandesas. No entanto você alguma vez sentiu que deixar a Irlanda muito moça e vir a se instalar definitivamente em Londres lhe custou alguma coisa como escritora? Será que há uma Irlanda que não seja a de sua juventude e que poderia ter servido a seus propósitos?

O'Brien: Instalar-se num determinado lugar e usá-lo como pano de fundo para a ficção é ao mesmo tempo uma vantagem para o escritor e uma sinalização para o leitor. Mas você precisa ir embora se descobre que suas raízes são ameaçadoras ou invasivas demais. Joyce disse que a Irlanda era a vaca que comia seus bezerrinhos. Referia-se à atitude do país para com seus escritores — eles eram maltratados. Não é nenhum acidente que nossos dois mais ilustres autores, Joyce e Beckett, tenham partido para jamais voltar, embora nunca tivessem perdido sua consciência específica de irlandeses. No meu caso, não acredito que teria escrito nada se tivesse ficado. Sinto que seria vigiada, seria julgada (mais ainda!), e perderia esse bem de valor incalculável que se chama liberdade. Os escritores estão sempre em fuga, e eu fugia de muitas coisas. Sim, me privei de algo e tenho certeza de que perdi a continuidade, perdi o contato cotidiano com a realidade. Entretanto, em comparação com os autores da Europa Oriental, tenho a vantagem de que sempre posso voltar. Para eles deve ser terrível a finalidade da situação, o banimento total, como uma alma impedida de entrar no céu.

Roth: Você voltará?

O'Brien: De vez em quando. A Irlanda está muito diferente agora, um país bem mais laico, onde, por ironia, estão em declínio tanto o amor à literatura como o repúdio a ela. A Irlanda está se tornando tão materialista e imatura quanto o resto do mundo. O verso de Yeats — "A Irlanda romântica está morta e acabada" — de fato se transformou em realidade.

Roth: Em meu prefácio para seu livro *A Fanatic Heart*, cito aquilo que Frank Tuohy, num ensaio sobre James Joyce, disse sobre vocês dois: que, enquanto Joyce, em *Dublinenses* e *Retrato do artista quando jovem*, foi o primeiro católico irlandês a tornar sua experiência e ambiente reconhecíveis, "o mundo de Nora Barnacle [a ex-arrumadeira que se tornou a mulher de Joyce] teve de aguardar a ficção de Edna O'Brien". Pode me dizer quão importante Joyce foi para você? Um conto seu, como "Tough Men", em que um ardiloso dono de loja é tapeado por um vigarista itinerante, me parece saído das páginas de *Dublinenses*; contudo, você não parece se sentir desafiada pelas extravagâncias linguísticas e míticas de Joyce. O que ele representou para você, o que extraiu dele ou aprendeu com ele — se houve alguma coisa —, e quão intimidador é para um escritor de seu país ter como precursor aquele grande monstro verbal que mastigou tudo o que havia de irlandês à sua volta?

O'Brien: Na constelação de gênios, ele é uma luz ofuscante e o pai de todos nós. (Excluo Shakespeare porque, para ele, nenhum adjetivo humano é suficiente.) Li Joyce pela primeira vez num livrinho editado por T.S. Eliot, uma publicação que comprei no cais de Dublin, de segunda mão, por quatro pênis. Antes tinha lido pouquíssimos livros, em geral sentimentaloides e estranhos. Eu era uma aprendiz de farmácia que sonhava em escrever. Agora tinha diante de mim "O morto" e uma parte de *Retrato do artista quando jovem*, que me chocaram não só pelo encanto do estilo, mas por serem tão verdadeiros, por serem a própria vida. Logo depois li *Ulysses*, mas, ainda moça, empaquei porque era realmente demais para mim, inacessível e masculino demais, exceto pela famosa parte referente a Molly Bloom. Agora acho *Ulysses* o livro mais divertido, brilhante, complexo e menos tedioso que li até hoje. Posso pegá-lo a qualquer hora, ler algumas páginas e sentir que acabei de sofrer uma transfusão de cérebro. Quanto a ele ser intimidador, isso não acontece — ele está simplesmente em outra dimensão, mais além de todos nós, "os Açores longínquos", como ele poderia dizer.

Roth: Voltemos ao mundo de Nora Barnacle, a como o mundo se mostra a ela, àqueles que ficam na Irlanda e àqueles que se vão. No centro de quase todas as suas histórias há uma mulher, em geral por conta própria, lutando contra o isolamento e a solidão, ou buscando o amor, ou escapando das surpresas de se aventurar em meio a homens. Você escreve sobre mulheres sem nenhum toque de ideologia ou, até onde sei, sem se preocupar em assumir uma postura correta.

O'Brien: A postura correta é escrever a verdade, escrever o que se sente, independentemente do que pensa o público como um todo ou qualquer grupo. Acho que um artista nunca deve tomar uma posição por conveniência ou ressentimento. Os artistas detestam e suspeitam de posições, pois sabem que, no minuto em que assumem uma postura fixa, se transformam em outra coisa — em jornalistas ou políticos. O que eu busco é um pouco de mágica, e não quero escrever panfletos ou lê-los. Retratei mulheres em situações solitárias, desesperadas e não raro humilhadas, muitas vezes vítimas de algum homem e quase sempre à procura de uma catarse emocional que não chega. Esse é meu território, que eu conheço por duras experiências. Se você quer saber, considero o âmago do desespero feminino o seguinte: no mito grego do Édipo e na elaboração que Freud faz dele, admite-se o desejo do filho pela mãe; a filha pequena também deseja a mãe, mas é impensável — no mito, na fantasia ou na realidade — que esse desejo seja consumado.

Roth: No entanto não se pode fechar os olhos para a mudança na "conscientização" que se supõe ter ocorrido com o movimento das mulheres.

O'Brien: Sim, certas coisas mudaram para melhor — as mulheres não são mais escravas, manifestam seu direito de ganhar tanto quanto os homens, de serem respeitadas, de não serem o "segundo sexo" — porém, no terreno do acasalamento, as coisas não se alteraram. A atração e o amor sexual não são estimulados pela consciência, e sim pelo instinto e pela paixão — e nisso homens e mulheres são radicalmente diferentes. O homem ainda tem maior autoridade e maior autonomia. É biológico. O destino da mulher é receber o esperma e mantê-lo, mas o do homem é dá-lo e, ao dar, ele se exaure e então se retira. Enquanto em certo sentido ela está sendo alimentada, ele, pelo contrário, está sendo drenado e, para ressuscitar, escapa temporariamente. Em consequência, você tem o ressentimento da mulher por ser abandonada, mesmo que por pouco tempo; a culpa do homem por afastar-se; e, acima de tudo, seu senso inato de autoproteção para se redescobrir e assim se reafirmar. Por isso, a proximidade é apenas relativa. Um homem pode até ajudar com a louça e esse tipo de coisa, porém seu compromisso é mais ambíguo, e ele está sempre pronto para buscar uma nova experiência sexual.

Roth: Não há mulheres igualmente promíscuas?

O'Brien: Às vezes elas são, mas a promiscuidade não lhes confere o mesmo sentimento de realização. Uma mulher, ouso dizer, é capaz de um amor mais profundo e duradouro. Acrescentaria também que uma mulher tem mais medo de ser abandonada. Isso ainda permanece. Vá em qualquer refeitório de mulheres, salão de beleza ou academia de ginástica e verá muito desespero e competição. As pessoas bradam inúmeras palavras de ordem, mas, como não passam de slogans, o que determina quem somos é o que sentimos e fazemos. As mulheres não estão mais seguras em suas emoções hoje. Estão simplesmente mais bem preparadas para lidar com as emoções. A única segurança real consistiria em dar as costas aos homens, desprender-se, mas isso corresponderia a uma pequena morte — pelo menos para mim.

Roth: Por que você escreve tantas histórias de amor? Por causa da importância do assunto ou porque, como muitos outros na nossa profissão, depois que cresceu e saiu de casa, escolhendo a vida solitária de escritora, o amor sexual inevitavelmente se tornou a esfera de experiência mais forte a que você continuou tendo acesso?

O'Brien: Primeiro, acho que o amor substituiu a religião no meu senso de fervor. Quando comecei a procurar pelo amor terreno (isto é, sexo), senti que estava me separando de Deus. Ao me desfazer do manto da religião, o sexo assumiu proporções bem extraordinárias. Tornou-se a coisa mais importante na minha vida, a meta. Eu era muito predisposta à síndrome de Heathcliff/ Mr. Rochester,* e ainda sou. A excitação sexual estava em grande parte associada à dor e à separação. Considero minha vida sexual fundamental, como creio que seja para todo mundo. Toma muito tempo em termos de pensamento e ação, o primeiro com frequência ocupando o espaço mais importante. Para mim, trata-se sobretudo de algo cheio de segredos, que contém elementos de mistério e pilhagem. Minha vida cotidiana e minha vida sexual

---

* Heathcliff é o protagonista principal do livro *O morro dos ventos uivantes*, de Emily Brontë. Pequeno órfão adotado por uma família rica, maltratado e humilhado, ele se apaixona mais tarde pela filha do patriarca, Catherine, e volta anos depois, já rico, para vingar-se de todos. No livro de Charlotte Brontë, *Jane Eyre*, Edward Rochester é um homem arrogante, dono de Thornfield Hall, onde Jane vai trabalhar como preceptora de uma jovem; depois de muitas peripécias, os dois se casam. (N. T.)

não constituem um todo unificado — elas são separadas. Parte da minha herança irlandesa!

Roth: O que é mais difícil em ser mulher e escritora? Há dificuldades que você sente ao escrever como mulher que eu não tenha como homem? E imagina que eu possa ter dificuldades que você não tem?

O'Brien: Acho que é diferente ser homem e ser mulher — muito diferente. Acho que, como homem, você tem à sua espera, nos bastidores do palco deste mundo, todo um cortejo de mulheres — esposas em potencial, amantes, musas, enfermeiras. As mulheres escritoras não têm essa vantagem. Os exemplos são numerosos: as irmãs Brontë, Jane Austen, Carson McCullers, Flannery O'Connor, Emily Dickson, Marina Tsvetaeva. Acho que foi Dashiell Hammett quem disse que não gostaria de viver com uma mulher que tivesse mais problemas que ele. Creio que os homens captam em mim sinais que os alarmam.

Roth: Você vai ter que encontrar um Leonard Woolf.

O'Brien: Não quero um Leonard Woolf. Quero uma mescla de Lord Byron e Leonard Woolf.

Roth: Mas então o trabalho envolve fundamentalmente as mesmas dificuldades, seja qual for o gênero do autor?

O'Brien: Sem a menor dúvida. Não há nenhuma diferença. Você, como eu, está tentando criar algo do nada, e a ansiedade é extrema. A descrição de Flaubert do seu quarto ecoando com as maldições e os gritos poderia se aplicar ao de qualquer escritor. No entanto duvido que pudéssemos desejar uma vida alternativa. Há algo de estoico em marcharmos sozinhos.

Uma troca de cartas com Mary McCarthy

141, rue de Rennes
75006 Paris
11 de janeiro de 1987

Caro Philip,

Obrigado por me enviar seu livro [*O avesso da vida*], que comecei a ler com excitação e entusiasmo, sentimentos que continuaram a crescer ao longo da seção sobre o período passado em Israel e também na seção sobre a El Al. Mas esses sentimentos me abandonaram na Inglaterra durante o Natal, para não mais voltarem, e não sei exatamente por quê. Talvez você tenha alguma sugestão melhor que a minha. Não deve ser nada sábio dar ao autor uma opinião negativa ou "qualificada" a respeito de seu livro, mas me sinto estimulada a fazê-lo porque gostei muitíssimo do último, todas as partes dele, e também porque suponho que você me mandou esse novo por ter bastante interesse em minha opinião.

Por isso, vou tentar dizer o que penso. O ponto mais alto foi o capítulo sobre Hebron, brilhante em todos os sentidos e expondo o problema por inteiro — Israel —, mas com honestidade e clareza. Ao ler, fiquei contrastando-o com um romance imaginário de Bellow. Gostei igualmente das partes anteriores sobre o consultório do dentista, a bifurcação da figura de Zuckerman e a existência independente, como um verme que serve de isca, que é dada às partes separadas. Parece-me uma pena que essa ideia (a menos que eu não tenha compreendido) foi abandonada nas seções sobre Gloucestershire e o cristianismo, as quais, em isolado, me desagradaram por dar a impressão de representarem uma patologia — um caso grave de anti-antissemitismo.

Lembro de Philip Rahv dizendo que todos os góis, sem exceção, eram antissemitas. Se assim for, trata-se de um problema sério para um romancista judeu que deseja ter personagens cristãos em sua obra. Talvez as partes de O avesso da vida passadas na Inglaterra não ofenderão os leitores judeus, mas me irritaram e ofenderam. Não sou cristã (não creio em Deus), mas, na medida em que sou e não posso deixar de ser (assim como um "bom menino judeu" não pode deixar de ser judeu), eu me insurjo contra sua imagem do cristianismo. Há algo mais em relação ao Natal — isto é, à ideia da Encarnação — que ódio aos judeus. Na verdade, às vezes penso que todo esse espetáculo natalino deve ser ofensivo aos que não compartilham a beatitude de uma ocasião tão maravilhosa. Mas talvez os que não compartilham, os que estão fora da Lei, podem captar a ideia geral ou tentar fazê-lo, como eu espero ser capaz de tentar entender o Muro das Lamentações, por mais repugnante que o considere, caso tivesse de ir lá. E confesso que para mim o berço com anjos, animais e uma estrela é uma ideia mais simpática que a do Muro das Lamentações; como não crente, de longe a prefiro. A cristã residual que existe em mim provavelmente encara com felicidade o milênio e a conversão dos judeus, incluindo Philip Roth. E Philip Rahv também. Por que tamanha excitação em transformar um bebê em judeu usando uma faca? Não tenho nada contra a circuncisão; os homens da minha geração eram todos circuncidados — um procedimento pediátrico convencional, aplicado também na geração dos meus filhos. Devem ter sido as influências freudianas que, na década de 1940, de algum modo persuadiram as pessoas educadas de que a circuncisão era uma superstição (ouvi mesmo dizer que se tratava de uma sórdida superstição judaica) que privava o homem de seu prazer sexual máximo em nome da higiene. Por isso, deixou de ser chique circuncidar os menininhos. A religião não entrou nisso, como também não influenciou o debate sobre a amamentação. E, se Nathan Zuckerman *não é* um judeu crente, por que se preocupa tanto com tal questão?

Desculpe-me se tudo isso o desagrada. É estranho que *O avesso da vida* me faça lembrar com tanta intensidade que eu sou uma cristã, apesar de tudo o que eu possa imaginar. A última vez em minha vida adulta em que senti algo semelhante foi em Hanói, em 1968, com bombardeiros norte-americanos sobrevoando a cidade, quando reagi, na privacidade de meus pensamentos, contra a ortodoxia marxista-budista dos líderes locais.

Sinto muito que não tenhamos nos encontrado com Leon [Botstein] no último outono. Ano que vem, espero que isso aconteça. Vi-o pela última vez numa cerimônia em que se cantavam hinos natalinos, pouco antes de voarmos de volta para cá.

Feliz Ano-Novo.

Abraço,

Mary

15 Fawcett St.
London SW10
17 de janeiro de 1987

Querida Mary,

Obrigado por comentar tão longamente o livro. Claro que eu queria conhecer sua opinião, foi exatamente por isso que lhe enviei um exemplar. Estou muito agradecido por você ter sido tão franca comigo.

Para começar, parece que você se interessou por boa parte do livro, quase tudo com exceção dos dois últimos capítulos. Não vou discutir por que a ideia estrutural não foi abandonada nesses capítulos, mas na verdade "selada" e reforçada, pois acho que isso tomaria muito tempo e talvez soasse como uma aula, que não pretendo impor sobretudo a alguém como você.

Incidentalmente, eu sou conhecido (por judeus) como alguém que padece de um caso grave de "anti-antissemitismo", como você afirma padecer e *Zuckerman também*. Acho que essas questões a mobilizaram fora do contexto narrativo e das preocupações temáticas do livro.

Vou comentar seus pontos um a um.

1. A declaração de Rahv de que todos os góis são antissemitas. É exatamente isso que Zuckerman ouve em Agor [um assentamento na Cisjordânia]. Ele não aprecia tal afirmação. Como poderia ter se casado com Maria Freshfield se fosse antissemita? Embora isso seja o menos importante: apenas vai de encontro à sua experiência, ponto final. A ironia, parece-me, é que, tendo sido submetido a um tipo de retórica que ele considera profundamente não persuasiva, ele volta para Londres e dá de cara com a irmã de Maria, seu hino de ódio antissemita, suas insinuações sobre o antissemitismo da mãe de Maria. Ocorre então o episódio antissemita no restaurante e a conversa com Maria sobre o antis-

semitismo inglês, que sai dos trilhos de forma tão desastrosa. Nada disso é prova de que todos os góis são antissemitas. Mas força Zuckerman — exatamente aquele sujeito tão cético, para dizer o mínimo, quanto ao manifesto de Lippman em Agor — a ter de lidar com um fenômeno que antes desconhecia, embora fosse bem conhecido no mundo e, aliás, também na Inglaterra. Eu queria que ele ficasse pasmo, pego de surpresa, que tivesse de aprender. Queria que se sentisse ameaçado de perder a mulher que adora, por causa daquele velho, pavoroso e nojento problema que pipocou bem no centro da família a que ele pertencia pelo casamento. Na verdade, não vejo nada ali de ofensivo, e talvez não tenha sido isso que a ofendeu e irritou.

2. "Há algo mais em relação ao Natal — isto é, à ideia da Encarnação — que ódio aos judeus." Mas Zuckerman não diz que não há. No entanto ele expõe (ao que eu saiba pela primeira vez numa obra de ficção) como muitos judeus se sentem quando confrontados com essas coisas. Se isso se justifica ou não, ele fica um tanto ofendido, e o que diz não é o que você sugere que disse. "Mas entre mim e a devoção de igreja [não a Encarnação] existe um mundo intransponível de sentimento, uma incompatibilidade natural e absoluta — sinto as emoções de um espião no campo do adversário, tenho a impressão de estar inspecionando aqueles mesmos ritos que *corporificam a ideologia* responsável pela perseguição e maus-tratos dos judeus. [...] só acho que uma religião [...] profundamente *inapropriada*, e nunca tanto quando a congregação está a observar os mais altos padrões de decoro litúrgico e o clero a pronunciar da forma mais bela a doutrina do amor."* (Acrescentei os itálicos.) Ora, você pode não achar que esse raciocínio seja válido, mas é um fato que até judeus inteligentes são capazes de raciocinar dessa forma. Eu estava tentando ser honesto.

* Trad. de Beth Vieira. São Paulo: Companhia das Letras, 2008.

3. "como não crente, de longe a prefiro", diz você referindo--se ao "berço com anjos, animais e uma estrela" em comparação com o "Muro das Lamentações". Aqui mais uma vez você e Zuckerman tomam caminhos diferentes. Ele não vê nada que recomende a santificação de nenhum dos conjuntos de ícones ou símbolos, ou o que quer que eles sejam quando vistos como um todo. Além disso, Zuckerman se comporta de forma tão bela durante a missa de Natal e, por isso, se mostra pelo menos como você pode se mostrar diante do Muro das Lamentações, onde tentaria entender do que se trata, apesar de lhe parecer repugnante. Acho que você — expressão que odeio — reagiu com exagero àquelas poucas observações, que ele próprio sabe serem determinadas apenas por sua condição de judeu. "No entanto, judiamente, eu continuava pensando: para *que* é que eles precisam desta coisarada toda?" Suas objeções na verdade são estéticas, não é mesmo? "Ainda que, com toda franqueza, eu sempre tenha achado que onde o Cristianismo é perigosa e vulgarmente obcecado com o milagroso seja na Páscoa, a Natividade sempre me deu a impressão de vir em segundo lugar, logo atrás da Ressurreição, porque se dirige sem peias à mais infantil das necessidades." Você diz que se irrita com minha imagem do cristianismo e, se é assim, não há o que discutir. Mas veja bem que ela nada tem a ver, ou pouco tem a ver, com o "ódio" da parte dos judeus.

Agora falo como romancista (coisa que sou muito mais do que um judeu). Se Zuckerman não tivesse ido [a Agor] na Judeia e ouvido o que lá ouviu, eu nunca teria escrito aquela cena na igreja ou feito com que ele pensasse o que pensou. Mas me pareceu simplesmente justo — não, retifico: me pareceu simplesmente que uma cena suscitava a outra. Não queria que o ceticismo dele estivesse focalizado apenas no ritual judaico e não no cristão. Isso geraria toda as implicações errôneas e o faria parecer algo que ele não é, ou seja, um judeu que odeia a si próprio e — para usar um lugar-comum — que vê com maus olhos sua própria gente.

4. "Por que tamanha excitação em transformar um bebê em judeu usando uma faca?" Contexto, contexto, contexto. Essa é a reação dele, sua reação agressiva e irada, à sugestão de que seu filho terá de ser batizado para agradar a mãe de Maria. O hino da circuncisão nasce dessa ameaça. Se você não quiser me ouvir sobre essa questão, ouça o que diz Maria. Em sua carta (escrita de fato por Z. (mas não vou entrar nesse assunto), ela diz: "Se é isso que para você estabelece a veracidade de sua paternidade — que recupera para você a veracidade de sua *própria* paternidade —, que seja". Aqui eu estava pensando em coisas que dificilmente se pode esperar que o leitor acompanhe. Pensava sobre Zuckerman e seu próprio pai, e a expressão "filho da puta" que o velho Zuckerman [no livro *Zuckerman libertado*] sussurra para Nathan em seu leito de morte. A circuncisão do pequeno inglês-norte-americano Z. é a maneira pela qual o adulto Z. resolve por fim aquele problema. Trata-se de uma coisa minha, creio eu, mas entrou na narração.

Acho também que você não conseguiu ver quão séria é essa questão da circuncisão para os judeus. Ainda fico hipnotizado pelos homens não circuncidados que vejo no vestiário da piscina onde vou [em Londres]. A droga da coisa nunca passa em brancas nuvens. A maioria dos judeus que eu conheço tem reações semelhantes e, enquanto escrevia o livro, perguntei a diversos dos meus amigos judeus, igualmente laicos, se eles podiam conceber a ideia de um filho não circuncidado — e todos disseram que não, às vezes sem precisar pensar na resposta, outras vezes após a longa pausa que qualquer pessoa racionalista faz antes de optar pelo irracional. Por que N. Z. se preocupa tanto com a circuncisão? Espero que esteja mais claro agora.

5. "Desculpe-me se tudo isso o desagrada." Eu teria de desculpá-la caso você tivesse sido "agradável".

Abraço,
Philip

Retratos de Malamud

> *"Prantear alguém dá muito trabalho", disse Cesare. "Se as pessoas soubessem disso, haveria menos mortes."*
>
> "Life Is Better Than Death", de Malamud

[1986]

Em fevereiro de 1961, viajei para o oeste de Iowa City, onde eu terminava um segundo livro, a fim de dar uma palestra numa pequena universidade em Monmouth, Oregon. Um colega dos meus tempos de pós-graduação lecionava lá e organizou esse convite. Aceitei não apenas pela oportunidade de ver, pela primeira vez em cinco anos, o casal Baker, de quem era muito amigo, mas porque Bob Baker prometeu que arranjaria um encontro meu com Bernard Malamud.

Bern dava aulas ali perto, na universidade estadual em Corvallis. Ele morava naquela pequena cidade do Oregon (com uma população de 15 mil habitantes) desde que em 1949 abandonara

Nova York (com 8 milhões de habitantes) e um emprego de professor no turno da noite. Nos doze anos passados no *Far West* dando aulas a estudantes de primeiro ano sobre os fundamentos da redação em inglês, ele escreveu o pouco ortodoxo romance sobre beisebol intitulado *The Natural*; sua obra-prima localizada nas áreas mais sombrias do Brooklyn, *O ajudante*; e quatro ou cinco dos melhores contos norte-americanos que li até hoje (ou lerei). Os outros contos também não eram maus.

No início da década de 1950, eu lia os contos de Malamud, mais tarde reunidos na coletânea *O barril mágico*, à medida que apareciam nas revistas *Partisan Review* e *Commentary*. A meu ver, ele parecia estar fazendo para os judeus solitários e suas formas peculiarmente judaicas de fracasso na imigração — para aqueles personagens malamudianos que "nunca paravam de sofrer" — tanto quanto Samuel Beckett fez em seus romances para os infelizes Molloy e Malone. Os dois autores, embora ligados na imaginação (porém não no cotidiano) à vida coletiva do clã, destacavam as recordações raciais do cenário social e histórico mais amplo e assim, focalizando tão minuciosamente quanto era possível a lúgubre resistência diária de seus membros mais desesperançados, criavam parábolas de frustração embebidas da seriedade dos filósofos mais soturnos.

Assim como Beckett, Malamud escrevia sobre um mundo miserável, um mundo de dor, numa linguagem própria e num inglês que, mesmo sem contar com os diálogos idiossincráticos, parecia ter sido retirado do que se poderia imaginar como o barril menos mágico de locuções, inversões e formas de dicção dos imigrantes judeus, um amontoado de ossos verbais quebrados que, até ele chegar e fazê-los dançar ao compasso de sua música, só tinha utilidade para aqueles cômicos que se apresentavam nas colônias de férias frequentadas por judeus ou para algum saudosista profissional. Até mesmo quando ele levava a prosa das parábolas ao limite, as metáforas de Malamud retinham uma aura de provérbio. No que tinha de mais conscientemente original, quando em seus sombrios contos narrados com paixão ele sentia que era chegado o momento de soar sua nota mais profunda, Malamud não se afastava das coisas que pareciam velhas e feias, produzindo a poesia menos enfeitada a fim de tornar tudo ainda mais triste do que já era: "Ele tentou dizer alguma coisa doce, mas sua língua ficou pendurada na boca como uma fruta morta na árvore, e seu coração era uma janela com os vidros pintados de preto".

O homem de 46 anos de idade com quem me encontrei em 1961 na pequena casa dos Baker em Monmouth, Oregon, não deu a menor impressão de que poderia ter escrito aquelas frases ou nenhuma outra frase. À primeira vista, a alguém como eu, que fora criado em meio a pessoas simples, Bern parecia ser um agente de seguros, um colega do meu pai no escritório regional da Metropolitan Life. Quando Malamud entrou no vestíbulo dos Baker após assistir à minha palestra, ao se plantar sobre o capacho da entrada retirando as galochas molhadas, vi um trabalhador consciencioso e cortês com o tipo de conversa que havia sido música de fundo durante minha infância, um agente de seguros obstinado e experiente que não teme os latidos do cachorro ou o alarme das crianças quando aparece no topo da escada do cortiço após o pôr do sol. Ele não assusta ninguém, mas também não faz as pessoas caírem na gargalhada: afinal de contas, como agente de seguros, ele só pode ser derrotado se você morrer.

Esta foi a outra surpresa sobre Malamud. Tão poucos risos. Nenhuma demonstração das tiradas brincalhonas que vez ou outra eram ouvidas nos apartamentos mal aquecidos e mal mobiliados onde eram encenadas as necessidades de seus personagens ali sepultados. Nenhum sinal das palhaçadas estranhas que caracterizam *The Natural*. Havia contos dele, como "Angel Levine" — e, mais tarde, "The Jewbird" e "Talking Horse" — nos quais as piadas pareciam estar a alguns centímetros da arte, nos quais o encanto da arte estava em como pairava comicamente acima da beira da piada. Não obstante, ao longo de 25 anos, lembro de ele ter me contado duas piadas. Piadas sobre dialetos judaicos, recontadas com habilidade, mas só. Em 25 anos, duas piadas foram o suficiente.

Não havia necessidade de exagerar em nada, além da responsabilidade para com sua arte. Bern não se exibia e não considerava necessário exibir seus temas, sem dúvida não de modo casual para um estranho. Ele seria incapaz de se exibir, mesmo se fosse suficientemente tolo para tentar — e nunca ser tolo foi uma pequena parte de sua pesada carga. S. Levin, o professor chapliniano de *A New Life*, dando sua primeira aula com a braguilha aberta, é hilariamente tolo seguidas vezes, mas não Bern. Seria tão impossível para Kafka tornar-se uma barata quanto para Malamud metamorfosear-se num Levin, comicamente enganado por um contratempo erótico nas escuras estradas secundárias do montanhoso estado do Oregon, e voltando às escondidas para casa, seminu, às três horas da madrugada, tendo a seu lado uma garçonete de bar sexualmente frustrada que veste apenas o sutiã e tem só um pé calçado. Seymour Levin, o ex-alcoólatra, e Gregor Samsa, o inseto, executam atos colossais de autotravestismo, propiciando a ambos os autores um tipo estranhamente esfuziante de alívio masoquista da pesada sobriedade e inibição respeitável que constituíam a essência do comportamento comedido dos dois. Quanto a Malamud, a exibição exuberante, bem como a autogozação mordaz, eram reveladas mediante o que Heine chamou de *Maskenfreiheit*, a liberdade propiciada pelas máscaras.

O cronista tristonho do choque entre necessidades, da necessidade negada impiedosamente e só de leve mitigada, se tanto, de vidas bloqueadas e carentes de alguma luz, de um lenitivo, de um pouco de esperança — "Uma criança jogou a bola bem alto e viu um pedacinho do céu pálido" — preferia apresentar-se como alguém cuja própria necessidade não fosse da conta de ninguém. No entanto era uma necessidade tão dura que dá pena só de imaginá-la. Era a necessidade de refletir de modo sério e longo sobre todas as exigências de uma consciência que se atormentava, exacerbada pelo sofrimento causado por uma necessidade não satisfeita. Esse era o tema que ele não conseguia esconder totalmente de ninguém capaz de pensar por um segundo como um homem que podia se passar por agente de seguros estava associado ao moralista de parábolas que escrevia contos claustrofóbicos sobre "coisas que você não consegue deixar para trás". No romance *O ajudante*, o criminoso e vagabundo Frank Alpine, enquanto paga seus pecados atrás do balcão de uma mercearia decadente que no passado ele ajudou a assaltar, tem uma "percepção aterradora" sobre si próprio: "que, durante todo o tempo, ele agia de um jeito que não era compatível com sua natureza, pois de fato era um homem de moral ilibada". Pergunto-me se, no começo de sua vida adulta, Bern não teve alguma percepção sobre si mesmo ainda mais aterradora: que, além de ser um homem de moral ilibada, só podia agir de acordo com sua natureza.

Entre nosso primeiro encontro em Oregon, em fevereiro de 1961, e nosso último encontro no verão de 1985, na casa dele em Bennington, Vermont, talvez eu o tenha visto umas duas vezes por ano. Entretanto não voltamos a conversar depois que publiquei um ensaio sobre escritores judeus nos Estados Unidos na *New York Review of Books*, que examinou *Retratos de Fidelman* e *O bode expiatório* de uma perspectiva que ele não apreciou — e não era de esperar que apreciasse. Em meados da década de 1960, quando passei longos períodos como hóspede na colônia de artistas Yaddo em Saratoga Springs, no estado de Nova York, a pouca distância de carro de Bennington, ele e sua mulher, Ann, me recebiam quando eu sentia vontade de escapar por algumas horas da solidão da Yaddo. Na década de 1970, quando ambos éramos membros do conselho da Yaddo, nos víamos nas reuniões bianuais. Quando o casal Malamud começou a se refugiar dos invernos em Vermont indo para Manhattan e eu morava ainda em Nova York, às vezes jantávamos em algum restaurante próximo ao apartamento deles em Gramercy Park. E quando Bernard e Ann visitavam Londres, onde eu comecei a passar bastante tempo, eles iam jantar com Claire Bloom e comigo.

Embora Bern e eu terminássemos a maior parte das noites conversando sobre livros e o ofício de escrever, era raro um mencionar as obras do outro, e nunca as discutíamos com seriedade, respeitando uma regra não escrita de decoro que existe entre romancistas, como também entre atletas rivais, que compreendem quão pouca franqueza existirá nas trocas apesar do respeito mútuo que exista entre os dois. Blake diz que "a oposição é a verdadeira amizade" e isso soa admiravelmente estimulante, sobretudo para quem ama argumentar; mas aceitar a sabedoria do conselho talvez funcione num outro mundo, melhor do que este. Aqui, entre os escritores deste nosso mundo, em que a sensibilidade e o orgulho podem constituir um explosivo potente, aprendemos a nos conformar com algo mais amigável do que a oposição aberta caso queiramos ter amigos que sejam escritores de verdade. Mesmo aqueles autores que adoram a oposição, em geral já recebem uma dose suficiente dela no curso de suas tarefas diárias.

Foi em Londres que decidimos voltar a nos encontrar depois de meu ensaio publicado em 1974 na *New York Review*, e a troca de correspondência sobre isso foi a última comunicação entre nós por alguns anos. Sua carta era tipicamente breve e coloquial, uma única frase, soando talvez um pouco menos irascível do que parecia, naquela página branca, sozinha acima da assinatura pequena e contida. O que eu havia escrito sobre *Fidelman* e *O bode expiatório*, ele me informou, "é problema seu, e não meu". Escrevi de volta para dizer que eu provavelmente lhe fizera um favor exatamente do tipo advogado por William Blake. Não tive suficiente ousadia para mencionar Blake, mas segui mais ou menos aquela linha: o que eu escrevera o ajudaria. Naquelas circunstâncias, não foi das piores trocas, mas nada que honrasse qualquer um dos dois na área da correspondência literária.

Enfim se deu a reconciliação londrina. Às sete e meia, a campainha soou e, pontual como sempre, lá estava o casal Malamud. Sob a lâmpada do vestíbulo, dei um beijo em Ann e, com a mão estendida, passei rápido por ela e avancei na direção de Bern, que, com a mão também estendida, subia apressado os degraus. Na ânsia de cada um ser o primeiro a perdoar ou talvez ser perdoado, terminamos por não concretizar o aperto de mãos e nossos lábios se tocaram, assim como ocorreu com o infeliz padeiro Lieb e o ainda mais desafortunado Kobotsky no final de "O empréstimo". Nesse conto de Malamud, dois judeus que tinham vindo juntos como imigrantes nos porões de um navio reencontram-se nos fundos da loja de Lieb muitos anos depois de desfeita a amizade, e ouvem as histórias de sofrimento que cada um conta, histórias tão comoventes que Lieb se esquece por completo da massa no forno. "Os pães nas bandejas", acaba o conto, "eram tijolos enegrecidos — corpos carbonizados. Kobotsky e o padeiro se abraçaram e suspiraram pela juventude perdida. Seus lábios se uniram por um momento antes que eles se separassem para sempre." Nós, pelo contrário, ficamos amigos para sempre.

Em julho de 1985, recém-chegados da Inglaterra, Claire e eu saímos de carro de Connecticut rumo ao norte para almoçar e passar a tarde com os Malamud em Bennington. No verão anterior eles haviam feito uma viagem de duas horas e meia para nos visitar, tendo passado a noite em nossa casa, porém Bern não estava em condições de fazer aquela viagem agora. Os efeitos debilitantes de um derrame cerebral sofrido três anos antes estavam minando suas forças, e o esforço para não se submeter sem lutar a todos os sérios problemas físicos havia começado a abater até alguém como ele. Reparei como estava fraco tão logo chegamos. Bern, que sempre nos esperava ou se despedia do lado de fora, qualquer que fossem as condições climáticas, de fato lá estava vestindo um casaco de popeline, mas, ao mover a cabeça num gesto bem desanimado de boas-vindas, me pareceu ligeiramente inclinado para um dos lados, ao mesmo tempo que dava a impressão de se manter imóvel graças a uma grande força de vontade, como se qualquer movimento o pudesse fazer cair no chão. O homem de 46 anos, transplantado do Brooklyn e que eu encontrara no Oeste, aquele trabalhador incansável de rosto sério e alerta, a calvície incipiente e o corte de cabelo impiedoso de Corvallis, cuja mansidão superficial poderia enganar qualquer pessoa quanto a sua inabalável obstinação (como talvez fosse mesmo a intenção dele), era agora um velho frágil e muito enfermo, com a tenacidade quase exaurida.

A operação de bypass, o derrame e a medicação com certeza o levaram àquele estado, mas, para um leitor antigo do homem e de sua ficção, era impossível não pensar que a aspiração incessante que ele compartilhava com tantos de seus personagens — romper os férreos limites do eu e das circunstâncias a fim de viver uma vida melhor — tinha enfim cobrado seu preço. Embora ele nunca tivesse me falado muito sobre a infância, do pouco que eu sabia sobre a morte da mãe quando ele ainda era menino, da pobreza do pai e do irmão aleijado, imaginei que não tivera outra escolha senão abandonar a juventude e aceitar bem cedo a condição de adulto. E agora isso era visível — como um homem que fora obrigado a ser homem por tempo demais. Pensei no seu conto "Tenha piedade", a parábola mais dolorosa que ele escreveu sobre a indiferença da vida diante dos mais intensos desejos, ou especialmente diante deles. Quando perguntado por Davidov, um funcionário do serviço de censo divino, como morreu um pobre refugiado judeu, Rosen, ele próprio recém-chegado com outros mortos, responde: "Alguma coisa se quebrou dentro dele. Foi isso". "O que quebrou?" "Quebrou o que quebra."

Foi uma tarde triste. Tentamos conversar na sala de visitas antes do almoço, mas para ele era difícil se concentrar e, embora sua personalidade o impedisse de fugir de uma tarefa difícil, era desencorajador imaginar como para Bern se tornara um desafio brutal simplesmente seguir uma conversa amigável.

Ao sairmos da sala de visitas para almoçar ao ar livre na varanda dos fundos, ele perguntou se podia ler em voz alta para mim, mais tarde, os primeiros capítulos do rascunho inicial de um romance. Como nunca pedira minha opinião sobre um trabalho em curso, fiquei surpreso com o pedido. Fiquei também perturbado e, durante o almoço, me perguntei que tipo de livro poderia ser, concebido e iniciado em meio a todas aquelas agonias por um escritor cuja memória até da tabuada de multiplicação estava comprometida fazia vários anos e cuja visão, também afetada pelo derrame, transformava o ato de se barbear pela manhã no que ele ironicamente descreveu como "aventura".

Depois do café, Bern foi buscar o manuscrito em seu escritório, uma pilha fina de páginas meticulosamente datilografadas e presas por um clipe. Ann, cujas costas a incomodavam, pediu desculpas e foi descansar. Bern então se sentou à mesa e começou a ler com seu jeito tranquilo e insistente para mim e Claire. Notei que, em volta de sua cadeira, havia migalhas espalhadas no chão da varanda durante o almoço. Um tremor fizera do ato de comer também uma aventura e, no entanto, ele se forçara a escrever aquelas páginas, a enfrentar mais uma vez a provação da escrita. Lembrei-me do início de *O ajudante*, a imagem do dono da mercearia, Morris Bober, já entrado em anos mas puxando as pesadas caixas de leite do meio-fio às seis horas de uma manhã de novembro; lembrei-me do esforço que o mata — próximo do colapso físico, Bober não obstante sai à noite para limpar quinze centímetros de neve fresca, caída em março, na calçada da loja que o mantinha prisioneiro. Ao voltar aquela noite para casa, reli as páginas que descreviam o último grande esforço do dono da mercearia a fim de cumprir suas obrigações:

> Para surpresa dele, o vento o envolveu num casaco gélido, o avental tremulando ruidosamente. Ele havia esperado, no finalzinho de março, uma noite mais amena [...]. Atirou outra pá de neve na rua. "Uma vida melhor", murmurou.

Verificou-se que não havia muitas palavras datilografadas em cada página, e que os capítulos escritos por Bern eram extremamente curtos. Não desgostei do que ouvi porque não havia matéria suficiente para gostar ou não gostar — ele na verdade não tinha começado, embora desejasse muito crer que havia. Ouvir o que ele lia era como ser levado a um buraco negro e ver, à luz de uma lanterna, o primeiro conto que Malamud até então riscara na parede de uma caverna.

Não queria mentir para ele, porém, vendo aquelas poucas páginas datilografadas tremendo em suas mãos frágeis, eu não era capaz de dizer a verdade, mesmo que ele a esperasse. Só um pouco evasivo, disse que parecia um começo como são todos os começos. Isso era bastante verdadeiro para um homem de 71 anos de idade que tinha publicado algumas das obras de ficção mais originais escritas por um cidadão norte-americano durante minha vida. Tentando ser construtivo, sugeri que a narrativa se abria muito lentamente e que ele talvez pudesse iniciar mais adiante, com um dos capítulos posteriores. Indaguei aonde ele pensava chegar. "O que vem depois?", perguntei, na esperança de que pudéssemos passar para o que ele tinha em mente, e que não tinha posto ainda no papel.

Mas ele não estava disposto a deixar para trás com tanta facilidade o que tinha escrito a um custo tão alto. Nada nunca foi fácil assim, muito menos o fim de tudo. Numa voz baixa carregada de fúria, respondeu: "O que vem depois não é a questão".

No silêncio que se seguiu, talvez ele tenha ficado com tanta raiva por não ter dominado a necessidade de confirmação manifestada de forma tão patente quanto ficou irritado comigo por não ter nada de bom a dizer. Queria ouvir que aquilo que compusera dolorosamente enquanto suportava todas as suas agonias era algo mais do que ele devia saber que era, no fundo do coração. Estava sofrendo tanto que eu desejei ter conseguido dizer que *era* algo mais e desejei que, se dissesse, ele pudesse acreditar em mim.

Antes de partir para a Inglaterra no outono, escrevi um bilhete para ele convidando-os, ele e Ann, para nos visitarem em Connecticut no verão seguinte — era nossa vez de recebê-los. A resposta que me alcançou em Londres algumas semanas depois era malamudês típico, lacônico. Eles teriam grande prazer em visitar-nos, mas, recordou-me, "o próximo verão é o próximo verão".

Ele morreu em 18 de março de 1986, três dias antes de começar a primavera.

Retratos de Guston

Certa vez, em Woodstock, disse Ross Feld, "fiquei ao lado de Guston diante de algumas daquelas telas. Não as tinha visto antes, não sabia ao certo o que dizer. Por isso, durante algum tempo ficamos em silêncio. Por fim, Guston tirou o polegar da boca e falou: 'As pessoas, você sabe, reclamam que é horroroso. Como se fosse um piquenique para mim, que tenho de vir aqui todos os dias e as vejo logo ao chegar. Mas qual é a alternativa? Estou tentando ver o quanto posso aguentar'".

Night Studio: A Memoir of Philip Guston, de Musa Mayer

[1980]

Em 1967, enfastiado com a vida no meio artístico de Nova York, Philip Guston abandonou para sempre seu ateliê em Manhattan e foi morar com a mulher, Musa, na casa da Maverick Road, em Woodstock, onde passavam temporadas nos últimos vinte anos. Dois anos depois, dei as costas a Nova York para me esconder numa pequena casa mobiliada em Woodstock, longe de onde morava Philip, a quem eu não conheci à época. Eu escapava após a publicação de *O complexo de Portnoy*. Minha súbita notoriedade como aberração sexual tornara difícil me ocultar em Manhattan, razão pela qual decidi me escafeder — primeiro para Yaddo, a colônia de artistas no norte do estado, e depois, a partir da primavera de 1969, para a casinha alugada e remota que ficava numa colina distante, alguns quilômetros do centro de Woodstock. Eu vivia lá com uma moça que estava terminando seu doutorado e que, durante vários anos, alugava uma pequena cabana, aquecida por um fogão à lenha, na colônia de Byrdcliffe, situada na encosta de uma montanha, que algumas décadas antes fora uma aldeia primitiva de artistas locais. Ao longo do dia, eu escrevia sentado a uma mesa no quarto desocupado do segundo andar, enquanto ela ia para a cabana a fim de trabalhar na tese.

A vida no campo com uma pós-graduanda nada tinha de estranho, propiciando uma combinação de isolamento social e prazer físico que, dada a ilogicidade do mundo, me fez escrever, durante um período de quatro anos, uma série de livros atipicamente estranhos. Minha nova reputação como um pênis enlouquecido foi o que instigou a fantasia no âmago de *O seio*, o romance sobre um professor universitário que se transforma num seio feminino; teve algo a ver também com a inspiração que levou à lenda farsesca de alienação dos sem-teto num Estados Unidos tosco, que gerou *The Great American Novel*. Quanto mais emocionalmente simples eram minhas satisfações em Woodstock, maior era a tentação de cometer excessos à la Grand Guignol. Nunca me sentia mais imaginativamente polimorfo do que quando abria duas espreguiçadeiras no gramado ao fim do dia e nos esticávamos para apreciar o pôr do sol nos sopés meridionais das Catskills, para mim Alpes intransponíveis que não poderiam ser vencidos por nenhuma irrelevância desconcertante. Tinha a sensação de ser indomável, inalcançável e totalmente livre, e estava dedicado — talvez perversamente dedicado — a sacudir a vasta audiência recém--encontrada cujas fantasias coletivas também tinham seu poder transformador.

A situação de Guston em 1969, ano em que nos conhecemos, era diferente. Aos 56 anos, Philip era vinte anos mais velho que eu e tomado pela dúvida que pode assaltar um artista de peso em idade avançada. Ele sentia ter exaurido os recursos que o fizeram ser um pintor abstrato, estava enfadado e desgostoso com as habilidades que lhe tinham dado renome. Não queria mais pintar da mesma forma, tentou se convencer de que nem deveria voltar a pintar. No entanto como a pintura era a única coisa capaz de conter sua turbulência emocional, e de esgotar sua monomania de automitologização, renunciar a ela seria equivalente a suicidar-se. A pintura nunca neutralizou por inteiro seus pesadelos, embora monopolizasse boa porção de seu desespero e mau humor a ponto de permitir que até ele próprio risse da ansiedade de ser quem era.

Não foi assim. Os pesadelos não foram dissipados pela pintura, e sim, durante os dez anos que antecederam sua morte, intensificados por ela, pesadelos imperecíveis e nunca antes encarnados em representações tão intencionalmente desprezíveis. Aquele terror pode ser ainda mais atordoante por vir impregnado da farsa que conhecemos de nossos próprios sonhos e do que foi sonhado para nós por Beckett e Kafka. A descoberta de Philip — similar à deles, movida pelo mesmo prazer em deformar com ousadia e despoetizar com brutalidade os objetos cotidianos — foi o pavor que emana das coisas mais ordinárias de um mundo totalmente imbecil. Num exercício familiar para os que amam *Molloy* e *O castelo*, ele veio a contemplar, como se sua vida como artista e homem dependesse disso, a visão banal de objetos do dia a dia que as histórias em quadrinhos dos jornais tinham inculcado em sua mente quando crescia numa família de imigrantes judeus na Califórnia, a vulgaridade norte-americana pela qual, mesmo no auge de sua fase de lirismo consciencioso, ele sempre teve uma fraqueza intelectual. Philip imbuiu essas imagens corriqueiras de uma realidade rasteira com tamanha carga de sofrimento pessoal e urgência artística que deu forma a uma nova paisagem norte--americana de terror.

Longe de Nova York e vivendo à parte dos artistas de Woodstock, com quem tinha pouco em comum, muitas vezes Philip se sentia isolado, ressentido, sem importância, deslocado. Não era a primeira vez que o foco impiedoso em seus próprios imperativos induzira um sentimento sombrio de alienação, nem foi ele o primeiro artista norte-americano amargurado por tal síndrome. Ela era comum entre os melhores assim como entre os piores — só que, para os primeiros, não constituía necessariamente um drama pueril gerado por certa ilusão egomaníaca. De muitas maneiras, tratava-se de uma reação perfeitamente justificada para um artista como Guston, cujo escrutínio cerebral e hipercrítico de cada escolha estética era quase sempre mal-entendido, dadas as avaliações errôneas e simplificações que acompanham uma grande reputação.

Entretanto Philip e sua melancolia não eram inseparáveis. Na companhia de poucos amigos que ele apreciava e desejava ver, era capaz de ser um anfitrião cordial e tranquilo, irradiando animação sem nenhum vestígio de ansiedade. Do ponto de vista da aparência física, ele exibia uma agilidade encantadora que contrastava com o personagem de cabelos brancos, o tronco volumoso de bebedor contumaz e o porte um tanto imponente em que se transformara o Guston cinquentão: moreno, de belas feições judaicas e jeitão de donjuán. No jantar, usando as calças cáqui de cintura baixa e folgadas no traseiro, com uma camisa branca de algodão aberta no peito robusto e as mangas ainda enroladas devido ao trabalho no ateliê, ele parecia um político israelense da velha guarda, em quem um misto de arrogância e informalidade brota de um núcleo duro e indestrutível de confiança. Na mesa de jantar de Guston, compartilhando os saborosos pratos de massa que ele próprio preparara com uma exibição de habilidade jovial, era impossível detectar qualquer sinal de um componente de autoflagelação em seu prodigioso estoque de crença em si mesmo. Apenas em seus olhos alguém seria capaz de avaliar o preço cobrado pela desgastante oscilação — da determinação férrea, passando pelo equilíbrio exultante, até o desespero do suicídio — que marcava cada um de seus dias no ateliê.

O que fez com que nossa amizade florescesse foi, de início, uma perspectiva intelectual semelhante, o amor pelos mesmos livros e o prazer repartido com o que Guston chamava de *crapola*,* a começar por cartazes, garagens, restaurantes baratos, hamburguerias, lojas de quinquilharias e oficinas mecânicas — qualquer coisa que ficava à beira das estradas que de vez em quando percorríamos até Kingston para nos divertir —, chegando às conversas sem rodeios dos cidadãos daquela região até as imposturas de nosso suarento presidente. O que selou a camaradagem foi o fato de gostarmos do trabalho um do outro. As diferenças em nossa vida pessoal e trajetória profissional não obscureciam a coincidência de termos recentemente empreendido autocríticas comparáveis. De forma independente, impelidos por dilemas muito diversos, cada qual começara a considerar a *crapola* não só um tema curioso dotado de fortes poderes de sugestão e com o qual tínhamos afinidades inatas, mas um potencial instrumento em si mesmo: um instrumento estético cego, que dava acesso a um estilo de representação livre das complexidades que estávamos acos-

---

* *Crapola* deriva de *crap* (porcaria, merda), algo como "merdalhada". (N. T.)

tumados a valorizar. Era impossível prever o que tal autossubversão poderia gerar, e as premonições de fracasso não podiam ser de todo contidas pelo sentimento de liberação que uma reviravolta artística costuma causar — ao menos nos estágios iniciais em que não se sabe ao certo o que se está fazendo.

Naquela época em que comecei a não saber tão bem o que estava fazendo, exultei com as mentiras de Nixon, viajei até o Hall da Fama de Cooperstown para me impregnar de informações sobre beisebol e considerei a sério a possibilidade de que um homem como eu pudesse se transformar num seio, lendo para isso a respeito de endocrinologia e glândulas mamárias. Philip, por seu lado, estava começando a não saber tão bem o que fazia ao desenhar balões de histórias em quadrinhos acima dos capuzes pontiagudos de fanáticos da Ku Klux Klan, de olhinhos apertados e fumando charutos, que pintavam autorretratos em esconderijos abarrotados de sapatos, despertadores e ferros de engomar — do tipo com que Mutt e Jeff* estariam bem familiarizados.

As ilustrações de Philip sobre incidentes em *O seio*, desenhadas em papel comum de datilografia, me foram entregues certa noite durante o jantar, pouco depois da publicação do livro. Alguns anos antes, aos capítulos que lhe mostrei enquanto escrevia *Our Gang*, Philip reagira com uma série de caricaturas de Nixon, Kissinger, Agnew e John Mitchell. Ele trabalhou nessas caricaturas com mais concentração do que nos desenhos para *O seio*, tendo mesmo namorado a ideia de publicá-las sob o título de *Poor Richard*. Os oito desenhos inspirados por *O seio* foram uma mera reação espontânea a algo de que ele gostara. Não tinham outro objetivo senão me agradar — e como agradaram!

---

* Mutt e Jeff é a dupla de personagens criados pelo cartunista norte-americano Bud Fisher. Eles protagonizaram uma das primeiras tiras de quadrinhos cômicos publicadas diariamente. (N. T.)

Para mim, seu desenho do seio túrgido em que o professor David Kepesh foi inexplicavelmente transformado — a visão do angustiado Kepesh como uma glândula mamária buscando contato através de um mamilo que constitui o amálgama de um pênis lerdo e pesadão com um nariz inquisitivo — conseguiu simbolizar toda a solidão e humilhação de Kepesh, ao mesmo tempo

que respeita a perspectiva cômica corrosiva com que Kepesh tenta ver sua horrível metamorfose. Embora esses desenhos não fossem mais que uma agradável diversão para Philip, sua predileção pela autossatirização do sofrimento pessoal (a estratégia para apagar o encanto da autopiedade que nos choca no "Diário de um louco" e "O nariz", de Gógol) determina de modo potente as imagens, como nos quadros em que seus vícios exaustivos e tristes renúncias estão representados epicamente em cartuns por meio de garrafas de uísque, guimbas de cigarros e desamparados sofredores de insônia. Ele talvez só estivesse brincando, mas brincava com o ponto de vista a partir do qual, no ateliê, decidira reverter sua história como pintor e mostrar, sem apoio retórico, os fatos de sua ansiedade como homem. Por coincidência, Philip, que morreu em 1980 aos 66 anos, revela-se nas últimas pinturas como alguém que também sofreu uma transformação grotesca. Não numa glândula sexual desmembrada mas capaz de pensar, e sim numa cabeça inchada, imensa e grosseira que foi separada do corpo que portava seu sexo.

Relendo Saul Bellow

[2000]

AS AVENTURAS DE AUGIE MARCH (1953)

É revolucionária a transformação do romancista que publicou *Na corda bamba* em 1944 e *A vítima* em 1947 no romancista que publicou *As aventuras de Augie March* em 1953. Bellow derruba tudo: as escolhas de composição baseadas nos princípios da harmonia e da ordem, um costume novelístico que vem de *O processo* de Kafka, bem como de *O duplo* e *O eterno marido* de Dostoiévski, além da perspectiva moral que dificilmente se pode dizer que se origina de um encanto com o brilho, a cor e a riqueza da vida. Em *Augie March*, uma concepção grandiosa, afirmativa e descompromissada, tanto do romance como do mundo que ela representa, liberta-se de todos os tipos de restrições autoimpostas, as regras de composição dos iniciantes são subvertidas e, como o personagem de cinco propriedades em *Augie March*, o próprio escritor se revela "vidrado na superabundância". Desaparece a ameaça onipresente que determina a percepção do protagonista e a ação nos livros *A vítima* e *Na corda bamba*; a agressão enrustida que caracterizou Asa Leventhal no primeiro desses livros e a vontade obstruída que caracterizou Joseph no segundo emergem como um apetite voraz. Há o entusiasmo nascisístico pela vida em todas as suas formas híbridas impelindo Augie March, há uma paixão inesgotável pela acumulação de detalhes específicos que impele Saul Bellow.

A escala se amplia dramaticamente; o mundo fica inflado e seus habitantes — pessoas monumentais, poderosas, ambiciosas e enérgicas — não são "esmagadas na luta pela vida" de modo fácil, segundo o próprio Augie. A complexa paisagem humana e a busca de poder por personalidades fortes fazem com que o "personagem" — em todas as suas manifestações, mas em especial pela capacidade de marcar presença de forma indelével — seja mais o tema central do romance do que um aspecto dele.

Pense em Einhorn no prostíbulo, Thea com a águia, Dingbat e seu lutador, Simon grosseiramente esplêndido na casa dos Magnus e violento no depósito de madeira. De Chicago ao México, passando pelo meio do Atlântico e voltando, tudo é como a Brobdingnag* para Augie, observado, porém, não por um irado Swift, e sim por alguém que pinta com palavras, um Hieronymus Bosch norte-americano, um Bosch otimista e que não faz sermões, que detecta o que é encantador do ponto de vista humano até em suas criaturas mais ariscas, em suas fraudes, conspirações e embustes mais colossais. As trapaças da humanidade não geram mais um medo paranoico no protagonista de Bellow, mas o iluminam. O fato de que a superfície descrita em minúcias está repleta de contradições e ambiguidade deixa de ser uma fonte de consternação:

---

* Terra fictícia do livro *Viagens de Gulliver*, de Swift. (N. T.)

pelo contrário, o "caráter misto" de tudo é estimulante. A variedade é divertida.

Frases quilométricas já tinham aparecido antes na literatura norte-americana, em especial com Melville e Faulkner, mas não exatamente como as de *Augie March*, que me impressionam como algo mais do que uma liberdade do autor; quando é apenas tal propósito o que impulsiona um escritor, pode-se cair com facilidade no exibicionismo vazio de alguns dos imitadores de *Augie March*. Vejo a prosa de Bellow, ao tomar liberdades, como uma demonstração sintática do vasto e robusto ego de Augie, aquele ego atento que se deslocava pra cá e pra lá, que evoluía, sempre em movimento, às vezes dominado pela força de outras pessoas, às vezes escapando delas. Há no livro frases cuja efervescência e brilho transmitem a sensação de que há muito acontecendo, um emaranhado de palavras teatral, ardente e exibicionista que irradia o dinamismo de viver sem sufocar a necessidade de pensar. Essa voz que já não encontra resistência está carregada de força mental, embora também ligada aos mistérios do sentimento. É uma voz ao mesmo tempo incontida e inteligente, que avança a todo vapor mas nem por isso perde a acuidade para compreender as coisas com astúcia.

O capítulo xvi de *Augie March* versa sobre a tentativa de Thea Fenchel, a voluntariosa amada de Augie, de treinar sua águia, Calígula, para que ataque e capture grandes lagartos que rastejam nas vertentes das montanhas próximas a Acatla, no centro do México, a fim de que aquela "ameaça caindo célere do céu" se encaixe em seu esquema das coisas. É um capítulo de força prodigiosa, dezesseis páginas cheias de audácia sobre um evento claramente humano cuja aura mítica (a comédia também) é comparável às grandes cenas de Faulkner — em *O urso*, *Cavalos malhados*, *Enquanto agonizo* e *Palmeiras selvagens* —, nas quais a vontade humana se confronta com aquilo que é feroz e indomado. O combate entre Calígula e Thea (pelo corpo e pela alma da águia), as maravilhosas passagens que descrevem com tanta precisão a águia voando alto para satisfazer sua bela e diabólica treinadora e fracassando miseravelmente, cristalizam uma noção sobre a força de vontade e o domínio que é central em quase todas as aventuras de Augie. "Para falar a verdade", observa Augie perto do fim do livro, "estou cheio de todas essas grandes personalidades, esses moldadores do destino, esses cérebros de água pesada, maquiavéis e magos malfeitores, mandachuvas e tiranos, absolutistas."*

Na memorável primeira página do livro, no primeiro parágrafo, Augie cita Heráclito: o caráter de um homem é seu destino. Mas será que *As aventuras de Augie March* não sugere exatamente o oposto, que o destino de um homem (ao menos deste homem, do Augie nascido em Chicago) é o caráter de outros que buscam impor sua vontade?

Bellow certa vez me disse que "em alguma parte do meu sangue de judeu e de imigrante há vestígios evidentes da dúvida se eu tinha o direito de praticar o ofício de escritor". Sugeriu que, pelo menos em parte, essa dúvida impregnava o sangue dele porque "nosso establishment branco, anglo-saxão e protestante, representado sobretudo por professores educados em Harvard", considerava que um filho de imigrantes judeus era despreparado para escrever livros em inglês. Esses sujeitos o enfureciam.

---

* Trad. de Sonia Moreira. São Paulo: Companhia das Letras, 2009. (N. T.)

Talvez tenha sido a preciosa dádiva de uma fúria justificada que o impeliu a começar seu terceiro livro não com as palavras "Sou um judeu, filho de imigrantes", mas sim decretando de forma direta, sem apologias ou hifens: "Sou americano, nascido em Chicago".

Iniciar *Augie March* com essas cinco palavras demonstra o mesmo tipo de elã afirmativo que os sons musicais de filhos de judeus imigrantes — Irving Berlin, Aaron Copland, George Gershwin, Ira Gershwin, Richard Rogers, Lorenz Hart, Jerome Kern e Leonard Bernstein — levaram para as rádios, teatros e salas de concerto ao reivindicarem seu lugar como norte-americanos (como tema, como inspiração, como plateia) em canções como "God Bless America", "This Is the Army, Mr. Jones", "Oh, How I Hate to Get Up in the Morning", "Manhattan" e "Ol' Man River"; em musicais como *Oklahoma!, West Side Story, Porgy and Bess, On the Town, Show Boat, Annie Get Your Gun* e *Of Thee I Sing*; em música para balés como *Appalachian Spring, Rodeo* e *Billy the Kid*.

Durante a adolescência, quando a imigração ainda era um fenômeno vital, aos vinte anos, trinta, quarenta e até depois de cinquentões, nenhum desses meninos criados nos Estados Unidos, cujos pais ou avós falavam iídiche, teve o menor interesse em escrever sobre a vida das comunidades judaicas em cidadezinhas do interior da Europa, até aparecer, na década de 1960, *Um violinista no telhado*. Tendo sido libertados, com a imigração de suas famílias, da ortodoxia religiosa e do autoritarismo social que foram uma grande fonte de confinamento na velha cultura *shtetl*, por que haveriam eles de querer? Nos Estados Unidos laico, democrático e não claustrofóbico, Augie, como ele próprio diz, "[faz] as coisas do jeito que aprendi sozinho a fazer, estilo livre".

Essa afirmação de pertencimento inequívoco e indômito a um país livre (assim como as quinhentas páginas que se seguiram) foi precisamente o golpe audacioso exigido para eliminar qualquer dúvida sobre as credenciais para um filho de imigrante como Saul Bellow escrever no inglês dos Estados Unidos. Augie, no final do livro, exclama com exuberância: "Olha só para mim, indo para tudo quanto é lugar! Ora, eu sou uma espécie de Colombo dos que estão por perto". Indo para onde os que tinham melhores pedigrees não acreditavam que ele tivesse o direito de ir com a linguagem do país, Bellow era na verdade um Colombo para gente como eu, neto de imigrantes, que partiu para ser um escritor norte-americano na esteira dele.

AGARRE A VIDA (1956)

Três anos depois de *As aventuras de Augie March*, Bellow publicou *Agarre a vida*, um romance curto que é a antítese ficcional do anterior. Parco e compacto na forma, organizado de maneira densa, é um livro cheio de sofrimento, passado num hotel na parte oeste de Manhattan, povoado sobretudo por pessoas velhas, doentes e moribundas, enquanto *Augie March* é um livro vasto, esparramado, loquaz, em que tudo brilha, inclusive o ânimo do autor, localizado onde quer que a plenitude da vida possa ser sentida com prazer. *Agarre a vida* descreve a culminância, num só dia, do colapso de um homem que é o oposto de Augie March em todos os aspectos fundamentais.

Enquanto Augie está sempre em busca de oportunidades, um garoto com grandes chances de ser adotado, pois nascido num cortiço e criado sem pai, Tommy Wilhelm comete um erro atrás do outro e é filho de um pai velho e próspero que está muito presente, mas não quer saber dele nem de seus problemas. O pai de Tommy é caracterizado no livro apenas por sua aversão ao filho. Tommy é renegado de modo brutal e sem dúvida é impossível ser adotado, sobretudo porque carece da extraordinária autoconfiança, do entusiasmo e do vibrante espírito de aventura que fazem o encanto de Augie. Enquanto Augie é um ser pronto a se deixar levar pelas fortes correntes da vida, Tommy é um indivíduo esmagado sob "uma carga que era seu próprio eu, sua personalidade". O rugido do ego de Augie, amplificado pela prosa exuberante do livro, é articulado na última página com aquele "Olha só para mim, indo para tudo quanto é lugar!". Olha só para mim — a exigência de atenção formulada por uma criança, o brado da confiança exibicionista.

O grito que ressoa em *Agarre a vida* é "Socorro!". Em vão, Tommy diz socorro, socorro, não estou chegando a lugar nenhum — e não só a seu pai, o dr. Adler, mas a todos os pais falsos e velhacos que o sucedem e em quem Tommy de uma forma tola deposita sua esperança, seu dinheiro ou ambos. Augie é adotado sem cessar, as pessoas acorrem para sustentá-lo e vesti-lo, para educá-lo e transformá-lo. A necessidade de Augie consiste em acumular padrinhos e admiradores animados e extravagantes, enquanto a triste sina de Tommy consiste em acumular erros: "Talvez o fato de cometer erros expressasse o verdadeiro propósito de sua vida, a essência de sua presença no mundo". Tommy, aos 44 anos, procura desesperadamente por um pai ou mãe, qualquer um, que o salve da iminente destruição, enquanto Augie, aos 22, já é independente e um artista em matéria de escapar de situações difíceis.

Falando de seu próprio passado, Bellow certa vez disse: "Foi um padrão que me acompanhou a vida inteira, recuperar as forças vindo de uma posição de extrema fraqueza". Será que a história da reiterada oscilação entre o abismo e o cume encontra um análogo literário na relação dialética entre esses dois livros consecutivos da década de 1950? Será que a claustrofóbica crônica de fracasso que é *Agarre a vida* foi empreendida como um corretivo ao fervor que marcou seu irreprimível antecessor, como antídoto à abertura tresloucada de *Augie March*? Ao escrever *Agarre a vida*, Bellow parece ter revisitado a atmosfera de *A vítima*, um mundo anterior a Augie em que o protagonista sob exame está ameaçado por inimigos, dominado pela incerteza, imobilizado pelo sofrimento.

HENDERSON, O REI DA CHUVA (1959)

Apenas seis anos depois de *Augie*, lá está ele de novo se liberando. Mas, enquanto naquela obra ele abandona as convenções de seus dois primeiros e comportados livros, em *Henderson, o rei da chuva* ele deixa para trás *Augie*, um livro que não é de forma alguma "apropriado". O local exótico em que se desenrola, o protagonista vulcânico, a calamidade cômica de sua vida, a perturbação interna que vem de ânsias perpétuas, a busca mágica, a regeneração mítica (à la Reich?) que vem com a imensa golfada em que são expelidas as coisas bloqueadas — tudo novinho em folha.

Para pôr no mesmo balaio dois empreendimentos bem diferentes: a África de Bellow serve a Henderson como a aldeia do castelo de Kafka serve a K., fornecendo o perfeito campo de testes para o protagonista que vem de fora realizar suas mais profundas e inerradicáveis necessidades — romper o "sono de sua alma", caso possa, graças à intensidade de um trabalho útil. "Eu quero" — este *cri du cœur* fundamental e sem objeto preciso poderia ser tão pronunciado com facilidade tanto por K. como pelo filho de Eugene Henderson. Aí, sem dúvida, termina toda a similaridade. Ao contrário do homem kafkiano, eternamente impedido de satisfazer seu desejo, Henderson é a força humana sem direção fixa cuja furiosa insistência consegue, por milagre, ter êxito. K. é uma inicial, com a falta de biografia e as carências existenciais que isso implica, enquanto a biografia de Henderson pesa uma tonelada.

Um porrista, um gigante, um gói, um multimilionário de meia-idade em estado de permanente conflito emocional, Henderson está cercado pelo caos absoluto de "meus pais, minhas esposas, minhas garotas, meus filhos, minha fazenda, meus bichos, meus hábitos, meu dinheiro, minhas aulas de música, meus porres, meus preconceitos, minha brutalidade, meus dentes, meu rosto, minha alma!".* Por causa de todas as deformidades e os erros, Henderson, em sua própria avaliação, é tanto uma doença como um homem. Ele sai de casa (tal como o autor que o está imaginando) rumo a um continente povoado por negros tribais que provam ser sua cura. África como remédio. Henderson, o fazedor de remédio.

De um humor brilhante, uma novidade, é uma segunda e enorme emancipação, um livro que quer ser sério e não sério ao mesmo tempo (e é), um livro que estimula uma leitura acadêmica ao mesmo tempo que ridiculariza tal leitura, um livro que é uma proeza acrobática, porém sincera, um livro maluco, mas não sem a autoridade dos grandes malucos.

HERZOG (1964)

O personagem Moses Herzog é um labirinto de contradições e divisões internas, um homem incontrolável e uma pessoa dotada do "sentido bíblico de experiência e destino pessoais",** com uma inocência tão fenomenal quanto sua sofisticação, intenso porém passivo, capaz de reflexão porém impulsivo, mentalmente são e insano, emotivo, complicado, perito em dores, com sentimentos vibrantes, porém surpreendentemente simples, um pa-

---

* Trad. de José Geraldo Couto. São Paulo: Companhia das Letras, 2010. (N. T.)
** Trad. de José Geraldo Couto. São Paulo: Companhia das Letras, 2011. (N. T.)

lhaço nas suas vinganças e nos acessos de raiva, um tolo em quem o ódio gera comédia, um sábio e estudioso num mundo traiçoeiro, ainda perdido num grande lago de amor infantil, confiança e excitação com relação às coisas (e desesperadamente preso a essa condição), um amante com idade avançada com vaidade e narcisismo enormes, vendo a si próprio de uma forma amorosa, porém severa, girando num turbilhão de autoconsciência generosa ao mesmo tempo que se sente atraído por qualquer pessoa cheia de vida, seduzido fortemente por valentões e chefões, por aqueles que teatralmente se fazem passar por sabichões devido à aparente certeza e à crua autoridade da ausência de ambiguidades, alimentando-se com a intensidade deles até ser quase esmagado. Esse Herzog é a mais grandiosa criação de Bellow, o Leopold Bloom da literatura norte-americana, exceto por uma diferença: em *Ulysses*, a mente enciclopédica do autor é transformada na carne linguística do romance, mas Joyce nunca cede a Bloom sua imensa erudição, seu intelecto e sua amplidão retórica, enquanto em *Herzog* Bellow dota seu protagonista de tudo isso, não apenas com um estado de espírito e uma disposição mental, mas com uma mente que *é* uma mente.

Trata-se de uma mente rica e de amplo espectro, mas transbordando de queixas e indignação, uma mente confusa que, na primeira frase do livro, francamente, sem boas razões, questiona seu equilíbrio e não de forma intelectualizada, mas sim na clássica formulação vernacular: "Se estou louco". Essa mente, tão incisiva, tão tenaz, bem equipada com o que de melhor se pensou e se disse, uma mente que produz generalizações elegantes e bem informadas sobre inúmeras coisas do mundo e de sua história, também suspeita de seu poder mais básico, a própria capacidade de compreensão.

O eixo em torno do qual gira o drama de adultério no livro — a cena que faz Herzog correr para Chicago a fim de pegar uma pistola carregada com a intenção de matar Madeleine e Gersbach, mas que em vez disso dá início a seu colapso final — ocorre num tribunal em Nova York onde Herzog, fazendo hora à espera de seu advogado, esbarra na terrível paródia de seu próprio sofrimento. Trata-se do julgamento da infeliz e degenerada mãe que, com seu também degenerado amante, mata o filhinho. Herzog é invadido por tamanho horror pelo que vê e ouve, que termina se dizendo: "Não consigo entender!" — palavras banais do dia a dia, mas para ele uma admissão humilhante, dolorosa e que reverbera, conectando dramaticamente a intrincada tessitura de sua existência mental com a trama atormentadora de erros e desapontamentos que constitui sua vida pessoal. Uma vez que, para Herzog, compreender representa um obstáculo à força instintiva, é quando lhe falta a compreensão que ele procura uma arma (a mesma com que seu pai certa vez ameaçou desajeitadamente matá-lo — embora, no final, sendo quem é, Herzog não se mostre capaz de disparar. Por ser Herzog (e o filho de seu irado pai), ele se dá conta de que disparar a pistola "não passou de um pensamento".

Mas se Herzog é incapaz de compreender, quem compreende, e para que serve todo aquele pensamento? Afinal, para que servem todas essas reflexões desinibidas nos livros de Bellow? Não me refiro às falas adulatórias de personagens como Tamkin em *Agarre a vida* ou mesmo do rei Dahfu em *Henderson*, que parecem expor sua sabedoria fajuta pelo prazer do autor em inventá-la ou a fim de criar um segundo elemento de confusão na mente de protagonistas já bastante perturbados. Estou me referindo à empreitada quase impossível que caracteriza os romances de Bellow com a mesma força daqueles de Robert Musil e Thomas Mann: o empenho não apenas em infundir na ficção as complexidades da mente, mas em fazer com que a atividade mental esteja no centro do dilema do protagonista — pensar, em livros como *Herzog*, sobre o *problema de pensar*.

Ora, a atração especial de Bellow, e não só para mim, é que, com seu jeito tipicamente norte-americano, ele conseguiu fechar o abismo entre Thomas Mann e Damon Runyon, porém isso não reduz o escopo daquilo que, começando com *Augie March*, ele se propôs a fazer de modo tão ambicioso: pôr em jogo (jogo livre) as faculdades intelectuais que, em escritores como Mann, Musil e ele mesmo, estão tão engajadas no espetáculo da vida quanto no componente imaginativo da mente, fazer com que a ruminação seja congruente com o que é representado, fazer com que o pensamento do autor suba das profundezas para a superfície da narrativa sem que afunde o poder mimético da narrativa, sem que o livro medite superficialmente sobre si próprio, sem fazer reivindicações claramente ideológicas ao leitor, sem oferecer, como Tamkin e o rei Dahfu, uma sabedoria trivial.

Herzog é a primeira longa expedição de Bellow como escritor no imenso domínio do sexo. As mulheres de Herzog têm grande importância para ele, cativando-o e encantando-o, excitando sua vaidade, despertando sua carnalidade, estimulando suas emoções, canalizando seu amor, atraindo sua curiosidade e, ao registrar-lhe a inteligência, o charme e os belos traços, alimentando no homem as alegrias de um garoto — na adoração delas reside sua validação. E, na inimizade delas, seu sofrimento. A cada insulto que lhe lançam e a cada adjetivo que inventam, a cada encantador gesto de cabeça, toque reconfortante de mão e raivosa contração dos lábios, suas mulheres fascinam Herzog com aquela alteridade humana que tanto o impressiona em *ambos* os sexos. Assim é até as páginas finais, quando Herzog expulsa de seu refúgio nas Berkshires mesmo a bem-intencionada Ramona e os prazeres generosos do harém que são sua especialidade, quando por fim se emancipa dos cuidados de outra mulher, mesmo a mais carinhosa de todas, e dessa forma, a fim de se restaurar, empreende o que para ele é o projeto heroico de viver sozinho, descartando as mulheres e, com elas, tudo o mais: as explicações, as justificativas, o pensamento. Descartando ao menos temporariamente todas as fontes onipresentes e habituais de seu prazer e sua angústia. Mas são as mulheres em especial que trazem à tona o retratista em Herzog, um pintor de múltiplos talentos que pode ser tão exuberante quanto Renoir ao descrever a amante generosa; tão terno quanto Degas ao apresentar sua adorável filha; como Rembrandt, tão misericordioso, respeitoso e familiarizado com o sofrimento ao retratar sua velha mãe adotiva — ou sua própria mãe querida, na adversidade servil como imigrante; e finalmente, tão diabólico como Daumier, ao descrever a mulher adúltera que enxerga em Valentine Gersbach, o ardiloso melhor amigo de Herzog, aquele vívido par teatral que ela buscava.

Em toda a literatura, não conheço um homem com mais suscetibilidade emocional que Herzog, nenhum que demonstre maior foco ou intensidade em seus relacionamentos com as mulheres, que as colecione tanto como conquistador em estado de adoração ou como marido — um marido corneado, que, na grandeza de sua raiva ciumenta e na inocência de sua dedicação à esposa, é uma espécie de amálgama cômico e caricatural do general Otelo e de Charles Bovary. Quem quer que deseje se divertir recontando *Madame Bovary* da perspectiva de Charles, ou *Anna Kariênina* da perspectiva de Kariênin, encontrará em *Herzog* as instruções perfeitas para fazê-lo. (Não que se possa facilmente visualizar Kariênin, com Gersbach à la Herzog, entregando a Vronski o diafragma de Anna).

Herzog pode ser considerado um romance mais denso até mesmo que *Augie March* porque Bellow, ao ter posto a bordo pela primeira vez toda a carga sexual, permite que penetre em seu mundo ficcional um tipo de sofrimento a que Augie e Henderson não tinham acesso. Verifica-se, assim, que mais coisas são liberadas no protagonista de Bellow por causa do sofrimento do que pela euforia. Ele se torna mais crível, mais importante quando a ferida na masculinidade de Herzog, em sua enormidade pustulenta, destrói o apetite pelo "delicioso bolo da vida", e a vulnerabilidade à humilhação, traição, melancolia, fadiga, perda, paranoia, obsessão e desespero se revela tão avassaladora que nem o otimismo permanente de Augie nem o gigantismo mítico de Henderson podem manter à distância a verdade sobre a dor. Quando Bellow enxerta na intensidade de Henderson, bem como no gosto de Augie March pelas figuras grandiosas e encontros dramáticos, o desamparo de Tommy Wilhelm, ele executa toda a sinfonia bellowiana com sua orquestração abundantemente cômica de sofrimento.

Em *Herzog*, não há uma ação cronológica sustentada — quase não há nenhuma ação — além do que se passa no cérebro do protagonista. Não que, como contador de histórias, Bellow imite Faulkner na obra *O som e a fúria* ou Virginia Woolf em *As ondas*. O monólogo interior longo, cambiante e fragmentado de Herzog parece ter mais em comum com o *Diário de um louco*, de Gógol, no qual a percepção desconexa é ditada pelo estado mental do personagem, e não pela impaciência do autor com os meios tradicionais de narração. No entanto o que faz o louco de Gógol ser louco e o de Bellow são é que o primeiro, incapaz de se ouvir, não é fortalecido pela corrente espontânea de ironia e autoparódia que reverbera em todos os pensamentos de Herzog — mesmo quando ele está mais confuso e que isso não possa ser separado do conhecimento de si próprio e do desastre que o acomete, por mais dolorido que seja.

No conto de Gógol, o louco obtém um maço de cartas escritas por um cachorro, animal de estimação da moça por quem está (insanamente) apaixonado, sem esperança de êxito. Febril, senta-se para ler cada palavra que o brilhante cão escreveu, procurando por alguma referência a ele. Em *Herzog*, Bellow vai além de Gógol: o cachorro brilhante que escreve cartas é o próprio Herzog. Cartas para sua mãe morta, para a amante viva, para a primeira mulher, para o presidente Eisenhower, para o chefe de polícia de Chicago, para Adlai Stevenson, para Nietzsche ("Meu caro senhor, posso lhe fazer uma pergunta pedestre?"), para Teilhard de Chardin ("Caro Padre [...] a molécula de carbono está relacionada ao pensamento?"), para Heidegger ("Caro doktor professor [...] gostaria de saber o que o senhor quer dizer com a expressão 'a queda no cotidiano'. Quando ocorreu essa queda? Onde estávamos quando ela aconteceu?"), para o departamento de crédito da Marshall Field & Co. ("Não sou mais responsável pelos débitos de Madeleine P. Herzog"); e até mesmo, no final, para Deus ("Como minha mente tem batalhado em busca de um sentido coerente. Não tenho sido muito bom nisso. Mas tenho desejado cumprir sua vontade insondável, tomando-a, e a você, sem símbolos. Tudo da mais intensa significação. Especialmente se despojado de mim").

Este livro de mil delícias não oferece nenhuma maior do que essas cartas, e nenhuma chave melhor para destrancar a notável inteligência de Herzog e penetrar nas profundezas do tormento que ele sente diante das ruínas de sua vida. As cartas são a demonstração de sua intensidade, fornecem o palco para seu teatro intelectual, o espetáculo de um só artista, no qual é menos provável que desempenhe o papel do bobo.

O PLANETA DO SR. SAMMLER (1970)

"Será que nossa espécie é louca?" Uma pergunta digna de Swift. Uma nota também swiftiana na lacônica resposta sammleriana: "Provas não faltam".

Ao ler *O planeta do sr. Sammler* me lembrei de *Viagens de Gulliver*: devido ao impressionante afastamento entre o protagonista e a Nova York da década de 1960; devido à censura que ele corporifica, com sua história, ao status humano daqueles cuja "loucura sexual" é obrigado a observar; devido à obsessão gulliveriana com o físico humano, a biologia humana, a repugnância quase mítica que lhe causa o corpo, sua aparência, suas funções, seus impulsos, seus prazeres, suas secreções e cheiros. E ainda há a preocupação com a radical vulnerabilidade do ser humano. Como um refugiado frágil e deslocado, sobrevivente do horror do Holocausto, como alguém que escapou por milagre da carnificina hitlerista, que se levantou, com um só olho, de uma pilha de corpos de judeus abandonados como mortos por um pelotão de fuzilamento alemão, o sr. Sammler registra os golpes mais desorientadores em termos de confiança cívica: o desaparecimento, numa grande cidade, da segurança e com isso o surgimento, entre as pessoas vulneráveis, do medo permanente, da paranoia alienante.

Porque é o medo, bem como a repugnância, que minam a fé de Sammler na espécie humana e ameaçam até mesmo sua tolerância para com os mais próximos — medo da "alma [...] nesta veemência [...] o extremismo e fanatismo da natureza humana". Tendo ultrapassado o aventureirismo à la Crusoé dos trepidantes *Augie* e *Henderson* a fim de delinear, como farsa sombria, a traição marital do gênio Herzog, que era incapaz de compreender, Bellow abre sua imaginação contemplativa para uma traição bem maior, ao menos tal como percebida pela vítima e refugiado Sammler em sua aversão swiftiana à década de 1960: a traição ao ideal civilizatório pela espécie enlouquecida.

Herzog, nos momentos mais lancinantes de sofrimento, admite para si mesmo: "Não consigo entender!". Mas, apesar de sua reserva e do estudado distanciamento, no clímax das atribulações de Sammler — por causa da permissividade, da desordem e do desrespeito às normas no seio de sua família excêntrica e mais além, nas ruas, metrôs, ônibus, lojas e salas de aula de Nova York —, o que ele é obrigado a admitir (e que, para mim, constitui o lema do livro) é bem mais chocante: "Estou horrorizado!".

O triunfo de *O planeta do sr. Sammler* está na invenção de Sammler, com as credenciais que adquire por sua vivência europeia — o sofrimento que lhe é imposto pela história, o olho que os nazistas cegaram — aquele "arquivista da loucura". A justaposição da desgraça pessoal do protagonista com as peculiaridades das forças sociais com que ele se debate, assim como a correção vibrante e irônica de tal justaposição, fazem desse livro uma obra memorável de ficção. Sammler, bastante marginalizado por sua condição de dignidade indefesa, me parece o instrumento perfeito para receber tudo o que há de bizarro e ameaçador na sociedade, a vítima histórica, qualificada pela experiência, para fornecer com precisão uma visão crua e dura do século XX sobre a "humanidade numa situação revolucionária".

Eu me pergunto o que veio antes no desenvolvimento do livro: a loucura ou o ser que a registra, Sammler ou a década de 1960.

O LEGADO DE HUMBOLDT (1975)

O legado de Humboldt é de longe o mais doido dos romances eufóricos e cômicos que materializam, no pico do humor bellowiano, a música alegre da egosfera formada por *Augie March*, *Henderson* e *Humboldt* e irradiada por Bellow de tempos em tempos em meio a seus romances tenebrosos, como *A vítima*, *Agarre a vida*, *O planeta do sr. Sammler* e *Dezembro fatal*, em que a dor lancinante que vem das feridas dos protagonistas é levada muito a sério tanto por eles como pelo autor. Acho *Herzog* o melhor romance de todos, pela integração mágica dessa divergência característica.

Humboldt é a mais doida das comédias, assim como a mais escancarada, a única obra de Bellow alegremente libidinosa e a que revela a maior e mais temerária fusão de estilos disparatados. E isso, paradoxalmente, por uma razão poderosa: o terror de Citrine. De quê? Da mortalidade, de ter de sofrer (independentemente de seu sucesso e grande eminência) o mesmo destino de Humboldt. Por trás do efervescente relacionamento de Charles Citrine com um mundo repleto de lutas cruéis, roubos, ódio e destruição, por trás de tudo, inclusive do modo centrífugo em que o livro é narrado — e exposto com toda clareza pela avidez de Citrine em metabolizar o desafio à extinção, proposto pela antroposofia de Rudolf Steiner — está seu terror de morrer. O que desorienta Citrine é também o que manda às favas o decoro narrativo: o pânico diante do nada, o velho e banal medo da morte.

"Que tristeza", diz Citrine, "toda essa bobagem humana que nos afasta da grande verdade." Mas é a bobagem humana que ele ama, e ama recontar, o que mais lhe dá prazer por estar vivo. Mais uma vez: "Quando [...] eu me elevaria [...] acima de todo [...] o desperdício e o aleatório que há no humano [...] para penetrar em mundos mais elevados?". Mundos mais elevados? Onde estaria Citrine — onde estaria Bellow — sem que as coisas aleatoriamente humanas impelissem o superdrama do mundo *inferior*, o superdrama fundamental que consiste no desejo mundano pela fama (tal como demonstrado por Von Humboldt Fleisher, o infeliz e mentalmente insano ser que é o oposto do bem-aventurado e são Citrine —, Humboldt, que deseja ser ao mesmo tempo espiritual e ter sucesso, e cujo fracasso catastrófico é o reverso burlesco do êxito de Citrine), por dinheiro (Humboldt, Thaxter, Denise, além da mãe de Renata, a *Señora*, e mais o irmão de Citrine, Julius, mais praticamente todo mundo), por vingança (Denise,

Cantabile), por estima (Humboldt, Cantabile, Thaxter, Citrine), pelo sexo mais apimentado possível (Citrine, Renata, et al.), sem falar no mais mundano dos desejos mundanos, o de Citrine, a ânsia diabólica pela vida eterna?

Por que Citrine deseja tão ardentemente nunca sair deste mundo, senão por sua imersão hilariante na violência e turbulência da avidez cômica que ele depreciativamente chama de "inferno dos imbecis"? Diz ele: "Há pessoas tão reais que elas derrotam meus poderes críticos". E também derrotam qualquer desejo de trocar até mesmo o vínculo com a perversidade delas pela serenidade eterna. Onde, senão no inferno dos imbecis, poderia sua "complexa subjetividade" encontrar tanta coisa para se empanturrar?

E não é algo parecido com o inferno dos imbecis que Charlie Citrine excitadamente recorda ao circular com raiva por ruas, tribunais, quartos de dormir, restaurantes, saunas e escritórios de Chicago que tanto repugna Artur Sammler em sua diabólica encarnação de Manhattan na década de 1960? *O legado de Humboldt* parece ser o tônico revigorante que Bellow preparou para recuperar-se do lúgubre sofrimento moral de *O planeta do sr. Sammler*. Trata-se da alegre versão de Bellow do *Eclesiastes*: tudo é vaidade — e isso não é pouco!

PARA QUE ELE ESTÁ EM CHICAGO?

Humboldt sobre Citrine (na edição que tenho, página 2): "Depois de ganhar essa grana toda, por que é que ele se enfia nos cafundós do judas? Para que ele está em Chicago?".

Citrine sobre si próprio (página 63): "Minha mente estava num de seus estados de espírito típicos de Chicago. Como descrever esse fenômeno?".

Citrine acerca de ser um cidadão de Chicago (página 95): "Podia sentir a necessidade de rir crescendo dentro de mim, sempre um sinal de que tinha sido acionado o meu fraco pelo sensacional, minha ânsia americana, chicagoense (bem como pessoal) pelos fortes estímulos, pelas incongruências e extremos".

E mais abaixo, na página 95: "Tais informações sobre a corrupção, caso você tivesse sido criado em Chicago, eram fáceis de aceitar. Até satisfaziam certa necessidade. Harmonizavam-se com a visão que tem um cidadão local da sociedade de Chicago".

Por outro lado, vê-se Citrine deslocado em Chicago (página 225): "Em Chicago, meus objetivos pessoais eram um disparate, minha visão, uma ideologia estranha". E na página 251: "Era agora evidente para mim que eu não pertencia a Chicago nem estava de todo livre da cidade, que os interesses e fenômenos materiais e cotidianos de Chicago não eram genuínos nem suficientemente vívidos ou simbolicamente claros para mim".

Tendo em conta tais observações — e há muitas semelhantes ao longo de *O legado de Humboldt* —, podemos lançar um olhar retrospectivo para a década de 1940 e verificar que Bellow iniciou sua carreira de escritor *sem* que as condições de Chicago determinassem as ideias que tinha de si próprio, tal como acontece com Charlie Citrine. Sim, algumas ruas de Chicago de vez em quando servem de cenários em *Na corda bamba*, mas, exceto por anuviar ainda mais a já lúgubre atmosfera onipresente, Chicago parece ser um local quase desconhecido para o protagonista, que certamente não é parte dele. *Na corda bamba* não é um romance sobre um homem numa cidade, e sim sobre uma mente num quarto. Só no terceiro livro, *Augie March*, Bellow apreendeu por inteiro Chicago como uma valiosa propriedade literária, como um lugar tangível e muito interessante dos Estados Unidos que ele podia tratar como seu com a mesma autoridade com que Verga monopolizou a Sicília, Dickens fez o mesmo com Londres e Mark Twain com o rio Mississippi.

É com hesitação e cautela comparáveis que Faulkner (o outro dos dois maiores romancistas regionalistas dos Estados Unidos no século xx) tomou posse imaginária do condado de Lafayette, no estado do Mississippi. Faulkner situou seu primeiro romance, *Paga de soldado* (1926), na Georgia, o segundo, *Mosquitos* (1927), em New Orleans, e apenas com a sequência magistral de *Sartoris, O som e a fúria* e *Enquanto agonizo* (1929-30) é que encontrou — como Bellow após seus primeiros e improvisados passos geográficos — a localização para encenar aquelas lutas humanas que, por sua vez, aumentaram sua intensidade e provocaram aquela reação apaixonada a um lugar e sua história, reação que, em certos momentos, impele as frases que escreveu para a beira da inteligibilidade e até mais além.

Pergunto-me se de início Bellow evitou se apossar de Chicago por não querer ser visto como um escritor daquela cidade, assim como talvez não quisesse ser conhecido como um escritor judeu. Sim, você é de Chicago e naturalmente é judeu, porém como tais coisas figurarão em sua obra, caso devam mesmo figurar, não constitui algo fácil de definir na hora da largada. Além do mais, você tem outras ambições, inspiradas por mestres europeus, por Dostoiévski, Gógol, Proust e Kafka, e essas ambições não incluem escrever sobre os vizinhos jogando conversa fiada na varanda dos fundos... Será que esse raciocínio de algum modo se assemelha ao de Bellow antes que ele finalmente se apropriasse do ambiente onde vivia?

Obviamente, após *Augie* se passaram uns dez anos antes que, em *Herzog*, Bellow voltasse a mergulhar de cabeça em Chicago. Desde então, uma "visão chicagoense" específica tem atraído seu interesse de modo recorrente, sobretudo quando a cidade fornece, como em *Humboldt*, um contraste de proporções comicamente esclarecedoras entre "a vida aberta característica desse lugar chamado Chicago, no estado de Illinois, que é elementar e fácil de entender pelo leitor" e as inclinações reflexivas do preocupado personagem principal. Esse combate, vigorosamente explorado, está no âmago de *Humboldt*, bem como no romance seguinte, *Dezembro fatal* (1982). Neste último caso, porém, a abordagem não é cômica, e sim rancorosa. A atmosfera fica mais sombria, a depravação aumenta e, sob a pressão de violentos antagonismos raciais, Chicago, Illinois, transforma-se num lugar demoníaco: "Em seu próprio território [...] ele encontrou uma selva mais feroz que no interior da Guiana [...] desolação [...] quilômetros quadrados sem fim de ruínas [...] ferimentos, lesões, cânceres, fúria destruidora, morte [...] a animalidade e o pavor terríveis naquele lugar imenso".

O argumento principal do livro é que esse lugar imenso não pertence mais a Bellow. Nem a Augie, Herzog ou Citrine. Ao escrever *Dezembro fatal*, cerca de trinta anos depois de *Augie March*, seu protagonista, o reitor Corde, transformou-se no Sammler da cidade.

Ele está em Chicago para quê? Aquele pesaroso cidadão de Chicago já não sabe mais. Bellow está no exílio.

III.

EXPLICAÇÕES

Suco ou molho?*

A vida adulta — com isso me refiro ao imprevisível e irracional desconhecido a que alguém criado e educado como eu leva o ingênuo projeto de autoafirmação uma vez que tenha completado as preparações para entrar num mundo que é conhecido, racional e previsível — começou para mim, e para muitos jovens norte-americanos, durante os últimos quarenta anos, quando dei baixa do Exército.

As notícias nacionais em meados de agosto de 1956 não versavam, é óbvio, sobre meu retorno à vida civil, mas sim sobre a designação, pela segunda vez, de Adlai Stevenson, governador de Illinois, como candidato presidencial do Partido Democrata, anunciada em Chicago, e no dia seguinte a do senador Estes Kefauver, do Tennessee, à vice-presidência. Depois, naquele mesmo mês, a notícia não foi o convite que recebi para voltar à Universidade de Chicago — onde obtivera um mestrado de literatura no ano anterior — como professor de redação para alunos do pri-

* Palestra proferida no Lotos Club de Nova York, 1994.

meiro ano com um salário anual de 2.800 dólares, e sim que o presidente Eisenhower e o vice Richard Nixon tinham sido unanimemente confirmados como candidatos do Partido Republicano na convenção realizada em São Francisco. Os nomes importantes nas notícias internacionais naquele verão eram Faisal, Gomułka, Hammarskjöld, Makarios, Shepilov, Nehru e Wilson. No entanto eu tinha 23 anos e o nome mais notável para mim era o meu. E a notícia principal era que eu estava prestes a fazer algo muito mais excitante que um carro da marca DeSoto, uma máquina de lavar e secar da Westinghouse ou mesmo uma bomba atômica. Em breve eu fabricaria um futuro, meu futuro, embora sem a menor ideia de que talvez o futuro é que fosse me fabricar.

Contudo, como o filho agressivamente independente de pais ativos, cumpridores da lei, responsáveis no mais alto nível e impecáveis na organização, como alguém cujos anos na universidade, assim como na infância e juventude, haviam sido bastante felizes, como um jovem adulto bem-afortunado cuja vida até então parecera ser abençoada em todos os sentidos, eu não tinha nenhuma experiência daquele antagonista totalmente impessoal que se opõe à vontade individual e está sempre esperando ali na esquina para me pegar pelo rabo, a grande e onipresente Força do Mal.

E naqueles anos empolgantes, antes que eu voasse solo, nada sabia sobre a lei de 26, também conhecida como teoria da frequência das consequências ocultas, segundo a qual 26 é o número mínimo de repercussões que pode ter qualquer coisa que você fizer ou disser, mas também do que deixar de fazer ou dizer. Essas 26 repercussões ocorreriam além daquelas que a pessoa prevê e, por necessidade, seriam diametralmente opostas às repercussões que se espera alcançar.

Ao sair do Exército, com 23 anos, não tinha ideia de nada disso.

* * *

Na verdade, as circunstâncias da minha dispensa do Exército bem poderiam ter começado a me alertar sobre quão pequena é nossa capacidade de determinar como vai evoluir a vida adulta. Embora eu tivesse sido recrutado depois da Guerra da Coreia, supondo que serviria por dois anos, tive baixa após metade desse período, devido a um ferimento durante o treinamento de infantaria no Fort Dix, Nova Jersey, um ferimento que foi se agravando nos meses seguintes. Quando as dores me impediram até de executar as funções administrativas a mim atribuídas em Washington, fui mandado para um lúgubre centro de recuperação próximo dali, um local fantasmagórico, solitário e cercado de bosques em Forest Glen, Maryland, onde os outros pacientes na minha enfermaria eram na maioria amputados ou paraplégicos. Os sofrimentos deles tornavam os meus diminutos e, ao longo de muitas noites, eu ouvia no escuro alguém de minha idade ou mais moço lamentando em voz alta que aquilo não devia ter acontecido. Por fim, fui dispensado por razões médicas, mas ainda sem ter compreendido, mesmo após viver e dormir por mais de um mês em meio às jovens vítimas das mais improváveis desgraças, que as expectativas estimulantes e uma visão otimista não passam de uma fantasia idêntica às que brotam no cérebro conturbado de um esquizofrênico paranoico.

Voltei para Chicago suspeitando que, não mais sujeito à autoridade do Exército, começaria a gozar a verdadeira vida predeterminada para alguém como eu. Mas a dispensa por razões médicas não apagou como mágica o problema de saúde ou as limitações físicas por ele impostas. Descobri que não dominava mais meu corpo como um ano antes, ao deixar Chicago em perfeitas condições, muito embora, durante o dia e a noite, eu me forçasse a executar tudo o que era esperado de mim e tudo o que desejava. No entanto o esforço exigido era às vezes assustador, e foi assim que se instalou o desequilíbrio: eu não podia acreditar no que tinha acontecido comigo. Aquele não era o futuro que eu imaginava fabricar. Pensei: "Alguma coisa está dando errado". Mas nada estava dando errado. Eu estava só aprendendo o que a maioria das pessoas aprende, não raro com palmadas no traseiro, por volta dos dois anos. Como um adulto novo em folha que fora criado com toda a segurança num lar modesto, meus dias e noites na infância tinham se baseado numa rotina previsível e prazerosa; emulando os membros mais velhos da família, um modo sistemático de fazer as coisas se fixara benignamente em meu cérebro: eu estava aprendendo como as coisas acontecem, não importam os esforços, os programas e os planos que a pessoa faça; como a tenacidade, a engenhosidade e a energia de uma pessoa, e até o que ela está alcançando, pode não significar nada e resultar em nada.

Uma jovem que conheci alguns meses após voltar a Chicago amplificou essa educação com requintes de crueldade. Na verdade, creio que me apaixonei pelo enigma que representava para mim e me deixei enredar em todos os fracassos que ela já moldara como uma lenda intensa de sua sobrevivência. Para avançar no meu aprendizado, sentei-me aos pés da filha de um prisioneiro que, antes de completar trinta anos e de forma totalmente diferente de mim, afirmava saber desde a mais tenra infância tudo o que era preciso conhecer sobre a Força do Mal.

Sim, o pai dela estava na cadeia, enquanto o meu, de modo previsível, tranquilizador e bastante convencional, estava trabalhando ou em casa. Nem sabia onde ficava a prisão em Newark, embora hoje eu imagine que se localizava atrás do Tribunal de Justiça do condado de Essex, na Market Street. Enquanto crescia, nunca nem mesmo me passou pela cabeça saber onde ficava. Por que deveria saber? Sabia onde ficava o Ruppert Stadium, palco dos jogos do time de beisebol dos Newark Bears da divisão

Triple-A. Onde era o teatro Empire, onde eram encenados espetáculos burlescos, como o *Evelyn West and Her Treasure Chest*. Sabia chegar ao aeroporto, à biblioteca pública, à Associação Hebraica de Moços, ao hospital Beth Israel, onde nasci. Podia lhe indicar o caminho para a loja de departamentos Bamberger, o Military Park, a sede da Prefeitura, a estação de trens Penn, o Hotel Riviera do padre Divine e para todos os cinemas do Centro. Mas onde era a prisão? Não era capaz de ajudar ninguém a encontrá-la.

Mas ela podia. Sabia exatamente onde ficava. Estava localizada no coração amargurado da filha do detento contumaz — a prisão *era* ser filha de um prisioneiro. Sim, eu tinha muito a aprender e ela muito a ensinar sobre cadeias, e sobre todo o bem que a vontade de uma pessoa é capaz de fazer quando confrontada com a humilhação de um sofrimento indesejado, uma história de privações no passado que ela odiava de modo tão visceral quanto, nos anos seguintes, nós passamos a nos odiar.

No fim do dia de trabalho como professor, nas horas que tinha para mim — e antes de correr sistematicamente para uma aula noturna na Escola das Porradas com minha magoada *inamorata* —, eu me sentava a sós no diminuto apartamento de um quarto com minha Olivetti portátil, tentando compor contos. Alguns que escrevera à noite no Exército já tinham sido publicados em revistas literárias trimestrais, e um deles havia até despertado certa atenção, porém esses contos não eram deslumbrantes, e sim arremedos, e eu planejava deslumbrar de uma forma só minha.

Por que não? Não havia ninguém em meu apartamento para me fazer parar — lá não caberia mesmo mais ninguém. Nem havia nada que eu achasse ser um impedimento, quando me olhava no espelho acima da pia do banheiro todas as manhãs e dizia em voz alta para a imagem refletida: "Tudo o que você precisa fazer é trabalhar!". E por isso ia em frente, usando cada minuto livre que eu tinha para me tornar um escritor capaz de deslumbrar, acreditando que, se minha ambição era totalmente clara e focada, minha força de vontade ilimitada, minha dedicação absoluta e minha imaginação cem por cento dominante, era inevitável alcançar o que eu almejava. Ordenava ao impassível rosto jovem no espelho: "Ataque! Ataque!", na certeza de que venceria, pelo menos graças à mais pura perseverança.

Naquela época eu costumava jantar por menos de dois dólares no refeitório dos alunos, a um quarteirão de onde morava. Mas, uma ou duas vezes por semana, gastando um dólar a mais, comia um rosbife grosso e rosado que era a especialidade do Valois, um restaurante de bairro, bastante simples na década de 1950, situado na rua 53, próximo do lago, onde a freguesia era composta de operários e alunos da universidade. Sempre procurava encontrar um lugar vazio em alguma mesa de onde pudesse ver o rosto e ouvir a voz do sujeitinho siciliano que, no balcão, ficava ao lado do funcionário encarregado de cortar e servir o rosbife. Ao tal italiano competia perguntar a cada freguês "Suco ou molho?", servindo depois uma porção generosa do que fosse escolhido. Por "suco" ele se referia ao sangue extraído da carne durante o cozimento.

Numa voz monótona e com forte sotaque, que dava leve ênfase musical à primeira palavra, ele devia perguntar "Suco ou molho?" umas cinquenta vezes enquanto eu degustava sem pressa meu jantar ao som da intrigante cantilena. A mesma indagação a cada vez, era essa sua única tarefa verbal.

Certa noite, após avançar na fila diante do balcão para coletar minha refeição preferida — sempre optava pelo suco, embora jamais fizesse a descortesia de pedir antes de ser consultado —, levei a bandeja para a mesa onde gostava de me sentar e lá encontrei quatro cadeiras desocupadas. Isso era pouco comum àquela hora, mas o dia fora tempestuoso e eu quase decidira ficar em casa para começar a corrigir as redações semanais de cem alunos do primeiro ano enquanto comia feijão aquecido na lata mesmo. Antes de iniciar uma longa noitada consertando erros de virgulação e desembaraçando frases, talvez tenha enfrentado o mau tempo apenas para ouvir o haiku de quatro sílabas cantado pelo intrépido portador da concha, pois aquilo sempre era capaz de me alegrar. Então pode ter sido só isso, quase nada, que me impeliu a enfrentar a chuva pesada para encontrar não só quatro cadeiras vazias na minha mesa predileta, mas também uma página de papel datilografado que um freguês anterior esquecera ou abandonara diante do meu lugar favorito — uma folha que, como se verificou, haveria de me manter preso a uma armadilha durante várias décadas.

Na forma de um longo parágrafo sem espaçamento, tinham sido datilografadas dezenove frases que, no conjunto, não faziam o menor sentido. Embora o nome do autor não aparecesse em lugar nenhum, na frente ou no verso da folha, achei que as dezenove frases, que somavam umas quatrocentas palavras, eram bem provavelmente a obra de algum intelectual da vizinhança interessado na escrita experimental ou automática. Aquela página devia ser um exemplo de uma delas. Eis o que constava naquela folha:

A primeira vez que vi Brenda, ela me pediu para segurar seus óculos. Querida Gabe, os remédios me ajudam a dobrar os dedos para segurar a caneta. Não ser rico, não ser famoso, não ser poderoso, nem mesmo ser feliz, mas ser civilizado — esse era o sonho de sua vida. Ela estava tão profundamente entranhada em minha consciência que, no primeiro ano na escola, eu tinha a impressão de que todas as professoras eram minha mãe disfarçada. Meu senhor, desejo cumprimentá-lo por ter defendido no dia 3 de abril a santidade da vida humana, incluindo a vida dos que ainda não nasceram. Começou de modo estranho. Me chame de Smitty. Longe de ser a fase clássica de explosão e crescimento tempestuoso, minha adolescência foi mais ou menos um período de animação suspensa. A tentação me vem a princípio na figura notável de Herbie Bratasky, diretor social, chefe de orquestra, *crooner*, cômico e mestre de cerimônias do hotel de veraneio nas montanhas que são da minha família. Antes e acima de tudo, o fato de ter sido criado como um bichinho de estimação, muito protegido, em cima da sapataria de seu pai, em Camden. Era a última hora de luz numa tarde de dezembro mais de vinte anos atrás — eu tinha 23 anos, escrevia e publicava meus primeiros contos; e, como muitos protagonistas de um *Bildungsroman* [romance de formação] antes de mim, já contemplava meu próprio e robusto romance desse tipo quando cheguei ao refúgio do grande homem para me encontrar com ele. "Que diabo você está fazendo num ônibus com toda a grana que tem?" Quando doente, todo homem quer ter a mãe ao seu lado; se ela não está por perto, outras mulheres servem. "Seu romance", ele disse, "é sem dúvida um dos cinco ou seis livros mais importantes da minha vida." Desde que o médico da família, durante um check-up rotineiro, descobriu uma anormalidade em seu eletrocardiograma e ele na mesma noite fez o cateterismo coronariano que revelou as dimensões da enfermidade, o estado de Henry havia sido tratado com êxito com o uso de remédios, permitindo que trabalhasse e levasse a vida em casa exatamente como antes. Caro Zuckerman, no passado, como você sabe, os fatos não foram mais que anotações num caderno, meu aprendizado em matéria de ficção. "Vou anotá-los. Você começa." Meu pai perdera a maior parte da visão no olho direito ao chegar aos 86 anos, mas, fora isso, parecia gozar de uma saúde excepcional para um homem de sua idade, quando um médico da Flórida diagnosticou, erroneamente, que ele sofria da paralisia de Bell, uma infecção virótica que causa um torpor, em geral temporário, num dos lados da face. Por motivos legais, tive de alterar vários fatos neste livro.

Ora, esse documento — essa brincadeira, essa dádiva, essa coisa incompreensível, seja lá o que fosse, esse nada — chegou a minhas mãos uns doze anos antes que a expressão "cateterismo coronariano" se referisse a qualquer coisa concreta no mundo médico, e uns trinta antes que meu pai de 86 anos tivesse um câncer fatal no cérebro, que foi de fato diagnosticado a princípio — de modo incorreto, por um médico da Flórida — como paralisia de Bell. A extraordinária presciência manifesta nas frases de número quinze e dezoito pareceriam à primeira vista inexplicáveis até nos lembrarmos de que não é de todo incomum que ocorra no mundo real, graças apenas à força da imaginação, algo que tenha sido previamente anotado numa folha de papel. O fenômeno, de fato, é bem conhecido por qualquer pessoa cujo dia de trabalho, ano após ano, consista em construir com palavras algo semelhante à vida. Aconteceu por vezes comigo, aconteceu com outras pessoas, e por isso não é impossível que aconteça com quem quer que tenha escrito as frases de número quinze e dezoito. Ou deveria eu dizer com quem quer que tenha escrito a frase de número quinze e quem quer que tenha escrito a de número dezoito? Pois não posso saber, mesmo hoje em dia, se um único autor excêntrico foi quem compôs aquele documento fantástico ou se houve um autor excêntrico para cada frase — teoria que talvez explique a radical aleatoriedade do parágrafo e como ele terminou sem a menor ordem ou lógica.

O fato de que não perdi aquela página solitária ao longo do ano seguinte é tão milagroso quanto o fato de tê-la encontrado. Embora nunca tenha tido coragem de me desfazer dela, a princípio também nada fiz para mantê-la. Após me esquecer do documento por vários meses, eu o encontrava no chão junto à cesta de papéis ao lado da escrivaninha, em meio às redações semanais dos meus alunos ou próximo ao telefone e ao bloco de papel pautado amarelo no qual eu rabiscava as mensagens e as listas que, tal como minha organizada mãe, eu sempre fazia aos domingos relacionando as tarefas a realizar no curso da próxima semana.

Só me ocorreu que aquilo também era uma lista de coisas a fazer quando, em vez de examinar o documento em vão como um pesquisador literário buscando um estratagema inerente capaz de revelar o significado do todo — como fazia cada vez que ele aparecia —, eu me dei conta do que seria sem dúvida óbvio desde o começo para alguém menos treinado — ou talvez menos mal treinado — na arte da exegese do que eu era à época. Vi que aquelas frases, tal como escritas, nada tinham a ver umas com as outras. Vi que, se fosse possível discernir um padrão significativo no parágrafo, isso teria de vir de fora, e não ser engenhosamente desenterrado com base em alusões decifráveis em seu interior.

O que por fim entendi é que se tratava das primeiras linhas dos livros que eu estava destinado a escrever.

Não me perguntem como entendi que essas eram as primeiras linhas, e não as últimas, as quinquagésimas ou as quingentésimas linhas. Não me perguntem por que supus que os livros que deviam ser escritos por mim teriam de seguir exatamente a sequência em que as frases constavam no parágrafo sem sentido. Por que não na sequência oposta? Ou ao azar, sem sequência nenhuma? Não me peçam para justificar o esquema que apreendi naquela página aos 23 anos, porque, aos 61, não mais tenho o desejo que já tive de racionalizar o irracional ou de me atribuir cegamente uma tarefa monumental por conta de algum propósito ilusório: quero crer que já vivi o bastante para não ser mais escravo do porquê ou um prisioneiro atribulado de uma ideia fixa. Estou até mesmo pronto para conceder que a conclusão a que cheguei era de todo infundada e que minha carreira até agora tenha se baseado numa premissa imbecil. Choca-me, e até me envergonha hoje em dia, pensar que, aos 23 anos, assumi a tarefa absurda e aparentemente impossível de reunir, com toda a precisão de que fui capaz, as dezenas de milhares de palavras que se seguiriam, implacáveis, àquelas dezenove frases introdutórias. Suponham que eu tivesse encontrado outra folha de papel coberta de palavras, uma página em branco ou nenhuma página no meu lugar preferido do restaurante. Suponham que o empregado que limpava as mesas tivesse chegado um pouco antes de mim e a tivesse amassado em meio aos pratos sujos. Suponham que eu tomasse tenência e jogasse a folha no lixo ao voltar para casa. Que livros eu teria escrito? Será que não teria escrito nenhum livro? Suponham que tivesse ficado em casa naquela noite em Chicago e comido feijão em vez de acreditar, degustando meu rosbife, que fora encarregado de trabalhar pelo resto da vida sobre aquilo que talvez fosse apenas a ideia de um aluno engraçadinho com base numa brincadeira dadaísta. Justo ou injusto? Sorte ou azar? Significativo ou sem sentido? Acidental ou predeterminado? Suco ou molho?

Bem, se a tarefa cabia ou não a mim, agora está completa. Os livros que, a meu ver, deviam ao longo dos anos fluir, sílaba após sílaba, de cada uma daquelas frases estão prontos e acabados. Chegamos em 1994, e existe agora uma marca vermelha junto a cada frase naquela folha de papel cuja existência foi um segredo que jamais revelei a ninguém. "Por motivos legais, tive de alterar vários fatos neste livro." Assim começa o prefácio de *Operação Shylock*, publicado em 1993, encerrando o que se iniciou numa noite borrascosa em Chicago, 37 anos atrás. Por fim livre do que pode parecer aos outros — como sem dúvida muitas vezes me pareceu também — um estranho encargo autoimposto, senão impossível; desobrigado de ignorar praticamente quaisquer outros reclamos exceto minhas responsabilidades férreas para com um palavreado inconsequente que encontrei naquele pedaço de papel num restaurante de Chicago; por fim apartado de uma luta solitária e obsessiva, semelhante aos esforços inconsequentes de algum lunático numa cela acolchoada, para onde sigo a partir daqui? Depois dessa loucura, onde reside a sanidade mental para alguém como eu?

Patrimônio*

A pessoa que devia estar hoje aqui para receber um prêmio da Sociedade Histórica de Nova Jersey não é o autor de *Patrimônio*, e sim aquele retratado no livro, meu pai, Herman Roth, cujo período como residente de Nova Jersey não terminou, como a minha, após menos de duas décadas, mas se estendeu sem interrupção desde seu nascimento na Enfermaria Central de Newark em 1901 até sua morte, num hospital de Elizabeth, 88 anos mais tarde. Durante quase metade da vida, ele vendeu apólices de seguros aqui. Começou na década de 1930 como agente em Newark e continuou nos três decênios seguintes como gerente em Union City, Belleville, e por fim nas proximidades de Camden, em Maple Shade, onde se aposentou da Metropolitan Life aos sessenta anos. O trabalho como agente de seguros naquela época era semelhante ao de um médico de família ou assistente social, pois envolvia um relacionamento íntimo com todas as classes e categorias étnicas

* Discurso de aceitação do prêmio da Sociedade Histórica de Nova Jersey, 5 de outubro de 1992.

do norte e do sul do estado. Quase quarenta anos de conversas com milhares de pessoas sobre questões de vida e de morte nos termos mais duros ("Eles só podem ganhar", meu pai me disse, "se morrerem"), ele adquiriu grande familiaridade com a vida cotidiana dos cidadãos locais, familiaridade que de longe excede a minha, e que só pode ser motivo de inveja para um romancista nascido aqui. Eu não hesitaria em comparar seu conhecimento enciclopédico da Newark de antes da guerra com a compreensão extraordinária que James Joyce tinha de Dublin, e que transmite com tamanha precisão e riqueza de detalhes em sua obra.

É o agente de seguros, e não o romancista, que veio a conhecer, graças a uma vasta experiência pessoal, com seu estilo próprio de percepção e inteligência prática, a história social de Newark, a maior e, nas décadas em que trabalhou aqui, a cidade mais agitada e produtiva do estado de Nova Jersey, e conhecê-la não só cada bairro, cada quarteirão, cada casa e apartamento, mas cada porta, cada cômodo, cada escada, cada porão, cada cozinha. Foi ele, não eu, quem conheceu diretamente a história daquela gente, senão em cada pormenor, pelo menos — nos anos em que passava todos os dias e a maior parte das noites coletando os prêmios das apólices, às vezes 25 centavos por semana dos pobres — cada nascimento, cada morte, cada doença, cada catástrofe. Com uma atividade que o punha em contato diário com as pessoas e seus lares, dos mais humildes, foi ele, e não eu, que se tornou um urbanólogo amador na cidade de Newark, um antropólogo-sem-diploma de uma ponta a outra do estado. E é pela prodigiosa relevância dessa conquista, por seu envolvimento excepcional com todas as dimensões da existência cotidiana dos habitantes aparentemente insignificantes de uma metrópole durona, que eu gostaria de aceitar este prêmio em nome de meu pai.

Entre 1870 e 1910, Newark, uma próspera cidade manufatureira de 100 mil habitantes — a maioria descendente de pessoas que falavam inglês —, recebeu 250 mil imigrantes estrangeiros: italianos, irlandeses, alemães, eslavos, gregos e cerca de 40 mil judeus vindos da Europa Oriental. Entre esses últimos estavam, sem um tostão no bolso, Sender e Bertha Roth, meus jovens avós. Meu pai, nascido em 1901, foi o primeiro filho que o casal teve nos Estados Unidos, o do meio numa ninhada de sete, seis meninos e uma menina — e com certeza o intermediário de tudo ao longo da maior parte de sua vida. Negociar a partir do centro — entre as imposições do passado, tal como incorporadas nos costumes e valores de pais que falavam iídiche, e as exigências do futuro, tal como articuladas em seu próprio comportamento pelas crianças aqui nascidas — transformou-se não apenas em seu encargo pessoal, mas representou o esforço de toda sua geração de filhos de imigrantes que chegaram num mundo novo num século novo, uma geração que hoje conta com só um punhado de sobreviventes.

Em certo sentido, toda geração de norte-americanos é uma geração "do meio" — manobrando entre as lealdades herdadas no berço e as demandas de uma sociedade em transformação drástica. A mais típica batalha cultural que gera os choques clássicas no seio das famílias do país talvez seja a dificuldade de combater estando no centro, de ser responsável pelo vínculo das lealdades anteriores e de impedir que o antigo modo de vida seja eliminado — em particular no terreno da moralidade —, enquanto se permite que os filhos mergulhem numa sociedade exigente, promissora e até ameaçadora, de uma forma nova e incerta. Não creio que muitas gerações possam ter sentido de maneira mais contundente os conflitos inerentes a essa luta, bem como o arsenal de humilhações e reviravoltas insuflado por antagonistas assustadores, do que a geração que nasceu de pais imigrantes recém-chegados nas décadas que antecederam a Primeira Guerra Mundial.

"Assimilação" é uma palavra muito fraca, transmite várias conotações negativas de deferência, submissão e amordaçamento, além de propor uma história insuficientemente áspera para descrever esse processo de negociação tal como conduzido por meu pai e seus pares. A integração deles na realidade norte-americana foi mais robusta que isso, e mais complicada; foi uma convergência de mão dupla, algo como a extração e a troca de energia que constituem o metabolismo, um intercâmbio vigoroso em que os judeus descobriram a América e a América descobriu os judeus, uma fertilização cruzada valiosa que produziu um amálgama de características e traços que constituem nada menos que a invenção frutífera de um novo tipo de norte-americano: o cidadão formado pela fusão de lealdades e costumes, não de todo impecável em termos de projeto, não sem pontos dolorosos de fricção, mas aquele que deu origem, no que teve de melhor (como é evidente no caso de meu pai), a uma mentalidade construtiva que irradiou vitalidade e intensidade — uma matriz densa e efervescente de sentimentos e reações.

A geração a que me refiro quase não frequentou a escola e teve uma formação precária. Durante aqueles anos, na passagem do século, quando em Newark havia duas vezes e meia mais imigrantes que nativos da cidade e dois terços de todas as crianças em idade escolar descendiam de imigrantes, setenta por cento delas não passaram da quinta série. Meu pai pertenceu à elite, que chegou à oitava série antes de abandonar os estudos para trabalhar pelo resto da vida. Em contraste com a experiência de seus filhos — minha geração —, a maior parte da educação deles não ocorreu na sala de aula, e sim no local de trabalho. Foi no emprego que sua visão foi moldada e onde se originou o conhecimento básico do mundo norte-americano.

O local de trabalho — a cervejaria, o curtume, o cais, as fábricas, os mercados de produtos agrícolas, os canteiros de obras, as

barracas de alimentos secos e de tecidos, as carrocinhas de vende-
dores ambulantes — não era necessariamente o ambiente ideal para se desfazer dos preconceitos, para ampliar suas simpatias ou
estimular novos hábitos, práticas e formas de comportamento — e
assim substituir o que parecia, de modo chocante e tão súbito, fora
de propósito ou restritivo, ou, com o passar do tempo, simplesmente esquisito. Não obstante, foi lá que teve início a acumulação,
novas e insólitas identidades norte-americanas criadas não por
escolas, professores e manuais cívicos, sem dúvida não por programas educacionais e estudos étnicos, mas moldadas de forma espontânea e extemporânea — embora não sem sofrimento e erros,
raiva e atritos, rebeldia, resistência, lágrimas e afrontas — pela real
mutabilidade vibrante produzida por uma cidade próspera.

O homem ou a mulher no centro apanham dos dois lados.
De início, aqueles filhos da geração de imigrantes eram levados a
se sentirem inferiores aos nativos, por ignorarem os costumes sociais, por serem deselegantes e rudes; o pior é que, mais tarde, foram levados a se sentirem estúpidos e intelectualmente inferiores
àquelas crianças por quem haviam enfrentado todas as dificuldades. No entanto como superar o abismo senão com a universidade? Graças ao elixir conhecido como "boa educação", munidos de
nossos diplomas e por eles protegidos, podíamos levar a cabo os
múltiplos processos de americanização. O que havia começado
quando meu avô, treinado para ser rabino, foi trabalhar no final-
zinho do século xix numa fábrica de chapéus de Newark terminou no momento em que recebi um diploma de mestrado em literatura inglesa na Universidade de Chicago, praticamente no
meio do século xx. Ao longo de três gerações, em cerca de sessenta anos, a bem dizer num piscar de olhos, havíamos conquistado
aquilo — quase nada mais tínhamos a ver com o que éramos ao
chegar aqui. Numa perspectiva histórica, devido a uma força fundamental que existe nos Estados Unidos, havíamos nos tornado

seres novos e irreconhecíveis, criados quase da noite para o dia. Assim ocorre, no nível mais corriqueiro, o drama da rápida mutação de nossa história, que transforma o que é no que não é, e elucida o mistério de como passamos a ser o que somos.

Espero que essas poucas palavras expliquem a vocês por que gostaria de receber este prêmio em nome de meu pai, que morreu há apenas três anos. No curso de uma vida inteira em que lutou estando no centro, aqui em Nova Jersey, ele personificou a batalha consolidadora que definiu a vida de toda essa geração quase extinta, cuja família vem ocupando seu lugar nos Estados Unidos por quase cem anos. Ele merece muito mais que eu. Como cronista de Newark, nada mais fiz que me erguer sobre seus ombros.

Iídiche/inglês*

Recentemente, ao visitar Cambridge, Massachussets, desfrutei de um jantar maravilhoso com três amigos, dois deles escritores — o romancista norte-americano Saul Bellow e o romancista israelense Aharon Appelfeld — e a terceira uma professora de literatura na Universidade de Boston, Janis Freedman Bellow, mulher de Saul. Consegui reunir todos num restaurante de Cambridge depois que Saul e Aharon me manifestaram o interesse de se conhecerem.

Conheci Saul Bellow em 1957, quando eu era um jovem professor na Universidade de Chicago e o autor de *As aventuras de Augie March* visitou a instituição. Encontrei-me pela primeira vez com Aharon Appelfeld em 1980, quando eu morava em Londres e o autor de *Badenheim 1939* foi lá para fazer uma palestra. Como estivera separadamente na companhia de ambos em várias ocasiões, não previ por isso que, ao pô-los em contato, eles seriam cria-

---

* Discurso de aceitação do Prêmio de Conjunto da Obra do Instituto de Pesquisa Judaica (Yivo), 4 de dezembro de 1997.

turas sociais tão diferentes do Saul e do Aharon que eu conhecia, ou que eu os perceberia de uma forma tão drasticamente nova.

Isso aconteceu porque nunca antes eu os ouvira — ou vira — falando iídiche. E foi nessa língua que conversaram durante a maior parte da noite. Saul aprendera iídiche ao crescer entre imigrantes judeus em Montreal e Chicago, nas décadas de 1910 e 1920; Aharon, cuja primeira língua tinha sido o alemão, adquirido quando criança na Bucovina — e que escrevia ficção em hebraico —, aprendera em Israel nas décadas de 1940 e 1950, tanto como estudante do idioma na universidade como nas ruas de Tel Aviv e Jerusalém, com outros sobreviventes do Holocausto.

O que mudou nos dois ao conversarem longamente em iídiche? Tudo. O modo como se animaram. A relação com a sobriedade dos dois se modificou. A relação com a excitação também. Mudaram a relação mútua e o comportamento social. A relação com o próprio rosto deles mudou. Cada um parecia um misto magicamente novo de si próprio, em posse de uma dimensão antes inativa da personalidade.

Não é que Aharon e Saul dessem a impressão de estarem, por conta do iídiche, aprofundando a conversa. Não era como se, no iídiche, encontrassem um significado mais profundo para a existência. Pelo contrário, era como se tivessem encontrado outro significado, um retrato diferente da vida que, por sua vez, os punha num estado de espírito e de percepção psíquica totalmente diverso. Por exemplo, eu nunca notara Aharon sendo tão teatral, e nunca vira de forma tão pura seu instinto brincalhão, assim como nunca vira Saul abandonar de forma tão juvenil sua postura social. Éramos levados a esquecer que se tratava de Saul Bellow e Aharon Appelfeld. Naquele momento, parecia que o maior talento que aqueles dois gênios literários tinham era o de falar iídiche. Algo no vibrante intercâmbio deles dava acesso às camadas mais subjetivas do ser, como se nessa língua pudessem trazer para a superfície as palavras capazes de exprimir tudo, grande ou pequeno, que antes era impronunciável. Num piscar de olhos, haviam se livrado dos obstáculos que podem inibir a conversa num primeiro encontro, e boiavam na mais rara espécie de afinidade. Era como se, no vasto mundo, cada qual houvesse encontrado um irmão perdido muito tempo antes, e, consequentemente, tudo o que diziam assumia um significado novo, um significado só possível para dois homens que compartilhavam de um vínculo muito especial.

Acho que foi tão encantador para Janis como para mim nos sentarmos bem quietos e observarmos o grande mestre do inglês norte-americano e o grande mestre do hebraico moderno falarem, com prazer evidente, de forma tão fluente mas também tão incisiva, aquela língua de um lugar e de um tempo radicalmente diferentes; observá-los sob o feitiço daquele instrumento verbal aniquilado, interligados linguisticamente de maneira tão feliz, como dois cães agitados farejando-se sem pejo. As palavras e suas acepções pareciam enraizadas neles, faziam parte deles, ao mesmo tempo que, de modo comovente, eles estavam envolvidos em algo cuja perda é enorme demais para ser contemplada, algo que um dia floresceu e hoje está quase extinto — cada palavra falada, cada inflexão, vinha impregnada daquele colossal mundo perdido. Não é de estranhar que se mostrassem tão alegremente efervescentes, quase enlouquecidos, aqueles dois artistas admiráveis do aqui e agora: eles estavam dando corda no relógio da história, ali diante de nossos olhos. Quando atingiram o ponto de máxima agitação, parecia que nunca seriam capazes de voltar a assumir a outra personalidade. Que voo sensacional eles estavam fazendo! Todos ficamos maravilhados e fascinados, tanto os participantes quanto os observadores. Estávamos todos sob o domínio do iídiche.

Naquele jantar, Aharon e Saul só podiam falar iídiche entre si, porque nem Janis nem eu conhecíamos aquele idioma, o que não significa que não estivéssemos sujeitos à magia estimulante da situação e às vibrações melífluas do relacionamento que testemunhávamos. Aharon Appelfeld nasceu em 1932 na região da Romênia chamada Bucovina; eu nasci no ano seguinte em Newark, Nova Jersey. Os pais de Saul eram judeus nascidos na Rússia no século xix; os meus, judeus nascidos em Nova Jersey no século xx. Herman Roth e Bess Finkel foram cidadãos norte-americanos desde o primeiro dia e, por isso, minha língua materna foi o inglês. E é sob *esse* encantamento que vivo há 64 anos. Para alguém com minha biografia, o inglês, naturalmente, há muito deixou de ser outro acidente imprevisto que atingiu os judeus. O inglês, e só o inglês, é que dá sentido a meu mundo. Sou mudo sem o inglês. Despojado dele, eu mergulharia na mais completa escuridão mental.

Lutei para escapar de muitas armadilhas na vida, mas nunca do cativeiro do inglês. Esse idioma, além de apontar e representar a realidade para mim, é por si só uma coisa real, a mais real das coisas. Nada é mais tangível. A vida é a língua inglesa. Sou um homem feito de língua inglesa. Escrever em inglês é a maior provação que a vida me ofereceu; há momentos em que me sinto realizado e tenho prazer na batalha pelo que ela é, emergindo inteiro; mas, apesar de minha força de vontade, escrever em inglês também tem sido um sofrimento e a causa de seríssimas consternações. Por outro lado, sem isso minha vida talvez poderia ter dado em nada — até onde sei, confrontado com outro destino eu poderia ter sido vítima de dores ainda maiores e poderia ter conhecido uma futilidade inimaginável para mim agora. Minha responsabilidade estética — o imperativo do romancista norte-americano digno de constar nas tábuas de Moisés — é para com a língua inglesa, a língua materna com a qual eu, entre outros, busco transmitir para o mundo minhas fantasias da realidade, aquelas alucinações desenfreadas sob o disfarce de romances realistas.

Que a Yivo tenha me homenageado pelas realizações de toda

uma vida na língua inglesa — que, tendo preservado com tanto zelo o registro dos judeus da Europa Oriental em iídiche, polonês, russo, alemão e hebraico, vocês queiram reconhecer as conquistas de qualquer judeu no idioma inglês... Bem, se me permitem, *essa* é a conquista de vocês, da Yivo, e por isso desejo cumprimentá-los.

Vocês foram muito generosos comigo. Obrigado.

"Apaixonei-me pelos nomes americanos"*

Os escritores que moldaram minha compreensão do país nasceram em sua maioria nos Estados Unidos, entre trinta e sessenta anos atrás, por volta da época em que milhões de pessoas paupérrimas deixavam o Velho Mundo em busca do Novo, e os cortiços de nossas cidades se enchiam, entre outros, de imigrantes que falavam iídiche vindos da Rússia e da Europa Oriental. Esses escritores pouco sabiam sobre as famílias de um jovem como eu, o neto bastante típico de quatro daqueles pobres imigrantes judeus do século XIX cujos próprios filhos, meus pais, cresceram num país ao qual se sentiam pertencer por inteiro, venerando a Declaração de Independência, pendurada em nosso hall de entrada, apesar de outros os verem como estrangeiros marginais. Nascido em Nova Jersey no início do século XX, minha mãe e meu pai se sentiram felizes e em casa nos Estados Unidos, muito embora, não

---

* Discurso de aceitação da Medalha de Contribuição Notável às Letras Norte-Americanas, concedida pela Fundação Nacional do Livro, 20 de novembro de 2002.

428

tendo ilusões, soubessem que eram socialmente estigmatizados e considerados repugnantes por um bom número daqueles que se julgavam seus superiores, e muito embora chegassem à maturidade numa nação que, até poucas décadas posteriores à Segunda Guerra Mundial, excluía sistematicamente os judeus de grande parte da vida institucional e empresarial.

Os escritores que formaram e expandiram minha visão dos Estados Unidos eram em sua maioria nascidos em pequenas cidades do Meio-Oeste e do Sul. Nenhum deles judeu. O que os moldou não foi a imigração em massa de 1880-1910 — que libertara minha família das limitações do país de origem, onde estavam sujeitos à vida num gueto, à pressão da ortodoxia religiosa e à ameaça de violência antissemita —, mas sim o colapso dos valores do campo e da cidadezinha do campo diante do avanço da onipresente civilização dos negócios e sua busca insaciável pelo lucro. Foram escritores influenciados pela industrialização dos Estados Unidos agrário, que se acelerou na década de 1870 e que, ao proporcionar empregos à horda de trabalhadores mal remunerados composta de imigrantes sem qualificação, tornou mais rápida a absorção deles na sociedade e a americanização de seus filhos, em particular por meio das escolas públicas. Aqueles autores foram moldados pelo poder transformador das cidades industrializadas — tanto pelas agruras da massa de trabalhadores urbanos pobres que inspiravam o movimento sindicalista como pela energia aquisitiva dos capitalistas onívoros, seus cartéis e monopólios, sua violência contra os sindicatos. Em suma, eles foram feitos pela força que, desde o nascimento do país, tem estado no âmago da experiência nacional e que ainda impele a visão histórica de seu povo: a mudança incessante e desestabilizadora, assim como as condições surpreendentes que vêm em sua esteira. Mudança na escala e na celeridade dos Estados Unidos: a impermanência radical como tradição duradoura.

O que me atraiu naqueles escritores quando eu era leitor principiante, dos dezesseis, dezessete e dezoito anos — e estou pensando, entre outros, em Theodore Dreiser, nascido em Indiana em 1871, Sherwood Anderson, nascido em Ohio em 1876, Ring Lardner, nascido em Michigan em 1885, Sinclair Lewis, nascido em Minnesota em 1885, Thomas Wolfe, nascido na Carolina do Norte em 1900, Erskine Caldwell, nascido na Georgia em 1903 — foi minha grande ignorância quanto aos milhares de quilômetros de Estados Unidos que se estendiam ao norte, ao sul e a oeste de Newark, Nova Jersey, onde fui criado. Sim, eu era filho de pais que lutavam com dificuldades, mas me apresentaria como voluntário para me tornar também filho daqueles escritores: graças ao mergulho na ficção deles, tentaria apreender os lugares sobre os quais escreviam como uma segunda realidade e que, para um rapaz num bairro de judeus de uma cidade industrial como Newark, representava uma estimulante expansão existencial. Por meio das leituras, a concepção mito-histórica que eu tinha adquirido na escola, de 1938 a 1946, começou a ser despojada de sua grandiosidade ao se dissolver nos fios individuais da realidade norte--americana que a tapeçaria dos tempos de guerra homenageara ao oferecer uma imagem idealizada da nação.

O fascínio pela singularidade do país foi especialmente forte nos anos que se seguiram à Segunda Guerra Mundial, quando, como ginasiano, comecei a explorar as estantes da Biblioteca Pública de Newark para aprofundar meu conhecimento de onde vivia. Apesar da tensão, e até mesmo da crueldade dos antagonismos de classe, raça, região e religião que constituem o substrato da vida nacional, apesar do conflito entre o trabalho e o capital, que acompanhou o desenvolvimento industrial (a batalha em torno dos salários e horários estava em pleno curso e às vezes era violenta, mesmo durante a guerra), de 1941 a 1945 os Estados Unidos tinham se unificado em torno de um propósito, como nunca tinham feito antes. Mais tarde, o sentimento coletivo de que os Estados Unidos estavam no centro do mais espetacular dos dramas que se desenrolavam no mundo pós-guerra nasceu não só de um triunfalismo chauvinista, mas da avaliação realista do que representara a vitória de 1945, um feito em matéria de sacrifício humano, esforço físico, planejamento industrial, competência gerencial, mobilização da força de trabalho e das Forças Armadas — uma demonstração de vontade comum que pareceria inviável durante a Grande Depressão da década anterior.

O fato de aquele ser um momento histórico muito significativo nos Estados Unidos não deixou de ter impacto no que eu estava lendo e na razão pela qual estava lendo, o que explica bastante a influência decisiva que esses autores tiveram em minha formação. Ler seus livros serviu para confirmar o que a empreitada gigantesca de uma guerra brutal contra dois inimigos formidáveis dramatizara todos os dias durante quase quatro anos para praticamente todas as famílias judias que conhecíamos e todos os amigos judeus que eu tinha: nossa conexão com o país superava tudo, nossa condição de cidadãos norte-americanos era inquestionável. Tudo mudara de posição. As velhas regras haviam sido perturbadas. Cada um de nós estava agora mais pronto do que nunca para enfrentar a intimidação e os resquícios da intolerância; e, em vez de simplesmente nos sujeitarmos ao que antes suportávamos, cada um estava preparado para tomar o caminho que quisesse. A aventura norte-americana era o destino que nos impelia para a frente.

A maior e mais conhecida cidade do país ficava a menos de trinta quilômetros a leste da rua onde eu morava em Newark. Bastava atravessar dois rios e um vasto pântano de água salgada por uma ponte, e depois, por um túnel, um terceiro e largo rio, o Hudson, para sair de Nova Jersey e chegar de trem à mais populosa metrópole do mundo. Mas, devido à sua magnitude — e talvez sua proximidade —, Nova York não era o foco do meu tipo juvenil de romantismo nativista no pós-guerra.

No poema de 1927, cujas famosas seis últimas palavras são "Enterre meu coração em Wounded Knee", Stephen Vincent Benét, tanto para um rapaz judeu criado como eu na era Roosevelt como para alguém de família rica e formado em Yale como ele, falou muito com o primeiro verso ingenuamente composto no estilo de Whitman: "Apaixonei-me pelos nomes americanos". Foi exatamente o som do nome de lugares distantes, em meio à vastidão daquela terra, nos dialetos e paisagens que antes eram tão típicos dos Estados Unidos e no entanto tão diferentes do meu local de nascimento, que um jovem com minhas suscetibilidades encontrou o mais potente chamamento lírico. Esse foi o âmago do fascínio: naquele colosso impossível de ser conhecido havia um rapaz piadista, que gostava de falar gírias e se achava sabichão. Só localmente eu podia ser um cosmopolita esperto. Na amplidão do país, lá perdidos, todos os outros eram caipiras, com as emoções indisfarçáveis de um caipira, indefesos até mesmo contra um sofisticado literato como Stephen Vincent Benét apelando para o agradável sentimentalismo suscitado pela simples menção de Spartanburg, Santa Cruz e Farol de Nantucket, bem como pelas humildes Skunktown Plain, Lost Mule Flat e a provocadora Little French Lick.* Havia um paradoxo básico: nosso provincianismo inato nos fazia norte-americanos sem necessidade de qualificação, suspeitando de qualquer adjetivo que restringisse as implicações do substantivo imponente e abrangente que — ao menos

---

* Respectivamente, Planície da Cidade do Gambá, Pântano da Mula Perdida e Mina de Sal da Pequena Francesa (que também pode ser entendido como "Lambida da Francezinha"). (N. T.)

devido ao feito glorioso chamado Segunda Guerra Mundial —
era nosso por direito de nascença.

Um judeu de Newark? Podem me chamar assim que não vou
protestar. Produto da parcela mais baixa da classe média de um
bairro judeu da cidade industrial de Newark, com sua mistura de
energia revigorante e incerteza social, com sua avaliação resoluta
e otimista das oportunidades abertas às crianças lá nascidas, com
sua visão desconfiada dos vizinhos góis, os descendentes daquela
comunidade judaica anterior à guerra e não dos bairros irlandeses, eslavos e italianos ou negros... sem dúvida "judeu de Newark"
descreve bem alguém como eu, criado no sudeste da cidade, no
bairro de Weequahic, durante as décadas de 1930 e 1940. Ser judeu de Newark numa cidade predominantemente operária, onde
a influência política resultava da pressão étnica, onde tanto os
fatos históricos como as superstições alimentavam uma corrente
subterrânea permanente de antipatia xenofóbica em cada região
étnica, onde a distribuição de empregos e vocações não raro obe-
decia a fronteiras religiosas e raciais — tudo isso contribuiu de
maneira essencial para a autodefinição de uma criança, para seu
sentimento de peculiaridade, seu modo de pensar acerca da comunidade a que pertencia, dentro do esquema local das coisas.
Além disso, a necessidade de aguçar os sentidos para entender os
costumes específicos de cada bairro permitia que cada um de nós
visualizasse o eterno conflito de interesses que faz uma sociedade
avançar e que, mais cedo ou mais tarde, provocaria no romancista incipiente o impulso mimético. Newark foi minha chave senso-
rial para todo o resto.

Um judeu de Newark — por que não? Mas um judeu norte-
-americano? Um norte-americano judeu? Para minha geração de
nascidos no país — que na infância assistiu ao espetáculo onipre-

sente da sorte cambiante dos Estados Unidos numa luta prolongada contra o horror do totalitarismo, e que atingiu a maturidade como ginasianos ou universitários durante as notáveis mudanças da década que se seguiu ao conflito e durante o início alarmante da Guerra Fria —, nenhum rótulo autorrestritivo parecia adequado à nossa experiência de sermos criados conscientemente como norte-americanos, com tudo o que isso significa, para o bem e para o mal. Afinal de contas, nem sempre nos encantamos com esta nação ao ver sua capacidade de nutrir, de modo peculiar, uma insensibilidade inigualável, uma cobiça ímpar, um sectarismo medíocre e uma paixão pavorosa pelas armas. Poderíamos ampliar a lista do que há de maligno no país, mas meu ponto é o seguinte: nunca me concebi, sintetizando numa só frase, como um escritor judeu norte-americano ou um norte-americano judeu, assim como não imagino que Dreiser, Hemingway ou Cheever, ao escreverem, se vissem como cristãos norte-americanos ou norte-americanos cristãos, ou simplesmente cristãos. Na qualidade de romancista, penso em mim, desde o início, como um norte-americano livre e — embora perfeitamente cônscio do preconceito geral que aqui persistiu contra minha gente até bem pouco tempo — irrefutavelmente como um cidadão norte-americano, ligado ao longo de minha vida à realidade do país, sujeito ao feitiço de seu passado, partilhando de seu drama e destino, escrevendo na rica língua nativa pela qual sou possuído.

Minha ucronia* **

Em dezembro de 2000, ao ler as provas da autobiografia de Arthur Schlesinger, fiquei especialmente interessado em sua descrição dos eventos das décadas de 1930 e 1940, e de como haviam influenciado sua vida como um jovem que viajava pela Europa e depois quando voltou para casa, em Cambridge, Massachusetts. Aqueles fatos também tinham entrado à força em minha mente, embora eu então fosse criança. O imenso mundo penetrava em nossa casa todos os dias pelo noticiário do rádio que papai sempre ouvia e pelos jornais que ele trazia para casa no fim do dia, bem como pelas conversas com amigos e familiares, todos claramente ansiosos com o que se passava na Europa e aqui nos Estados Unidos. Mesmo antes de ir para a escola, eu já sabia alguma coisa sobre o antissemitismo nazista e sobre o antissemitismo norte-americano que vinha sendo estimulado por figuras emi-

---

* Escrito em 2004.

** *Ucronia* ("não tempo"), ou história alternativa, é um subgênero da ficção cuja trama transcorre num mundo que diverge daquele que conhecemos. (N. T.)

nentes como Henry Ford e Charles Lindbergh, que, naqueles anos, eram celebridades internacionais do século, ao lado de artistas de cinema da estatura de Chaplin e Valentino. Para meu pai e seu círculo de amigos, Ford, o gênio que criara o motor de combustão, e Lindbergh, o ás da aviação — além de nosso ministro de propaganda antissemita, o pregador radiofônico e padre Charles Coughlin — eram execrados. Por escolha, quase ninguém em nossa vizinhança de judeus em Newark tinha um automóvel da marca Ford, apesar de ser o carro mais popular do país.

Na autobiografia de Schlesinger, deparei com uma frase em que ele observa haver alguns isolacionistas republicanos que desejavam lançar a candidatura de Lindbergh à presidência em 1940. Era tudo o que constava lá. Aquela única frase com sua referência a Lindbergh e um único fato acerca de sua proeminência política, que eu desconhecia. Isso me fez pensar. "E se tivessem feito isso?", anotei à caneta na margem. Entre anotar a pergunta e terminar o livro, trabalhei três anos, mas foi assim que surgiu a ideia de *Complô contra a América*. Contar a história da presidência de Lindbergh do ponto de vista de minha própria família foi uma escolha espontânea e imediata, a estrutura já veio pronta: alterar a história fazendo de Lindbergh o 33º presidente enquanto mantinha tudo o mais autobiograficamente próximo à verdade factual — esse era o perfil da tarefa tal como a enxergava. Queria tornar tão autêntica quanto possível a atmosfera daquele momento, criar uma realidade tão crível quanto a descrita na autobiografia de Schlesinger, mesmo que, ao contrário dele, eu estivesse apontando para nosso século xx um caminho que ele não tomou.

O livro também ofereceu uma oportunidade para que eu trouxesse de volta à minha vida meus pais mortos, restaurando a união robusta que eles tiveram antes de completar quarenta anos, quando estuavam de força — meu pai com a imensa energia que dedicava ao que chamo de seus "melhores instintos", minha mãe, incansável e corajosa, que "a cada dia combatia de modo metódico o fluxo desordenado da vida"* — os pais mais impecavelmente amorosos, vivendo sua dura vida de família da baixa classe média com uma persistência sistemática e equilibrada, por sorte sem ter um supremacista ariano na Casa Branca. Tentei retratá-los no livro de forma tão fiel quanto pude — na verdade, como se não estivesse escrevendo ficção. Retratei meu irmão Sandy com mais liberdade, manipulando seu temperamento e gostos a fim de poder alargar as dimensões da história e incrementar sua participação nela. Depois de ler o manuscrito que lhe enviei, Sandy me disse com uma risadinha: "Você me fez mais interessante do que eu era". Talvez sim, talvez não, mas, como irmão cinco anos mais velho que eu, que sempre desenhou maravilhosamente, sabia dançar jitterbug, era muito bonito e parecia, ao menos para um irmão mais novo, ser bem jeitoso com as garotas, ele de fato me inspirava a admiração e o respeito que descrevo, mesmo que não corresponda ao incrementado personagem, novelístico em todos os pormenores.

Assim, o ato de escrever colocou-me, na imaginação, em contato com meus pais décadas após eles morrerem, em contato também com aqueles tempos distantes, com o tipo de criança que fui ou me recordo de ter sido, pois também tentei me retratar com fidelidade. No entanto para mim a maior bonança — por emprestar à história uma profundidade emocional que, acho eu, vai além do nosso núcleo mais íntimo — não é a duplicação deliberada da família Roth e o ambiente em que vivia por volta de 1940, e sim a invenção da desafortunada família que morava logo abaixo da nossa, os Wishnow, tal como os chamei, sobre os quais desaba toda a carga do antissemitismo lindberghiano, e em particu-

---

* Trad. de Paulo Henriques Brito. São Paulo: Companhia das Letras, 2005. (N. T.)

lar a criação do filho deles, Seldon Wishnow, meu duplo, a figura carente de meus pesadelos, aquele garoto bonzinho e solitário de sua turma, de quem você sempre foge quando também é menino porque ele exige ser seu amigo de um modo que outra criança não pode suportar. Ele é a responsabilidade da qual você não pode se livrar. Quanto mais quer se afastar dele, menos consegue, e quanto menos consegue, mais quer se livrar dele. E o fato de que o filho imaturo da família Roth quer se livrar dele é o que leva ao cataclismo mais pavoroso do livro.

Eu não tinha modelos literários para mexer no passado histórico. Conhecia livros que imaginavam um futuro histórico, em especial *1984*. Entretanto, por mais que o aprecie, não me dei o trabalho de relê-lo e estudar seu método. Em *1984* — escrito em 1948 e publicado um ano depois — Orwell pressupõe uma gigantesca catástrofe histórica que torna o mundo irreconhecível. Sem dúvida havia modelos políticos no século xx de catástrofes similares na Alemanha de Hitler e na Rússia de Stálin. Mas como meu talento não é para encenar eventos na escala orwelliana, imaginei em vez disso algo bem menor e mais direto para, segundo esperava, ser crível, algo que, além disso, poderia ter acontecido na eleição presidencial norte-americana de 1940, quando o país estava rachado: de um lado, os isolacionistas republicanos, que, não sem razão, desejavam evitar qualquer envolvimento com a segunda e atroz guerra europeia em pouco mais de vinte anos após o término da primeira, e que provavelmente tinham o apoio de uma ligeira maioria da população; do outro lado, os intervencionistas democráticos, que também não queriam necessariamente entrar na guerra, mas acreditavam que Hitler precisava ser parado antes de invadir e conquistar a Inglaterra, pois depois dominaria toda a Europa.

A meu ver, Wendell Willkie, o candidato indicado pelo Partido Republicano em 1940, não seria capaz de derrotar Roosevelt, um intervencionista bastante respeitado, simplesmente porque Willkie também era intervencionista. Mas e se em vez de Willkie o candidato tivesse sido Lindbergh, com aquela aura máscula e juvenil, com seu glamour heroico, com a enorme celebridade internacional conquistada ao atravessar o Atlântico num voo solo em 1927 e, em particular, com suas inabaláveis convicções isolacionistas que o obrigariam a manter o país fora de outra carnificina em território estrangeiro? Não acho que seja tão fantasioso imaginar o resultado da eleição como faço em meu livro, com Lindbergh impedindo que Roosevelt obtivesse um terceiro mandato sem precedente. Por ser de fato fantasioso o mundo monstruoso imaginado em *1984*, Orwell, sabendo disso, concebeu o livro não como uma profecia iminente, mas como uma história de horror futurista que incorporava um alerta político. Orwell imaginou uma profunda mudança no futuro com consequências horrendas para todos. Eu imaginei uma mudança no passado numa escala bem mais reduzida, que gerava horror para relativamente poucos. Ele imaginou uma distopia, eu imaginei uma ucronia.

Por que escolhi Lindbergh? Como disse, a princípio porque não era de todo fantasioso para mim conceber que ele tivesse se candidatado e vencido, tal como em meu livro. No entanto Lindbergh também se escolheu como figura política de relevo num romance em que eu desejava que os judeus nos Estados Unidos sentissem a pressão de uma ampla e genuína ameaça antissemita, e isso não apenas em nível pessoal, mas como um risco onipresente, insidioso e nativo do país, que poderia surgir em qualquer lugar. Lindbergh, como força sociopolítica nas décadas de 1930 e 1940, se distinguiu tanto por seu isolacionismo como por sua atitude racista com os judeus — opiniões superficiais e fanáticas que se refletiam sem ambiguidade alguma e de forma venenosa em seus discursos, diários e cartas. Lindbergh era, na essência, um supremacista branco, um racista ideológico de tendência eugenista e, apesar de sua amizade com alguns judeus como Harry Guggenheim, ele não considerava os judeus, como grupo, seres iguais aos homens brancos de origem nórdica como ele, do ponto de vista genético, moral ou cultural, e não os considerava cidadãos desejáveis nos Estados Unidos, senão em pequenos números. Nada disso quer dizer que, como presidente, ele devesse se voltar contra os judeus e persegui-los de modo tão ostensivo e selvagem como fez Hitler ao assumir o poder na Alemanha, e ele não faz mesmo isso em meu livro. O que mais interessa em *Complô contra a América* não são as agruras que ele inflige aos judeus (que, segundo os padrões nazistas, são com certeza de menor monta, embora ele tenha assinado um pacto de não agressão com Hitler e permitido uma embaixada nazista em Washington), e sim o que os judeus suspeitam que Lindbergh seja capaz de fazer à luz de suas manifestações públicas, em especial o aviltamento dos cidadãos judeus, em discurso irradiado para todo o país, como estrangeiros que promoviam a guerra e eram indiferentes aos interesses vitais dos Estados Unidos. O verdadeiro Lindbergh de fato fez esse discurso inflamatório no dia 11 de setembro de 1941, num comício da America First em Des Moines; em meu livro, para adequá-lo ao esquema ficcional, trouxe o discurso para o ano anterior, mas não alterei seu conteúdo ou impacto.

No centro da história está uma criança, eu próprio, aos sete, oito e nove anos. A história é narrada por mim como um adulto que, olhando uns sessenta anos para trás, contempla a experiência da família daquele menino durante a presidência de Lindbergh — o livro começa com o adulto explicando: "O medo domina estas lembranças"—, mas, apesar disso, uma criança desempenha nesse livro um papel de importância comparável ao papel dos adultos em outros romances.

Durante os primeiros meses de trabalho, achei que era uma limitação olhar para aquela calamidade por cima do ombro de uma criança. Foi necessário algum erro e acerto antes que descobrisse como deixar o garoto ser um garoto enquanto, ao mesmo tempo, eu introduzia uma inteligência mediadora pela voz do adulto. De alguma forma, eu devia unir os dois, a inteligência mediadora, que enxerga o geral, e o cérebro da criança, que singulariza o geral, que não consegue ver nada fora de sua própria vida e não se deixa impressionar pela realidade em termos genéricos. Eu precisava apresentar uma narrativa em que as coisas fossem descritas como aconteceram e como são consideradas em retrospecto, combinando a autenticidade da experiência do menino com a maturidade das observações do adulto. Enquanto o pai luta contra sua nação que se despedaça e contra a terrível invasão da história, o menino ainda está vivendo no micro-heroico Estados Unidos de sua coleção de selos e, na verdade, tenta em certo momento escapar da história (começando com a sua própria) ao fugir de casa para um orfanato católico próximo. Trata-se de uma criança imaginativa em tempos turbulentos, com a vizinhança familiar e protetora, assim como seu próprio lar acolhedor, tomados por um medo perpétuo.

Quatro garotos figuram de forma proeminente no livro, um deles — o do andar de baixo, Seldon Wishnow, além de ser, como o Roth mais novo, um garoto de nove anos confrontado com problemas demais, é também o personagem mais trágico do livro, um ingênuo menino judeu norte-americano que sofre algo similar à experiência dos judeus europeus. Ele não é a criança que sobrevive à provação para contar a história anos depois, e sim a criança que tem sua infância destruída. São essas crianças que fazem no livro a ponte entre o trivial e o trágico.

Escolhi o famoso colunista de fofocas e jornalista radiofônico Walter Winchell como principal antagonista de Lindbergh porque, para começar, o verdadeiro Walter Winchell detestava Lindbergh por suas posturas políticas e, ao lado de gente como a renomada colunista Dorothy Thompson e o ministro do Interior de Roosevelt, Harold Ickes, atacou Lindbergh como pró-nazista desde que o famoso aviador se tornou uma voz importante na versão não intervencionista do movimento America First. Desnecessário dizer que Winchell nunca se candidatou à presidência, como relato em meu livro, e que não se tornou membro relevante de nenhum partido político. Escolhi Winchell para liderar a oposição política por sua enorme projeção social. Como declara o prefeito La Guardia na oração fúnebre em homenagem a Winchell diante de seu corpo, depois que ele foi morto a tiros enquanto fazia a campanha como candidato à presidência pelo Partido Democrata contra a reeleição de Lindbergh (o próximo candidato presidencial a ser assassinado foi Robert Kennedy): "Walter fala alto, fala depressa demais, fala demais, e no entanto, se formos comparar as duas coisas, a vulgaridade de Walter tem algo de grandioso, enquanto o decoro de Lindbergh é horrendo". Em suma, eu queria que o oponente de Lindbergh não fosse um santo engajado numa Cruzada, a encarnação de tudo o que existe de melhor nos Estados Unidos, e sim o mais famoso colunista de fofocas que o país conheceu, rude, descarado e que insultava a todos, por instinto e de propósito, e cujos inimigos o consideravam, entre muitas outras características repulsivas, o mais abusado falastrão judeu. Winchell era para o jornalismo sensacionalista o que era Lindbergh para a aviação: um pioneiro recordista.

O livro começou de modo involuntário, como um experimento mental. Antes de ler a autobiografia de Schlesinger, eu não pensara num romance daquele tipo, nem era algo que eu pretendia escrever. O tema, para não falar da abordagem, nunca me teria ocorrido por si só. Muitas vezes escrevo sobre coisas que não acontecem, mas nunca tinha escrito sobre um evento histórico que não ocorreu. O triunfo norte-americano é que, apesar do viés antissemita institucionalizado da hierarquia protestante de então, apesar do ódio virulento aos judeus da German American Bund e do Christian Front, apesar da supremacia cristã pregada por Henry Ford, pelo padre Coughlin e pelo reverendo Gerald L. K. Smith, apesar da aversão aos judeus exibida tão sem pudor por jornalistas conhecidos, como Westbrook Pegler e Fulton Lewis, apesar do antissemitismo e da cega adoração aos arianos do próprio Lindbergh, aquilo *não* aconteceu aqui.

Quando deveria ter acontecido, quando havia muitas sementes para que acontecesse, quando poderia ter acontecido, não aconteceu. E os judeus aqui se tornaram tudo o que são *porque não* aconteceu. Tudo o que os atormentou na Europa nunca teve proporções comparáveis nos Estados Unidos. Nos Estados Unidos, o "e se" foi a realidade de outros. Tudo o que faço em meu romance é "desfatalizar" o passado — se é que existe tal palavra —, mostrando como poderia ter sido diferente e como poderia ter ocorrido aqui. Nem é minha intenção insinuar que algum dia isso *possa* acontecer. *Complô contra a América* não constitui um exercício de previsão histórica, e sim uma especulação histórica, pura e simples conjectura. A história tem a palavra final, e a história fez outra coisa.

Por que não aconteceu aqui é outro livro, sobre como nós, os norte-americanos, temos sorte. Sem dúvida houve muita exclusão nos Estados Unidos. Os judeus eram deliberada e sistematicamente excluídos de compartilhar certas vantagens, de participar de determinadas instituições e de entrar em áreas importantes em todos os níveis da sociedade norte-americana, e a exclusão é a forma fundamental de humilhação, e a humilhação é devastadora — machuca as pessoas de um modo terrível, distorce, deforma, enraivece, e isso todas as minorias do país podem confirmar. Nesse livro, é a humilhação da exclusão que contribui para destroçar a família Roth e quase paralisá-la. O que é ser um homem, uma mulher, uma criança em tais circunstâncias, e não se sentir humilhado? Como permanecer forte quando não se é bem-vindo? Como fugir à deformação? Esse é o assunto a ser investigado.

Alguns leitores podem entender esse livro como um *roman à clef* relacionado ao momento atual nos Estados Unidos. Seria um erro. Não é meu objetivo ser metafórico nem alegórico. Propus-me fazer exatamente o que fiz. Reconstruir os anos de 1940 a 1942 como poderiam ter sido se Lindbergh, e não Willkie, tivesse sido o candidato republicano, e Lindbergh, em vez de Roosevelt, fosse eleito presidente em 1940. Meu esforço imaginativo foi dirigido não para iluminar o presente com o passado, mas iluminar o passado com o próprio passado. Queria que meus familiares confrontassem os infortúnios precisamente como fariam caso a história tivesse tomado o caminho torto que descrevi neste livro, e eles tivessem sido subjugados pelas forças antagônicas. Forças antagônicas de então, não de agora.

A ficção de Kafka desempenhou um papel significativo na estratégia dos escritores tchecos que se opunham ao governo fantoche dos russos na Tchecoslováquia comunista das décadas de 1960, 1970 e 1980, um fenômeno que alarmou as autoridades e as obrigou a proibir a venda de seus livros, além de removê-los das estantes das bibliotecas de todo o país. No entanto não foi para motivar futuros escritores ou intimidar seus futuros governantes que Kafka escreveu *O processo* e *O castelo* nos primeiros anos do século xx. Aqueles autores em Praga no fim do mesmo século tinham plena consciência de que violavam de propósito a integridade da imaginação implacável de Kafka, embora tivessem ido em frente, com toda astúcia e fervor, a fim de explorar os livros dele como uma arma política durante a horrível crise nacional. A literatura é manipulada para servir a todos os tipos de propósitos, a objetivos públicos e privados, mas não devemos confundir tais usos arbitrários com a realidade arduamente alcançada a que um autor foi capaz de dar forma numa obra de arte. Afinal, há trabalhos de ficção nem de longe comparáveis aos de Kafka e que podem ser canonizados como arte, não por conta do valor estético — e mesmo longe de inspirados em matéria de literatura, como o realismo socialista na União Soviética —, mas devido à sua utilidade como propaganda e seu valor como cartaz disfarçado para alguma causa ou movimento político.

Complô contra a América traz mais de vinte páginas finais com informações históricas e biográficas — o que eu chamo de "verdadeira cronologia" daqueles anos. Nenhum outro livro meu contém algo parecido com esse apêndice, porém me senti obrigado a reconhecer exatamente quando e como as vidas e os eventos históricos haviam sido distorcidos para servir a meus objetivos ficcionais. Como prefiro não causar nenhuma confusão na mente do leitor sobre onde terminam os fatos históricos e começa a imaginação histórica, decidi apresentar, na conclusão, um breve relato do que de fato aconteceu naquela época. Quis assim deixar claro que não havia trazido para minha história figuras históricas verdadeiras com o nome real e que não tinha lhes atribuído opiniões de forma gratuita ou descuidada, e nem mesmo as forçado a comportarem-se de um modo não plausível — de forma inesperada, surpreendente, chocante, sim, porém não implausível. Charles Lindbergh, Anne Morrow Lindbergh, Henry Ford, Fiorello La Guardia, Walter Winchell, Franklin Delano Roosevelt, o senador de Montana (Burton Wheeler), o Ministro do Interior (Harold Ickes), o gângster de Newark (Longy Zwillman), o rabino de Newark (Joachim Prinz) — eu precisava acreditar que cada um deles poderia perfeitamente ter feito ou dito alguma coisa bem parecida com o que fazem e dizem nas circunstâncias que imaginei. Por isso, apresento mais de vinte páginas de provas documentais que fundamentam uma irrealidade histórica de mais de duzentas páginas, na esperança de que o livro seja algo mais que uma fabulação negligente e indiscriminada.

A história faz reivindicações sobre todas as pessoas, independentemente de elas saberem ou gostarem. Em meus livros recentes, incluindo este, tomo um fato central da vida e o amplio usando as lentes dos fatos críticos que vivi como cidadão norte-americano no século XX. Nasci em 1933, ano em que Hitler assumiu o poder, Franklin Delano Roosevelt foi empossado pela primeira vez (de quatro) como presidente, Fiorello La Guardia se elegeu prefeito de Nova York e Meyer Ellenstein prefeito de Newark, o primeiro e único prefeito judeu da minha cidade. Como criança ainda pequena, ouvi no rádio da sala de visita as vozes do Führer da Alemanha nazista e do padre norte-americano Coughlin pronunciarem suas arengas antissemitas. Lutar e vencer a Segunda Guerra Mundial foi a grande preocupação nacional, a missão de vida ou morte, entre dezembro de 1941 e agosto de 1945, a fase mais importante de meu curso primário. A Guerra Fria e a cruzada doméstica anticomunista anuviaram meus tempos de ginásio e universidade, assim como a descoberta da verdade monstruosa acerca do Holocausto e o início do terror da era atômica. A Guerra da Coreia terminou pouco antes que eu fosse recrutado pelo Exército, e, depois que fiz trinta anos, tive de acompanhar a cada dia a Guerra do Vietnã e os distúrbios que ela provocou no país, junto com o assassinato de grandes líderes políticos.

E agora Aristófanes, que sem dúvida deve ser Deus, nos presenteou com George W. Bush, um homem incapaz de tomar conta de uma loja de ferragens e muito menos de uma nação como esta, um homem que simplesmente corroborou para mim a máxima que inspirou a escrita de todos esses livros e torna nossa vida como norte-americanos tão precária como a dos habitantes de qualquer outro país: todas as garantias são temporárias, mesmo aqui numa democracia que já dura duzentos anos. Mesmo como cidadãos livres numa poderosa república armada até os dentes, somos apanhados numa emboscada, pela imprevisibilidade que é a história. Escrevi em minha ucronia: "Visto de trás para a frente, o imprevisto implacável era o que estudávamos na escola sob o nome de 'História', uma matéria inofensiva em que todo o inesperado no momento em que ocorrera surge estampado nas páginas como inevitável. É o terror imprevisível que a ciência da história encobre, transformando desastre em epopeia".

Ao escrever esses livros baseados em premissas históricas, tentei fazer com que o épico voltasse a ser um desastre da forma que foi sofrido, sem que pudesse ser previsto, sem preparação, e por pessoas cujas expectativas sobre os Estados Unidos, embora não necessariamente inocentes ou fantasiosas, eram bem diferentes do que lhes estava reservado.

Eric Duncan[*]

Setenta e cinco. Como chegou de repente! Pode ser um lugar-comum observar como nosso tempo aqui transcorre sub-repticiamente numa velocidade terrível, mas de todo modo continua a ser atordoante que foi apenas em 1943. O país estava em guerra, eu tinha dez anos e, na mesa da cozinha, mamãe me ensinava a datilografar em sua grande máquina Underwood, com as quatro fileiras inclinadas de teclas brancas e redondas contendo letras, algarismos e símbolos, os quais, no conjunto, constituíam todo o equipamento necessário para escrever em inglês.

À época eu lia as histórias de mar de Howard Pease, o Joseph Conrad dos livros juvenis, cujos títulos incluíam *Wind in the Rigging, The Black Tanker, Secret Cargo* e *Shanghai Passage*. Tão logo dominei o teclado da Underwood e a ginástica digital da datilografia, inseri uma página em branco na máquina e registrei em letras maiúsculas e bem no centro de uma folha meu primeiro

[*] Comentários feitos durante a comemoração do aniversário de 75 anos de Roth na Universidade Columbia, 11 de abril de 2008.

título: *Tempestade ao largo do cabo Hatteras*. Entretanto abaixo do título não datilografei meu nome. Sabia bem que Philip Roth não era um nome apropriado para um escritor. Em vez disso, datilografei: "Eric Duncan". Foi esse o nome que escolhi como digno para o autor de *Tempestade ao largo do cabo Hatteras*, o relato de um tempo borrascoso, um capitão tirânico e um motim nas águas traiçoeiras do Atlântico. Nada capaz de dar mais confiança e emprestar maior autoridade que um nome com dois Cs de som duro.

Em janeiro de 1946, três anos depois, terminei o curso primário na escola pública de Newark, Nova Jersey — a primeira turma a entrar para o ginasial depois da guerra. Aquele momento histórico novo em folha não passou desapercebido pelos alunos mais brilhantes da turma, que tinham oito ou nove anos quando a guerra começou e estavam agora com doze e treze ao terminar. Como resultado da propaganda durante o conflito, a que tínhamos estado sujeitos de modo sistemático por cerca de cinco anos — e por conhecermos quase todos, como crianças judias, em que consistia o antissemitismo — éramos precocemente conscientes das desigualdades na sociedade norte-americana.

O inebriante patriotismo idealista que nos havia sido inculcado durante a guerra deu origem, nos tempos que se seguiram, a uma preocupação crescente com a injustiça social contemporânea. Isso fez com que, por determinação de nossa professora da oitava série, eu e uma colega inteligente escrevêssemos — em parte na Underwood de mamãe — o roteiro de uma peça de formatura a que demos o título de "Que soem os clarins da liberdade!".

A peça de um ato, uma quase alegoria com forte mensagem de advertência, confrontava uma protagonista chamada Tolerância (representada com virtuosidade por minha coautora) a um antagonista chamado Preconceito (representado sinistramente por mim). Incluía outros atores da turma, que, numa série de vinhetas em que eram vistos executando tarefas inofensivas e salutares — com o objetivo de demonstrar como toda aquela gente era maravilhosa —, representavam membros de minorias étnicas e religiosas sofrendo injustamente as ofensivas desigualdades da discriminação. A Tolerância e o Preconceito, invisíveis para os outros no palco, discutiam em cada cena inspiradora a condição humana daqueles diversos cidadãos norte-americanos que não descendiam de anglo-saxões, com a Tolerância citando passagens exemplares da Declaração de Independência, da Constituição dos Estados Unidos e das colunas de jornal escritas por Eleanor Roosevelt, enquanto o Preconceito, olhando-a da cabeça aos pés com um misto de pena e asco, dizia as piores coisas sobre a inferioridade daquelas dignas minorias que podiam caber numa peça escolar. Terminado o espetáculo, no corredor do lado de fora do auditório e enquanto eu ainda estava vestido com a roupa preta, mamãe me deu um abraço caloroso para manifestar sua alegria por meu feito e disse com orgulho e admiração que, sentada na beira da poltrona, ela, que nunca havia batido em ninguém na vida, teve vontade de me esbofetear. "Como é que você aprendeu a ser tão nojento?", ela exclamou, rindo. "Você foi absolutamente desprezível!" Na verdade, eu não sabia dizer, veio de algum lugar. No meu íntimo, fiquei excitado ao pensar que tinha um talento natural para representar.

"Que soem os clarins da liberdade!", terminou com todos os atores que representavam as diversas minorias de mãos dadas na ribalta e se juntando à Tolerância enquanto ela cantava com vigor "The House I Live In", canção popular de 1942, em louvor ao caldeirão étnico norte-americano e que ficou famosa na gravação de Frank Sinatra. Ao mesmo tempo, saindo do palco pela direita, sozinho rumo à sua maligna morada, o odioso Preconceito caminhava amargamente derrotado, gritando com raiva a plenos pulmões, numa frase que roubei de algum lugar: "Este grande experimento não pode durar!".

Foi esse o início, o lançamento, na cidade natal, de uma carreira literária que chega aos dias de hoje. Não é de todo fantasioso sugerir que o menino de doze anos que foi coautor de "Que soem os clarins da liberdade!" era o pai do homem que escreveu *Complô contra a América*. Quanto a Eric Duncan, aquele estimado escocês, anos depois de lhe atribuir a autoria de *Tempestade ao largo do cabo Hatteras* tive razões para desejar ter usado esse pseudônimo antes que *O complexo de Portnoy* singrasse os mares do mundo. Como a vida teria sido diferente!

Errata[*]

1. *A MARCA HUMANA*

Prezada Wikipedia,

Sou Philip Roth. Recentemente tive razões para ler pela primeira vez a entrada na Wikipedia que trata de meu romance *A marca humana*. Ela contém um grave erro que eu gostaria que fosse eliminado. O item em apreço entrou na Wikipedia — que é, óbvio, a enciclopédia mais acessível a todos — vindo não do mundo dos fatos, e sim de um mexerico literário que nada tem de verdadeiro.

Entretanto quando recentemente solicitei por intermédio de um interlocutor oficial que a Wikipedia removesse a informação errada, além de várias outras, foi dito a essa pessoa, pelo "Administrador da Wikipedia inglesa", em carta datada de 25 de agosto

---

[*] A primeira parte desta carta aberta para a Wikipedia foi publicada no blog da revista *The New Yorker* em 6 de setembro de 2012. Depois, a plataforma removeu ou corrigiu os erros mencionados no texto integral da carta.

e dirigida a esse intermediário, que eu, Roth, não era uma fonte crível: "Compreendo sua declaração de que o autor é a maior autoridade sobre seu próprio trabalho", escreveu o administrador da Wikipedia, "mas exigimos fontes secundárias".

Por isso recorro a esta carta aberta. Sendo-me negada a oportunidade de efetuar uma mudança importante por meio dos canais usuais, não sei como poderia agir de modo diferente.

Meu romance *A marca humana* foi descrito na entrada como "alegadamente inspirado na vida do escritor Anatole Broyard". (A linguagem precisa foi desde então alterada pelos editores colaborativos da Wikipedia, porém essa falsidade permanece.)

Tal alegação não é comprovada pelos fatos. *A marca humana* foi inspirado num evento infeliz na vida de meu falecido amigo Melvin Tumin, professor de sociologia em Princeton por cerca de trinta anos. Certo dia, no outono de 1985, Mel, que era honesto em todas as coisas, grandes e pequenas, fazia a chamada numa aula de sociologia e notou que dois de seus alunos até então não haviam assistido a uma única aula nem tentado encontrar-se com ele para explicar as ausências, embora já estivessem no meio do semestre.

Terminada a chamada, Mel perguntou à turma sobre aqueles dois alunos que nunca havia encontrado. "Alguém conhece esses dois? Será que eles existem ou são fantasmas?" — exatamente as perguntas que faz Coleman Silk, o protagonista de *A marca humana*, à turma do curso de literatura no Athena College, em Massachusetts.

Quase no mesmo instante Mel foi convocado pelas autoridades universitárias para justificar seu uso da palavra *fantasmas*, porque os dois alunos faltantes, como se verificou, eram ambos afro-americanos e, em certa época, aquele termo (*spook*) havia sido usado de forma pejorativa para designar os negros, uma versão oral menos venenosa que *nigger,* mas igualmente degradante.

Durante os meses seguintes houve uma caça às bruxas da qual o professor Tumin escapou incólume, porém só depois que fez uma série de longos depoimentos provando-se inocente da acusação de fala racista.

Houve um grande número de ironias, sérias e cômicas, uma vez que Mel Tumin ganhara renome nacional pela primeira vez entre sociólogos, organizadores urbanos, ativistas de direitos civis e políticos liberais ao publicar, em 1959, seu estudo sociológico pioneiro intitulado *Desegregation: Resistance and Readiness*, e mais tarde, em 1967, *Social Stratification: The Forms and Functions of Inequality*, obras que em pouco tempo se tornaram textos de consulta obrigatória. Além disso, antes de lecionar em Princeton, ele fora diretor da comisão do prefeito de Detroit sobre relações raciais. Depois de sua morte, em 1995, o título da notícia fúnebre publicada no *New York Times* dizia: "MELVIN M. TUMIN, 75, ESPECIALISTA EM RELAÇÕES RACIAIS".

Mas nenhuma dessas credenciais valeu muito quando os poderosos do momento conseguiram remover o professor Tumin de sua elevada posição acadêmica sem nenhum motivo, assim como o professor Silk foi posto em desgraça e destituído em *A marca humana*.

E foi tal circunstância que me inspirou a escrever *A marca humana*: não alguma coisa que pode ou não ter acontecido em Manhattan na vida da cosmopolita figura literária que era Anatole Broyard, e sim do que de fato aconteceu na vida do professor Melvin Tumin, cem quilômetros ao sul de Manhattan na cidade universitária de Princeton, Nova Jersey, onde eu conhecera Mel, sua esposa, Sylvia, e seus dois filhos quando fui escritor em residência naquela universidade no início da década de 1960.

Tal como a prestigiosa carreira acadêmica do personagem principal de *A marca humana*, a carreira de Mel, estendendo-se por mais de quarenta anos como estudioso e professor, foi conspurcada da noite para o dia por ele ter humilhado de propósito dois alunos negros que jamais vira chamando-os de *fantasmas*. Até onde sei, nenhum fato remotamente semelhante a esse maculou a reputação de Broyard ou sua longa e exitosa carreira nos mais altos níveis do jornalismo literário.

O incidente dos "fantasmas" é o que dá início ao livro *A marca humana*. É o âmago da obra. Não há Coleman Silk sem ele. Tudo o que ficamos sabendo sobre Coleman Silk ao longo de mais de quatrocentas páginas começa com a acusação de ter pronunciado a palavra *fantasmas* em voz alta numa sala de aula da universidade. Naquela única palavra, dita de modo absolutamente inocente, reside a fonte da raiva de Silk, sua angústia e sua queda. A perseguição odiosa que ele sofre decorre apenas disso, assim como sua tentativa vã, e em última instância fatal, de renovação e regeneração.

De modo irônico, essa é a causa de sua humilhante demissão, e não o enorme segredo que guardou durante toda a vida. Nascido com pele clara, ele era um dos três filhos de uma respeitável família negra de East Orange, Nova Jersey, cujo pai trabalhava numa óptica e como garçom no vagão-restaurante de um trem, e a mãe como enfermeira. Aos dezenove anos, ao entrar para a Marinha norte-americana, ele se apresentara como branco e assim foi aceito.

Quanto a Anatole Broyard, será que ele algum dia serviu na Marinha? No Exército? Esteve preso? Concluiu um curso de pós-graduação? Pertenceu ao Partido Comunista? Foi de algum modo vítima inocente de algum imbróglio institucional? Não tenho a menor ideia. Ele e eu mal nos conhecíamos. Ao longo de mais de três décadas, dei com ele, por mero acaso, três ou quatro vezes antes que uma prolongada luta contra um câncer de próstata o liquidasse em 1990.

Coleman Silk, por sua vez, foi assassinado de forma brutal, morto num acidente intencional de carro na companhia de sua improvável amante, Faunia Farley, a empregada de uma fazenda local e servente na própria universidade onde ele era o respeitado reitor. As revelações que decorrem das circunstâncias específicas em que ocorreu o assassinato de Silk chocam os que o conheceram e conduzem à sinistra conclusão do romance num lago desolado e coberto de gelo, onde tem lugar uma espécie de confronto decisivo entre o autor Nathan Zuckerman, Faunia e Les Farley, o assassino de Coleman, ex-marido de Faunia e veterano da Guerra do Vietnã mentalmente desequilibrado. Nenhum dos sobreviventes de Silk, e muito menos seu assassino ou a amante que era servente, tiveram origem fora da minha imaginação. Na biografia de Anatole Broyard, até onde sei, não existiam pessoas ou eventos semelhantes.

Eu nada sabia das amantes de Anatole Broyard ou, se ele tinha alguma, quem elas eram ou se uma mulher como Faunia Farley, ferida e molestada por homens desde os quatro anos de idade, teria aparecido para selar de forma cruel o pavoroso destino de Coleman Silk e dela. Nada sabia da vida privada de Broyard — de sua família, pais, irmãos, parentes, educação, amizades, casamento e casos amorosos —, e são todos esses aspectos íntimos da vida privada de Coleman Silk que constituem praticamente toda a história narrada em *A marca humana*.

Nunca conheci um único membro da família de Broyard ou, que eu saiba, nunca estive na companhia de nenhum deles ou conversei com alguém da família. Nem mesmo sabia se tinha filhos. A decisão de ter filhos com uma mulher branca e de talvez ser exposto como negro pela pigmentação dos descendentes causa muita preocupação a Coleman Silk. Se Broyard teve sentimentos similares é algo que eu não podia saber e continuo sem saber.

Nunca compartilhei de alguma refeição com Broyard, nunca fui com ele a um bar ou o acompanhei para assistir a alguma partida esportiva, nunca o encontrei na década de 1960 quando morava em Manhattan, nem mesmo em alguma festa. Nunca vi um filme em sua companhia, joguei cartas com ele ou compareci a eventos literários em que Broyard fosse participante ou espectador. Até onde sei, nunca moramos próximo um do outro durante os dez anos ou pouco mais, em fins da década de 1950 e começo da seguinte, quando eu vivia e escrevia em Nova York e ele trabalhava como crítico literário e cultural para o *New York Times*. Nunca dei de cara com ele por acaso nas ruas, embora uma vez — até onde me lembro, no final da década de 1980 — tenhamos nos encontrado na loja de roupas masculinas Paul Stuart, na Madison Avenue, onde eu comprava um par de sapatos. Como Broyard era então o resenhista mais intelectualmente sofisticado, eu lhe disse que gostaria que se sentasse ao meu lado e me permitisse lhe dar de presente um par de sapatos, na esperança — admito sem rodeios — de que ele assim apreciasse mais meu próximo livro. Foi um encontro brincalhão, divertido, que durou no máximo dez minutos — e o único que tivemos.

Tanto quanto me lembro, nunca nos demos ao trabalho de manter uma conversa séria, mas certa vez, depois que publiquei *O complexo de Portnoy*, nos sentamos e conversamos sobre literatura durante uma hora. Nossa especialidade era a brincadeira verbal, as pilhérias, com a consequência de que nunca soube quem eram seus amigos e inimigos, onde nasceu e foi criado, qual era sua situação econômica na infância e como adulto, nada sobre suas inclinações políticas ou seus times preferidos, nem se tinha interesse por esportes. Não sabia nem ao menos onde morava no dia em que me ofereci para lhe comprar um par dos sapatos caros da loja Paul Stuart. Nada sabia sobre sua sanidade mental ou física, e só vim a tomar conhecimento de que ele estava morrendo de câncer meses depois de ser diagnosticado, quando escreveu sobre sua luta contra a doença na *New York Times Magazine*.

Coleman Silk era um reitor revolucionário no Athena College, situado no oeste do estado de Massachusetts, onde se tornou o centro das controvérsias sobre matérias rotineiras da universidade, tais como currículo e exigências para que os professores obtivessem estabilidade no cargo. Assim, nada tinha a ver com Broyard, que eu conhecia apenas como um resenhista quase sempre generoso de meus livros. No entanto após admirar o candor e a coragem do artigo sobre sua morte iminente, obtive o número de telefone dele com um conhecido comum e o chamei. Essa foi a primeira e a última vez em que nos falamos ao telefone. Ele se mostrou encantadoramente animado, surpreendentemente exuberante, rindo muito quando lembrei o que éramos nos anos dourados quando nos conhecemos numa praia com salva-vidas em Amagansett, nos idos de 1958. Eu tinha então 25 anos, ele, 38. Era um belo dia de verão, e lembro que o procurei para me apresentar e lhe dizer como havia gostado de seu brilhante conto "What the Cystoscope Said", publicado no meu último ano da universidade, em 1954, no quarto número da *Discovery*, uma revista de capa dura e ampla circulação, a mais renomada de então.

Em breve éramos quatro escritores, da mesma faixa etária e com trabalhos publicados recentemente, batendo papo enquanto trocávamos passes com uma bola de futebol americano na praia. Aqueles vinte minutos constituíram o envolvimento mais íntimo que tive com Broyard, trazendo para cerca de noventa o número total de minutos que passamos na companhia um do outro. Antes de sair da praia naquele dia, alguém me disse que corriam rumores de que Broyard era um oitavão [indivíduo com um oitavo de ascendência africana]. Não prestei muita atenção ou, em 1958, não dei muito crédito à informação. Na minha experiência, aquela era uma palavra ouvida raras vezes fora dos estados sulinos.

Não é impossível que eu tenha precisado consultar mais tarde o dicionário para ter certeza do que significava.

Na verdade, Broyard era filho de pais negros. Entretanto eu não sabia disso na época ou quando comecei a escrever *A marca humana*. Sim, alguém mencionara casualmente que ele era filho de um quadrarão [um quarto de ascendência africana] e por isso negro, mas esse mexerico improvável foi tudo de substância que jamais soube acerca de Broyard — além do que escreveu em seus livros e artigos sobre literatura e a atmosfera literária de seu tempo. A julgar pelos dois excelentes contos que publicou na *Discovery* — o outro, "Sunday Dinner in Brooklyn", apareceu em 1953 — não havia razão para duvidar de que o protagonista e sua família eram, como o autor, cem por cento brancos.

Meu protagonista, o acadêmico Coleman Silk, assim como o escritor de verdade, Anatole Broyard, conseguiram se fazer passar por brancos antes que o movimento de direitos civis começasse a mudar a natureza de ser negro nos Estados Unidos. Os que escolheram naquela época fazer isso (e a expressão "passar-se por branco" não consta de *A marca humana*) imaginaram que não teriam de sofrer as privações, as humilhações, os maus-tratos e as injustiças que muito provavelmente lhes seriam infligidos caso não modificassem sua identidade. Durante a primeira metade do século xx, não foi só Anatole Broyard, mas milhares, talvez dezenas de milhares de homens e mulheres de pele clara que decidiram escapar do ódio racial — dos rigores da segregação institucionalizada, da crueldade das leis que separavam brancos e negros nas escolas e locais públicos, incluindo ônibus e trens —, enterrando para sempre sua vida pregressa.

Eu não tinha ideia do que foi para Anatole Broyard fugir de sua condição de negro, porque nada sabia sobre o fato de que a ocultara, nem, aliás, sobre sua proclamada condição de branco. Mas sabia tudo sobre Coleman Silk porque o inventara do nada como um personagem de três dimensões. Assim como, cinco anos antes da publicação de *A marca humana*, em 2000, eu inventara o manipulador de marionetes Mickey Sabbath no livro *O teatro de Sabbath* (1995), o fabricante de luvas Swede Levov em *Pastoral americana* (1997) e os politicamente engajados irmãos Ringold em *Casei com um comunista* (1998), um deles professor de inglês de colégio e o outro um famoso ator de novelas radiofônicas na era McCarthy.

Por fim, para ser inspirado a escrever um livro sobre a vida de um homem, é preciso ter, para começo de conversa, um grande interesse pela vida dele, e, francamente, embora eu tivesse apreciado muito o conto "What the Cystoscope Said" quando apareceu em 1954 e tivesse dito isso ao autor, ao longo dos anos não me interessei pelas aventuras de Anatole Broyard. Nem Broyard nem qualquer pessoa associada a ele teve nada a ver com o que imaginei ao escrever *A marca humana*.

Escrever romances é um jogo de faz de conta. Assim como qualquer outro romancista que eu conheça, uma vez que tinha o que Henry James chamou de "o germe" — no caso a história de Mel Tumin e o descarrilhamento do "politicamente correto" em Princeton —, tratei de inventar a desafortunada Faunia Farley, o maluco Les Farley e o desonrado Coleman Silk: a descendência familiar; o pai rígido e dominador; a mãe sofredora; o irmão irado que não o aprovava; a irmã professora, que é a mais rigorosa juíza no fim do livro; as namoradas da juventude, tanto negras como brancas; a breve carreira profissional como jovem e promissor pugilista; a universidade na Nova Inglaterra onde chega a reitor; os colegas acadêmicos, tanto hostis como compreensivos; o campo de estudo predileto; a mulher nervosa e atormentada; os filhos, tanto hostis como compreensivos; e os milhares de outros grãos biográficos cuja profusão e massa, tomadas em conjunto, dão corpo ao personagem ficcional no centro do elaborado artefato de prosa que constitui um romance realista.

2. NATHAN ZUCKERMAN

Na seção "Influências e temas", a Wikipedia apresenta: "Filhos de judeus, como o abominável Alexander Portnoy e mais tarde Nathan Zuckerman, se rebelam denunciando o judaísmo". Não. Meu personagem ficcional Nathan Zuckerman não está envolvido em nenhuma desavença denunciatória por ser judeu, e rebelião contra o judaísmo não é o que o impele em nenhum dos nove livros nos quais figura, começando com *O escritor fantasma* (1979) e terminando com *A marca humana* (2000) e *Fantasma sai de cena* (2007). Em *O escritor fantasma*, Zuckerman, como autor neófito, longe de denunciar os judeus, é denunciado por judeus devido a um conto — seu primeiro — que alguns leitores judeus consideraram conter material combustível para uso de antissemitas. Mas o ponto central de *O escritor fantasma* é ser uma falsidade a acusação de que o próprio autor Zuckerman tem perigosas inclinações antissemitas, muito embora tal mentira transtorne seu pai, sobretudo por ser feita de forma mais incisiva pelo eminente jurista judeu da cidade natal de ambos, o juiz Leopold Wapter, de Newark. Buscando consolo por causa da discórdia que seu conto causou no seio da família, Zuckerman aceita um convite do famoso escritor judeu E. I. Lonoff para passar uma noite na casa de Berkshire, onde vive com a mulher. É claro que Zuckerman não duraria cinco minutos como convidado de Lonoff, caso fosse um denunciador sistemático ou mesmo ocasional de judeus — rotular o jovem Zuckerman desse modo é, na verdade, dar crédito ao convencionalismo arrogante do juiz, e não à sabedoria e capacidade de avaliação de Lonoff. Não há uma única passagem em *O escritor fantasma*, em especial quando Zuckerman reimagina Anne Frank durante um prolongado devaneio, que não torne presunçosa, ou coisa pior, a áspera crítica que lhe faz o juiz.

Em *O avesso da vida* (1986), quando Zuckerman, agora morando em Londres, é confrontado de modo grotesco com sua condição de judeu pela futura cunhada cristã, que tem forte aversão aos judeus, ele se choca com a virulência do antissemitismo característico dos ingleses de alta classe que ela expõe, e lhe diz isso sem rodeios. Antes, ainda nesse mesmo livro, no restaurante de um hotel chique onde ele está jantando com a esposa gói, Maria, uma mulher faz saber de uma forma grosseira que acha repugnante a presença de um judeu ali. Zuckerman ergue-se e vai bem diante da mesa dela, com o rosto "fervendo": "A senhora está sendo deveras desagradável, madame, grotescamente desagradável, e, se continuar berrando sobre o mau cheiro [o mau cheiro dele como judeu que lhe chegava às narinas, vindo de onde ele estava sentado, junto com Maria, num lugar próximo], eu vou pedir à gerência que a ponha para fora".*

Mais uma vez, não é Zuckerman que denuncia os judeus, mas aqueles que os difamam e humilham em público.

As páginas finais de *O avesso da vida* consistem do pedido que Zuckerman faz à sua mulher grávida para que observe a tradição judaica de ter a criança circuncidada caso seja um menino. "A circuncisão", ele escreve a Maria, "confirma que existe um nós, e um nós que não é apenas ele e eu." Na esteira das explosões antissemitas que sua simples presença causou na irmã de Maria e na mulher preconceituosa do restaurante, ele conclui: "A Inglaterra fez de mim um judeu em apenas oito semanas, o que, pensando bem, talvez seja o menos penoso dos métodos. Um judeu sem judeus, sem judaísmos, sem sionismos, sem judaíces, sem um templo nem um exército e nem mesmo uma pistola, um judeu obviamente sem um lar, apenas o objeto em si, como um copo ou uma maçã".

* Trad. de Beth Vieira. São Paulo: Companhia das Letras, 2008. (N. T.)

Não se trata de uma denúncia dos judeus. É a descrição de um judeu do tipo que Zuckerman representa. Não há hostilidade nisso.

3. OPERAÇÃO SHYLOCK

"Segundo seu romance pseudoconfessional intitulado *Operação Shylock* (1993)", diz a Wikipedia, "Roth sofreu um colapso nervoso no final da década de 1980."

Para começar, não há como concluir nada com certeza sobre um autor de carne e osso com base em algo dito sobre algum personagem num romance, obviamente não quando se trata de algo "pseudo" (significando "inventado" ou "irreal") do tipo confessional. Isso se aplica em especial a essa invenção em que eu e, de modo simultâneo e vigoroso, outra pessoa aparece usando meu próprio nome como personagens geminados ou, como se diz nos cursos de literatura, como "duplos".

Em *Operação Shylock*, eu proponho posições para "meu" personagem que não são minhas e motivos que não são meus, descrevendo encontros estranhos que nunca ocorreram, nos quais às vezes ajo de modos que ainda não tive a oportunidade de agir fora do santuário da minha imaginação. Mesmo num trabalho de ficção que pode ter raízes inquestionavelmente autobiográficas, estamos de todo modo sempre distantes de nossas fontes, e tal distância se encontra sempre em fluxo. A posição do autor vis-à--vis a suas fontes não é estática, e sim móvel. As palavras finais de *Operação Shylock* não poderiam ser mais claras e pertinentes: "Esta confissão é falsa".

No livro, viajo para Israel, um lugar onde a vida é um debate feroz e há luta em toda parte. Examino a emergência que foi o século xx para os judeus e contemplo seu apogeu contemporâneo, todos aqueles judeus e suas horríveis cicatrizes, todo mundo atento à sua genealogia e se perguntando com temor: "Quanto mais da história podemos aguentar?". Todas as reivindicações dos judeus surgem clamorosamente, todos os conflitos, desejos, anomalias, predisposições, ambições, terrores e feridas, todas as polaridades judaicas. E, lançando uma sombra sobre tudo, está o Holocausto. Tentei nesse livro delinear o drama de ser judeu na atualidade, imaginando o que alimenta a consciência de um judeu, observando o facciosismo no país e o alcance da memória judaica. Ali Chega Todo Mundo que é Judeu: Leon Klinghoffer, Jonathan Pollard, Menachem Begin, Meir Kahane, o Bleistein de Eliot, o Shylock de Shakespeare, Irving Berlin, e dezenas de outros. Já se disse que dentro de cada judeu há uma multidão de judeus — ou, como Elias Canetti (também judeu) afirmou: "os judeus são muito diferentes de outros povos, mas, na verdade, são diferentes uns dos outros". Essa variegada multidão de judeus é aquela que povoa meu livro verbosamente, muito embora a Wikipedia não encontre nada para comentar sobre suas animadas quase quatrocentas páginas repletas de acontecimentos oníricos, limitando-se a dizer que "segundo seu romance pseudoconfessional intitulado *Operação Shylock* (1993), Roth sofreu um colapso nervoso no final da década de 1980".

Bem, embora sem dúvida existam dois personagens em *Operação Shylock* com meu nome, nenhum deles sofre um colapso nervoso. O "verdadeiro" Philip Roth no livro, em vez disso, tem uma reação adversa ao sonífero Halcion, como eu tive em 1987, aos 54 anos de idade.

Recentemente, na revista *Atlantic*, em artigo intitulado "Roth versus Roth versus Roth", Joseph O'Neill escreveu que sofri um "ataque de nervos" quando era cinquentão. Corrigi O'Neill numa carta para a *Atlantic* em junho de 2012. O que lá escrevi merece ser repetido uma vez que o verbete da Wikipedia sobre mim talvez tenha tido como fonte o artigo de O'Neill.

"Após fazer uma cirurgia no joelho em março de 1987", escrevi para a *Atlantic*, "me receitaram Halcion, um sedativo hipnótico da classe dos fármacos à base de benzodiazepina, que pode causar uma série debilitante de efeitos adversos, às vezes chamados de 'loucura do Halcion'. Ao ser receitado pelo cirurgião ortopédico após a intervenção, o Halcion já havia sido retirado do mercado na Holanda, na Alemanha e em outros países devido aos fortíssimos efeitos psicológicos secundários que podiam levar até ao suicídio [...]. Entre outros sintomas, pode provocar amnésia, paranoia e alucinações.

"Minha reação pessoal ao Halcion, que se enquadrou nas reações já exaustivamente documentadas na literatura médica, começou quando iniciei o tratamento e terminou na hora, graças à providencial intervenção do meu médico de família, quando parei de tomar o remédio."

Parei logo na vida real, mas, em *Operação Shylock*, Philip Roth para após umas páginas. Entretanto após a diabólica experiência, embora aparentemente de volta aos trilhos e "organizando a vida cotidiana de modo tão completo quanto antes", meu personagem "ficou apenas parcialmente convencido" de que não era algum problema interno seu, em vez de efeito secundário da "pilulinha mágica da Upjohn, o que havia ocasionado o colapso". À luz de todos os eventos improváveis e exaustivos em que ele se envolve ao longo de sua estada em Israel e em quase cada uma das quase quatrocentas páginas restantes do livro, naquele Philip Roth persiste durante algum tempo a ideia insidiosa de que é sua mente, e não o Halcion, que de alguma forma o vem afetando e gerando as aventuras altamente implausíveis vividas na Terra Santa.

Nada disso tem qualquer coisa a ver com o fato de alguém ter sofrido um colapso nervoso no final da década de 1980, seja no mundo real ou no mundo da literatura.

4. *PASTORAL AMERICANA*

A página da Wikipedia relativa ao meu romance *Pastoral americana*, de 1997, aponta erroneamente um modelo da vida real para outro de meus protagonistas, com base nos mais superficiais indícios de afinidade. "A inspiração para o personagem Levov foi uma pessoa de verdade: Seymour 'Swede' (Sueco) Masin, um lendário e fenomenal atleta judeu que, como o Levov do livro, frequentou o Colégio Weequahic de Newark, sendo idolatrado por muitos judeus de classe média do local." O verbete termina com a observação de que "ambos os 'suecos' eram altos e tinham cabelos louros e olhos azuis [...]. Ambos frequentaram uma faculdade de formação de professores nas proximidades de East Orange, ambos se casaram com mulheres de outra religião, ambos serviram no Exército e, ao voltar, moraram nos subúrbios de Newark".

Seymour Masin, na década de 1930, e meu "personagem chamado Levov", no começo da década seguinte, frequentaram o Colégio Weequahic de Newark, assim como eu mesmo no final da década de 1940. Masin formou-se apenas alguns anos após a fundação da escola em 1933, cinco anos antes de Pearl Harbor e catorze anos antes que eu me formasse em 1950. Consequentemente, nunca o vi em ação como atleta, nunca o vi em carne e osso em qualquer lugar nem vi um só retrato dele. Nada sabia sobre Masin ao escrever *Pastoral americana* além do fato de que tinha sido um atleta excepcional em várias áreas esportivas bem antes do meu tempo, e que seu apelido era "Sueco". Foram esses os dois fatos da vida de Seymour Masin de que me apropriei e os únicos pontos válidos de conexão. Nada mais sabia sobre sua biografia — ele de fato era "lendário", simplesmente um arquétipo remoto e sem particularidades. Nem conhecia seu primeiro nome, pois, caso soubesse, sem dúvida não teria chamado meu personagem de Seymour, para assim evitar qualquer risco de ser acusado de difamação. Após considerar meia dúzia de nomes, decidi-me por Seymour devido ao fato de ser um dos nomes mais comuns de meninos judeus de sua geração e da minha, bem como por razões eufônicas. As duas sílabas de Seymour criavam uma aliteração com o monossilábico Swede em inglês, geravam uma adequada combinação fonética e (ao contrário do irônico apelido de Sueco) se harmonizavam etnicamente com Levov.

É claro que os dois Suecos "eram altos e tinham cabelos louros e olhos azuis". De outro modo, por que cada um daqueles garotos judeus de aparência anômala seria apelidado de Sueco? Ambos frequentaram uma faculdade de formação de professores na localidade próxima de East Orange? Não é verdade. Meu Sueco fictício e sua fictícia mulher Dawn frequentaram a Upsala, uma excelente faculdade liberal de Letras em East Orange, enquanto o verdadeiro Sueco Masin frequentou a Faculdade Panzer de Ciências Físicas e Higiene de East Orange (mais tarde fundida com a Faculdade Estadual Montclair de Professores), uma escola que então treinava principalmente instrutores de ginástica, com um estupendo corpo de cerca de duzentos alunos. (Por coincidência, como o Sueco Masin — embora sem que isso nada prove —, Bucky Cantor, o professor de ginástica em meu livro *Nêmesis*, publicado 23 anos depois de *Pastoral americana*, também se formou na Panzer.) Ambos os Suecos se casaram com mulheres de outra religião? Começando com aquela geração de judeus norte-americanos, e cada vez mais nas gerações subsequentes, inúmeros jovens ousaram fazer exatamente isso, tal como ocorre em *Pastoral americana* e contrariando o desejo dos pais. A circunstância de que os dois Suecos "serviram no Exército" decorre só de onde nasceram — apenas um punhado dos membros da geração deles deixou de servir. O Sueco Masin bem pode ter se mudado para um subúrbio de Newark. Assim diz a Wikipedia, e eu simplesmente não sei. Mas o Sueco Levov não. O lugar onde ele se instalou com a jovem esposa após dar baixa no Exército foi, na verdade, motivo de amarga discórdia com seu teimosíssimo pai, que queria ter o filho e sócio vivendo mais perto, no novo e rico bairro de Newstead, em South Orange, que se expandia com grande rapidez e às vezes era ironicamente chamado de "Jewstead" por judeus que gostavam de autossátira. Meu Sueco preferiu ter uma casa bem mais distante de Newark, perto da cidadezinha que chamei de Old Rimrock, situada mais além de Morristown, no condado de Morris — e, de modo deliberado, longe de onde moravam outros judeus. Assim, a briga entre pai e filho quanto ao local onde o Sueco deveria viver, bem como a religião de sua mulher e aquela em que seus filhos seriam criados, não passou em brancas nuvens no meu livro.

Em suma, havia uma lógica rudimentar em minha invenção do Sueco Levov que, sem que isso constitua nenhuma surpresa, retratava alguns pormenores em nada excepcionais ou peculiares da biografia do Sueco Masin, os quais, fora isso, eram tão remotos quanto possível dos eventos e das circunstâncias que cercaram a horrível ruína do fictício Sueco Levov narrada em *Pastoral americana* —, assim como suas ações e tormentos na condição de pai, marido e filho. O mesmo se aplica à vida do Sueco Levov como empregador engajado: o mundo envolvente do próspero negócio da família — Luvas Femininas Newark —, situado na Central Avenue de Newark, a fábrica de três andares onde ocorre grande parte das ações mais dramáticas do romance, inclusive as cenas de batalha campal durante os tumultos de rua em Newark no ano de 1967 — coisa completamente desconhecida pelo Sueco Masin, que, após um breve período em que foi jogador profissional de basquete, passou o resto da vida como vendedor.

Alguns anos depois da publicação de *Pastoral americana*, participei de uma cerimônia em que minha obra foi homenageada no New Jersey Performing Arts Center, em Newark. Sem que soubesse, um senhor de idade mas em boa forma, chamado Sueco Masin, estava na plateia naquela noite e, terminado o programa, apresentou-se a mim junto com sua filha durante a recepção no hall de entrada. A filha de Masin (dois de seus filhos não estavam presentes), à época provavelmente com cerca de quarenta anos, me fez logo saber, de um modo encantadoramente divertido, que nada tinha em comum com a terrorista Merry, filha única do Sueco Levov, cuja destruição pessoal e de sua família — ao plantar uma bomba na agência de correios da pequena Old Rimrock para protestar contra a Guerra do Vietnã — constitui o eixo em torno do qual gira todo o romance e cujas repercussões dominam (e envenenam) a vida dos principais personagens do começo ao fim. A bomba de Merry Levov mata um médico querido que por acaso havia parado ali com o objetivo de pôr no correio uma carta enquanto seguia para o hospital da cidadezinha, onde era o diretor. Mais tarde, continuando a desafiar a legalidade da guerra em suas sinistras perambulações nos círculos clandestinos que se opunham à guerra (ela é duas vezes vítima de estupros), Merry Levov mata mais três pessoas com suas bombas. Na verdade, se alguma família poderia ter monopolizado minha atenção para servir como "inspiração" autêntica (e não insignificante) para os infelizes Levov, teria sido a do famoso advogado de direitos civis e defensor de célebres clientes de esquerda, o falecido Leonard Boudin, um conhecido meu. A carreira de sua jovem filha como proeminente terrorista contrária à guerra e integrante do violento Weather Underground, durante e após a Guerra do Vietnã, teve as mais terríveis consequências para todos eles.

Assim como a predileção de Merry pela violência política e tudo o mais sobre sua vida rebelde nada teve a ver com a robusta e nada violenta senhorita Masin, o pai dela também reconheceu, com bom humor e elegância, nada ter a ver com a trágica história do Sueco Levov, a não ser o apelido e os feitos atléticos no Colégio

Weequahic. Ele compreendeu que eu apenas me apropriara de alguns fatos da biografia de uma pessoa que desconhecia de todo, menos até do que encontraria em sua carteira de habilitação como motorista, embora achasse estranho, como me disse antes de nos despedirmos naquela noite, que a mulher do Sueco Levov — arrasada pelo desaparecimento e pela criminalidade de sua filha — é retratada na primeira parte de *Pastoral americana* como tendo disputado em 1949 o título de Miss América, uma vez que sua própria esposa, de quem estava divorciado, vencera um concurso de beleza no condado de Essex. Comentei que a coinciência não era tão estranha quanto ele pensava, e repeti aquilo que o mais impecável dos artistas narradores, Gustave Flaubert, certa vez dissera exatamente sobre esse mesmo assunto: "Tudo que inventamos é verdade, pode ter absoluta certeza. A poesia é tão precisa quanto a geometria".

Essa citação de Flaubert consta de uma famosa carta escrita em agosto de 1853 quando ele estava na metade de sua triunfal provação de cinco anos ao escrever o romance *Madame Bovary*. "Depois de certo ponto em meus cálculos", continua Flaubert, "nunca se está errado em questões da alma. Minha pobre Bovary, sem dúvida, neste exato momento sofre e chora em vinte cidadezinhas da França."

Atenciosamente,
Philip Roth

"A tirania é mais bem organizada que a liberdade"*

Eu tinha doze anos quando entrei em fevereiro de 1946 para o Anexo do Colégio Weequahic na Hawthorne Avenue. Era para lá que iam os alunos do primeiro ano, um trajeto de ônibus de quinze minutos a partir da escola. Bob Lowenstein foi o primeiro professor que tive de enfrentar na primeira hora de meu primeiro dia no Anexo. Dr. Lowenstein. *Doc* Lowenstein. Ele fora combatente na Segunda Guerra Mundial, ao contrário da maioria dos professores da escola era portador de um doutorado (sem se gabar disso) e, o que era evidente até para um garoto de doze anos, tratava-se de um impressionante veterano de guerra que não tinha paciência para aturar nenhum bobalhão.

Bob era o responsável por minha turma. Isso significa que eu o via ao chegar pela manhã todos os dias. Nunca tive aulas com ele — tinha a Mademoiselle Glucksman para francês e a Señorita Baleroso para espanhol —, mas nunca o esqueci. Quem no Weequahic terá esquecido? Consequentemente, quando chegou a vez

---

* Em memória do dr. Robert Lowenstein, 20 de abril de 2013.

de ele ser perseguido pela cruzada anticomunista das décadas de 1940 e 1950, segui sua história tanto quanto pude, pedindo aos meus pais que me mandassem os recortes dos jornais de Newark.

Não me recordo como nos reencontramos na década de 1990, mais de quarenta anos depois que me formei no ginásio do Weequahic. Eu voltara aos Estados Unidos após viver a maior parte do tempo no exterior, por uns doze anos, e escrevi para ele sobre alguma coisa ou vice-versa, tendo ido almoçar com Bob e sua mulher Zelda na casa do casal em West Orange. No estilo que lhe era peculiar, declaro com a linguagem mais direta possível: creio que nos apaixonamos um pelo outro.

Ele passou a me mandar seus poemas, às vezes tão logo os terminava, e eu enviava meus livros quando eram publicados. Cheguei a lhe mandar o rascunho final de um romance — *Pastoral americana* — para que lesse o manuscrito. Havia muita coisa no livro sobre a Newark do começo do século XX e, como Bob nasceu lá em 1908, eu queria que desse uma olhada no material para me certificar de que registrara tudo de modo correto.

Contratei um motorista para pegá-lo em West Orange e trazê-lo até minha casa no noroeste de Connecticut, numa viagem de duas horas e meia, a fim de que ele me dissesse o que achara do livro. Conversamos durante o almoço e pelo resto da tarde. Como de hábito, ele tinha muito a dizer, e acredito que me ouviu com tanta atenção quanto eu o ouvia às oito e meia da manhã no Anexo da Hawthorne Avenue quando ele anunciava o programa do dia escolar.

Em meu romance *Casei com um comunista*, o narrador, Nathan Zuckerman, diz: "penso na minha vida como um longo discurso que estive ouvindo". Bob é uma dessas vozes persuasivas que ainda ouço me falando. Sua conversa era impregnada de realidade. Como todos os grandes professores, ele personificava o drama da transformação pela via da palavra.

Eu deveria mencionar que, quando chegou à minha casa em Connecticut vindo de West Orange, ele saiu do carro com um livro na mão. Durante o trajeto, lera, em francês, os poemas escritos pelo poeta católico francês Charles Péguy ao longo de sua vida breve, concluída cem anos antes. Eu sabia, claro, que Bob era um homem sério, mas só quando vi que escolhera a companhia de Péguy para acompanhá-lo na estrada é que me dei conta de quão sério ele era.

Em 1993, ao completar sessenta anos, li passagens de um livro meu na Universidade Seton Hall de South Orange e, após a leitura, meus anfitriões organizaram uma festa de aniversário na qual Bob e Zelda estavam presentes. A leitura naquela noite teve uma introdução de Bob, que morava a menos de dois quilômetros de Seton Hall e nunca perdia uma das leituras de poesia que lá eram feitas. Na época ele tinha 85 anos. Ainda tinha 21 anos de vida efervescente — bem, quem poderia saber senão o próprio Bob?

Eu escrevera para ele pedindo que me apresentasse. Ao vê-lo no púlpito de Seton Hall naquela noite contando com grande humor, agudeza e encanto nosso primeiro encontro como aluno e professor, fiquei tremendamente feliz. Ele também me pareceu felicíssimo.

Bob serviu como modelo para um importante personagem no romance *Casei com um comunista*, livro que publiquei em 1998 relembrando o período anticomunista e aqueles cruéis e maldosos sofrimentos infligidos a pessoas injustamente perseguidas, como Bob, pelas garras e dentes dos safados então no poder.

O personagem é um professor aposentado, chamado Murray Ringold, que, tal como Bob, dava aulas no Weequahic, embora, ao contrário dele, desse aulas de línguas românicas, e não de inglês. Mudei também a aparência de Bob, sua folha de serviços na guerra e certos detalhes da vida pessoal — por exemplo, seu irmão não era um assassino de sangue quente nem sua esposa foi vítima de um crime em Newark —, mas, exceto por isso, tentei retratar com precisão a força de suas virtudes, tal como as percebia.

Também incluí de passagem seu prazer especial em arremessar um apagador de giz quando um aluno lhe dizia algo que lhe parecia uma grande imbecilidade e o suprassumo da falta de atenção, o maior de todos os crimes.

O tema de *Casei com um comunista* é, no fundo, a instrução, a orientação, a educação, em particular a de um adolescente ávido por aprender, interessado e influenciável, a fim de que ele se torne — e também não se torne — um homem audacioso, honrado e eficiente. Não se trata de uma tarefa fácil, pois há sempre dois imensos obstáculos: a impureza do mundo e a impureza da própria pessoa, sem falar das imperfeições em matéria de inteligência, emoção, bem como da capacidade de previsão e de avaliação.

Aqueles que guiaram a formação do adolescente em causa — Nathan Zuckerman do bairro de Weequahic em Newark — foram sobretudo o patriota norte-americano Tom Paine, um renomado escritor de rádio daquela época chamado Norman Corwin, o autor de romances históricos Howard Fast, o professor de inglês Murray Ringold e o irmão de Murray, o fanático e raivoso comunista Ira Ringold, de cuja ira assassina e impulso destrutivo ele próprio tenta em vão escapar. E há também o bondoso pai de Nathan. "Os homens que me ensinaram", Nathan assim os chama, "os homens a partir dos quais eu me formei."

O livro sobre um menino e os homens que o formaram tem início com um breve retrato de Murray Ringold, o irmão que não é violento, cuja raiva é controlada e especificamente dirigida contra a injustiça gratuita. Aliás, Murray Ringold, como ocorreu com Bob, é claro, precisa aprender uma lição ao ser apanhado numa armadilha destinada a arruinar muitas carreiras promissoras naquele momento da história do país — uma vítima, como milhares de outras, da primeira década vergonhosa dos Estados Unidos no pós-guerra. Aquele esplêndido professor foi forçado a passar seis anos fora do sistema escolar de Newark e de sua profissão, banido como rebelde político e um homem perigoso que não podia ficar solto no meio dos jovens.

Refiro-me agora não à educação de um garoto, e sim de um adulto: na perda, na dor e no inevitável componente da vida, que é a traição. Bob tinha grande força interior e resistiu à afronta da injustiça com extraordinária coragem, otimismo e bravura, mas era um homem e, por ser um homem, também sofreu.

Espero que, em meu romance, eu tenha reconhecido amplamente as qualidades de nosso falecido, nobre e lendário amigo, o qual entendeu, tal como o poeta Charles Péguy, que "a tirania é sempre mais bem organizada que a liberdade". Não sei como Péguy descobriu isso, mas Bob aprendeu de forma muito dura.

Concluo com algumas linhas do começo do livro *Casei com um comunista* em que descrevo o professor fictício Murray Ringold, mais conhecido por nós no mundo real como *Doc* Lowenstein:

Era completamente natural em suas maneiras e atitudes, ao passo que na fala se mostrava verbalmente copioso e intelectualmente quase ameaçador. Sua paixão era explicar, esclarecer, fazer-nos compreender, e o resultado era que desmontava cada novo assunto de nossas conversas em seus componentes principais, da mesma forma meticulosa como analisava frases no quadro-negro. [...] Tinha um talento especial para dramatizar o interrogatório, lançar um poderoso feitiço narrativo mesmo quando era estritamente analítico e esmiuçar em voz alta, no seu jeito lúcido, aquilo que líamos e escrevíamos. O sr. Ringold trazia para a sala de aula uma carga de espontaneidade visceral que representava uma revelação para garotos submissos, domesticados, que ainda não haviam compreendido que obedecer às regras de decoro de um professor nada tinha a ver com o desenvolvimento mental. Havia uma importância talvez maior do que ele mesmo imaginava em seu gosto cativante de atirar o apagador em nossa direção quando a resposta que dávamos errava o alvo. [...] Nós, alunos, sentíamos, no sentido sexual, a força de um professor de escola secundária como Murray Ringold — a autoridade masculina sem os embaraços da piedade — e, no sentido clerical, a vocação de um professor de escola secundária como Murray Ringold, que não estava perdido no meio da amorfa mania americana de grandeza e riqueza, um professor que — ao contrário das mulheres professoras — poderia ter escolhido ser quase qualquer outra coisa que quisesse e, em vez disso, escolhera, como sua profissão para o resto da vida, ser nosso. Tudo o que ele desejava, o dia inteiro, era lidar com jovens que pudesse influenciar, e o grande barato de sua vida era obter deles uma reação positiva.

Adeus, querido mentor.

Uma educação tcheca*

De 1972 a 1977, viajei a Praga todas as primaveras e lá fiquei por uma semana ou dez dias a fim de encontrar-me com um grupo de escritores, jornalistas, historiadores e professores que eram perseguidos pelo regime totalitário sustentado pela União Soviética.

Na maior parte do tempo que passava lá, eu era seguido por um agente à paisana, o quarto do hotel tinha microfones de escuta e o telefone era grampeado. No entanto, só em 1977, quando saía de um museu de arte onde fora ver uma ridícula exibição de pinturas soviéticas no estilo do realismo socialista, é que a polícia me deteve. O incidente foi perturbador e, no dia seguinte, obedecendo à sugestão que me deram, fui embora do país.

Embora eu mantivesse contato pelo correio — às vezes usando cartas em código — com os escritores dissidentes que encontrei e com quem fiz amizade em Praga, durante doze anos não

---

* Discurso de aceitação da Medalha de Serviço Literário na noite de gala literária do PEN Club, 30 de abril de 2013.

consegui obter um visto para voltar à Tchecoslováquia, até 1989. Naquele ano, os comunistas foram destituídos do poder e instalou-se o governo democrático de Václav Havel de forma absolutamente legítima — similar ao que aconteceu com o general Washington em 1788 —, mediante um voto unânime da Assembleia Federal e com o apoio esmagador do povo tcheco.

Muitas das minhas horas em Praga eram passadas na companhia do romancista Ivan Klíma e de sua mulher, Helena, que é psicoterapeuta. Ivan e Helena falam inglês e me instruíram de modo cabal sobre como era a incessante repressão do governo no país. Nessa tarefa foram ajudados em especial pelos romancistas Ludvík Vaculík e Milan Kundera, pelo poeta Miroslav Holub, pelo professor de literatura Zdenek Strybyrny, pela tradutora Rita Budínová-Mlynářová (mais tarde designada por Havel como sua primeira embaixadora nos Estados Unidos) e pelo autor Karol Sidon (após a Revolução de Veludo, nomeado principal rabino de Praga e depois da República Tcheca).

Essa educação incluiu visitas com Ivan a lugares onde seus colegas, tal como ele, privados de seus direitos pelas autoridades, trabalhavam em empregos braçais que o regime onipresente lhes havia maldosamente imposto. Uma vez expulsos do Sindicato de Escritores, eram proibidos de publicar, dar aulas, viajar, dirigir um carro ou ganhar a vida numa ocupação decente de escolha própria. Para piorar, seus filhos — os filhos do segmento pensante da sociedade — eram proibidos de frequentar as escolas ginasiais, assim como seus pais eram oficialmente banidos da literatura.

Alguns dos repudiados que encontrei e com quem conversei vendiam cigarros em quiosques nas esquinas, outros empunhavam uma chave inglesa no reservatório de águas da cidade, outros passavam o dia em cima de bicicletas entregando pães, e havia os que lavavam janelas ou empurravam esfregões como ajudantes de serventes em algum museu pouco visitado de Praga. Essas pessoas, como indiquei, formavam a elite da intelligentsia nacional.

Assim era, assim é, sob as garras do totalitarismo. Cada dia traz uma nova infelicidade, um novo tremor, mais desamparo, mais desesperança, outro confisco de liberdade e pensamento livre numa sociedade sob censura, já de mãos atadas e amordaçada. Prevalecem os ritos habituais de degradação: a destruição da identidade pessoal, a supressão da autoridade pessoal, a eliminação da segurança individual — a ânsia de encontrar alguma solidez e equanimidade quando confrontado com a permanente incerteza e a aparente irrealidade de tudo. A imprevisibilidade se transforma na nova norma, cuja consequência desmoralizante é a ansiedade permanente.

E, para aumentar a desgraça, a raiva se manifesta com toda sua férvida monotonia: a tortura cotidiana do ódio, as imprecações loucas de um ser algemado, ataques inúteis de ira que só fazem corroer a si mesmo, a tirania como parte do café da manhã que se toma ao lado da mulher e dos filhos. A máquina impiedosa e traumatizante do totalitarismo gerando tudo o que há de pior. Com o passar do tempo, no curso dos dias, meses e anos de desespero em que se aguarda que o desastre tenha fim, a vida vai se transformando em algo insuportável.

Antes que eu termine, conto uma breve história divertida, de uma época sinistra e em nada engraçada.

Na noite daquele dia em que fui detido pela polícia, quando às pressas e sabiamente abandonei Praga, Ivan foi apanhado em sua casa, não pela primeira vez, e interrogado durante horas. Só que, desta vez, não o censuraram horas a fio pelas atividades subversivas e clandestinas que ele e Helena conduziam com seus incômodos companheiros de dissidência que só faziam perturbar a paz. Em vez disso — numa mudança que trouxe alívio a Ivan —, perguntaram sobre minhas visitas anuais a Praga.

Como me contou mais tarde, ele deu só uma resposta durante o longo e obstinado interrogatório sobre a razão de eu voltar à cidade a cada primavera.

"Vocês não leram os livros dele?", Ivan indagou aos policiais.

Como era de esperar, eles ficaram engasgados com a pergunta, mas Ivan logo esclareceu tudo: "Ele só vem por causa das garotas".

A primazia do lúdico*

Quando escreveu a famosa frase "Não pode haver nenhum excesso no amor, no conhecimento e na beleza", Emerson não devia ter em mente os excessos profusos e não tão inocentes de livros como *O complexo de Portnoy*, *O teatro de Sabbath* ou *O animal agonizante*.

O aspecto moral desses meus livros, sem falar no progresso moral de protagonistas que exalam o odor salobro do comportamento devasso, sem dúvida não teriam angariado sua estima ou lhe proporcionado seus mais elevados prazeres espirituais. Além disso, caso ainda percorresse distraidamente as ruas de Boston e Concord, aqueles livros bem poderiam tê-lo levado a considerar esta cerimônia aparentemente benigna como uma afronta à crença transcendental e ao potencial divino do ser humano.

No entanto, embora Emerson estivesse certo em me condenar, aqui estou graças à condescendência dos senhores! Fui cha-

---

* Discurso de aceitação da Medalha Emerson-Thoreau da Academia Norte-Americana de Artes e Ciências, 11 de outubro de 2013.

mado a comparecer esta noite perante tão digna plateia e, tal como instruído, não estou portando minhas fantasias multicores e esfarrapadas, e sim exibindo um terno decente, uma gravata adequada e modos domesticados.

Agradeço a todos, e o mesmo fazem os protagonistas dos romances que mencionei no início, um grupo decididamente não transcendental, totalmente carente de uma concepção sublime do ser humano ou de uma preocupação aguda com a educação da humanidade, a essência da religião ou o gênio de Goethe. Não se trata de um grupo preocupado com o homem como ele deveria ser ou com os ideais que lhe caberia perseguir.

Pelo contrário, é um bando de indivíduos que tendem à provocação perniciosa, à improvisação satírica, à personificação abusada, ao desleixo farsesco, à irreverência irônica, ao monólogo imoderado, à corporalidade exigente, ao escárnio delirante, à mais pura zombaria, ao desejo insaciável e à conspurcação por instintos impróprios. A primazia do lúdico, da brincadeira desabrida, está em toda parte, assim como a voz subversiva, acionada pela desconfiança interrogativa dos valores venerados pelos outros e por todas as suas esplêndidas ideias. Eis onde reside o excesso: na desordem e impureza não idílicas da vida, com todas as suas improbabilidades, que viram a certeza de cabeça para baixo.

É um círculo — ou, melhor, um circo, uma trupe bizarra de artistas profanos — que inclui a figura ridícula e eroticamente chamuscada de Alexander Portnoy; Mickey Sabbath, o pagão controlador de marionetes em seu próprio teatro indecente; e o professor David Kepesh, um perigoso mentor acadêmico de alunos sexualmente efervescentes na década de 1960, além de defensor da gratificação tanto da alma como do corpo. Cada um deles é ameaçado pelo canto de sereia de jovens atraentes, partícipes hesitantes daquela espécie de carnalidade incansável que Stephen Dedalus em *Ulysses* chama de "donjuanismo". Sempre há um absurdo humorístico em meio ao sofrimento quando eles se põem à mercê dos impulsos lascivos cuja barbaridade nunca são capazes de avaliar corretamente. Não surpreende que, ao lidar com o dínamo do libidinoso, sempre haja um toque de demência em todos eles.

Quando em *Caminhando* Thoreau fala da "terrível selvageria com que os amantes se encontram", temo que esteja descrevendo a fonte e o ápice da felicidade de David Kepesh. Os palhaços que fazem parte daquela trupe estabeleceram inquestionavelmente — para tomar emprestada uma expressão característica de Emerson — "uma relação original com o universo".

"Construa [...] seu próprio mundo", Emerson proclamou a cada indivíduo, e ninguém pode dizer que não seja isso o que aqueles indivíduos refratários perpetram, muito embora seja inevitável que atraiam a antipatia raivosa dos que se cobrem de mantos ideológicos e dos que se consideram guardiões dos mais elevados padrões de moralidade. O conflito inescapável de valores e os discursos inflamados que daí resultam constituem tanto seu destino contrariado como seu prazer mais íntimo. Nesses livros, esse conflito é o catalisador de um drama cômico no qual, apesar de estar em meio a todo o divertimento que resulta das peripécias carnais, raramente estão ausentes os embates de cunho moral. Nenhum dos três personagens vive em estado de tranquilidade virtuosa, e não lhes faltam as angústias emocionais. Antes que o drama termine, todos os que aderem à perspectiva existencial do donjuanismo — cuja devoção é o oposto das regras convencionais e cuja capacidade de inspirar animosidade é ilimitada — com certeza pagam seu preço.

Estou profundamente grato por receber um prêmio tão prestigiado e em especial sensibilizado por ter sido posto na companhia de predecessores tão notáveis, entre eles os mestres da literatura do século xx que eu mais admiro.

Meus libertinos brincalhões e eu mais uma vez lhes agradecemos.

Entrevista sobre
O escritor fantasma[*]

Cynthia Haven: "Não há vida sem paciência." Este pensamento é expresso ao menos duas vezes em *O escritor fantasma*. Você poderia explicar por quê?

Philip Roth: Só posso explicar relembrando que essas palavras não são ditas por mim, mas por um personagem do livro, o eminente contista E. I. Lonoff. É uma máxima a que Lonoff chegou depois de passar a vida mourejando em cima de cada frase e, assim espero, serve para retratá-lo como escritor, marido, recluso e mentor.

Uma das formas de dar vida aos personagens na ficção é por meio do que eles falam. O diálogo é uma expressão de seus pensamentos, crenças, defesas, humor, tiradas espirituosas etc. — uma descrição de como reagem em geral. Ali estou tentando descrever o jeitão verbal de Lonoff como um misto de desinteresse e engajamento, assim como suas inclinações pedagógicas, em especial naquele caso, quando está falando a seus alunos. O que um

[*] Para o evento "Outro Olhar", da Universidade Stanford, 3 de fevereiro de 2014.

personagem diz é determinado pela pessoa a quem se dirige, pelo efeito desejado, pelo que ele ou ela é ou quer no momento em que fala. O que é sinalizado pelas palavras que você cita advém da especificidade do encontro que as suscita.

Haven: Sobre suas duas dúzias ou mais de romances, você disse que "Cada livro nasce das cinzas". Como *O escritor fantasma*, em particular, nasceu das cinzas? Pode descrever como ele se cristalizou, suas dores do parto ao trazê-lo ao mundo?

Roth: Como comecei *O escritor fantasma* quase quarenta anos atrás? Não me lembro. A maior dificuldade foi decidir sobre o papel que Anne Frank teria na história.

Haven: Deve ter sido uma escolha controvertida, uma vez que ela ocupava um espaço de certa forma sacrossanto em nossa vida psíquica coletiva — mais ainda em 1979, quando o livro foi publicado, do que em 1956, época em que ocorre a ação no livro, pouco mais de uma década após o fim da guerra. Você foi criticado por isso? Como mudou a percepção sobre ela desde que o livro foi publicado, em especial à luz do famoso ensaio de Cynthia Ozick, de 1997, intitulado "Who Owns Anne Frank?", em que ela critica a vulgarização e exploração da história de Anne Frank?

Roth: Eu poderia ter tido a Amy Bellette desempenhando o papel de Anne Frank, e não pense que não gastei um bom tempo tentando fazer isso. A tentativa foi infrutífera porque, nas palavras de Cynthia Ozick, eu não queria "ser dono" de Anne Frank e assumir uma responsabilidade tão grandiosa, por mais que, por uns dez ou quinze anos, eu viesse pensando em trazer para dentro da minha ficção a história dela — que tinha tanto poder sobre as pessoas, em particular os judeus de minha geração, a geração dela. Queria imaginar, senão a própria menina — queria imaginar isso também, embora de forma que outros ignoraram —, a função que ela passara a exercer na mente do imenso número de seus receptivos leitores. Um deles é meu protagonista, o jovem Nathan Zuckerman, tentando acostumar-se com a ideia de que ele não nasceu para ser bonzinho e, pela primeira vez na vida, ser chamado à luta. Outro é o sábio judeu de Newark, o juiz Wapter, o cão de guarda da comunidade que queria comandar a consciência dos outros. Outra ainda é a infeliz e confusa mãe de Zuckerman, perguntando-se com ansiedade se seu querido filho é um antissemita que se dedica a destruir tudo o que existe de bom.

Retratei alguns que, como você sugere, haviam sacralizado Anne Frank, mas no geral decidi deixar que o melancólico escritor em floração (por fortes razões que tinham a ver com a ferida do remorso e o bálsamo da autojustificativa) cuidasse de imaginá-la. Mediante uma cuidadosa leitura de seu diário, o jovem Zuckerman busca redimi-la como outra coisa, não como uma santa a ser idolatrada. Para ele, confrontar Anne Frank é muito importante não por encontrá-la cara a cara, e sim por estar engajado numa tentativa bem-intencionada de imaginá-la por inteiro, a fim de apagar não só a versão que a Broadway fez dela, mas também sua canonização popular, pensando com independência sobre tudo aquilo e começando do zero com apenas suas últimas palavras — o que talvez seja uma tarefa ainda mais exigente. De qualquer modo, foi assim que resolvi o problema de "ser dono" dela, problema que me perturbou no começo.

Se fui criticado por esse retrato? Claro que houve uma enxurrada de críticas. Sempre há ataques. Existe gente sempre a postos para se sentir ofendida e deplorar um livro como obra do diabo, caso ele investigue um objeto venerado e idealizado — ou até mesmo uma devoção rotineira, seja ela um fato histórico submetido ao escrutínio ficcional, um movimento político, uma ideologia ativa, uma seita, um povo, um clã, uma nação, uma igreja —, qualquer coisa que seja considerada de uma forma que nem sempre encontra apoio na realidade. Onde tudo é mobilizado para servir à causa, não há espaço para a ficção (como também não há para a história e a ciência), exceto se tiver um objetivo propagandístico.

Haven: Muitos o veem como o mais importante escritor judeu norte-americano. No entanto você disse a um entrevistador: "o epíteto 'escritor judeu norte-americano' não tem sentido para mim. Se eu não sou um cidadão norte-americano, não sou nada". Você parece ser ambas as coisas. Pode falar um pouco mais por que rejeita tal descrição?

Roth: Um "escritor judeu norte-americano" é uma descrição incorreta e não faz sentido. A maior preocupação de um romancista é com sua linguagem. Muitos autores morrem sem achar a próxima palavra certa. E para mim, como para DeLillo, Erdrich, Oates, Stone, Styron e Updike, a próxima palavra certa vem do inglês falado nos Estados Unidos. Mesmo se eu escrevesse em hebraico ou iídiche, não seria um escritor judeu. Seria um escritor de língua hebraica ou um escritor de língua iídiche. A República norte-americana foi fundada há 238 anos. Minha família está aqui faz 120 anos, ou mais de metade da existência dos Estados Unidos. Chegaram durante o segundo mandato do presidente Grover Cleveland, apenas dezessete anos após o fim da Reconstrução. Veteranos da Guerra Civil eram cinquentões. Mark Twain estava vivo. Henry Adams estava vivo. Henry James estava vivo. Todos se encontravam no auge de suas carreiras. Walt Whitman tinha morrido só dois anos antes. Babe Ruth ainda não havia nascido. Se eu não mereço ser chamado de escritor norte-americano, ao menos me deixe manter essa ilusão.

Haven: Em certo ponto do livro *Fantasma sai de cena*, de 2007, sua sequência para *O escritor fantasma*, Amy Bellette diz a Nathan Zuckerman que acredita que Lonoff vem lhe falando de algum lugar além do túmulo, dizendo: "Pessoas como nós, que leem e escrevem, estão acabadas, somos fantasmas testemunhando o fim da era literária". É verdade? Em algumas ocasiões você manifestou algo semelhante, e me refiro à sua conversa com Tina Brown em 2009, quando disse pensar que, em duas décadas, o público leitor para os romances seria do tamanho do grupo que lê poesia em latim. Isso é um pouco mais que o Kindle, não?

Seus comentários foram até mais longe em 2001, quando disse ao *Observer*: "Não sou bom em encontrar aspectos 'encorajantes' na cultura norte-americana. Duvido que a apreciação estética da literatura tenha muito futuro por aqui". Existe algum remédio para isso?

Roth: Só posso me repetir. Duvido que neste país tenha muito futuro a apreciação estética da literatura — uma aguçada sensibilidade ou receptividade quanto aos estratagemas graças aos quais a ficção impõe seu domínio sobre a mente do leitor. Daqui a duas décadas, o número de leitores de romances com efetivo discernimento e que não sejam profissionais da literatura será mais ou menos igual ao dos que leem poesia em latim — quer dizer, que leem agora, e não durante o Renascimento.

Haven: É uma pena que você não vá ao evento "Outro Olhar", em 25 de fevereiro, sobre seu livro *O escritor fantasma*, pois se trata de um esforço da Stanford para debater grandes obras de ficção com uma audiência mais ampla, reunindo autores e estudiosos da universidade. Os clubes do livro vêm se multiplicando em todo o país. Eles oferecem a possibilidade de ampliar e aprofundar o interesse pelos romances? Ou estamos nos enganando?

Roth: Nunca participei de reuniões de qualquer clube de leitura, nada sei sobre eles. Por conta dos muitos anos que passei como professor de literatura em universidades, sei que é necessário ter muita engenhosidade e paciência para, ao longo de um semestre, conseguir ao menos que os melhores alunos leiam corretamente a ficção que lhes é apresentada, sem serem vitimados pelas moralizações habituais, pelas interpretações ingênuas, pela especulação biográfica sobre o autor ou pelas generalizações acachapantes. Será que os clubes de leitura exercem igual rigor o tempo todo?

Haven: Você disse a Tina Brown em 2009: "Não me importaria de escrever um longo livro que me ocupasse pelo resto da vida". No entanto, em 2012, declarou enfaticamente que não continuaria com a ficção. Não podemos acreditar que parou de escrever. Você acha de fato que seu talento permitirá que isso aconteça?

Roth: Bem, vai ter de acreditar em mim, porque desde 2009 não escrevi uma só palavra de ficção. Não tenho mais nenhum desejo de escrever ficção. Fiz o que fiz, e me dou por satisfeito.

Haven: Cada um de seus livros parece ter explorado diversas questões que o preocupavam sobre a vida, o sexo, o envelhecimento, o ofício de escritor, a morte. Que questões o preocupam atualmente?

Roth: No momento estou estudando a história dos Estados Unidos no século XIX. As questões que agora me preocupam têm a ver com Bleeding Kansas, o juiz Taney e Dred Scott, a Confederação, as emendas 13, 14 e 15 à Constituição, os presidentes Johnson e Grant e a Reconstrução, a Ku Klux Klan, o Freedmen's Bureau, a ascensão e queda dos republicanos como uma força amoral e a ressurreição dos democratas, as ferrovias supercapitalizadas e as trapaças de terras, as consequências das depressões de 1873 e 1893, a expulsão final dos índios, o expansionismo norte-americano, a especulação imobiliária, o racismo anglo-saxão, as empresas Armour e Swift, o distúrbio de Haymarket e a criação de Chicago, o triunfo absoluto do capital, a rebeldia crescente do operariado, as grandes greves e a violenta repressão aos grevistas, a implementação das leis de segregação racial, a eleição de Tilden-Hayes e a Conciliação de 1877, as imigrações da Europa do sul e do leste, 320 mil chineses entrando nos Estados Unidos por San Francisco, o sufrágio feminino, o movimento de proibição das bebidas alcoólicas, os populistas, os reformadores progressistas, figuras como Charles Sumner, Thaddeus Stevens, William Lloyd Garrison, Frederick Douglass, o presidente Lincoln, Jane Addams, Elizabeth Cady Stanton, Henry Clay Frick, Andrew Carnegie, J. P. Morgan, John D. Rockefeller etc. Minha cabeça está repleta *deles*.

Entrevista ao *Svenska Dagbladet**

Sei que você releu todos os seus livros recentemente. Qual é seu veredicto?

Quando há cinco anos decidi parar de escrever, como você disse tratei de reler os 31 livros que publiquei entre 1959 e 2010. Queria ver se tinha perdido meu tempo. A gente nunca sabe ao certo... Minha conclusão, depois de terminar a leitura, ecoa as palavras pronunciadas por um pugilista norte-americano que sempre tive como herói, Joe Louis. Ele foi campeão dos peso-pesados desde que eu tinha quatro anos até fazer dezesseis. Nasceu nos cafundós do Sul, um garoto negro e pobre sem nenhuma educação digna do nome, e mesmo durante seus doze anos de glória como lutador invencível, tendo defendido o cinturão incríveis 26 vezes, ele sempre foi de falar pouco. Por isso, quando ao se aposentar lhe perguntaram sobre sua longa carreira, Joe a resu-

* Concedida a Daniel Sandstrom, 16 de março de 2014.

miu elegantemente em apenas nove palavras: "Fiz o melhor que pude com o que tinha".

Em alguns círculos, é quase um clichê mencionar a palavra misoginia quando se fala de seus livros. Na sua opinião, o que provocou tal reação de início e que resposta você dá àqueles que ainda tentam rotular seus trabalhos desse modo?

Misoginia, o ódio às mulheres, não aparece em meus livros como estrutura, significado, motivação, mensagem, convicção, perspectiva nem diretiva. É o oposto da maneira como outras formas nocivas de aversão psicopática — equivalentes à misoginia na abrangência totalizante de sua malignidade, como é o antissemitismo, o ódio aos judeus — constituem os elementos essenciais, por exemplo, de *Mein Kampf*. Meus difamadores proclamam essa falsa alegação como se eu tivesse lançado veneno sobre as mulheres ao longo de cinquenta anos. Mas só um louco se daria ao trabalho de escrever 31 livros com o objetivo de manifestar tal ódio.

Em alguns círculos, "misógino" se transformou numa denúncia estigmatizante usada tão levianamente quanto "comunista" pela direita macarthista na década de 1950 ou os termos genéricos "burguês" e "reacionário", que pululavam nas críticas rotineiras da velha máquina de propaganda comunista ao falar de seus inimigos — e com propósitos bem semelhantes. Para alguns dos devotos, seu uso promíscuo a tornou pouco menos que um palavrão quando, se empregada de fato de modo responsável, com precisão, ela designa uma patologia social perversa, capaz até mesmo de ser o prelúdio da violência.

Tendo publicado ficção por mais de cinquenta anos, só duas vezes me foi dito com seriedade que certas coisas não deviam ser expressas em palavras. No começo, por aqueles judeus que me rotularam como alguém que tinha ódio de judeus e atribuíram à minha obra um sentido totalmente ilegítimo e maligno. E, mais tarde, pelos que me rotularam como alguém que odeia as mulheres, supostos moralistas que declaram ser uma heresia qualquer análise irrestrita — como a que a ficção empreende sem censura ou impostura — dos frutos do desejo e das paixões libidinosas. Esses são os que consideram a arte suspeita, caso ela não reforce o dogma do momento no que se refere ao vasto território do erótico e às aventuras do corpo em seu lento deslizar da vitalidade exuberante rumo à decrepitude.

Os homens em seus livros com frequência são mal compreendidos. Alguns resenhistas presumem, a meu ver erroneamente, que seus protagonistas masculinos são alguma espécie de heróis ou modelos de comportamento. Olhando para esses personagens em seus livros, que traços eles têm em comum? Qual a condição deles?

Meu foco nunca foi o poder masculino desenfreado e triunfante, e sim a antítese disso: o poder masculino comprometido. Não andei cantando loas à superioridade masculina, mas, pelo contrário, representando a masculinidade trôpega, constrangida, humilhada, devastada e derrotada. A vulnerabilidade impera. Não sou um fazedor de mitos. Minha intenção é apresentar meus homens ficcionais não como eles deveriam ser, mas frustrados, como eles são.

O drama resulta da fragilidade de homens vigorosos e tenazes, com suas cargas de peculiaridades, que não estão nem paralisados pelas fraquezas nem são feitos de pedra; homens que, quase sempre, são vitimados por visões morais nebulosas, culpas reais ou imaginárias, lealdades conflitantes, desejos incisivos, ânsias incontroláveis, amores impossíveis, paixões culposas, transes eróticos, raivas, cismas, traições, perdas drásticas, vestígios de inocência, crises de amargura, envolvimentos lunáticos, graves erros de avaliação, compreensões abaladas, dores prolongadas, acusações falsas, esforços intermináveis, doenças, cansaços, afastamentos, loucuras, envelhecimento, morte e, reiteradamente, o dano inescapável, o rude toque da surpresa terrível — homens valentes porém atordoados ao se verem indefesos diante da vida e sobretudo da história: o imprevisto que acontece a cada instante.

É a luta social do momento em que vivem e no qual muitos desses homens se sentem empalados. Não basta, claro, falar de "raiva" ou "traição" — a raiva e a traição têm uma história, como tudo. O romance mapeia a provação que é essa história.

"A luta contra a escrita acabou" é uma citação sua recente. Você pode descrever essa luta e também nos dizer algo sobre sua vida quando não está escrevendo?

Todo mundo tem um emprego duro. Todo trabalho de verdade é difícil. Meu trabalho por acaso também se revelou inviável, ou descobri que era assim. Todas as manhãs, durante cinquenta anos, encarei a página seguinte indefeso e despreparado. Para mim, escrever era um feito de autopreservação. Foi a obstinação, e não o talento, que salvou minha vida. Tive também a sorte de não me importar com a felicidade e não sentir pena de mim. Mas por que me coube tal tarefa, não faço a menor ideia. Talvez o fato de escrever tenha me protegido contra uma ameaça ainda pior.

Agora? Agora sou um passarinho que fugiu da gaiola em vez de (invertendo o famoso paradoxo de Kafka) um passarinho em busca de gaiola. O horror de ficar engaiolado perdeu seu encanto. Agora é de fato um grande alívio, algo similar a uma experiência sublime, não ter nada mais com o que me preocupar além da morte.

Você pertence a uma geração excepcional de escritores do pós-guerra, que definiu a literatura norte-americana por quase meio século: Bellow, Styron, Updike, Doctorow, DeLillo. O que tornou essa época de ouro possível, por que foi tão extraordinária? Nos seus anos de atividade, sentiu esses escritores como competidores ou existiu algum espírito de camaradagem entre vocês? Ou ambas as coisas? E por que houve tão poucas escritoras com igual sucesso nesse mesmo período? Por fim: qual é sua opinião sobre a condição da ficção atual nos Estados Unidos?

Concordo que foi uma boa época para o romance nos Estados Unidos, mas não sei a razão. Talvez se deva à ausência de certas coisas. A indiferença do romancista norte-americano, senão o desprezo, com respeito à teoria "crítica". A liberdade estética não restrita por ditames superiores e insípidos. A escrita não contaminada pela propaganda política ou mesmo pela responsabilidade política. A falta de qualquer "escola" literária. Num país tão vasto, nenhum centro geográfico que predominasse. Uma população que nada tem de homogênea, nenhuma unidade nacional básica, nenhum caráter nacional, a permanente ebulição social. Até mesmo a ignorância generalizada em relação à literatura e a incapacidade da maioria da população em compreender minimamente o que lê conferem certa liberdade aos autores. É de certo modo inebriante que os escritores não signifiquem droga nenhuma para noventa por cento da população.

Pouquíssima verdade em toda parte, antagonismo onipresente, muita repugnância calculada, hipocrisias gigantescas, paixões violentas refreadas, a maldade rotineira que se pode ver simplesmente apertando o botão do controle remoto, armas potentes nas mãos de idiotas, o lúgubre registro de eventos de violência indizível, a incessante espoliação da biosfera para fins lucrativos, o excessivo controle de segurança que se tornará cada vez mais agudo, as grandes concentrações de renda que financiam os candidatos mais malevolentes e antidemocráticos, os que ignoram os avanços científicos e ainda questionam a teoria evolucionária, as enormes desigualdades econômicas, as dívidas que sobrecarregam os orçamentos individuais, famílias que não sabem como tudo pode piorar, a frenética ânsia de extrair o último centavo de qualquer coisa e (o que não é novidade) um governo que usa a democracia representativa não para defender o povo, mas sim os grandes interesses financeiros, a velha plutocracia norte-americana mais forte que nunca.

Temos 300 milhões de pessoas vivendo num continente com quase 5 mil quilômetros de largura e fazendo o melhor que podem diante de problemas inesgotáveis. Estamos testemunhando uma nova e benigna mistura de raças numa escala desconhecida desde os horrores da escravidão. Eu poderia ir mais além. Aqui é difícil não se sentir próximo da vida. Não vivemos num cantinho tranquilo do mundo.

Você acredita que na Europa há uma preocupação com a cultura popular norte-americana? Em caso positivo, tal preocupação prejudicou a receptividade da ficção séria dos Estados Unidos na Europa?

O poder de qualquer sociedade está nas mãos daqueles que conseguem impor a fantasia. Como foi durante séculos na Europa, não é mais a Igreja que impõe a fantasia ao povo, nem o superestado totalitário, como ocorreu por doze anos na Alemanha nazista e por 69 anos na União Soviética. Agora a fantasia que predomina é a cultura popular que tudo consome e é consumida com voracidade; o fruto aparente, por incrível que pareça, da própria liberdade. Os jovens, em particular, vivem segundo crenças que são pensadas para eles pelos membros menos capazes de pensar da sociedade e pelas empresas menos limitadas por objetivos inocentes. Por mais que seus pais e professores tentem usar de engenhosidade para impedir que os jovens sejam atraídos por efeitos nefastos ao parque de diversões imbecil que agora se tornou universal, a preponderância do poder não está com eles.

No entanto não consigo entender o que isso tudo tem a ver com a ficção literária norte-americana, mesmo se, como você sugere, essa preocupação tenha, ou possa ter, "prejudicado a receptividade da ficção séria dos Estados Unidos na Europa". Como você sabe, os escritores dissidentes na Europa Oriental costumavam dizer que o "realismo socialista", a estética dominante no regime soviético, consistia em elogiar o Partido Comunista para que até seus seguidores o compreendessem. Os escritores sérios nos Estados Unidos não precisam se conformar a nenhuma estética, com certeza não à da cultura popular. O que tem essa estética da cultura popular a ver com os extraordinários autores do pós-guerra, de estilos tão diversos, como Saul Bellow, Ralph Ellison, William Styron, Don DeLillo, E. L. Doctorow, James Baldwin, Wallace Stegner, Thomas Pynchon, Robert Penn Warren, John Updike, John Cheever, Bernard Malamud, Robert Stone, Evan Connell, Louis Auchincloss, Walker Percy, Cormac McCarthy, Russell Banks, William Kennedy, John Barth, Louis Begley, William Gaddis, Norman Rush, John Edgar Wideman, David Plante, Richard Ford, William Gass, Joseph Heller, Raymond Carver, Edmund White, Oscar Hijuelos, Peter Matthiessen, Paul Theroux, John Irving, Norman Mailer, Reynolds Price, James Salter, Denis Johnson, J. F. Powers, Paul Auster, William Vollmann, Richard Stern, Alison Lurie, Flannery O'Connor, Paula Fox, Marilynne Robinson, Joyce Carol Oates, Joan Didion, Hortense Calisher, Jane Smiley, Anne Tyler, Jamaica Kincaid, Cynthia Ozick, Ann Beattie, Grace Paley, Lorrie Moore, Mary Gordon, Louise Erdrich, Toni Morrison, Eudora Welty (e de modo algum esgotei a lista), ou com jovens e sérios escritores como os maravilhosamente talentosos Michael Chabon, Junot Díaz, Nicole Krauss, Maile Meloy, Jonathan Lethem, Nathan Englander, Claire Messud, Jeffrey Eugenides, Jonathan Franzen, Jonathan Safran Foer (para mencionar apenas uns poucos)?

Você recebeu quase todos os prêmios literários, exceto um. E não é segredo que seu nome é sempre mencionado quando se fala do prêmio Nobel de literatura. Como se sente por ser um eterno candidato? Você se aborrece com isso ou ri dessa situação?

Eu me pergunto se, caso tivesse intitulado *O complexo de Portnoy* de *O orgasmo sob o capitalismo voraz*, eu não teria angariado a boa vontade da Academia Sueca.

No livro Roth libertado, de Claudia Roth Pierpont, há um capítulo interessante sobre seu trabalho clandestino com escritores perseguidos na Tchecoslováquia durante a Guerra Fria. Se um jovem autor — digamos um Philip Roth nascido em 1983 — estivesse engajado em conflitos globais no ano de 2014, quais ele escolheria?

Não sei como responder a essa pergunta. No meu caso, não fui para Praga com nenhuma missão. Não "escolhi" um lugar em crise. Estava de férias e fui a Praga querendo conhecer melhor Kafka.

Mas, na manhã seguinte à minha chegada, fui à editora que publicava meus livros para me apresentar. Levaram-me até uma sala de reunião para tomar um copinho de *slivovitz* com os funcionários da empresa. Depois, uma das diretoras me convidou para almoçar. No restaurante, onde por acaso também estava seu chefe, ela me disse em voz baixa que todos aqueles na sala de reunião eram "uns porcos", a começar pelo chefe — gente indicada pelo Partido para substituir os editores, que, quatro anos antes, haviam sido postos na rua por apoiarem as reformas da Primavera de Praga. Perguntei sobre meus tradutores, marido e mulher, e naquela noite jantei com eles. Ambos também tinham sido impedidos de trabalhar pelas mesmas razões, vivendo em exílio político.

Ao voltar para casa, conheci em Nova York um pequeno grupo de intelectuais tchecos que tinham escapado quando os russos invadiram o país com o objetivo de sufocar a Primavera de Praga. Quando voltei à Tchecoslováquia ocupada pelos russos na primavera seguinte, não fui em férias. Carregava comigo uma longa lista de pessoas que deveria conhecer, os elementos mais ameaçados de uma nação escravizada, os autores proibidos para quem o sadismo, e não o socialismo, era a religião estatal. O resto se seguiu a partir daí.

Sim, o caráter é o destino, e no entanto tudo depende do acaso.

Você pode dizer alguma coisa sobre seus quatro últimos livros, os breves romances reunidos pela Library of America num único volume intitulado Nêmesis? *Como explica a mudança para esse tipo mais curto de ficção no final de sua carreira?*

Uma catástrofe irracional ocorre em cada um desses quatro livros. Uma calamidade pessoal acontece, e a máquina punitiva enlouquece. Há uma súbita alteração na paisagem moral: punição sem crime, punição desproporcional ao crime. O tema é a desproporção. Onde está e em que consiste a causa de resultados tão horrendos? O absurdo é, improvavelmente, a ordem do dia, estar equivocado se torna um crime capital, a fuga dá errado e não leva a lugar nenhum.

A ficção com frequência define a natureza humana por meio de situações extremas. Esses quatro livros fazem exatamente isso. A atmosfera emocional baseia-se na inocência das pessoas quando se veem de fato numa enrascada, quando surge a maior emergência que se pode imaginar e a vida se transforma num problema inexplicável, que elas são incapazes de solucionar. Todas as conhecidas reservas desaparecem, de repente nada está a favor do indivíduo e, por mais inabalável que ele possa parecer, por mais talentoso, decidido e resoluto, por mais correto que seja, o desastre tem lugar e nada mais é real. Fui tentado a tomar uma máxima de Kafka como epígrafe para os quatro livros reunidos: "Na luta entre você e o mundo, apoie o mundo".

Embora eu esteja acostumado aos prazeres novelísticos da amplificação, nesses livros a escala da narrativa encolhe, e a tarefa está em mapear o movimento de uma vida num número relativamente pequeno de páginas. Cumpre apelar para o poder de síntese, respondendo à necessidade de estreitar a perspectiva e tornar o conflito mais agudo.

Como explicar a mudança para um formato ficcional mais curto? A determinação esvaindo-se diante da frustração, o menor fascínio por meu sortimento de histórias, a falta de vigor para encarar o longo trajeto — nada disso é impossível. Mas, neste caso, espero que de todo modo eu tenha alcançado as profundezas da história e mantido um alto grau de intensidade — às vezes as limitações ou os impedimentos podem abrir novos horizontes, obrigando o autor a se adaptar e evoluir, como ocorreu com Ovídio.

Como esses livros foram escritos antes que eu decidisse em 2010 aposentar-me como romancista aos 77 anos de idade, pode-se dizer que, nas últimas décadas, evoluí dos formatos longos para os curtos e daí para o nada — da amplificação para a compressão e o silêncio, um silêncio nascido da forte suspeita de que havia feito o que tinha de melhor e de que qualquer coisa mais seria inferior. Naquela altura já não estava em posse da vitalidade mental, energia verbal nem forma física necessárias para montar e sustentar um grande ataque criativo de longa duração ou uma estrutura complexa tão exigente quanto um romance, como praticamente qualquer escritor pode confirmar: mesmo no auge da forma, o quociente de autotortura exigido por essa atividade raras vezes é pequeno. Todo talento tem suas características, sua natureza, seu escopo, sua potência; e também seu tempo de vida. Por uma série de razões implacáveis, a empreitada indômita havia chegado ao fim. Os momentos de dor e de exultação tinham se esgotado. Ninguém pode ser produtivo para sempre.

Sei agora que se leva uma vida inteira para aprender isso. Sei como tudo se passou.

Caso você fosse se entrevistar a esta altura da vida, deve haver alguma pergunta que nunca lhe fizeram, que seria óbvia e importante, mas foi ignorada pelos jornalistas? Qual seria ela?

De um modo perverso, quando você indaga sobre uma pergunta ignorada pelos jornalistas, penso sobre aquela que nenhum deles parece ignorar. A pergunta é mais ou menos a seguinte: "Você ainda pensa em tal e tal coisa? Ainda acredita em tal e tal coisa?". E então citam algo dito não por mim, e sim por um personagem num livro meu. Se você não se importa, vou usar a oportunidade desta sua última pergunta para dizer o que provavelmente já está claro para os leitores das páginas literárias do *Svenska Dagbladet*, se não para os fantasmas dos jornalistas a que me refiro.

Quem quer que busque encontrar o pensamento do escritor nas palavras e nos pensamentos de seus personagens está olhando no lugar errado. Procurar pelos "pensamentos" do autor viola a riqueza da mistura que é a própria marca do romance.

O pensamento do romancista não está nas observações de seus personagens ou em suas introspecções, mas nas trajetórias que ele inventou para tais personagens, na justaposição deles e nas ramificações — semelhantes às da vida real — do conjunto que formam. A densidade dessas figuras, sua substância e os pormenores matizados de suas vidas representam o pensamento metabolizado do autor.

O pensamento do escritor está na escolha de um aspecto da realidade ainda não examinado da forma que um romancista conduz tal análise. O pensamento do escritor está enraizado em todas as ações do romance. O pensamento do escritor está presente de forma invisível no complexo desenho da trama — a constelação de coisas imaginadas que constitui a arquitetura do livro: o que Aristóteles chamou simplesmente de "arranjo das partes", "questão de tamanho e ordem". O pensamento do romance está incorporado ao foco moral da obra. O instrumento com que o romancista pensa é o rigor de seu estilo. Em tudo isso reside a força de convicção que seu pensamento pode ter.

O romance é, em si, seu mundo mental. Um romancista não é uma pequena engrenagem na grande roda do pensamento humano. Ele é uma pequena engrenagem na grande roda da literatura criativa. *Finis*.

Quarenta e cinco anos depois[*]

Relendo *O complexo de Portnoy* 45 anos após a publicação, fiquei chocado e contente: chocado por ter sido tão temerário, contente ao ser lembrado que fui tão temerário no passado. Sem dúvida, ao escrever o livro, não entendi que nunca me livraria daquele paciente psicanalítico que eu estava chamando de Alexander Portnoy — na verdade, que estava prestes a trocar minha identidade pela dele, e que, subsequentemente, para muitos sua persona e toda sua parafernália seriam vistas como minhas, alterando assim meu relacionamento com pessoas conhecidas ou não.

O complexo de Portnoy foi o quarto dos meus 31 livros. Ao escrevê-lo, não estava tentando me libertar de nada, cuidava apenas de dar sequência à carreira de escritor começada pouco antes. Não estava buscando, conforme alguns sugeriram, uma catarse como neurótico ou uma vingança como filho, e sim uma libertação estimulante das abordagens tradicionais usadas nos roman-

[*] Escrito em 2014.

ces. Embora o protagonista possa estar se esforçando para evitar as amarras da consciência moral, eu estava tentando escapar de uma consciência literária não menos onipresente, que fora moldada por minhas leituras, minha formação escolar e o enraizado senso de decoro e adequação na escrita inculcado em mim como estudante diplomado e jovem professor de inglês. Impaciente com as virtudes da progressão lógica, eu queria naquele momento evitar o desenvolvimento sistemático e coerente de um mundo imaginado — o caminho que havia trilhado em meus três primeiros livros — para avançar de forma desordenada, frenética, como um analisando aconselhado a progredir explorando a livre associação de ideias.

A fim de ajudar nesse surto frenético de emancipação, retratei um homem que é o repositório de todos os pensamentos inaceitáveis, um respeitado e sólido advogado de 33 anos possuído intimamente por perigosas sensações, queixas brutais, impulsos sinistros e uma lascívia insaciável. Escrevi sobre o quociente de sentimentos que não se enquadram nos padrões da vida social e que, embora presentes em quase todas as pessoas, são reprimidos por cada uma com graus variáveis de êxito. E é desse modo que conseguimos ouvir o advogado Portnoy, como paciente psicanalítico, engajado na tarefa de sanar (ou agravar) seus problemas.

Portnoy tem tanta raiva quanto desejo erótico. Mas quem não tem? Veja a tradução de Robert Fagles de *A ilíada*. Qual é a primeira palavra? "Cólera." É assim que toda a literatura europeia começa: cantando a cólera viril de Aquiles, que quer sua bem--amada de volta.

Escreve-se um livro repulsivo (e muitos acharam que *O complexo de Portnoy* não passava disso) não para ser repulsivo, mas para representar o repulsivo, para expor o repulsivo com toda a precisão possível, para revelar como parece ser e como é de verdade. Tchékhov sabiamente alertou os leitores e escritores para o fato de que a tarefa do artista literário não reside em resolver problemas, mas em apresentá-los de modo adequado.

Na medida em que a regra freudiana é que nada numa história pessoal é mesquinho ou vulgar demais para não ser falado — e, da mesma forma, nada é monstruoso ou grandioso demais —, a sessão psicanalítica me forneceu o cenário apropriado para dar vazão à loucura. O consultório do analista, local explorado no livro, é onde não se precisa censurar nada. A regra lá é que não há regra, e foi essa a regra que me impus a fim de retratar a zombaria satírica que um filho faz de sua família de judeus, e o objeto mais cômico da zombaria se comprova ser o próprio filho que ridiculariza, envolvido como está em sua clamorosa autossátira. A horrível agressão da sátira combinada com seu hiperrealismo — o retrato beirando a caricatura, a atração pelas coisas de mau gosto e estranhas — obviamente não era do agrado de todo mundo, assim como a grosseria do palavreado de Portnoy, a crueza de seu apetite e o regozijo culpado com que se gaba de seus orgasmos bizarros. Eu, por minha vez, fui levado nas asas da hilaridade para bem longe de minha aparição inicial como um escritor bem-comportado.

A concepção grotesca que Portnoy tem de sua vida deve muito às normas, inibições e tabus que não dominam mais nossa juventude eroticamente liberada, mesmo nas mais remotas cidadezinhas do país. No entanto para os adolescentes dos Estados Unidos no pós-guerra, na década de 1940, meio século antes que se sonhasse com a pornografia na internet, tais restrições prevaleciam no ambiente limitante em que Portnoy confrontava com grande tormento a realidade imprópria de sua natureza licenciosa: a teimosia maníaca da tumescência, a tirania despótica da testosterona. Devido à drástica mudança na perspectiva moral durante os últimos 45 anos, o registro de uma carnalidade aparentemente tão calamitosa como a de quando Portnoy proclamou pela primeira vez sua história fálica ao analista, em 1969, agora deixou de ter o mesmo impacto. Em consequência, meu livro desinibido, nascido no tumulto da década de 1960, parece agora tão datado quanto *A letra escarlate* ou o coetâneo companheiro de estábulo de *Portnoy*, o livro *Casais trocados* de Updike, outro romance genitálico então ainda suficientemente chocante a ponto de desafiar as certezas já debilitadas de uma geração sobre os limites do Eros e as prerrogativas da luxúria.

Alexander Portnoy, descanse em paz.

A impiedosa intimidade da ficção*

1

Por mais tentador que seja, não vou esmagá-los com uma tonelada de histórias sobre minha infância feliz no bairro de Weequahic desta cidade, nem sobre minha afinidade emocional com quase tudo o que é pouco poético e bem conhecido sobre a Newark daquela época. Não há nenhuma boa razão para que um homem de oitenta anos lamente o que passou ou entedie as pessoas com sua afeição apática por discorrer sobre como tudo antes era diferente. Weequahic fica a vinte minutos de ônibus deste local. Eu sei porque, quando era aluno do curso primário no colégio da Chancellor Avenue entre 1938 e 1946, vim várias vezes ao museu de ônibus escolar, para ver a famosa coleção de joias, muitas delas feitas aqui mesmo.

No entanto nada mais direi sobre aquela escola da Chancel-

---

* Discurso pronunciado em seu aniversário de oitenta anos, em 19 de março de 2013, no Museu de Newark.

lor Avenue ou sobre como, quando estudava lá, costumávamos separar com cuidado a folha de alumínio dos maços de cigarro vazios que encontrávamos amassados na sarjeta, fazendo depois com elas uma bola de bom tamanho que carregávamos para a escola, junto com nossos livros escolares, a fim de contribuir para o esforço de guerra.

Nem vou lhes contar sobre o dia mais excitante do começo de minha vida como cidadão norte-americano, 14 de agosto de 1945, quando, após três anos e meio vivendo num país mobilizado para a guerra em duas enormes frentes nas bordas opostas do hemisfério oriental, o Japão, nosso último inimigo, se rendeu. Ou sobre a noite mais excitante de minha vida como jovem cidadão norte-americano, quando o democrata Truman ganhou inesperadamente do republicano Dewey em 1948. Ou sobre o dia mais longo e mais triste de minha vida como jovem cidadão deste país, um dia primaveril de abril de 1945, menos de quatro semanas antes que a guerra contra a Alemanha nazista terminasse na Europa, quando Roosevelt, eleito por quatro vezes presidente dos Estados Unidos desde que eu havia nascido, morreu de repente de uma hemorragia cerebral aos 63 anos de idade. Nossa família mergulhada na tristeza. Nosso país mergulhado na tristeza.

Entre dezembro de 1941 e agosto de 1945, uma criança norte-americana não vivia apenas em casa, na vizinhança e na escola. Se era minimamente atenta e curiosa, também vivia o clima de uma catástrofe trágica que era global. O símbolo aterrorizante de sua natureza trágica era a bandeirinha com a estrela dourada, do tamanho de metade da placa de nosso carro, pendurada na janela da frente das casas em que um filho, um pai ou um marido havia sido morto em ação. A mãe daquela família ficava conhecida como "mãe da estrela dourada". Havia duas dessas bandeiras nas janelas dos apartamentos de nossa rua em Newark, e para a maioria dos garotos era difícil passar diante dessas janelas a caminho da escola em seu estado normal de leviandade.

Eu me perguntava então como seria uma criança ter de entrar em casa na ponta dos pés como membro de uma família enlutada, soluçando como todos na mesa de jantar, caindo na cama entristecida à noite, acordando horrorizada uma manhã atrás da outra, muda de dor na casa escurecida pelas cortinas cerradas e aquela estrela dourada em aposentos ainda dolorosamente repletos das lembranças do ente querido cujo resto de vida fora roubado. Como alguém sofrendo tal perda poderia voltar a ser criança? Eu imaginava o que significaria nunca mais ter tal alegria.

Uns quarenta anos depois, ao escrever *O teatro de Sabbath*, descobri o que era ao imaginar a família enlutada dos Sabbaths de Bradley Beach, Nova Jersey.

Não vou testar a paciência de vocês esta noite com histórias sobre a Biblioteca de Osborne Terrace, uma pequena sucursal da biblioteca principal de Newark, a cerca de um quilômetro e meio de minha casa, e de como ia lá de bicicleta a cada duas semanas para pegar livros emprestados. A cada vez voltava carregando meia dúzia de livros na cesta da bicicleta. Mas já contei isso antes e provavelmente, como vocês estarão pensando, em mais de um livro. Ninguém precisa ouvir nada mais sobre a cesta da minha bicicleta.

Em minha defesa, contudo, eu deveria dizer aqui que lembrar-se de objetos tão triviais quanto uma cesta de bicicleta não foi parte insignificante de minha vocação. Como romancista, o que funcionou para mim foi rebuscar continuamente na memória milhares e milhares de coisas desse tipo. Por mais improvável que pareça, foi a paixão pela especificidade local, o vínculo abrangente e meio próximo do fascínio por objetos aparentemente familiares, até mesmo inócuos, como a luva de pelica de uma senhora, a galinha num açougue, uma bandeirinha com a estrela dourada ou um relógio de pulso da marca Hamilton — segundo Poppa Everyman, o joalheiro de Elizabeth, em Nova Jersey, "o melhor relógio até hoje fabricado neste país, de longe o mais perfeito".

Eu dizia que essa paixão pela especificidade, pela materialidade hipnótica do mundo em que vivemos está no âmago da tarefa a que se propôs todo romancista norte-americano desde Herman Melville e sua baleia ou Mark Twain e seu rio: descobrir a descrição mais impressionante e evocativa de cada coisa deste país. Sem uma representação incisiva da coisa — viva ou inanimada —, sem a representação crucial do que é real, nada existe. Sua natureza concreta, o foco descarado em todas as banalidades, o fervor pelo singular e a profunda aversão às generalidades são a seiva da ficção. No insaciável romance realista, que abriga múltiplas realidades, a impiedosa intimidade tem origem no escrúpulo com que retrata fielmente a catadupa de informações específicas que constituem uma vida humana, na força de sua atenção intransigente com os detalhes, e em sua *consistência física*. E a missão do romance realista é enxergar o humano em suas particularidades.

Eu estava engajado nessa tarefa, devo acrescentar, até uns três anos atrás, quando acordei numa bela manhã com um sorriso no rosto, compreendendo que milagrosamente, pelo visto durante o sono, tinha por fim escapado ao senhor que me dominara ao longo de toda a vida: as duras exigências da literatura.

Não vou falar sobre o vasto e belo Parque Weequahic, desenhado por Olmsted, sobre nosso bosque e colina, o laguinho onde patinávamos e pescávamos, o lugar onde namorávamos e onde o tio de Portnoy, Hymie, estacionava o carro e pagava em dinheiro vivo a Alice, filha gói do zelador polonês, para que ela ficasse longe de seu filho Heshie.

Ou sobre o campo de terra, com 150 metros de comprimento e uns 60 de largura, uma grande área na Summit Avenue bem perto de minha casa. Escavadeiras haviam criado aquele terreno na década de 1930 ao desmontar parte da colina que ficava na Chancellor Avenue. "O campo", como todo mundo o chamava, é onde, em *Nêmesis*, Bucky Cantor lança o dardo: "Correndo com o dardo acima da cabeça, trazendo o braço para trás a fim de arremessá-lo por sobre o ombro — e então o lançamento explosivo". Também parei com isso. Descrevi o último arremesso de dardo, meu último álbum de selos, minha última fábrica de luvas, minha última joalheria, meu último seio, meu último açougue, minha última crise de família, minha última traição chocantemente injusta e meu último câncer no cérebro, como o que matou meu pai.

Não quero descrever o aparelho que se usa para furar o gelo e pescar no inverno, ou um menino exultante pegando jacaré na costa de Jersey, ou Newark tomada pelo fogo, ou os Estados Unidos tendo Charles Lindbergh como presidente, ou Praga esmagada pela bota totalitária da União Soviética, ou a diatribe de um superpatriota judeu num assentamento da Cisjordânia, ou uma missa de Natal sentado ao lado de uma cunhada antissemita numa igreja de Londres, ou a falta de preparo moral dos pais de uma moça terrorista, ou o que Shakespeare chamou de "dentes afiados da maldade".

Não quero descrever, a cada pancada da pá, como se cava uma sepultura ou como depois ela é preenchida de terra até a borda. Não quero descrever outra morte ou até mesmo o simples drama do prazer diário de viver a comédia humana. Não quero mais contemplar na ficção o destrutivo, o arruinado, o machucado, o vulnerável, o acusado e seus acusadores, ou mesmo aqueles que são inteiros, sadios, lindamente intactos e aceitam a vida com coragem e alegria.

Não vou lhes falar esta noite sobre as lutas de boxe no Laurel Garden. Nas tardes de sábado, víamos no noticiário cinematográfico do Cinema Roosevelt umas poucas cenas das disputas por título, em geral a penúltima queda antes do nocaute arrasador. Mas só era possível ver a violência em primeira mão, a força bruta de perto, frequentando o Laurel Garden de Newark, situado na Springfield Avenue, não muito longe deste museu.

A guerra. A escola. O parque. O campo. O museu. A biblioteca. As lutas. Tudo isso, ao longo do tempo, me inspirou quando eu estava trabalhando no auge da forma, o que descrevi certa vez como "aquela sensação lúbrica que é a fluência".

Como um afago especial, papai levava meu irmão mais velho e eu para ver as lutas de boxe quando éramos garotos. Não se tratava do Madison Square Garden de Nova York em seus anos dourados, era Newark e o Laurel Garden durante a guerra, por isso metade dos lutadores não valiam nada. Meu irmão e eu apostávamos cinco centavos em cada luta — um dos dois escolhia o pugilista negro e o outro, o branco. Se os dois fossem da mesma cor, um ficava com o de calção claro e o outro com o de calção mais escuro. Numa noite ruim, eu era capaz de perder os 25 centavos que meu pai me dava toda semana.

Mas aquelas noitadas no Laurel Garden proporcionavam uma experiência sublime para um garoto de dez anos. Era praticamente um fenômeno espiritual. Para mim, ganhava da sinagoga de goleada. Alegrias perversas, masculinas! A gente podia ficar asfixiado simplesmente por respirar aquilo que dentro da arena era considerado ar. Homens adultos, em vozes roucas e indignadas, que soavam comicamente melódicas aos meus ouvidos, urravam palavras de encorajamento para os lutadores. O rude libreto para uma ópera-bufa de Newark.

E foi assim, aliás, que descobri que metade dos pugilistas não valia nada. Nunca saberia por minha conta. Mas os sujeitos espertos, os caras durões, os valentões e meliantes sentados nas arquibancadas lá de cima — se matando coletivamente de tanto fumar — proclamavam a plenos pulmões: "Seu merda! Vagabundo!". O primeiro encontro de um menino com a excitante profanidade.

Não vou contar como vi Jackie Robinson em 1946, um ano antes que ele rompesse a barreira contra os negros nas ligas principais de beisebol ao jogar pelos Brooklyn Dodgers. Ele era então membro de um time menor da organização dos Dodgers, o Montreal Royals, que jogaram contra o nosso Newark Bears, por sua vez parte da organização dos Yankees na liga Triple-A. A partida foi disputada no Estádio Ruppert, no Fifth Ward, o bairro da classe operária mais conhecido como Down Neck e Ironbound.

Com a entrada custando 25 centavos nos dias de semana, lá só estavam os garotos que, abençoadamente ignorantes das artimanhas de Eros, tinham como maior paixão as sutilezas do beisebol e o heroísmo individual dos jogadores. Éramos nós e os bêbados espalhados pelas arquibancadas. A maioria dos bêbados não aborrecia ninguém, e passava a maior parte da tarde gemendo e roncando sob o sol de verão.

Mas um deles, eu me lembro, um bem inspirado, acordava de tempos em tempos e, olhando com estupor ao seu redor, fazia força para descobrir onde se encontrava. E então, independentemente do que pudesse estar acontecendo na partida — sobre a qual não tinha a menor ideia —, ele se punha de pé e, balançando-se nas pernas trôpegas, enigmaticamente berrava com as duas mãos em concha em volta da boca: "Não deixa ele bater! Esse cara é perigoso!".

Mas com certeza vocês não vieram a Newark para se sentarem aqui ouvindo esse tipo de conversa a noite toda. O professor Finkielkraut me diz que os termos derivados do grego para esse tipo de figura de linguagem — dizer que não vai falar sobre alguma coisa e depois, criando um duvidoso efeito irônico, acabar falando — são "paralipse" ou "prolepse". É melhor então assumir daqui para a frente uma abordagem clássica, mais fácil de ser suportada mesmo por uma audiência amistosa, mesmo que não possa camuflar tão bem as emoções do orador.

2

Antes que eu leia um trecho de meu romance *O teatro de Sabbath*, de 1995, permitam-me dizer alguma coisa sobre o livro e seu protagonista. *O teatro de Sabbath* toma como epígrafe uma fala do idoso Próspero: a admissão por ele da verdade inexorável, da irritante lei da cessação, que invade seu cérebro.

"A cada três pensamentos", diz Próspero, "um será dedicado a meu túmulo."

Eu poderia ter intitulado o livro *A morte e a arte de morrer*. Trata-se de um romance repleto de colapsos, repleto de suicídios, repleto de ódio, repleto de lascívia. Onde a desobediência é desenfreada. Onde a morte impera.

Mickey Sabbath não vive de costas para a morte como gente normal que nem nós costuma fazer. Ninguém poderia ter concordado mais entusiasticamente do que Sabbath com a avaliação de Franz Kafka: "O significado da vida é que ela cessa".

Encontrar-se com os mortos, reunir-se a eles, nunca está longe da mente de Sabbath. Quanto mais se aproxima dos mortos — de *seus* mortos —, mais forte é o vulcão de sentimentos atormentados e mais distante ele fica com relação à performance desesperada e antagonista que é sua vida. O livro é uma viagem cruel em que os mortos penetram pelas feridas abertas do protagonista principal.

No livro impregnado de morte, há o grande pesar de Sabbath pela morte dos outros, e uma grande galhardia com relação à sua morte. Há pulos de prazer como também há pulos de desespero. Sabbath aprende a desconfiar da vida quando seu adorado irmão mais velho é morto na Segunda Guerra Mundial. É a morte de Morty que determina como Sabbath viverá. A morte de Morty estabelece o padrão ouro do sofrimento.

Golpeado pela morte, Sabbath é instruído antes da hora pelas crises nascidas da causalidade. Aos quinze anos, quando algo inimaginável se torna uma realidade cruel, ele se transforma totalmente com o desaparecimento, num piscar de olhos, de tudo o que é essencial à vida.

Nesse romance, os cadáveres não estão escondidos debaixo do assoalho sobre o qual os vivos dançam a vida inteira. Aqui os defuntos também dançam. Nenhuma morte deixa de ser descrita, assim como nenhuma perda. Todos que lá entram, todos, estão casados com a morte e ninguém escapa à dor. Há perda, há morte, estertores, decadência, pesar — e riso! Riso incontrolável! Perseguido pela morte e seguido em toda parte pelo riso.

Esse Sabbath é um piadista como Hamlet, que dá uma piscadela diante da tragédia fazendo gracejos tal como Sabbath dá uma piscadela diante do gênero da comédia, planejando se suicidar.

Entretanto quando o amor é grande e a perda real — como no caso do irmão, da mãe, do pai e de Drenka, a amante que ele visita todas as noites enquanto ela definha no leito de morte —, então a astúcia desaparece. Nessas horas, até mesmo o corpulento, ladino, imprudente, artrítico, derrotado e imperdoável Mickey Sabbath, repulsivo e vestido de forma aberrante, é levado a extremos de sofrimento — apesar de passar o tempo todo da leviandade para a seriedade, da repugnância para a melancolia, da loucura para a palhaçada, mesmo sendo incapaz de prezar os sentimentos de elevada moralidade e as ideologias louváveis de seus concidadãos, mesmo sendo um poço de antagonismos e, como uma parcela tão significativa da humanidade defeituosa, nunca conseguindo libertar-se de si próprio.

As profundezas que Sabbath revela residem em suas polaridades. O que se designa clinicamente pela palavra *bipolaridade* é algo insignificante em comparação com o que se enxerga em Sabbath. Ele está mais próximo de ser um aglomerado de intensas polaridades, polaridades sobrepostas a outras polaridades, gerando não uma série de atores, mas uma única existência, aquele teatro com um só intérprete no palco.

Ao contrário de Swede Levov em meu romance subsequente, *Pastoral americana*, Sabbath é qualquer coisa menos um homem externamente perfeito. O que o move é uma turbulência instintiva do homem que existe por baixo do homem: o homem incontrolável, o homem não exonerado de culpa — ou melhor, o homem refratário, refratário significando alguém "resistente ao tratamento ou à cura", refratário significando alguém "capaz de suportar altas temperaturas". Refratário não como uma patologia, mas como uma condição humana. O homem refratário sendo aquele que não fará liga com nada ou ninguém.

Seu modo refratário de vida: não consegue e não deseja esconder nada, e com sua natureza raivosa e satírica zomba de tudo, vivendo mais além dos limites da discrição e do bom gosto, blasfemando contra os decentes — esse modo refratário de vida é sua única resposta a um lugar em que nada cumpre suas promessas e tudo é perecível. Uma vida de contenda incessante é a melhor preparação que ele conhece para a morte. Nessa incompatibilidade, ele encontra sua verdade.

3

A fim de comemorar o fato de me ter sido generosamente concedido tempo suficiente e boa saúde para terminar 31 livros, quero ler para vocês algumas das páginas de que mais gosto em meio a tantas que escrevi. E, depois de ter recentemente concluído mais de meio século de luta com a escrita, estou longe de apreciar todas as páginas por mim escritas.

Veremos Sabbath num cemitério perto da costa de Jersey procurando sozinho pelos túmulos de seus avós, seus pais e Morty, o irmão cujo bimotor B-25J fora derrubado, em 3 de dezembro de 1944, enquanto ele o pilotava numa missão de bombardeio rotineiro sobre as Filipinas, ocupadas pelos japoneses. Embora tenham se passado cinquenta anos, Mickey Sabbath, agora com 64, ainda procura o irmão insubstituível. A perda governa seu mundo.

De *O teatro de Sabbath*, começando pela parte inferior da página 363 e terminando no meio da página 370.*

Dirigindo-se aos túmulos antigos, ao campo fúnebre instalado nos tempos mais remotos pelos judeus originais do litoral, Sabbath se manteve ao largo do enterro em curso e teve o cuidado de evitar os cães de guarda quando passou pela casinha vermelha. Esses cães ainda não tinham se tornado amáveis e conversadores em face das cortesias cotidianas, muito menos com os velhos tabus que predominam em um cemitério judeu. Judeus vigiados por cães? Do ponto de vista histórico, um troço muito errado. A alternativa de Sabbath era ser sepultado bucolicamente em Battle Mountain, o mais perto de Drenka que pudesse ficar. Isso havia passado pela sua cabeça, hoje, mais cedo. Mas com quem ele conversaria lá em cima? Nunca encontrara um gói capaz de falar depressa o suficiente para ele. E lá, então, eles ficariam mais lentos ainda. Sabbath teria de engolir o insulto dos cães. Nenhum cemitério havia de ser perfeito.

Após dez minutos perambulando sob a garoa, à procura do túmulo de seus avós, Sabbath reconheceu que apenas se caminhasse metodicamente para um lado e outro, lendo todas as lápi-

---

* Trad. de Rubens Figueiredo. São Paulo: Companhia das Letras, 1997, pp. 431-9. (N. T.)

des de uma ponta a outra de cada fileira de sepulturas, ele poderia ter a esperança de encontrar Clara e Mordecai Sabbath. Certas lápides menores, ele podia ignorar — elas em geral indicavam: "Em repouso" —, mas as centenas e centenas de grandes pedras tumulares requeriam sua atenção concentrada, era necessário uma imersão tão completa nelas que nada mais havia dentro de Sabbath, senão aqueles nomes. Sabbath teve de deixar de lado a antipatia que essas pessoas teriam sentido em relação a ele, bem como o desprezo que ele mesmo teria sentido em relação a elas, teve de esquecer as pessoas que elas haviam sido quando estavam vivas. Pois, quando estamos mortos, já não somos mais insuportáveis. Vale para mim, também. Ele tinha de beber à saúde dos mortos, beber até a borra depositada no fundo do copo.

Nossa amada mãe Minnie. Nosso amado marido e pai Sidney. Amada mãe e avó Frieda. Amado marido e pai Jacob. Amado marido, pai e avô Samuel. Amado marido e pai Joseph. Amada mãe Sarah. Amada esposa Rebecca. Amado marido e pai Benjamin. Amada mãe e avó Tessa. Amada mãe e avó Sophie. Amada mãe Bertha. Amado marido Hyman. Amado marido Morris. Amado marido e pai William. Amada esposa e mãe Rebecca. Amada filha e irmã Hannah Sarah. Nossa amada mãe Klara. Amado marido Max. Nossa amada filha Sadie. Amada esposa Tillie. Amado marido Bernard. Amado marido e pai Fred. Amado marido e pai Frank. Minha querida esposa e nossa amada mãe Lena. Nosso querido pai Marcus. E assim por diante.

Ninguém que seja amado escapa vivo. Só os mais antigos trazem inscrições apenas em hebraico. Nosso filho e irmão Nathan. Nosso querido pai Edward. Marido e pai Louis. Amada esposa e mãe Fannie. Amada mãe e esposa Rose. Amado marido e pai Solomon. Amado filho e irmão Harry. Em memória do meu amado marido e do nosso querido pai Lewis. Amado filho Sidney. Amada esposa de Louis e mãe de George, Lucille. Amada mãe Tillie. Amado pai Abraham. Amada mãe e avó Leah. Amado marido e pai Emanuel. Amada mãe Sarah. Amado pai Samuel. E na minha, amado o quê? Apenas isso: Amado o quê. David Schwartz, amado filho e irmão, morto a serviço do seu país, 1894-1918. Em memória de Gertie, esposa fiel e amiga leal. Nosso amado pai Sam. Nosso filho, de dezenove anos, 1903-1922. Nenhum nome, apenas "nosso filho".

Amada esposa e querida mãe Florence. Amado dr. Boris. Amado marido e pai Samuel. Amado pai Saul. Amada esposa e mãe Celia. Amada mãe Chasa. Amado marido e pai Isadore. Amada esposa e mãe Esther. Amada mãe Jennie. Amado marido e pai David. Nossa amada mãe Gertrude. Amado marido, pai e irmão Jekyl. Amada tia Sima. Amada filha Ethel. Amada esposa e mãe Annie. Amada esposa e mãe Frima. Amado pai e marido Hersch. Amado pai...

E aqui estamos. Sabbath. Clara Sabbath 1872-1941. Mordecai Sabbath 1871-1923. Aqui estão eles. Uma lápide simples. E uma pedra arredondada em cima. Quem veio visitá-los? Mort, você veio visitar nossa avó? Papai? Quem é que se importa? Quem sobrou? O que está aí dentro? Nem mesmo o caixão está mais aí dentro. Diziam que você era cabeça-dura, Mordecai, de maus bofes, um grande brincalhão... se bem que nem mesmo você seria capaz de fazer uma piada com isso aqui. Ninguém consegue. Melhor do que isso, eles não conseguem ser. E a vovó. Seu nome, também o nome da sua ocupação. Uma pessoa prática. Tudo sobre a senhora — sua estatura, aqueles vestidos, seu silêncio — dizia "eu não sou indispensável".

Nenhuma contradição, nenhuma tentação, embora a senhora adorasse, de modo desregrado, comer espigas de milho. Mamãe detestava ter de ver a senhora comendo milho. Era a pior coisa do verão, para ela. Deixava mamãe "enjoada". Eu adorava olhar. A não ser por isso, vocês duas se davam muito bem. Provavelmente, ficar calada era o segredo, deixar que ela organizasse as coisas ao jeito dela. Abertamente parcial em relação a Morty, cujo nome foi uma homenagem ao vovô Mordecai, mas quem poderia culpar a senhora? A senhora não sobreviveu para ver tudo desmoronar. Sorte sua. Nada de sensacional na senhora, vovó, mas também nada de ruim. A vida poderia ter marcado a senhora de uma maneira bem pior. Nascida na cidadezinha de Mikulice, morta no Memorial de Pitkin.

Deixei de contar alguma coisa? Sim. A senhora adorava limpar o peixe para nós quando Morty e eu vínhamos para casa, de noite, de volta da pescaria com vara grande e molinete. Em geral, voltávamos de mãos abanando, mas o grande triunfo era voltar para casa carregando umas enchovas no balde! A senhora limpava os peixes na cozinha. Metia a ponta da faca numa abertura, provavelmente o ânus, cortava em linha reta em direção ao centro, até chegar junto às guelras e aí (essa é a parte que eu mais gostava de ver) a senhora simplesmente enfiava a mão dentro do peixe, agarrava firme todos os miúdos e jogava para o lado. Depois, metia na água fervente. Raspava as escamas e de algum modo não deixava que elas se espalhassem para todos os lados. Eu costumava levar quinze minutos para limpar o peixe e depois meia hora para limpar a cozinha. Com a senhora, a coisa toda levava dez minutos. Mamãe até deixava a senhora cozinhar o peixe. Nunca cortava a cabeça e o rabo. Assava o peixe inteiro. Enchova assada, milho, tomates frescos, aqueles tomatões grandes de Jersey. A refeição da vovó.

Sim, sim, era uma coisa fora de série ficar lá na praia, no anoitecer, ao lado de Morty. A gente costumava conversar com os outros homens. A infância e seus terríveis marcos. Dos oito, mais ou menos, até os treze anos, o lastro fundamental que possuímos. Ou é certo ou é errado. O meu foi certo. O lastro original, um vínculo com aqueles que estavam próximos quando aprendíamos o que significava ter sentimentos, um vínculo talvez não mais estranho porém mais forte do que o vínculo erótico. Uma coisa boa para se poder contemplar uma última vez — em lugar de dar cabo de tudo às pressas e fugir correndo daqui —, alguns pontos altos, alguns pontos altos humanos.

Passar um tempo com o homem na casa ao lado e com seus filhos. Encontrar-se e conversar no pátio. Lá na praia, pescando ao lado de Mort. Bons tempos. Morty costumava conversar com os outros homens, os pescadores. Fazia isso com a maior naturalidade. Para mim, tudo que ele fazia tinha o peso de uma autoridade. Um cara de calça marrom, camisa branca de manga curta e sempre com um charuto na boca costumava nos contar que estava pouco ligando se ia ou não pegar algum peixe (o que era sorte dele, porque raramente pegava mais do que um cação miúdo), ele dizia para nós, garotos: "O maior prazer de pescar é sair de casa. Ir para longe das mulheres".

Sempre ríamos, mas, para Morty e eu, a fisgada do peixe é que era a grande emoção. Com uma enchova, a gente tirava a sorte grande. A vara sacode na sua mão. Tudo sacode. Morty era meu professor de pesca. "Quando uma garoupa morde a isca, arranca logo para longe. Se você prende a linha no molinete, ela vai arrebentar. Então é só deixar a linha correr solta. Com uma enchova, depois da mordida, você pode ir enrolando logo, mas não com uma garoupa. A enchova é grande e forte, mas é a garoupa que vai brigar." Tirar um baiacu do anzol era uma dificuldade para todo mundo, menos para Morty — espinhos e ferrões não o perturbavam. Outra coisa pouco divertida era pegar arraias. A senhora lembra como fui parar no hospital quando tinha oito anos? Eu estava na ponta do quebra-mar e peguei uma arraia enorme, ela me mordeu e desmaiei na mesma hora. São lindas nadadoras, ondulando na água, mas são umas predadoras sacanas, muito más, com seus dentes afiados. Uma coisa medonha. Parecem um tubarão achatado. Morty teve de gritar pedindo socorro, veio um cara e me carregaram para o carro desse sujeito e me levaram às pressas para Pitkin.

Quando saíamos para pescar, a senhora mal podia esperar que voltássemos a fim de limpar nossos peixes. Costumávamos pegar savelhas. Pesavam menos de meio quilo. A senhora fritava quatro ou cinco de uma vez na frigideira. Muito espinhentos, mas saborosos. Ver a senhora comendo uma savelha também era bastante divertido, para todo mundo, menos para mamãe. O que mais trazíamos para a senhora limpar? Linguados, solhas, quando pescávamos na barra do Shark River. Pescadas. Era isso.

Quando Morty entrou para a Força Aérea, uma noite antes de partir, nós fomos até a praia com nossas varas e ficamos lá durante uma hora. Nunca lidávamos com o equipamento como se fôssemos garotos brincando. Íamos pescar a sério. Vara, anzóis, chumbadas, linha, às vezes isca artificial, na maioria das vezes isca de verdade, quase sempre lula. Era assim. Equipamento completo. Um anzol grande, com várias pontas. Nunca limpava a vara. Uma vez, num verão, espirrei um pouco de água na minha vara. Conservava sempre o mesmo material. Só mudava as chumbadas e a isca, se queríamos pescar mais no fundo.

Fomos até a praia para pescar durante uma hora. Todo mundo em casa estava chorando porque ele ia para a guerra no dia seguinte. A senhora já estava aqui. A senhora já tinha partido. Por isso vou lhe contar o que aconteceu. 10 de outubro de 1942. Ele deixou para partir depois de setembro porque queria ver o meu bar mitsvá, queria estar lá, comigo. No dia 11 de outubro ele foi para Perth Amboy, se alistar.

A última pescaria no quebra-mar e na praia. Em meados ou no final de outubro, os peixes sumiam. Eu perguntei a Morty — quando ele estava me dando as primeiras lições, no quebra-mar, com uma varinha pequena e uma carretilha, feitas para pescar em água parada — "Para onde vão os peixes?" "Ninguém sabe", ele disse.

"Ninguém sabe para onde vão os peixes. Depois que chegam ao mar, quem sabe onde eles se metem? O que você acha? Imagina que alguém vai seguir os peixes por aí? Esse é o mistério da pescaria. Ninguém sabe onde eles vão parar."

Caminhamos até o final da rua, naquela noite, descemos a escada e seguimos pela praia. Estava quase escurecendo. Morty conseguia arremessar a linha a 45 metros de distância, mesmo antes de inventarem o molinete de carretel fixo e voltado para a frente. Ele usava carretilhas de frente aberta. Apenas uma bobina com uma manivela. As varas eram muito mais duras, na época, as carretilhas muito menos ágeis e as varas bem mais duras. Para um garoto, era uma tortura arremessar a linha. No início, eu sempre emaranhava tudo. Gastava a maior parte do tempo desenroscando a linha. Mas, no final, eu conseguia. Morty disse que ia sentir saudade de sair para pescar comigo. Ele me havia levado até a praia para se despedir de mim, sem a família se lamuriando à nossa volta.

"Ficar aqui de pé", disse ele, "o ar do mar, a calma, o barulho das ondas, os dedos dos pés enfiados na areia, a ideia de que existem todas essas criaturas lá longe, prestes a morder nossa isca. Essa emoção de haver alguma coisa lá. A gente não sabe o que é, não pode imaginar como é incrível. A gente não sabe sequer se um dia vai poder ver o que está lá." E ele de fato nunca chegou a ver, nem, é claro, teve o que a gente acaba tendo quando fica mais velho, uma coisa que escarnece do fato de a gente se entusiasmar com essas coisas simples, algo amorfo e esmagador e que, provavelmente, é o horror. Não, em vez disso ele foi morto.

E essas são as notícias, vovó. A grande paixão da nossa geração, ficar de pé na praia pescando, ao entardecer, ao lado do irmão mais velho. A senhora dormia no mesmo quarto, ficava muito perto. Ele me levava junto para toda parte. Em certo verão, quando ele tinha uns doze anos, arrumou trabalho vendendo bananas de porta em porta. Tinha um homem em Belmar que só vendia bananas, ele contratou Morty e Morty me contratou. O trabalho consistia em percorrer as ruas gritando: "Bananas, vinte e cinco centavos o cacho!". Que emprego sensacional. Às vezes, eu ainda sonho com esse emprego. A gente era pago para gritar "Bananas!".

Nas terças e sextas, depois que a escola libertava os alunos, ele ia depenar galinhas para o açougueiro kosher, Feldman. Um fazendeiro de Lakewood costumava visitar Feldman e vender galinhas para ele. Morty me levava junto, para ajudar. Eu gostava mais da pior parte: espalhar vaselina pelos nossos braços inteiros a fim de nos proteger dos piolhos. Eu ficava me sentindo um cara muito importante, com oito ou nove anos de idade, por não ter o menor medo daqueles piolhos sacanas e nojentos e, como Mort, por sentir um desprezo absoluto por eles e ficar ali sem dar a menor bola, apenas depenando as galinhas.

Ele também costumava me proteger dos judeus sírios. Os garotos tinham o hábito de dançar na calçada, no verão, em frente ao Mike and Lou's. A dança do jitterbug, ao som da vitrola automática. Duvido que a senhora tenha alguma vez visto isso. Num verão, na época que Morty trabalhou no Mike and Lou's, ele trazia para casa o seu avental e mamãe o lavava, para que Mort o usasse na noite seguinte. O avental ficava com manchas amarelas de mostarda e vermelhas dos temperos. A mostarda entrava junto com ele no nosso quarto, quando ele vinha para casa, de noite. Cheirava a mostarda, chucrute e cachorro-quente. O bar Mike and Lou's tinha bons cachorros-quentes. Feitos na grelha.

Os caras sírios costumavam dançar do lado de fora, na calçada, costumavam dançar sozinhos, feito marinheiros. Tinham uma dança que era uma espécie de mambo de Damasco, uns passos muito explosivos. Todos eram aparentados, formavam um clã, e de pele bem escura. Os garotos sírios que se juntavam a nossas partidas de baralho jogavam ferozmente o vinte e um. Os pais deles, na época, trabalhavam com botões, linhas e tecidos. Eu costumava ouvir o pai de um amigão meu, o estofador de Neptune, falar a respeito deles enquanto os homens jogavam pôquer na cozinha da nossa casa, nas noites de sexta-feira. "O dinheiro é o deus deles. São as pessoas mais duronas do mundo para se fazer negócio. Passam a perna na gente assim que a gente vira as costas."

Alguns desses garotos sírios chamavam a atenção. Um deles, um dos irmãos Gindi, chegava perto da gente e dava um murro sem razão alguma, chegava de repente e partia a nossa cara, depois ficava só olhando um pouco para a gente e ia embora. Eu ficava hipnotizado pela irmã dele. Eu tinha doze anos. Ela e eu éramos da mesma turma na escola. Miudinha, um hidrante com uma cabeleira. Sobrancelhas enormes. Eu não conseguia tirar da cabeça a sua pele escura. Ela contou ao irmão alguma coisa que eu disse e, certa vez, ele começou a me bater. Eu morria de medo dele. Eu nunca deveria ter olhado para ela, muito menos ter dito qualquer coisa. Mas a pele escura me deixava doido. Sempre foi assim.

Ele começou a me bater bem em frente do bar Mike and Lou's, e Morty veio lá de dentro com o seu avental manchado e disse para Gindi: "Fique longe dele". E Gindi perguntou: "Vai querer encarar?". E Morty disse: "Vou, sim". Gindi deu um murro nele e arrebentou o nariz todo de Morty. Lembra? Isaac Gindi. Sua forma de narcisismo nunca me atraiu. Morty levou dezesseis pontos. Aqueles sírios viviam em outra faixa de tempo. Viviam cochichando uns com os outros. Mas eu tinha doze anos, dentro das minhas calças as coisas começavam a reverberar e eu não conseguia tirar os olhos da irmã cabeluda deles. Sonia era seu nome. Sonia tinha outro irmão, se bem me lembro, Maurice, que também não era nada humano.

Mas então veio a guerra. Eu tinha treze anos, Morty tinha dezoito. Ali estava um rapaz que nunca se afastava de casa, exceto talvez para um torneio de corrida na pista de atletismo. Nunca tinha saído do município de Monmouth. Todos os dias da sua vida, ele voltava para casa. O infinito renovado a cada dia. E na manhã seguinte ele se foi para morrer. Mas, afinal, a morte é o infinito por excelência, não é? A senhora não concorda? Bem, se é que isso interessa, antes de prosseguir quero dizer uma coisa: nunca comi milho na espiga sem lembrar com satisfação o frenesi guloso da senhora e da sua dentadura, e também a repugnância que isso provocava em minha mãe. Isso me ensinou muito mais do que entender sogras e noras: me ensinou tudo. Uma avó exemplar, e mamãe fazia todo o possível para não botar a senhora no olho da rua. E minha mãe não era nada severa — a senhora sabe disso. Mas o que traz felicidade a uns dá nojo a outros. A interação, a ridícula interação, o bastante para matar todo mundo.

Amada esposa e mãe Fannie. Amada esposa e mãe Hannah. Amado marido e pai Jack. E assim por diante. Nossa amada mãe Rose. Nosso amado pai Harry. Nosso amado marido, pai e avô Meyer. Gente. Todos, gente. E aqui está o capitão Schloss e ali...

Na terra revirada onde Lee Goldman, outra esposa e avó dedicada, se unira havia pouco tempo a outro membro de sua família, um ente querido ainda sem identificação, Sabbath encontrou pedras arredondadas para colocar sobre as lápides de sua mãe, seu pai e Morty. E uma para Ida.

Aqui estou.

Cronologia

1933   Philip Roth nasce em 19 de março em Newark, Nova Jersey, segundo filho de Herman Roth e Bess Finkel. (Bess Finkel nasceu em 1904 na cidade de Elizabeth, Nova Jersey, a segunda filha de cinco do casal Philip e Dora Finkel, imigrantes judeus das proximidades de Kiev. Herman Roth nasceu em 1901 na cidade de Newark, Nova Jersey, filho do meio dos sete nascidos do casal Sender e Bertha Roth, imigrantes judeus da Galícia polonesa. Casaram-se em Newark em 21 de fevereiro de 1926, abrindo pouco depois uma pequena sapataria. O filho deles Sanford, o Sandy, nasceu em 26 de dezembro de 1927. Depois da falência da sapataria e de um breve período como policial, Herman Roth se empregou como agente de seguros no escritório de Newark da Metropolitan Life Insurance Company, permanecendo como funcionário da companhia até aposentar-se em 1966 como gerente da região.) A família mudou-se para um apartamento no segundo andar de um prédio com unidades de cinco aposentos nos dois primeiros andares e uma unidade de três aposentos no andar mais alto, no número 81 da Summit Avenue em Newark. A Summit Avenue era uma rua residencial de classe média baixa no bairro Weequahic, a vinte minutos de ônibus do centro e a menos de um quarteirão da escola da Chancellor Avenue e do Colégio Weequahic, considerado à época a melhor escola pública de nível secundário. Essas foram as duas escolas que Sandy e Philip frequentaram.

Weequahic foi criado entre 1910 e 1920 como um novo bairro no canto sudoeste de Newark, a uns cinco quilômetros da zona industrial da cidade e das instalações portuárias na baía de Newark. Na primeira metade do século XX, Newark era uma próspera cidade fabril com cerca de 420 mil habitantes, majoritariamente da classe operária e descendentes de alemães, italianos, eslavos e irlandeses. Os negros e judeus compunham dois dos menores grupos na cidade. Entre as décadas de 1930 e 1950, a maior parte dos judeus vivia no bairro Weequahic, onde predominavam com relação aos demais moradores.

1938   Philip entra em janeiro para o jardim de infância da escola da Chancellor Avenue.

1942   A família Roth muda-se para o apartamento do segundo andar de um prédio para duas famílias com filhos e para um casal sem filhos ou pessoa solteira, no número 359 da Leslie Street, três quarteirões a oeste da Summit Avenue e ainda no bairro Weequahic, porém mais perto da fronteira semi-industrial com Irvington.

1946   Philip termina o curso primário em janeiro, tendo pulado um ano. O irmão se forma no ginásio e decide alistar-se na Marinha por dois anos, em vez de ser recrutado para servir o Exército quando os Estados Unidos ainda não tinham entrado na guerra.

1947   A família muda-se para um apartamento no primeiro andar de um prédio para duas famílias com filhos e para um casal sem filhos ou pessoa solteira no número 385 da Leslie Street, bem próximo da esquina com a Chancellor Avenue, principal artéria comercial do bairro. Philip deixa de ler ficção esportiva escrita por John R. Tunis e de aventura escrita por Howard Pease e começa a ler os romances históricos de inclinação esquerdista de Howard Fast.

1948   O irmão dá baixa da Marinha e, com a ajuda da lei que ampara os militares, passa a cursar, como estudante de arte comercial, o Pratt Institute, no Brooklyn. Philip interessa-se vivamente pela política durante a disputa de quatro candidatos pela presidência dos Estados Unidos, na qual o republicano Dewey perde para o democrata Truman embora um partido segregacionista e um partido esquerdista tivessem atraído eleitores que tradicionalmente apoiavam as candidaturas democratas.

1950   Termina em janeiro o curso secundário. Trabalha na loja de departamentos S. Klein no centro de Newark. Lê Thomas Wolfe; descobre Sherwood Anderson, Ring Lardner, Erskine Caldwell e Theodore

Dreiser. Em setembro, entra para o College of Rutgers em Newark como estudante de direito enquanto continua a morar com a família. (A Newark Rutgers, então uma universidade recém-criada, ocupava dois pequenos prédios adaptados no centro, um deles anteriormente um banco, o outro uma cervejaria.)

1951 Ainda como estudante de direito, transfere-se em setembro para a Bucknell University em Lewisburg, Pensilvânia. O irmão forma-se no Pratt Institute e muda-se para Nova York a fim de trabalhar numa agência de publicidade. Os pais mudam-se para Moorestown, Nova Jersey, aproximadamente 110 quilômetros a sudoeste de Newark; o pai assume a gerência da divisão da Metropolitan Life que atende o sul de Jersey, depois de ter sido gerente de várias divisões no norte.

1952 Decide estudar literatura inglesa. Com dois amigos, cria a revista literária da Bucknell, *Et Cetera*, e se torna seu primeiro editor. Escreve os primeiros contos. Bastante influenciado em seus estudos literários pela professora de inglês Mildred Martin, sob cuja tutela lê muito e com quem inicia uma amizade que dura toda a vida.

1954 É eleito para a Phi Beta Kappa e se forma em inglês na Bucknell com a distinção *magna cum laude* em inglês. Recebe uma bolsa para estudar inglês na Universidade de Chicago a partir de setembro. Lê *As aventuras de Augie March*, de Saul Bellow, e sob sua influência explora Chicago.

1955 Em junho conclui o mestrado em inglês com *Honors*. Em setembro, em vez de esperar para ser recrutado, alista-se no Exército por um período de dois anos. Sofre uma lesão na coluna durante o treinamento básico em Fort Dix. Em novembro, é designado para o Escritório de Informação Pública no hospital do Exército Walter Reed, em Washington, DC. Começa a escrever os contos "The Conversion of the Jews" e "Epstein". *Epoch*, uma revista literária trimestral da Universidade Cornell, publica "The Contest for Aaron Gold", que é republicado na coletânea *Best American Short Stories — 1956*, de Martha Foley.

1956 É hospitalizado em junho por conta de complicações da lesão na coluna. Após dois meses no hospital, recebe uma dispensa honrosa do Exército por razões médicas e uma pensão por invalidez. Em setembro, retorna à Universidade de Chicago como professor na Faculdade de Artes, dando aulas de redação aos alunos do primeiro ano. Começa a fazer cursos visando obter o doutorado, mas abandona após um período escolar. Conhece Ted Solotaroff, também estudante de pós-graduação, e se tornam amigos.

1957 Publica na revista *Commentary* "You Can't Tell a Man by the Song He Sings". Escreve o longo conto *Adeus, Columbus*. Conhece Saul Bellow na Universidade de Chicago quando ele é convidado a assistir uma aula dada pelo escritor Richard Stern, amigo e colega de Roth. Começa a escrever resenhas de cinema e televisão para a *New Republic*, depois que a revista publica "Positive Thinking on Pennsylvania Avenue", uma matéria humorística que satiriza as crenças religiosas do presidente Eisenhower.

1958 Publica "The Conversion of the Jews" e "Epstein" na *Paris Review*; "Epstein" ganha o prêmio Aga Khan da *Paris Review*, entregue a Roth em Paris no mês de julho. Passa o primeiro verão no exterior, sobretudo em Paris. Houghton Mifflin concede a Roth a Houghton Mifflin Literary Fellowship a fim de publicar o conto longo e cinco curtos num único volume; George Starbuck, poeta e amigo de Chicago, é seu editor. Pede demissão da função de professor na Universidade de Chicago. Muda-se para um apartamento de porão de dois aposentos no Lower East Side de Manhattan. Faz amizade com George Plimpton e Robert Silvers, editores da *Paris Review*, bem como com Martin Greenberg, editor da *Commentary*.

1959 Casa-se com Margaret Martinson Williams. Publica "Defender of the Faith" na *New Yorker*, causando consternação nas organizações judaicas e em certos rabinos, que atacam a revista e condenam o autor como antissemita; o conto é incluído na coletânea *Adeus, Columbus*, assim como em *Best American Short Stories — 1960* e *Prize Stories — 1960*, que reúne os contos que recebem o prêmio O. Henry, ocupando o segundo lugar. *Adeus, Columbus* é publicado em maio. Roth recebe uma bolsa Guggenheim e um prêmio da Academia Norte-Americana de Artes e Letras. O livro recebe resenhas altamente favoráveis de Bellow, Alfred Kazin, Leslie Fiedler e Irving Howe; rabinos influentes denunciam Roth em seus sermões como um "judeu que tem ódio de si próprio". Roth e sua mulher partem dos Estados Unidos a fim de passar sete meses na Itália, onde ele trabalha em seu primeiro romance, *As melhores intenções*; conhece William Styron, que está morando em Roma e torna-se um amigo de toda a vida. Styron apresenta a Roth o editor que publica seus livros, Donald Klopfer, da Random House; quando George Starbuck sai da Houghton Mifflin, Roth vai para a Random House.

1960   *Adeus, Columbus e cinco contos* ganha o National Book Award. A coletânea ganha também o prêmio Daroff, do Jewish Book Council of America. Roth volta para os Estados Unidos a fim de dar aulas na Oficina de Autores da Universidade de Iowa, em Iowa City. Conhece o professor de teatro Howard Stein (mais tarde reitor da Escola de Teatro da Universidade Columbia), que se torna um amigo de toda a vida. Continua a trabalhar em *As melhores intenções*. Viaja para o Meio-Oeste. Participa do simpósio da *Esquire* na Universidade Stanford; seu discurso, "Escrevendo sobre a ficção norte-americana", publicado na *Commentary* no mês de março de 1961, é objeto de amplo debate. Após uma palestra em Oregon, encontra-se com Bernard Malamud, cuja ficção ele admira.

1962   Após dois anos em Iowa, aceita ser "escritor em residência" na Universidade Princeton. Separa-se de Margaret Roth. Muda-se para Nova York e se desloca para dar aulas na Princeton. (Até 1970, mora em diversos locais de Manhattan.) Conhece o sociólogo de Princeton Melvin Tumin, nascido em Newark, e tornam-se amigos. A Random House publica *As melhores intenções*.

1963   Recebe uma subvenção da Ford Foundation para escrever peças de teatro em cooperação com o American Place Theater de Nova York. Divorcia-se de Margaret Roth. Torna-se amigo íntimo de Aaron Asher, formado na Universidade de Chicago e editor na Meridian Books, a primeira editora a publicar *Adeus, Columbus* em edição de bolso. Em junho participa do simpósio do American Jewish Congress em Tel Aviv, Israel, ao lado dos escritores norte-americanos Leslie Fiedler e Max Lerner e do crítico literário David Boroff. Viaja por Israel durante um mês.

1964   Dá aulas na Universidade do Estado de Nova York em Stony Brook, Long Island. Resenha peças de James Baldwin, LeRoi Jones e Edward Albee para a recém-criada *New York Review of Books*. Passa um mês na Yaddo, o refúgio de escritores em Saratoga Springs, Nova York, que oferece hospedagem gratuita. (Trabalhará na Yaddo durante vários meses em diferentes ocasiões ao longo da década de 1960.) Conhece a romancista Alison Lurie e o pintor Julius Goldstein, tornando-se amigo de ambos.

1965   Começa a dar aulas de literatura comparada na Universidade da Pensilvânia um semestre por ano, mais ou menos de forma regular até meados da década de 1970. Conhece o professor Joel Conarroe, que se torna seu amigo íntimo. Começa a trabalhar em *Quando ela era boa* após abandonar outro romance, iniciado em 1962.

1966	Publica *Quando ela era boa* na *Harper's*. Incomoda-se crescentemente com a Guerra do Vietnã e, nos anos seguintes, participa de marchas e manifestações contra ela.
1967	Publica *Quando ela era boa*. Começa a trabalhar em *O complexo de Portnoy*, do qual publica trechos em *Esquire*, *Partisan Review* e *New American Review*, na qual Ted Solotaroff é editor.
1968	Margaret Roth morre num acidente automobilístico. Roth passa dois meses na Yaddo finalizando *O complexo de Portnoy*.
1969	*O complexo de Portnoy* é publicado em fevereiro. Em poucas semanas se torna o livro de ficção mais vendido nos Estados Unidos e um fenômeno cultural amplamente debatido. Roth não faz aparições públicas e se refugia durante vários meses na Yaddo. Aluga uma casa em Woodstock, Nova York, e se encontra com o pintor Philip Guston, que mora perto. Eles se tornam amigos íntimos e se veem com regularidade até a morte de Guston, em 1980. Renova a amizade com Bernard Malamud, que, tal como Roth, é membro da corporação que administra a Yaddo.
1970	Passa o mês de março viajando por Tailândia, Burma, Camboja e Hong Kong. Começa a trabalhar em *Minha vida de homem*, do qual publica um trecho em *Modern Occasions*. É eleito para o Instituto Nacional de Artes e Letras, sendo seu membro mais moço. Até 1972, vive sobretudo em Woodstock, viajando até a Universidade da Pensilvânia para dar aulas.
1971	Trechos de *Our Gang*, uma sátira do governo Nixon, são publicados na *New York Review of Books* e em *Modern Occasions*; o livro é editado pela Random House no outono. Continua a trabalhar em *Minha vida de homem*; escreve *O seio* e *The Great American Novel*. Começa a dar um curso sobre Kafka na Universidade da Pensilvânia.
1972	*O seio*, primeiro de três livros que têm David Kepesh como protagonista, publicado por Holt, Rinehart and Winston, empresa em que Aaron Asher é seu editor. Roth compra uma velha casa de fazenda e cerca de dezesseis hectares no noroeste de Connecticut, a 160 quilômetros de Nova York, mudando-se de Woodstock para lá. Em maio, viaja para Veneza, Viena e, pela primeira vez, Praga. Lá conhece seus tradutores, Luba e Rudolph Pilar, que lhe descrevem o impacto da situação política dos escritores tchecos. De volta aos Estados Unidos, trata de se encontrar com o editor tcheco exilado Antonín Liehm em Nova York; frequenta as aulas semanais de Liehm sobre história, literatura e cinema tchecos no College of Staten Island, Universidade

da Cidade de Nova York. Graças à amizade com Liehm, encontra-se com numerosos exilados tchecos, incluindo os diretores cinematográficos Ivan Passer e Jiří Weiss, que se tornam seus amigos. É eleito para a Academia Norte-Americana de Artes e Ciências.

1973 Publica *The Great American Novel* e o ensaio "Contemplando Kafka" na *New American Review*. Retorna a Praga e se encontra com os romancistas Milan Kundera, Ivan Klíma, Ludvík Vaculík, o poeta Miroslav Holub e outros escritores inscritos na lista negra e perseguidos pelo regime comunista apoiado pela União Soviética; torna-se amigo de Rita Klímová, uma tradutora e professora proscrita, que servirá como primeira embaixadora da Tchecoslováquia nos Estados Unidos depois da "Revolução de Veludo" de 1989. (Fará viagens anuais durante a primavera a Praga a fim de visitar seus amigos escritores até 1977, quando lhe é negado o visto de entrada.) Escreve "Country Report" sobre a Tchecoslováquia para o PEN Clube norte-americano. Propõe para a editora Penguin Books USA uma série de livros de bolso intitulada *Writers from the Other Europe* [Escritores da Outra Europa]; torna-se editor-geral da série, selecionando livros, contratando introduções e supervisionando a publicação de escritores da Europa Oriental relativamente desconhecidos pelos leitores norte-americanos. Começando em 1974, a série publica obras de ficção dos autores poloneses Jerzy Andrzejewski, Tadeusz Borowski, Tadeusz Konwicki, Witold Gombrowicz e Bruno Schulz; dos autores húngaros György Konrád e Géza Csáth; do autor iugoslavo Danilo Kiš; e dos autores tchecos Bohumil Hrabal, Milan Kundera e Ludvík Vaculík. A série termina em 1989. Publicada a "Watergate Edition" de *Our Gang*, que inclui novo prefácio de Roth.

1974 Roth publica *Minha vida de homem*. Visita Budapeste e Praga, conhecendo autores húngaros através do PEN Club local e da *Hungarian Quarterly*. Em Praga se encontra com Václav Havel. Através do amigo e professor Zdenek Strybyrny, visita e se torna amigo da sobrinha de Franz Kafka, Vera Saudkova, que lhe mostra fotos e objetos da família; subsequentemente, torna-se amigo em Londres de Marianne Steiner, filha de Valli, irmã de Kafka. Também por meio de Strybyrny se encontra com a viúva de Jiří Weil; ao voltar para os Estados Unidos, trata de conseguir que se traduza e publique o romance *Life with a Star*, de Weil, bem como vários de seus contos na *American Poetry Review*, para os quais fornece uma introdução. Em Princeton, encontra-se com Joanna Rostropowicz Clark, esposa do amigo Blair Clark; ela se torna uma amiga íntima e apresenta Roth à literatura polonesa contemporânea e aos autores poloneses em visita aos Estados Unidos, incluindo Konwicki e Kazimierz Brandys. Publica "Imaginando judeus" na *New York Review of Books*; o ensaio provoca uma carta do professor universitário, editor, escritor e ex-padre jesuíta Jack Miles. Os dois passam a se corresponder, criando-se uma duradoura amizade intelectual. Em Nova York, encontra-se com o professor, editor, escritor e jornalista Bernard Avishai; eles rapidamente estabelecem um forte relacionamento intelectual e tornam-se amigos de toda a vida.

1975   Aaron Asher sai da Holt e se torna editor-chefe na Farrar, Straus and Giroux (FSG); Roth se tranfere com Asher para a publicação de *Lendo o que eu e outros escreveram*, uma coletânea de entrevistas e ensaios críticos. Conhece a atriz britânica Claire Bloom.

1976   Entrevista Isaac Bashevis Singer sobre Bruno Schulz para um artigo da *New York Times Book Review* de modo a coincidir com a publicação do livro de Schulz *Street of Crocodiles,* na série *Writers from the Other Europe.* Muda-se com Claire Bloom para Londres, cidade onde vivem de seis a sete meses por ano durante os doze anos seguintes. Passa os meses restantes em Connecticut, onde Bloom se junta a ele quando não está atuando em filmes, televisão ou produções teatrais. Em Londres, retoma a amizade com o crítico britânico A. Alvarez e, poucos anos mais tarde, inicia uma amizade com o escritor norte-americano Michael Herr (autor de *Dispatches,* que Roth admira) e com o pintor norte-americano R. B. Kitaj. Também conhece o crítico e biógrafo Hermione Lee, que se torna um amigo, assim como ocorre com a romancista Edna O'Brien. Inicia visitas regulares à França para se encontrar com Milan Kundera e outro novo amigo, o escritor e crítico francês Alain Finkielkraut. Visita Israel pela primeira vez desde 1963 e para lá retorna com frequência, mantendo um diário que mais adiante fornece ideias e material para os romances *O avesso da vida* e *Operação Shylock*. Conhece o escritor Aharon Appelfeld em Jerusalém e eles se tornam amigos íntimos.

1977   Publica *O professor do desejo*, segundo livro da trilogia Kepesh. Começando em 1977 e tendo sequência nos poucos anos seguintes, escreve uma série de peças para televisão estreladas por Claire Bloom: adaptações de *The Name-Day Party*, um conto de Tchékhov; *Journey into the Whirlwind,* a autobiografia de Eugenia Ginzburg sobre o gulag soviético; e, com David Plante, *It Isn't Fair,* as memórias de Plante sobre o relacionamento com Jean Rhys. A pedido do diretor do Festival de Chichester, atualiza a tradução feita por David Magarshack da peça de Tchékhov *O jardim das cerejeiras* para a performance de Claire Bloom, em 1981, no papel da Madame Ranyevskaya.

1979   *O escritor fantasma*, primeiro romance em que aparece o romancista Nathan Zuckerman como protagonista, é publicado por inteiro na revista *The New Yorker* e, posteriormente, pela FSG. Bucknell concede a Roth seu primeiro diploma honorífico; mais tarde recebe diplomas desse tipo das universidades de Amherst, Brown, Columbia, Dartmouth, Harvard, Pensilvânia e Rutgers, entre outras.

1980   Um livro intitulado *A Philip Roth Reader* é publicado com edição de Martin Green. Milan e Vera Kundera visitam Connecticut em sua primeira viagem aos Estados Unidos; Roth apresenta Kundera à amiga e editora da *New Yorker* Veronica Geng, que também se torna editora de Kundera na revista. A conversa com Milan Kundera, em Londres e em Connecticut, é publicada na *New York Times Book Review*.

1981   A mãe morre de um repentino ataque cardíaco em Elizabeth, Nova Jersey. *Zuckerman libertado* é publicado.

1982   Corresponde-se com Judith Thurman após ler a biografia de Isak Dinesen escrita por ela, e tornam-se amigos.

1983   O médico de Roth e seu vizinho no condado de Litchfield, o dr. C. H. Huvelle, aposenta-se de sua clínica em Connecticut e os dois tornam-se amigos íntimos.

1984   *A lição de anatomia* é publicado. Aaron Asher sai da FSG e David Rieff se torna o editor de Roth; em breve os dois se tornam amigos íntimos. A conversa com Edna O'Brien em Londres é publicada na *New York Times Book Review*. Em colaboração com o diretor da BBC Tristram Powell, adapta *O escritor fantasma* para a televisão, numa peça estrelada por Claire Bloom; o programa é transmitido nos Estados Unidos e no Reino Unido. Conhece o professor da Universidade de Connecticut Ross Miller e os dois criam uma forte amizade literária.

1985   É publicado o livro *Zuckerman acorrentado*, uma compilação de *O escritor fantasma*, *Zuckerman libertado* e *A lição de anatomia*, tendo como epílogo *A orgia de Praga*. Adapta *A orgia de Praga* para a televisão inglesa, mas a peça nunca foi produzida.

1986 Passa vários dias em Turim com Primo Levi. A conversa com Levi é publicada na *New York Times Book Review*, que também pede que Roth escreva uma memória sobre Bernard Malamud quando ele morre, aos 72 anos de idade. *O avesso da vida* é publicado; ganha o National Book Critics Circle Award como melhor obra de ficção do ano.

1987 Corresponde-se com o escritor romeno exilado Norman Manea, que está morando em Berlim, e o encoraja a viver nos Estados Unidos; Manea chega no ano seguinte e os dois se tornam amigos íntimos.

1988 *Os fatos* é publicado. Viaja para Jerusalém a fim de entrevistar Aharon Appelfeld, e o texto é publicado na *New York Times Book Review*. Em Jerusalém, assiste todos os dias ao julgamento de Ivan Demjanjuk, alegadamente o guarda de Treblinka que tinha o apelido de "Ivan, o Terrível". Volta aos Estados Unidos para lá viver o ano todo. Torna-se professor emérito de literatura no Hunter College da Universidade da Cidade de Nova York, onde lecionará por um semestre a cada ano até 1991.

1989 O pai morre de um tumor no cérebro após um ano de convalescença. David Rieff sai da FSG. Pela primeira vez desde 1970, Roth passa a ter um agente literário, Andrew Wylie, da Wylie, Aitken and Stone. Sai da FSG e se transfere para a Simon and Schuster. Escreve uma memória de Philip Guston, publicada na *Vanity Fair* e, subsequentemente, reproduzida nos catálogos de Guston.

1990 Viaja para Praga, já livre do regime comunista, a fim de manter a conversa com Ivan Klíma publicada pela *New York Review of Books*. *Engano* é publicado por Simon and Schuster. Roth casa-se com Claire Bloom em Nova York.

1991 *Patrimônio* é publicado; ganha o National Book Critics Circle Award na categoria biografia. Renova a forte amizade com Saul Bellow.

1992 Lê trechos de *Patrimônio* numa turnê que percorre todo o país e se estende até 1993. Publica um curto perfil de Norman Manea na *New York Times Book Review*.

1993 *Operação Shylock* é publicado; ganha o prêmio PEN/Faulkner para ficção. Separa-se de Claire Bloom. Escreve *Dr. Huvelle: A Biographical Sketch*, que publica por conta própria como um livrinho de 34 páginas para distribuição local.

1994 Divorcia-se de Claire Bloom.

1995 Volta para a Houghton Mifflin, onde John Sterling é seu editor. *O teatro de Sabbath* é publicado e ganha o National Book Award de ficção.

1997   John Sterling sai da Houghton Mifflin e Wendy Strothman torna-se editora de Roth. *Pastoral americana*, o primeiro livro da Trilogia norte-americana, é publicado e ganha o prêmio Pulitzer de ficção.

1998   *Casei com um comunista*, o segundo da trilogia, é publicado e ganha o prêmio Embaixador do Livro, da English-Speaking Union. Em outubro, Roth participa em Aix-en-Provence de um programa literário internacional de três dias em homenagem à sua obra. Em novembro, recebe a Medalha Nacional das Artes na Casa Branca.

2000   Publica *A marca humana*, último livro da trilogia, que ganha o prêmio PEN/Faulkner nos Estados Unidos, o prêmio W. H. Smith no Reino Unido e o prêmio Médicis de melhor livro estrangeiro do ano na França. Publica "Relendo Saul Bellow" na *New Yorker*.

2001   Publica *O animal agonizante*, último livro da trilogia de Kepesh, e *Entre nós: um escritor e seus colegas falam de trabalho*, uma coletânea de entrevistas com escritores e ensaios sobre eles (Primo Levi, Aharon Appelfeld, I. B. Singer, Edna O'Brien, Milan Kundera, Ivan Klíma, Philip Guston, Bernard Malamud e Saul Bellow, além de uma troca de cartas com Mary McCarthy). Recebe o mais alto prêmio da Academia Norte-Americana de Artes e Letras, a Medalha de Ouro em ficção, concedida a cada seis anos "pela totalidade da obra", previamente concedida a Willa Cather, Edith Wharton, John Dos Passos, William Faulkner, Saul Bellow, Isaac Bashevis Singer, entre outros. Recebe a Medalha Edward McDowell; William Styron, presidente do comitê de seleção, observa na cerimônia de agraciamento que Roth "fez com que se instalasse em nossa consciência coletiva um grupo pequeno e seleto de seres humanos que são impressionantemente vívidos e tão completamente idealizados quanto os melhores personagens da ficção moderna".

2002   Recebe a Medalha de Contribuição Notável às Letras Norte-Americanas, da Fundação Nacional do Livro.

2003   Recebe diplomas honoríficos das Universidades Harvard e da Pensilvânia. As obras de Roth estão agora publicadas em 31 línguas.

2004   Publica o romance *Complô contra a América*, que se torna best-seller e ganha o prêmio W. H. Smith de melhor livro do ano no Reino Unido. Nos 46 anos de história desse prêmio, Roth é o primeiro escritor a ganhá-lo duas vezes.

2005   *Complô contra a América* ganha o prêmio Fenimore Cooper, da Sociedade de Historiadores Norte-Americanos, como o melhor romance histórico sobre um tema norte-americano nos anos de 2003 e 2004. Em 23 de outubro, a casa de Roth na infância, situada no número 81 da Summit Avenue em Newark, recebe uma placa como local de relevância histórica, e a esquina próxima dela passa a se chamar Philip Roth Plaza.

2006   Publica *Homem comum* em maio. Torna-se o quarto autor a receber a mais alta honraria literária do PEN Club, o prêmio PEN/Nabokov. Recebe o prêmio Power of the Press, da Associação de Bibliotecas de Nova Jersey, pelo tributo póstumo publicado no *Newark Star-Ledger* em homenagem a seu amigo íntimo, o bibliotecário e historiador de Newark, Charles Cummings.

2007   Recebe o prêmio PEN/Faulkner por *Homem comum*, o primeiro autor a receber tal honraria três vezes. Ganha o recém-criado prêmio PEN/Saul Bellow, de realizações na ficção norte-americana, e o primeiro prêmio Grinzane-Masters na Itália, uma honraria dedicada aos grandes mestres da literatura. *Fantasma sai de cena* é publicado.

2008   O aniversário de 75 anos é marcado por uma celebração da vida e da obra de Roth na Universidade Columbia. *Indignação* é publicado.

2009   Homenageado em evento no Queens College intitulado "Celebração do cinquentenário da obra de Philip Roth". Recebe o prêmio Charles Cummings, da Comissão de Preservação e Patrimônio Histórico de Newark, que patrocina as excursões anuais "A Newark de Philip Roth". Publica *A humilhação*. Ganha o prêmio literário anual do jornal alemão *Die Welt*.

2010   Recebe o prêmio Hadada da *Paris Review* em abril. Publica *Nêmesis* em setembro. Deixa de escrever ficção.

2011   Em março, recebe a medalha National Humanities na Casa Branca. Ganha o prêmio Man Booker International.

2012   Recebe o prêmio da Biblioteca do Congresso, relativo a realizações criativas. Em outubro, ganha o prêmio espanhol Príncipe das Astúrias de literatura.

2013   Agraciado com o título de comandante da Legião de Honra da França. Ganha a Medalha Emerson-Thoreau, da Academia Norte-Americana de Artes e Ciências. Recebe o prêmio PEN/Allen Foundation de serviços literários, por "seu envolvimento pessoal na promoção da liberdade de expressão na Europa Oriental". Cerimônia do aniversário de oitenta anos organizada pela Sociedade Philip Roth em conjunto com a Comissão de Preservação e Patrimônio Histórico de Newark, tem seu lugar no Museu de Newark.

2014	Recebe o diploma honorífico do Jewish Theological Seminary em Nova York. Recebe a Medalha de Arte Yaddo.
2018	Morre em Manhattan, de insuficiência cardíaca, aos 85 anos.

Sobre os textos

Este volume contém 37 ensaios, entrevistas e discursos selecionados pelo autor, inclusive textos extraídos de *Reading Myself and Others* (Nova York: Farrar, Straus and Giroux, 1975; edição aumentada, Nova York: Penguin, 1985), alguns pessoalmente revistos por ele. As conversas de *Shop Talk: A Writer and His Colleagues and Their Work* (2001) aparecem aqui conforme o texto original; já "Relendo Saul Bellow" e os textos da seção "Explicações" que já haviam sido publicados aparecem numa forma ligeiramente diferente. A seguinte lista informa o título original, a data e o local da primeira publicação de cada texto.

I. DE *LENDO O QUE EU E OUTROS ESCREVERAM*

"I ALWAYS WANTED YOU TO ADMIRE MY FASTING"; OR, LOOKING AT KAFKA. *American Review*, maio 1973.

WRITING AMERICAN FICTION. *Commentary*, mar. 1961.

NEW JEWISH STEREOTYPES. *American Judaism*, inverno de 1961, com o título "The New Jewish Stereotypes".

WRITING ABOUT JEWS. *Commentary*, dez. 1963.

ON *PORTNOY'S COMPLAINT*. *New York Times Book Review*, 23 fev. 1969.

IN RESPONSE TO THOSE WHO HAVE ASKED ME: HOW DID YOU COME TO WRITE THAT BOOK, ANYWAY? *American Poetry Review*, jul.-ago. 1974.

IMAGINING JEWS. *New York Review of Books*, 29 set. 1974.

541

WRITING AND THE POWERS THAT BE. *American Poetry Review,* jul.-ago. 1974.

AFTER EIGHT BOOKS. *Ontario Review,* outono de 1974.

INTERVIEW WITH *LE NOUVEL OBSERVATEUR. Le Nouvel Observateur,* maio 1981.

INTERVIEW WITH *THE LONDON SUNDAY TIMES. London Sunday Times,* 19 fev. 1985.

INTERVIEW WITH *THE PARIS REVIEW. Paris Review,* outono de 1985.

INTERVIEW ON *ZUCKERMAN.* Asher Z. Milbauer e Donald G. Watson (Orgs.), *Reading Philip Roth* (Nova York: St. Martin's Press, 1988), com o título "An Interview with Philip Roth".

II. *ENTRE NÓS: UM ESCRITOR E SEUS COLEGAS FALAM DE TRABALHO*

CONVERSATION IN TURIN WITH PRIMO LEVI. *New York Times Book Review,* 12 out. 1986, com o título "A Man Saved by His Skills: An Interview with Primo Levi".

CONVERSATION IN JERUSALEM WITH AHARON APPELFELD. *New York Times Book Review,* 28 fev. 1988, com o título "Walking the Way of the Survivor: A Talk with Aharon Appelfeld".

CONVERSATION IN PRAGUE WITH IVAN KLÍMA. *New York Review of Books,* 12 abr. 1990, as "A Conversation in Prague".

CONVERSATION IN NEW YORK WITH ISAAC BASHEVIS SINGER ABOUT BRUNO SCHULZ. *New York Times Book Review,* 13 fev. 1977, com o título "Roth and Singer on Bruno Schulz".

CONVERSATION IN LONDON AND CONNECTICUT WITH MILAN KUNDERA. *New York Times Book Review,* 30 nov. 1980, com o título "The Most Original Book of the Season".

CONVERSATION IN LONDON WITH EDNA O'BRIEN. *New York Times Book Review,* 18 nov. 1984, com o título "A Conversation with Edna O'Brien: The Body Contains the Life Story".

AN EXCHANGE WITH MARY MCCARTHY. *New Yorker,* 28 dez. 1998-4 jan. 1999.

PICTURES OF MALAMUD. *New York Times Book Review,* 20 abr. 1986.

PICTURES OF GUSTON. *Vanity Fair,* out. 1989, com o título "Breast Baring".

REREADING SAUL BELLOW. *New Yorker,* 9 out. 2000.

III. EXPLICAÇÕES

JUICE OR GRAVY? Palestra proferida no Lotos Club de Nova York, 1994, publicada como posfácio à edição comemorativa de 25 anos de *O complexo de Port-*

noy (Nova York: Vintage, 1994) e na *New York Times Book Review*, 18 set. 1994.

PATRIMONY. Discurso de aceitação do prêmio da Sociedade Histórica de Nova Jersey em 5 de outubro de 1992. Inédito em livro.

YIDDISH/ENGLISH. Discurso de aceitação do Prêmio de Conjunto da Obra do Instituto de Pesquisa Judaica (Yivo), em 4 de dezembro de 1997. Inédito em livro.

"I HAVE FALLEN IN LOVE WITH AMERICAN NAMES". Discurso de aceitação da Medalha de Contribuição Notável às Letras Norte-Americanas, concedida pela Fundação Nacional do Livro, em 20 de novembro de 2002. Inédito em livro.

MY UCHRONIA. *New York Times Book Review*, 19 set. 2004, com o título "The Story Behind 'The Plot Against America'".

ERIC DUNCAN. Comentários feitos durante a comemoração do aniversário de 75 anos de Roth na Universidade Columbia, em 11 de abril de 2008. Inédito em livro.

ERRATA. A primeira parte foi publicada com o título "An Open Letter to Wikipedia" no blog Page-Turner da *New Yorker* em 6 de setembro de 2012: <http://newyorker.com/books/page-turner/an-open-letter-to-wikipedia>. O restante aparece aqui pela primeira vez em livro.

"TYRANNY IS BETTER ORGANIZED THAN FREEDOM". *New York Times*, 20 abr. 2013, com o título "In Memory of a Friend, Teacher and Mentor".

A CZECH EDUCATION. Discurso de aceitação da Medalha de Serviço Literário na noite de gala literária do PEN Club em 30 de abril de 2013. Inédito em livro.

THE PRIMACY OF *LUDUS*. Discurso de aceitação da Medalha Emerson-Thoreau da Academia Norte-Americana de Artes e Ciências, em 11 de outubro de 2013, lido por Stephen Greenblatt. Inédito em livro.

INTERVIEW ON *THE GHOST WRITER*. Blog The Book Haven, 3 fev. 2014, com o título "An Interview with Philip Roth: The Novelist's Obsession Is with Language": <https://bookhaven.stanford.edu/2014/02/an-interview-with-philip--roth-the-novelists-obsession-is-with-language/>.

INTERVIEW WITH *SVENSKA DAGBLADET*. *Svenska Dagbladet* (Estocolmo; em sueco), 2 mar. 2014, publicado na mesma data em inglês na *New York Times Book Review*.

FORTY-FIVE YEARS ON. *T: The New York Times Style Magazine*, 6 nov. 2014, como parte de "Old Books, New Thoughts", que contou com participação de Roth e mais seis escritores sobre seus primeiros trabalhos.

THE RUTHLESS INTIMACY OF FICTION. Discurso pronunciado em seu aniversário de oitenta anos, em 19 de março de 2013, no Museu de Newark, publicado originalmente em *Philip Roth at 80* (Nova York: Library of America, 2013).

Índice remissivo

Abel (personagem bíblico), 104
Abraão (patriarca hebreu), 78
Academia de Estudos Judaicos de Berlim, 22
Academia Norte-Americana de Artes e Ciências, 481
Academia Sueca, 498
Acatla (México), 382
Adams, Henry, 487
Adams, Sherman, 42
Addams, Jane, 490
África, 55-6, 121, 136, 276, 387-8
afro-americanos, 27, 88, 122, 311, 433, 453-5, 459, 513
Agnew, Spiro, 377
Agnon, S. Y., 273, 321
Agor (Israel), 357-9
Agostinho, Santo: *Confissões*, 197
Alcott, Louisa May, 102
Alemanha, 8, 16, 79, 84-6, 176, 308, 312, 438, 440, 446, 465, 496, 508
alemão, idioma, 29, 263-5, 272, 277, 310, 326, 424, 427

Alger, Horatio, 64
Allyson, June, 211
Amagansett (NY), 458
America First (movimento), 440, 442
American Judaism (revista), 104
American Place Theatre, 100
American Review (revista), 207
americanização, 139, 176, 421, 429
Anderson, Sherwood, 162, 174, 258, 430; "The Man Who Turned Into Woman", 162
Ann Arbor (Michigan), 282
Annie Get Your Gun (musical), 384
antissemitismo, 7-8, 61, 67-8, 72, 80, 82, 84-6, 89, 95-6, 137-9, 156, 161, 178, 185, 187, 210, 214, 225, 228-9, 255-6, 277-8, 310, 325, 355, 357-8, 429, 435-7, 439, 442-3, 446, 449, 461-2, 486, 492, 511
antroposofia, 397
Appalachian Spring (Copland), 384
Appelfeld, Aharon, 8, 260-2, 264, 266-7,

269-70, 272-3, 276-7, 280, 423-4, 426; *Badenheim*, 266-8, 270-1, 423; *The Age of Wonders*, 263-4, 266; *The Immortal Bartfuss*, 279-81; *To the Land of the Cattails*, 275; *Tzili*, 268, 270

Appelfeld, Batya, 261

Appelfeld, Judith, 261

Appelfeld, Meir, 260

Appelfeld, Yitzak, 261

Aquiles (personagem mitológico), 504

Árabe-Israelense, Guerra (1973), 124

Aranowicz, Yehiel, 63

Aristófanes, 446

Aristóteles, 502

Arnold, Matthew: "Dover Beach", 45

asquenaze, judeus, 257

Atlantic (revista), 464

Auchincloss, Louis, 497

Auschwitz, campo de concentração de, 14, 62, 70, 245-54, 256, 269, 282, 304

Austen, Jane, 353

Auster, Paul, 497

Áustria, 258, 322, 333

autoritarismo, 384

Babel, Isaac, 329

Baker, Bob, 361, 363

Baldwin, James, 88, 497

Baleroso, Señorita (professora de espanhol), 471

Banks, Russell, 497

Barnacle, Nora, 349-50

Barth, John, 497

Bartók, Béla, 333

Bataille, Georges, 167, 339

batistas, 173

Bauer, Felice, 307

beatniks, 68

beats, 47-8

Beattie, Ann, 497

Beckett, Samuel, 168, 197, 230, 234, 268, 343, 348, 362, 374; *Malone morre*, 343, 362; *Molloy*, 197, 231, 268, 362, 374; *O inominável*, 168

Bedwell, Benny, 40-2

Bedwell, sra., 41

Begin, Menachem, 464

Begley, Louis, 497

beisebol, campeonato nacional de, 117

Bellow, Janis Freedman, 423

Bellow, Saul, 51-3, 55-6, 58, 118-24, 126-8, 130, 137, 159, 169, 173, 175, 177, 257, 276, 328, 348, 355, 380-3, 385-7, 389-401, 423-4, 495, 497; *A vítima*, 118-9, 124, 139, 276, 380-1, 387, 396; *Agarre a vida*, 120, 159, 385--7, 390, 396; *As aventuras de Augie March*, 51-2, 54, 118-9, 173, 380-5, 387, 391-3, 396, 399, 401, 423; *Dezembro fatal*, 396, 401; *Henderson, o rei da chuva*, 55-8, 119-21, 136, 276, 387-8, 390, 392-3, 395-6; *Herzog*, 121, 124, 130, 388-96, 400-1; "Leaving the Yellow House", 160; *Na corda bamba*, 124, 380-1, 399; *O legado de Humboldt*, 396, 398-9; *O planeta do sr. Sammler*, 128, 395-6; "The Old System", 123

Benét, Stephen Vincent: "American Names", 432

Bennington (Vermont), 365, 367

"Benny Bedwell Blues, The" (canção), 41

Benny, Jack, 196, 198

Berger, Thomas, 51

Berlim, 15-6, 18, 21-3, 34

Berlin, Irving, 384, 464
Berman, Shelley, 96
Bernstein, Leonard, 384
Berryman, John, 203, 288
Bíblia, 273
Billy the Kid (Copland), 384
Blake, William, 366-7
Bloom, Claire, 366
Bloomingdale's (loja de departamentos), 111
B'nai B'rith, 60, 104, 185
Boêmia, 310, 333, 338
Boone, Pat, 60, 65
Borowski, Tadeusz, 282, 304; *Ladies and Gentlemen*, 304; *This Way for the Gas*, 304
Bosch, Hieronymus, 381
Boston (Massachusetts), 481; Universidade de, 423
Botstein, Leon, 356
Boudin, Katherine, 469
Boudin, Leonard, 469
Bradley Beach (Nova Jersey), 509
Brando, Marlon, 113
Brejnev, Leonid, 139
Breton, André, 336
Broadway (Nova York), 33, 38, 45, 100-1, 121, 213, 328, 486
Brod, Max, 8, 14-5, 17, 20-2, 263, 310
Brontë, Charlotte: *Jane Eyre*, 352
Brontë, Emily: *O morro dos ventos uivantes*, 352
Brown, Tina, 489
Broyard, Anatole, 453-60; "Sunday Dinner in Brooklyn", 459; "What the Cystoscope Said", 458, 460
Bruce, Lenny, 96, 208, 276
Buber, Martin, 124, 266
Buber-Neumann, Margaret, 17

Buchalter, Louis (Lepke), 116, 276
Buchenwald, campo de concentração de, 62, 70
Bucovina (Europa Oriental), 261, 272, 424, 426
Budínová-Mlyná ová, Rita, 478
budismo, 356; zen, 49
Bush, George W., 311, 446
Butler, Samuel: *The Way of All Flesh*, 37
Byrdcliffe, colônia de (NY), 373
Byron, Lord, 353

Caim (personagem bíblico), 104
Caldwell, Erskine, 430
Califórnia, 63, 111, 375
Calisher, Hortense, 497
Cambridge (Massachussets), 423, 435
Camus, Albert: *A peste*, 210
Canetti, Elias, 464
Čapek, Karel, 302
capitalismo, 315, 429, 489, 498
Carnegie, Andrew, 490
Carolina do Norte, 430
Carolina Israelite, The (jornal), 64
Carson, Johnny, 110, 353
Carta 77 (Tchecoslováquia), 300-1, 314
Carver, Raymond, 497
catolicismo, 293, 323, 349, 441, 473
Catskills, montanhas (NY), 26, 199, 373
Celan, Paul, 281
Céline, Louis-Ferdinand, 196-8, 234
censura, 72, 142, 209, 232, 283, 291, 294-5, 301, 317-8, 395, 479, 493
Centro Comunitário Judaico de Hartford (Connecticut), 71
Cervantes, Miguel de: *Dom Quixote*, 341

Chabon, Michael, 498
Chancellor Avenue Elementary School, 507
Chaplin, Charles, 290, 436
chassídicos, judeus, 326
Chatto and Windus (editora britânica), 285
Cheever, John, 434, 497
Chesterfield, Lord, 54
Chicago (Illinois), 39-42, 50, 60, 104, 119-21, 123, 155, 173-4, 184, 194, 199, 236, 348, 381, 383-4, 389, 394, 398-401, 405, 407-8, 415-6, 421, 423-4, 489; Universidade de, 174, 405, 421, 423
Chicago Review (revista), 199
Chicago Sun-Times (jornal), 41
Chile, 149
chineses nos EUA, 229, 489
Christian Front, 443
Cisjordânia, 357, 511
Cleveland, Grover, 487
Cohn, Roy, 42
Colette, Sidonie-Gabrielle: *A vagabunda*, 198; *L'Entrave*, 198
Columbia, Universidade, 448
Commentary (revista), 43, 63, 95, 137-8, 162, 208, 210, 362
comunismo, 9, 282, 284, 297, 299, 301, 304, 306-7, 309, 312-4, 317, 444, 474-5, 478, 492
Conciliação de 1877, 489
Concord (Massachussets), 481
Connecticut, 8, 71, 367, 371, 472-3
Connell, Evan, 497
Conrad, Joseph, 448
Conselho de Rabinos dos Estados Unidos, 71
Constituição dos Estados Unidos, 450, 489

Cooperstown (NY), 377
Copland, Aaron, 384
Coreia, Guerra da, 407, 446
Corso, Gregory, 47
Cortázar, Julio, 317
Corvallis (Oregon), 361, 368
Corwin, Norman, 474
Coughlin, Charles, 436, 443, 446
cristianismo, 68, 116, 134, 141, 174, 188, 264, 314, 355-6, 359, 434, 443, 462
cubanos nos EUA, 229

dadaísmo, 415
Dalai Lama, 311
Daumier, Honoré, 392
Dayan, Moshe, 139
Declaração de Independência dos Estados Unidos (1776), 428, 450
Defoe, Daniel: *Robinson Crusoé*, 249-50, 395
Degas, Edgar, 392
DeLillo, Don, 487, 495, 497
democracia, 291, 313-4, 316, 334, 384, 446, 478, 496
DeMott, Benjamin, 43-4
Des Moines (Iowa), 440
Detroit (Michigan), 74-5; comissão do prefeito de Detroit sobre relações raciais, 454
Dewey, Thomas E., 508
diáspora judaica, 274
Díaz, Junot, 498
Dickens, Charles, 100, 155, 168, 399
Dickinson, Emily, 353
Diderot, Denis: *Jacques, o fatalista*, 334
Didion, Joan, 497
direitos civis, 88, 117, 311, 454, 459, 469

direitos das mulheres, movimento pelos, 351

Discovery (revista), 458-9

Dissent (revista), 126

Doctorow, E. L., 495, 497

dodecafonia, 333

Dostoiévski, Fiódor, 78, 149, 230, 380, 400; *Crime e castigo*, 97, 231; *Memórias do subsolo*, 97; *O duplo*, 380; *O eterno marido*, 380

Douglass, Frederick, 490

Dreiser, Theodore, 430, 434

Drohobych (Galícia, Ucrânia), 263, 320, 322, 324, 326-7

Drury, Allen: *América violenta*, 44

Dubček, Alexander, 315

Dublin (Irlanda), 349, 418

Dvořák, Antonin, 310

Dymant, Dora, 16, 18-21, 24

East Orange (Nova Jersey), 106, 455, 466-7

Eclesiastes, 398

Édipo, mito de, 350

Eichmann, Adolf, 69

Einstein, Albert, 310

Eisenhower, Dwight D., 42, 210, 394, 406

Eliot, T.S., 258, 349, 464

Elizabeth (Nova Jersey), 28, 200, 417, 509

Ellenstein, Meyer, 446

Ellison, Ralph, 59, 87-8, 497; *Homem invisível*, 59, 87-8

Éluard, Paul, 337

Elyria (Ohio), 258

emendas à Constituição dos Estados Unidos, 489

Emerson, Ralph Waldo, 481, 483

Englander, Nathan, 498

Erdrich, Louise, 487, 497

"Escrevendo hoje nos Estados Unidos" (simpósio de 1960), 39

Escritório de Seguros contra Acidentes do Trabalho (Praga), 16

Espanha, 254

Esquire (revista), 39, 154

Estados Unidos, 8-9, 14-5, 34, 39, 42, 48, 56-7, 61, 67-9, 71, 85-6, 88, 93, 116, 119, 123, 135, 141, 149-50, 166, 169, 171, 176, 178-80, 185, 210, 213-5, 220, 222, 230, 232-3, 251, 270, 275, 283-4, 295, 301-2, 311, 317, 321, 329, 331, 346, 365, 373, 384-5, 399-400, 419, 421-2, 428-32, 434-5, 439-40, 442-4, 447, 459, 472, 475, 478, 487, 489, 495-7, 508, 511; Constituição dos, 450, 489; Declaração de Independência (1776), 428, 450

estruturalismo, 171, 333

Ética dos Pais (conhecimento talmúdico), 77

Eugenides, Jeffrey, 498

Europa: Central, 309-10, 333; Ocidental, 310; Oriental, 232-3, 235, 257, 265, 291, 304, 329, 332-3, 347-8, 419, 427-8, 497

evolução, teoria da, 496

"Exodus" (canção), 61

Exodus (filme), 60-1, 70

Exodus (navio de refugiados israelenses), 63

Faculdade Estadual Montclair de Professores, 467

Fagles, Robert, 504

Faisal ii, rei do Iraque, 406

fascismo, 334

Fast, Howard, 474

Faulkner, William, 348, 382-3, 393, 400; *Cavalos malhados*, 383; *Enquanto agonizo*, 383, 400; *Mosquitos*, 400; *O som e a fúria*, 393, 400; *O urso*, 383; *Paga de soldado*, 400; *Palmeiras selvagens*, 383; *Sartoris*, 400

Feld, Ross, 372

feminismo, 169, 170, 203-4

Ferraro, Geraldine, 311

Ficowski, Jerzy, 325

Fiedler, Leslie, 154

Filadélfia (Pensilvânia), 155

Filipinas, 10, 67, 201, 517

Finkielkraut, Alaini, 10, 166, 513

Fisher, Eddie, 65

Flaubert, Gustave, 164, 204, 230, 353, 470; cartas de, 343, 470; *Madame Bovary*, 77-8, 231, 392, 470

Foer, Jonathan Safran, 498

Ford, Henry, 436, 443, 445

Ford, Richard, 497

Forest Glen (Maryland), 407

Fort Dix (Nova Jersey), 407

Fórum Cívico, 289-90, 314

Fox, Joe, 202

Fox, Paula, 497

França, 169, 173, 176, 296, 331, 333-4, 470

francês, idioma, 331, 473

Frank, Anne, 8, 188, 193, 218-9, 225, 235-6, 461, 485-6

Franzen, Jonathan, 498

Freedmen's Bureau, 489

Freud, Sigmund, 107, 226, 350

Frick, Henry Clay, 490

Fundação Nacional do Livro (eua), 428

Gaddis, William, 497

Galícia (Leste Europeu), 263, 320, 322, 324

Garganta profunda (filme), 145

Garrison, William Lloyd, 490

Gass, William, 497

Genet, Jean, 103, 197

Georgia (eua), 400, 430

German American Bund, 443

Gershwin, George, 384

Gershwin, Ira, 384

Gide, André, 169

Gilmore, Gary, 276

Giulia (química de Milão), 247-8

Glucksman, Edith, 471

"God Bless America" (canção), 384

Goebbels, Joseph, 138-9

Goethe, Johann Wolfgang von, 321, 482

Gógol, Nikolai, 167, 379, 393-4, 400; "Diário de um louco", 379; "O nariz", 379

gói(s), 10, 63-70, 72, 78, 80, 83, 87, 89, 92, 95, 105, 115, 120-2, 124-30, 133, 135-9, 161, 186, 228-9, 254, 273, 275-7, 328, 355, 357-8, 388, 433, 462, 510, 517

Gold, Herbert, 51-3, 58; *The Optimist*, 55; *Therefore Be Bold*, 51-3

Golden, Harry, 63-4, 66-7, 104; *Enjoy, Enjoy!*, 63; *For 2¢ Plain*, 63; *Only in America*, 63-4

Goldfine, Bernard, 42

Gombrowicz, Witold, 198, 324; *Pornografia*, 198

Gomułka, Władysław, 406

Gontcharóv, Ivan: *Oblómov*, 205

Gorbachev, Mikhail, 311-2

Gordon, Mary, 497

Göring, Hermann, 329
gótico, período, 333
Grand Guignol (teatro de Paris), 373
Grande Depressão, 431
Granit, Arthur, 51
Grant, Ulysses S., 489
Grécia Antiga, 504
Green, Jeffrey, 263
Grimes, irmãs (Pattie e Babs), 39
Grimes, Loretta, 41
Gruša, Jiří, 292, 301
Guerra Árabe-Israelense (1973), 124
Guerra Civil Americana (1861-5), 487
Guerra da Coreia, 407, 446
Guerra das Malvinas (1982), 213
Guerra do Vietnã, 112, 149, 172, 209-10, 212, 356, 446, 456, 469
Guerra do Yom Kippur (1973), 124
Guerra Fria, 254, 434, 446, 498
Guggenheim, Harry, 440
Guston, Musa Mayer: *Night Studio*, 372
Guston, Philip, 372, 374-6

Habsburgos, dinastia dos, 264
Hadassah Women's Zionist Organization of America, 330
Halcion (sonífero), 464-5
Hamilton, Ian, 181
Hammarskjöld, Dag, 406
Hammett, Dashiell, 353
Hanói (Vietnã), 356
Hardy, Thomas, 204
Harnack, Curtis: *The Work of an Ancient Hand*, 55
Hart, Lorenz, 384
Hartford (Connecticut), 71
Harvard, Universidade, 174, 383
Hašek, Jaroslav, 310

hassidismo, 265
Hatsefira (jornal hebraico), 323
Havel, Václav, 288-9, 291-2, 294, 297, 300, 302, 305-6, 311-5, 478; *Long-Distance Interrogation*, 294
Haven, Cynthia, 484-9
Hawley, Cameron, 45; *Cash McCall*, 44
Hawthorne, Nathaniel: *A letra escarlate*, 506
Hayes, Rutherford B., 489
Haymarket, distúrbio de (Chicago, 1886), 489
Heatter, Gabriel, 148
hebraico, 8, 21-2, 25-7, 37, 86-7, 254, 262-3, 265, 272-4, 323, 424-5, 427--7, 518
Heidegger, Martin, 394
Heine, Heinrich, 364
Heller, Joseph, 497
Hemingway, Ernest, 434
Heráclito, 383
Herzl, Theodor, 139
Hicks, Granville, 53
Hijuelos, Oscar, 497
Hillel House (Universidade de Iowa), 71
Hiroshima, bombardeio atômico de (1945), 69
Hitler, Adolf, 15, 34, 84, 138-9, 270, 312, 329, 438, 440, 446; *Mein Kampf*, 208, 492
Hoffman, Abbie, 208
Hoffman, Dustin, 101
Holanda, 465
Holocausto, 14, 69, 72, 87, 117, 139, 187-9, 262, 265, 267, 269-71, 273-4, 277, 279-81, 304, 329, 395, 424, 446, 464
Holub, Miroslav, 300-2, 478

Homero: *A Ilíada*, 504
homossexualidade, 42, 134-5
Hossner, Leopold, 313
"House I Live In, The" (canção), 450
Howe, Irving, 137, 182-3
Hrabal, Bohumil, 292, 300-2, 317
Hudson Review, The (revista), 51
Hudson, rio, 173
Hungria, 333
Huvelle, C. H., 241

Ickes, Harold, 442, 445
iídiche, 25, 32, 35, 65, 124, 226, 257, 265, 271-2, 277, 322-6, 328-30, 384, 419, 423-5, 427-8, 487
Ilíada, A (Homero), 504
Illinois, 401, 405
imigrantes, 54, 139, 142, 176, 210, 260, 262, 331, 362, 367, 375, 383-5, 419-21, 424, 428-9, 450
Império Austro-Húngaro, 314
Império Bizantino, 333
Indiana (EUA), 430
índios americanos, 489
Inglaterra, 173, 176, 179, 213-4, 225, 354-5, 358, 367, 371, 438, 460, 462
inglês, idioma, 26, 171, 211, 246, 256, 263, 266, 285, 304, 320, 323, 328, 330, 362, 383, 426-7, 448, 467
International Herald Tribune (jornal), 214
Iowa City, 155, 175, 209, 361
Iowa, Universidade de, 71, 105, 107
Irlanda, 176, 343-50
Irving, John, 497
Isaac (patriarca), 78
Islã, 341
isolacionismo, 436, 438-9

Israel, 61-3, 86-7, 89, 96, 229-30, 256, 264, 273, 279, 424, 463, 465; *ver também* Palestina
Itália, 9, 67, 136, 176, 245, 252, 254-7, 279

Jabotinski, Ze'ev, 139
Jackson, Jesse, 311
James, Henry, 163, 181, 215, 234, 460, 487
Japão, 508
Jerusalém, 8, 260, 262-3, 424; Muro das Lamentações, 355, 359
Jesenská, Milena, 17-8, 22, 308
Jewish Daily Forward (jornal), 214
Jewish News, The (jornal), 36
Jó (personagem bíblico), 70
João XXIII, papa, 254
Johnson, Andrew, 489
Johnson, Denis, 497
Johnson, Lyndon B., 103, 115
Joyce, James, 93, 215, 234, 259, 348-9, 389, 418; *Dublinenses*, 349; "O morto", 349; *Retrato do artista quando jovem*, 349; *Ulysses*, 350, 389, 482
Joyce, Nora Barnacle, 349-50
Judaism (revista), 116
judaísmo, 71, 89, 124, 128, 214-5, 256, 272-3, 276, 461; ortodoxo, 16, 19, 71, 124, 142, 384, 429
judeus, 7, 14, 22, 27, 36, 50-1, 54, 60--73, 75-90, 92, 95-6, 100, 104-7, 115-8, 120, 122-4, 127, 129, 131-2, 136, 139-40, 143, 146-7, 157, 175, 177-8, 185-7, 189, 202, 207, 210, 214-5, 219, 224-5, 227-30, 236, 246, 248, 254-7, 262-8, 270-1, 274-9, 308-10, 320, 322-30, 355-60, 362, 365, 367, 375, 383-4, 395, 419-20,

424, 426-31, 436, 439-41, 443, 461- 4, 466-8, 485, 492, 505, 517, 524

Kabala, 273

Kafka, Franz, 8, 13-22, 24, 28-32, 34, 36-8, 96-8, 167, 174, 234-5, 258, 262-6, 280, 284, 302, 304-10, 321--2, 324, 326-7, 333, 338, 364, 374, 380, 387, 400, 444-5, 494, 498, 500, 514; "A construção", 23; *A metamorfose*, 21-2, 24, 96-7, 306; *Amerika*, 15; "Carta ao pai", 8; cartas de, 17, 18, 35; diários de, 265; *Na colônia penal*, 20, 22, 97, 308; *O castelo*, 15, 19, 23, 38, 97, 264, 305-6, 374, 444; *O processo*, 15, 19, 22, 24, 38, 160, 264, 306, 308, 322, 380, 444; *O veredicto*, 20, 24; *Um artista da fome*, 13

Kafka, Gabrielle, Valerie, e Ottilie (irmãs), 14

Kafka, Herman (pai de Kafka), 10

Kafka, Julie Löwy (mãe de Kafka), 10

Kahane, Meir, 139, 464

Kalandra, Záviš, 337

Kaufmann, Myron: *Remember Me to God*, 77

Kefauver, Estes, 405

Kennedy, John F., 209, 254

Kennedy, Robert, 43, 442

Kennedy, William, 497

Kern, Jerome, 384

Kincaid, Jamaica, 497

King Jr., Martin Luther, 311

Kingston (NY), 376

Kiš, Danilo, 304

Kissinger, Henry, 117, 377

Klíma, Ivan, 8, 282-7, 290-2, 295, 297, 299, 302-4, 307, 309, 312, 317, 478;

Amor e lixo, 283, 285-6, 307; *My Merry Mornings*, 283

Klíma, Michal, 290

Kliment, Alexandr, 292

Klímová, Helena, 288-9

Klinghoffer, Leon, 464

Kohout, Pavel, 292, 301

Konwicki, Tadeusz, 198, 304; *A Minor Apocalypse*, 198; *The Polish Complex*, 198

Koran, Jaroslav, 287-8

Kosi ski, Jerzy, 125, 268; *O pássaro pintado*, 125, 268

Kott, Jan, 282

Krauss, Nicole, 498

Kruschev, Nikita, 254

Ku Klux Klan, 377, 489

Kundera, Milan, 8, 285, 295-9, 301, 304, 331-40, 478; *A brincadeira*, 296; *A insustentável leveza do ser*, 286, 296; *Amores risíveis*, 296, 333; *O livro do riso e do esquecimento*, 296, 331, 334-5

Kundera, Vera, 331

Kussi, Peter, 331

La Guardia, Fiorello, 442, 445-6

L'Amour, Louis, 220, 222

Lansky, Meyer, 116

Lar dos Judeus de Berlim, 16

Lardner, Ring, 430; "Haircut", 94

Lawrence, D. H., 93, 226, 339

Lee, Hermione, 10, 190

Lehmann-Haupt, Christopher, 112-3

Lelchuk, Alan: *American Mischief*, 154

Lethem, Jonathan, 10, 498

Levi, Lucia Morpurgo, 245

Levi, Primo, 8-9, 243, 245-6, 249, 269; *If This Is a Man (Survival in Ausch-*

witz), 251; *Se não agora, quando?*, 256; *The Reawakening*, 252

Lewis, Fulton, 443

Lewis, Sinclair, 174, 430

Library of America, 499

Life (revista), 44, 55, 69

Liga Antidifamação, 60, 82-3, 104, 123, 185

Lincoln, Abraham, 311, 490

Lindbergh, Anne Morrow, 445

Lindbergh, Charles, 8, 436, 440-1, 445, 511

Liston, Sonny, 182

Lituânia, 332

lituanos, judeus, 324

London Sunday Times (jornal), 181

Londres, 8-9, 233, 243, 260, 262, 282, 285, 342, 348, 357, 360, 366, 371, 399, 423, 462, 511

Lotos Club (Nova York), 405

Louis, Joe, 491

Lowenstein, Robert (Bob), 471, 473

Lowenstein, Zelda, 472-3

Loyola, Universidade de (Chicago), 60

Lurie, Allison, 497

Lustig, Arnost, 301

Lviv (Ucrânia), 324

Lyons, Leonard, 110

Mailer, Norman, 45-7, 126-7, 137, 169, 276, 497; *Advertisements for Myself*, 46; "O negro branco", 126-7; *Os nus e os mortos*, 201; *Parque dos cervos*, 127, 276; *Um sonho americano*, 127, 276

Makarios III, arcebispo de Chipre, 406

Malamud, Ann, 365

Malamud, Bernard, 49-51, 122, 124-31, 133, 136-7, 173, 175, 177, 179, 257, 276, 361-4, 366-7, 370, 497; *A New Life*, 364; "Angel Levine", 363; "Life Is Better Than Death", 361; *O ajudante*, 50, 125-9, 131, 133, 135-7, 139, 276, 362, 369; *O barril mágico*, 50, 362; "O empréstimo", 367; *Retratos de Fidelman*, 131, 136, 365; "Talking Horse", 363; "Tenha piedade", 368; "The Jewbird", 363; *The Natural*, 50, 362-3

Malvinas, Guerra das (1982), 213

"Manhattan" (canção), 384

Mann, Thomas, 15, 123, 163, 215, 391; *Morte em Veneza*, 97, 109

Mantle, Mickey, 103

Maple Shade (Nova Jersey), 417

Marshall Field & Co. (loja de departamentos), 394

Marx, Groucho, 97

Marx, Karl, 341

marxismo, 356

Maryland, 407

Masaryk, Tomáš, 313-4

Masin, Seymour (Swede), 466-9

Mason, Jackie, 276

Massachusetts, 435, 453, 458; colônia baía de, 109; MIT (Massachusetts Institute of Technology), 229

masturbação, 102-3, 113-4, 128

Matthiessen, Peter, 497

Mauro, Walter, 141

McCarthy, Cormac, 497

McCarthy, Joseph, 460

McCarthy, Mary, 354

McCullers, Carson, 353

McGraw, Ali, 114

McLuhan, Marshall, 316

Mead, Margaret, 103

554

Medalha de Contribuição Notável às Letras Norte-Americanas (Fundação Nacional do Livro), 428

Medalha de Serviço Literário (PEN Club), 477

Medalha Emerson-Thoreau da Academia Norte-Americana de Artes e Ciências, 481

medalha especial de ouro do Congresso, 220

Meloy, Maile, 498

Melville, Herman, 144, 382, 510; *Moby Dick*, 144

Messud, Claire, 498

Metropolitan Life Insurance Company, 363, 417

Mevaseret Zion (Israel), 261

México, 121, 381-2

Miami (Flórida), 188, 199, 229

Michigan, 430

Michigan, Universidade de, 282

Milão, 247-8

Milbauer, Asher Z.: *Reading Philip Roth*, 224

Miller, Arthur: *A morte de um caixeiro-viajante*, 144; *Focus*, 161

Miller, Henry, 93, 113, 169, 339

Mineo, Sal, 69-70

Minnesota, 430

Mishná, 272

misoginia, 169-70, 492

Miss América, concurso de, 470

Mississippi, 348, 400

Mississippi, rio, 399

Mitchell, John, 377

modernismo, 210, 234, 237

Momigliano, Arnaldo, 255

Monmouth (Oregon), 361, 363, 525

Montreal (Canadá), 173, 424, 513

Moore, Lorrie, 497

Moravia, Alberto, 259

Morgan, J. P., 490

Morrison, Toni, 497

Moscou, 233

mulheres, direitos das, 351

Munique (Alemanha), 299

Muro das Lamentações (Jerusalém), 355, 359

Musil, Robert, 333, 390-1

Mussolini, Benito, 248

Mutt e Jeff (personagens de quadrinhos), 377

Nabokov, Vladimir, 78

Nações Unidas, 55, 96

National Book Award, 46, 152

nazismo, 8, 37, 72, 85, 138, 139, 247, 249, 254, 261, 263, 268, 282, 329, 396, 435, 440, 442, 446, 496, 508

"Necessidades e imagens do homem, As" (simpósio da Liga Antidifamação), 60

Nehru, Jawaharlal, 406

New Deal, 148

New Jersey Performing Arts Center, 468

New School for Social Research (Nova York), 14

New Yorker, The (revista), 7, 48, 79, 82-3, 85, 87, 185, 452

New York Post (jornal), 61-2, 149

New York Review of Books (revista), 365

New York Times Book Review (suplemento), 8

New York Times Magazine (revista), 458

New York Times, The (jornal), 75, 112, 149, 305, 454, 457

Newark (Nova Jersey), 9, 27, 29, 33, 99-100, 106, 110, 142, 148, 168, 173, 175, 202, 214, 224, 408, 417-8, 420-2, 426, 430-1, 433, 436, 445-6, 449, 461, 466-8, 472, 474-5, 486, 507-9, 511-3; Biblioteca Pública de Newark, 430; Comissão de Preservação e Patrimônio Histórico de Newark, 10; Museu de Newark, 507; Teatro Coletivo de Newark, 33

Newark Bears (time de beisebol), 408, 513

Nichols, Anne: *Abie's Irish Rose*, 100

Nietzsche, Friedrich, 394

Nightingale, Florence, 184

niilismo, 311-2

Nixon, Richard M., 43, 146, 148-50, 211-2, 377, 406

Nobel, prêmio, 183, 300, 498

Nouvel Observateur, Le (revista), 166

Nova Jersey, 15, 27, 33, 37, 103, 106, 173, 177, 187, 197, 200, 407, 417-8, 422, 426, 428, 430, 432, 449, 454-5, 509; Sociedade Histórica de, 417

Nova Orleans (Louisiana), 400

Nova York (NY), 14-5, 47, 50, 62, 64, 75, 83, 110-1, 117, 121, 153-5, 173-5, 185, 209, 211-2, 305, 365, 372, 375, 390, 395-6, 405, 446, 457, 499, 512

Nuremberg, julgamentos de, 138-9

Oates, Joyce Carol, 152, 192, 487, 497

Observer, The (jornal), 488

O'Brien, Edna, 8, 10, 342-53; *A Fanatic Heart*, 349; *Mother Ireland*, 343; "Tough Men", 349; *Virginia: A Play*, 343

O'Connor, Flannery, 353, 497

Odets, Clifford: *Waiting for Lefty*, 33

Of Thee I Sing (musical), 384

"Oh, How I Hate to Get Up in the Morning" (canção), 384

Ohio, 258, 430

Oklahoma! (musical), 384

Oklahoma, Teatro Natural de, 15

"Ol' Man River" (canção), 384

Olmsted, Frederick Law, 510

O'Neill, Joseph, 464

On the Town (musical), 384

Oregon, 173, 361, 363-5

ortodoxos, judeus, 16, 19, 71, 124, 142, 384, 429

Orwell, George, 211, 438-9

"Outro Olhar" (clube do livro), 484, 488

Ovídio, 500

Oysher, Moishe, 65

Ozick, Cynthia, 485, 497; "Who Owns Anne Frank?", 485

Paine, Thomas, 474

Palestina, 14, 62, 261, 265, 272; *ver também* Israel

Paley, Grace, 51, 54, 113, 497; *Enormous Changes at the Last Minute*, 113; *The Little Disturbances of Man*, 54

Panzer, Faculdade, 467

Paris, 146, 173, 233, 294, 331

Paris Review (revista), 92, 190

Partido Comunista Americano, 455

Partido Comunista Italiano, 254

Partido Comunista Soviético, 497

Partido Comunista Tcheco, 290, 315

Partido Democrata, 148, 311, 405, 442

Partido Progressista, 149

Partido Republicano, 406, 438
Partisan Review (revista), 362
Pease, Howard, 448
Pegler, Westbrook, 443
Péguy, Charles, 473, 475
PEN Club, 9, 232, 288, 318, 477; Medalha de Serviço Literário do, 477
Penguin Books, 320, 325
Pensilvânia, 57, 173-4, 199; Universidade da, 8, 97, 168
Percy, Walker, 497
Pierpont, Claudia Roth, 10; *Roth libertado*, 498
Pilsen (Tchecoslováquia), 290
Plante, David, 497
Platão, 220
Playboy (revista), 123-4
Plimpton, George, 91
Podhoretz, Norman, 138
Pollard, Jonathan, 464
polonês, idioma, 322-3, 325, 328, 427
Polônia, 213, 256, 270, 320-3, 328-30, 333
Porgy and Bess (musical), 384
pós-modernidade, 237
Potok, Chaim, 257
Powers, J. F., 497
Praga (Tchecoslováquia, atual República Tcheca), 8, 15-8, 21-2, 37, 214, 220, 226, 235, 263-4, 282-3, 286, 288-90, 295, 299, 301, 305, 309-10, 312, 316, 333, 337, 444, 477-9, 498-9, 511; Primavera de Praga (1968), 9, 333, 499
Preidner, Rio, 17
Presley, Elvis, 39
Price, Reynolds, 497
Primeira Guerra Mundial, 176, 419
Princeton, Universidade, 15, 175, 209, 453-4, 460

Prinz, Joachim, 445
progressistas, 490
propaganda, 44, 123, 137-8, 171, 436, 445, 449, 492, 495
protestantes, 123, 138, 383, 442
Proust, Marcel, 400
psicanálise, 148, 200, 333, 338
puritanos, 109, 248, 298
Pynchon, Thomas, 497

Rabelais, François, 334
racismo, 87-8, 248, 254-5, 439, 454, 489
Rackman, Emanuel, 71, 89-90
Radio Free Europe, 290, 294
Radzymin (Polônia), 320
Rahv, Philip, 123, 355-7
Reading Philip Roth (Milbauer e Watson), 224
Reagan, Ronald, 210, 220
Réage, Pauline (pseudônimo de Anne Desclos): *A história de O*, 129
realismo, 81, 103, 106-7, 115, 184, 234, 306, 426, 460, 510; fantástico, 285; socialista, 445, 477, 497
Reconstrução dos EUA, 487, 489
Reforma Protestante, 333
Reich, Wilhelm, 387
Rembrandt van Rijn, 392
Renascimento, 333, 488
Rennes (França), 331, 354
Renoir, Pierre-Auguste, 392
Revolução de Veludo (Tchecoslováquia, 1989), 478
Rilke, Rainer Maria, 310
Robinson, Jackie, 513
Robinson, Marilynne, 497
Rockefeller, John D., 490
Rockwell, Norman, 150

557

Rodeo (Copland), 384

Rogers, Richard, 384

Roma, 155, 175, 259

romances, função dos, 222-3

Romênia, 426

romeno, idioma, 272

Roosevelt, Eleanor, 450

Roosevelt, Franklin D., 149, 432, 438-9, 442, 444-6, 508, 511

Roth, Bess Finkel (mãe de Philip), 278, 426, 428, 437, 526

Roth, Claire Bloom (esposa de Philip), 366-7, 369

Roth, Herman (pai de Philip), 8, 143, 417-20, 422, 426, 428, 436, 511-2

Roth, Joseph, 257

Roth, Philip: — CONTOS: "A conversão dos judeus", 146-7, 157; *Adeus, Columbus* (livro), 46, 71, 75, 91, 95, 137, 141, 152, 157, 162, 168, 174-5, 209; "Adeus, Columbus" (conto), 157; "Eli, o fanático", 157; "Epstein", 73, 77, 92-3; "O defensor da fé", 7, 79-80, 82, 85; "On the Air", 163, 207; "The Day It Snowed", 199; — ENSAIOS: "A literatura e o poder", 141; "Conversa em Jerusalém com Aharon Appelfeld", 260; "Conversa em Londres e Connecticut com Milan Kundera", 331; "Conversa em Londres com Edna O'Brien", 342; "Conversa em Nova York com Isaac Bashevis Singer sobre *Bruno Schulz*", 320; "Conversa em Praga com Ivan Klíma", 282; "Conversa em Turim com Primo Levi", 243; "Depois de oito livros", 152; "Em resposta aos que me perguntaram: afinal de contas, como você acabou escrevendo esse livro?", 99; "Entrevista a *Le Nouvel Observateur*", 166; "Entrevista a *Svenska Dagbladet*", 491; "Entrevista a *The Paris Review*", 190; "Entrevista ao *Sunday Times* de Londres", 181; "Entrevista sobre *O escritor fantasma*", 484; "Entrevista sobre *Zuckerman*", 224; Errata", 452; "Escrevendo ficção nos Estados Unidos", 39, 210; "Escrevendo sobre judeus", 71; "Eu sempre quis que vocês admirassem meu jejum, ou Contemplando Kafka", 8, 13; "Imaginando judeus", 108; "Lendo o que eu e outros escreveram", 11-238; "Minha ucronia", 8, 435, 447; "Novos estereótipos de judeus", 60; "Quarenta e cinco anos depois", 503; "Relendo Saul Bellow", 380; "Retratos de Guston", 372; "Retratos de Malamud", 361; "Sobre *O complexo de Portnoy*", 91; "Uma troca de cartas com Mary McCarthy", 354; — ESCRITOS DA JUVENTUDE: "Que soem os clarins da liberdade!" (peça de formatura), 449; *Tempestade ao largo do cabo Hatteras* (relato de "Eric Duncan"), 449; — NÃO FICÇÃO: *Entre nós*, 8, 239; *Os fatos*, 8; *Patrimônio*, 8; — OBRAS INACABADAS: *Buried Again* (peça), 161; monólogo, 102; *Portrait of the Artist* (romance), 103-7; *The Jew Boy* (romance), 99, 101, 106-7; *The Nice Jewish Boy* (peça), 100, 107; "Um paciente judeu inicia sua análise" (conto), 106-7; — PALESTRAS: "A impiedosa intimidade da ficção", 10, 507; "A primazia do lúdico", 481; "A tirania é mais bem organizada que a liberdade", 471; "Apaixonei-me pelos nomes americanos", 428, 432; "Eric Duncan", 448; "Iídiche/inglês", 423; "Patrimônio", 417; "Suco ou molho?", 405, 410; "Uma educação tcheca", 9, 477; — ROMANCES: *A lição de anatomia*, 181-2, 187, 194, 199, 215, 217, 235; *A marca humana*, 452-6, 459-61; *A orgia de Praga*, 235; *As melhores intenções*, 91, 94, 97, 99, 162, 164, 172, 199, 209; *Casei com um comunista*, 460, 472-4; *Complô contra a América*, 8, 436, 440, 443, 445, 451; *Fantasma sai de cena*, 487; *Minha vida de homem*, 157-9, 161-4, 169-70, 200-1, 211-2; *Nêmesis*, 467, 499, 511; *O animal agonizante*, 481; *O avesso da vida*, 225, 236-7, 354-5, 462; *O complexo de Portnoy*, 7, 91, 93-9, 101-2, 107, 110-2, 114-5, 136--9, 144-6, 152, 156, 163-4, 166-8, 172, 177, 186, 200-1, 207-9, 227, 229, 236, 373, 451, 457, 481, 503-4; *O escritor fantasma*, 8, 168, 175, 177-8, 181, 188, 193, 212, 218, 224-5, 461, 484-5, 487-8; *O professor do desejo*, 168, 171, 205; *O seio*, 161, 163-4, 168, 200, 212, 236, 373, 377; *O teatro de Sabbath*, 10, 481, 509, 514, 517; *Operação Shylock*, 415, 463-5; *Our Gang*, 146, 148, 150, 163-4, 207, 212, 377; *Pastoral americana*, 466-8, 470, 472, 516; *Quando ela era boa*, 93-4, 97, 101--2, 147, 162-3, 172, 203-4, 209; *The*

Great American Novel, 164, 373; *Zuckerman acorrentado*, 235; *Zuckerman libertado*, 181, 187, 193, 200, 225-6, 360

Roth, Sanford (Sandy, irmão de Philip), 437

Roth, Sender (avô de Philip), 419

Rothstein, Arnold, 116-7

Runyon, Damon, 123, 391

Rush, Norman, 497

Rússia, 65, 131, 176, 256, 308, 311, 329, 333, 345, 426, 428, 438; *ver também* União Soviética

russo, idioma, 272, 427

Rutênia (Europa Oriental), 275

Ruth, George Herman (Babe), 487

Rutherford (Nova Jersey), 197

Sade, Marquês de, 129, 138, 167

Sahl, Mort, 96

Salinger, J. D., 48-9, 51; *Franny and Zooey*, 48; *O apanhador no campo de centeio*, 48

Salter, James, 497

samizdat (publicações clandestinas na URSS), 291-4, 301

San Francisco (Califórnia), 406, 489

Sand, George, 343

Sandstrom, Daniel, 491

Saratoga Springs (NY), 110, 208, 365

Sartre, Jean-Paul, 139

Saturday Evening Post (revista), 150

Schine, David, 42

Schlesinger Jr., Arthur M., 435-6, 442

Scholem, Gershom, 229

Schopenhauer, Arthur, 174

Schorer, Mark, 154

Schulz, Bruno, 263-5, 320-9; *A rua dos crocodilos*, 320, 322, 325

Schwartz, Delmore: "Genesis", 159

Scott, Dred, 489

Second City (companhia teatral), 96-7

Segunda Guerra Mundial, 10, 148-9, 174, 267, 272, 299, 308, 429-31, 433, 446, 471, 514

Seifert, Jaroslav, 292, 300

Seligson, David, 75-7

Seminário Teológico Judaico, 7

Seton Hall, Universidade, 473

Shakespeare, William, 287, 349, 464, 511; *Hamlet*, 515; *Macbeth*, 287; *Otelo*, 392

Shapiro, Jacob (Gurrah), 276

Shaw, George Bernard, 181

Shaw, Peter, 138

Shepilov, Dmitri, 406

Show Boat (musical), 384

Sicília, 399

Sidon, Karol, 478

Siegel, Bugsy, 116

Sinatra, Frank, 450

Singer, David, 123; "The Jewish Gangster", 116

Singer, Isaac Bashevis, 123, 154, 320

Singer, Israel Joshua, 323

sionismo, 137, 265, 280-1

Škvorecký, Josef, 233, 297-8, 301

Słonimski, Antoni, 323

Słonimski, Chaim Zelig, 323

Smiley, Jane, 497

Smith, Gerald L. K., 443

socialismo, 279, 497, 499; realismo socialista, 445, 477, 497; sionista, 137

Sociedade Histórica de Nova Jersey, 417

Sociedade Philip Roth, 10

Società Venziani (companhia de tintas de Trieste), 258

Soljenítsin, Alexander, 222, 226

Solotaroff, Theodore, 63-5, 67, 207; "Harry Golden and the American Audience", 63

South Orange (Nova Jersey), 468, 473

Stálin, Ióssif, 438

stalinismo, 329, 334

Stanford, Universidade, 39, 484, 488

Stanton, Elizabeth Cady, 490

Stegner, Wallace, 497

Steiner, George, 221-2, 294

Steiner, Rudolf, 397

Stern, Richard, 497

Sterne, Laurence, 334

Stevens, Thaddeus, 490

Stevens, Wallace, 258

Stevenson, Adlai, 149, 394, 405

Stone, Robert, 487, 497

Streicher, Julius, 138-9

Streisand, Barbra, 110, 166

Strybyrny, Zdenek, 478

Styron, William, 46, 55-6, 58, 188, 487, 495, 497; *A escolha de Sofia*, 188; *Set This House on Fire*, 56

sufismo, 163

Sumner, Charles, 490

surrealismo, 337

Susann, Jacqueline, 110

Svenska Dagbladet (jornal sueco), 491, 501

Svevo, Italo: *As confissões de Zeno*, 258

Swados, Harvey, 51, 54

Swift, Jonathan, 121, 381, 394, 489; *Viagens de Gulliver*, 121, 381

Synge, J. M.: *The Aran Islands*, 343

Syrkin, Marie, 137-9

Syrkin, Nahman, 137, 139

Talmude, 22, 37, 77, 273

Taney, Roger B., 489

Taylor, Elizabeth, 103

Tchecoslováquia, 37, 149, 214, 220-1, 282, 283, 286-7, 290, 294, 296, 299, 301, 303, 305-6, 316, 319, 326, 329, 444, 478, 498-9; escritores tchecos, 220, 233, 283, 293, 295, 299, 301, 338, 444; idioma tcheco, 17, 288, 290, 326, 331; Partido Comunista da, 290; Primavera de Praga (1968), 9, 499; Revolução de Veludo (1989), 478

Tchékhov, Anton, 33, 94, 167, 285, 504; "A groselheira", 285; *As três irmãs*, 33

Tchernovtsy (Bucovina, Ucrânia), 261, 263, 264

Teatro Natural de Oklahoma, 15

Teilhard de Chardin, Pierre, 394

Tel Aviv (Israel), 229, 260

televisão, 317

Terezin, campo de concentração de, 282

terrorismo, 62, 70, 469, 511

Theroux, Paul, 497

"This Is the Army, Mr. Jones" (canção), 384

Thompson, Dorothy, 442

Thoreau, Henry David: *Caminhando*, 483

Tilden, Samuel J., 489

Time (revista), 62, 63

Tolstói, Liev: *Anna Kariênina*, 75, 97, 392

Torá, 28, 37

Toronto (Canadá), 233

totalitarismo, 9, 211, 220, 222, 297-8, 303-4, 314, 316-7, 336-7, 339, 341, 347, 434, 477, 479, 496

transcendentalismo, 481-2

Transnístria, 272

Trefulka, Jan, 292

Trieste (Itália), 258-9

Trilling, Lionel, 68

Truman, Harry, 508

Tsvetaeva, Marina, 353

Tumin, Melvin, 453-4, 460; *Desegregation: Resistance and Readiness*, 454; *Social Stratification: The Forms and Functions of Inequality*, 454

Tumin, Sylvia, 454

Tuohy, Frank, 349

Turim (Itália), 8-9, 243, 246, 254, 258

Tuwim, Julian, 323

Twain, Mark, 78, 113, 174, 399, 487, 510

Twenty One (programa de tv), 42

Tyler, Anne, 497

Ucrânia, 261

ucraniano, idioma, 272

Uhde, Milan, 292

União Norte-Americana de Congregações Judaicas, 139

União Soviética, 220, 232, 252, 254, 291, 304, 445, 477, 496, 511; *ver também* Rússia

Updike, John, 207, 225, 487, 495, 497, 506; *Casais trocados*, 506

Upsala College, 467

Uris, Leon: *Exodus*, 61, 64, 69-70

Vaculík, Ludvík, 292-3, 301-2, 478

Valentino, Rudolph, 436

Van Doren, Charles, 42

Varsóvia, 233, 320, 323-5, 327

Verdi, Giuseppe, 343

Verga, Giovanni, 399

Vermont, 173, 365-6

Vidal, Gore, 112
Viena, 16-8, 264
Vietnã, Guerra do, 112, 149, 172, 209-10, 212, 356, 446, 456, 469
Village Voice, The (jornal), 169
Violinista no telhado, Um (musical), 384
Voice of America (rádio), 294
Vollmann, William T., 497

Wallace, George, 88
Wallace, Henry A., 149
Wallace, Mike, 46
Warren, Robert Penn, 497
Washington, D.C., 29, 44, 174, 407, 440
Watergate, escândalo do (1972), 212
Watson, Donald G.: *Reading Philip Roth*, 224
Weather Underground (grupo terrorista), 469
Weequahic, bairro judeu de (Newark), 9, 433, 470-4, 507, 510; Colégio Weequahic, 106, 466, 471
Weidman, Jerome, 44-5, 55; *The Enemy Camp*, 44
Weil, Jiří, 329
Weizmann, Chaim, 139
Welty, Eudora, 497
Werfel, Franz, 310
Wershba, Joseph, 61
West Orange (Nova Jersey), 472-3
West Side Story (musical), 384
West, Rebecca, 197
Wheeler, Burton, 445
White, Edmund, 497
Whitman, Walt, 432, 487
Wiadomości Literackie (revista polonesa), 325

Wideman, John Edgar, 497
Wiesel, Elie, 62, 70, 123; *A noite*, 62; *Amanhecer*, 62
Wikipedia, 452-3, 461, 463-4, 466-7
Williams, William Carlos, 197
Willkie, Wendell, 438-9, 444
Wilson, Charles, 406
Wilson, Edmund, 44, 156-7
Wilson, Sloan, 45; *O homem no terno de flanela cinza*, 44
Winchell, Walter, 441-2, 445
Wittlin, Józef, 323
Wolfe, Thomas, 67, 174, 215, 430
Woodstock (NY), 372-3, 375
Woolf, Leonard, 353
Woolf, Virginia, 155-6, 169, 343, 393; *A viagem*, 169; *Ao farol*, 179; *As ondas*, 393; *Orlando*, 161; "Reviewing", 155
World Series, 117
Wouk, Herman, 44-5, 55; *Marjorie Morningstar*, 44
Writers from the Other Europe (série de livros da Penguin Books), 320

Yaddo (retiro para artistas em Saratoga Springs, NY), 110-1, 154-5, 208-9, 365-6, 373
Yale, Universidade, 432
Yeats, William Butler, 349
Yeshiva, Universidade, 71, 89
Yivo (Instituto de Pesquisa Judaica), 423, 426-7
Yom Kippur, Guerra do (1973), 124

zen, 49
Zweig, Stefan, 266
Zwillman, Longy, 445

ESTA OBRA FOI COMPOSTA EM MINION PELO ACQUA ESTÚDIO E IMPRESSA
PELA LIS GRÁFICA EM OFSETE SOBRE PAPEL PÓLEN SOFT DA SUZANO S.A.
PARA A EDITORA SCHWARCZ EM FEVEREIRO DE 2022

A marca FSC® é a garantia de que a madeira utilizada na fabricação do papel deste livro provém de florestas que foram gerenciadas de maneira ambientalmente correta, socialmente justa e economicamente viável, além de outras fontes de origem controlada.